新教伦理与资本主义精神

[德国]马克斯·韦伯 著

林 南 译

译林出版社

图书在版编目（CIP）数据

新教伦理与资本主义精神 ／（德）马克斯·韦伯著；
林南译. —南京：译林出版社，2023.9
ISBN 978-7-5447-9641-5

Ⅰ.①新⋯ Ⅱ.①马⋯ ②林⋯ Ⅲ.①新教-基督教
伦理学-关系-资本主义-研究 Ⅳ.①B976.3

中国国家版本馆 CIP 数据核字（2023）第 072287 号

新教伦理与资本主义精神 ［德国］马克斯·韦伯／著 林 南／译

责任编辑 王瑞琪
装帧设计 胡 苊
校 对 王 敏
责任印制 董 虎

出版发行 译林出版社
地 址 南京市湖南路 1 号 A 楼
邮 箱 yilin@yilin.com
网 址 www.yilin.com
市场热线 025-86633278
排 版 南京展望文化发展有限公司
印 刷 江苏凤凰新华印务集团有限公司
开 本 880 毫米 ×1240 毫米 1/32
印 张 11.375
版 次 2023 年 9 月第 1 版
印 次 2023 年 9 月第 1 次印刷
书 号 ISBN 978-7-5447-9641-5
定 价 75.00 元

导　言

　　马克斯·韦伯是十九世纪以来最为重要的思想家之一，其代表作《新教伦理与资本主义精神》在社会科学领域产生了广泛和深刻的影响。译林出版社的这个新译本为读者提供了一个新的阅读机会。

　　我很高兴有机会为这个译本撰写导言。我在自己的学术生涯中，反复阅读韦伯作品，借以激发理论想象，提炼研究问题，推进学术思考，从中获益匪浅。我从研究者角度与读者交流一下自己的心得体会。

一

　　伟大的思想通常与伟大的时代携手并行。韦伯从事学术活动的十九世纪到二十世纪之间，正逢资本主义经济作为一种新型经济形式在欧洲各国确立，重组了经济、政治和社会生活，改变了世界面貌和格局。欧洲思想界也因此独领风骚，极大地发展了关于资本主义经济的理论阐释。在这个大背景下，韦伯以独到的思路探讨资本主义的起源，即从观念文化层次着眼来认识和理解经济现象,并特别强调前者对经济活动、组织制度的深刻影响。这一思路与同时代的其他伟大思想家如马克思、涂尔干等迥然有别,独树一帜。

韦伯的《新教伦理与资本主义精神》始于这样一个观察:在十九世纪前后的欧洲各地,基督新教盛行的区域通常伴随着发达的资本主义经济活动;宗教信仰与事业精神同时体现在同一类人群身上。由此引出本书的命题:基督新教所产生的职业伦理与现代资本主义有因果关系。韦伯提出,新教信仰塑造了人们社会生活的伦理规范,沉淀为欧洲社会特有的文化特质和生活方式,成为理性资本主义精神,推动了现代资本主义经济的发展。这一命题在学术界和思想界引起很大争论,引发了韦伯随后的一系列回应和阐释。这些写作构成了这本书的内容。

韦伯讨论的起点是区分传统资本主义与现代资本主义。在韦伯看来,市场经济,包括货币经济,自古即有,但属于传统主义的经济活动:或自给自足,无力扩张;或贪得无厌,冒险无忌。与其形成鲜明对比的是,现代产生的理性资本主义亦追求营利,但体现出理性的经营方式与生活方式。

韦伯提出,现代资本主义精神来自独特的带有"伦理色彩"的生活方式,这一伦理的核心即努力经营但同时禁欲的情操,即"把劳动当作绝对的目的本身"的"天职观"。蕴含于宗教信仰的伦理规范对个人行为产生强有力的约束,若有违反,则被认为有悖义务。在韦伯看来,"资本主义经济秩序需要对挣钱的'天职'的这种全力投入",这一风格(ethos)特别适应理性资本主义经济活动,从而成为资本主义之精神,体现在企业家和劳动者双方身上。

这本书的其余篇幅进一步阐释和论证这一命题,以此"探明通过宗教信仰和宗教生活实践所产生的那些心理动力,这些动力为生活方式指明了方向,并将个人固定于这种方式中了"。韦伯特别关注的是,上述诸环节间的逻辑链条是怎样发生的:为什么新教导致特定的"天职"职业观;这些宗教观念如何转化为伦理而塑造人们的生活方式;又如何成为理性资本主义精神。

"天职观"起源于十六世纪路德宗教改革。路德将宗教从教会中解放出来,将人们履行世俗职业的义务视为道德实践的最高内容,即"天职"。但路德的职业观将职业劳动与宗教原理分离开来,不主张营利活动,无法摆脱传统主义的束缚。韦伯把分析目光引向了清教特别是加尔文教派。与路德教义相比较,清教教义规范表现出严肃的现世关怀,以现世生活为己任,与现代理性经济活动密切相关。

然而,韦伯不是停留在这里,而是提出新的问题:清教教义的目的并不是倡导资本主义精神,而是倡导清教徒生涯与事业的核心追求,即"灵魂救赎"。需要进一步回答的问题是:以禁欲主义为核心的新教教义,如何转变为人们日常生活的道德伦理,进而体现为资本主义精神的?

如此,韦伯进一步延伸解释逻辑的链条,向深处开掘。加尔文教提出了关于清教徒灵魂救赎的入世克己论,即通过世俗职业劳动来自证为上帝选民,由此塑造了人们的"天职"职业观和禁欲行为,依上帝之名,行职业使命。这一职业观,在心理效果上将营利追求从传统主义的伦理屏障中解放出来;在行为上则将日常生活彻底理性化了。换言之,在追求灵魂救赎的宗教活动过程中悄然发生了一个重要变化,即随着这些宗教追求而来的信念,超越了自然状态,在微观上转化为人们据以行动的伦理,渗入了人们的意识和潜意识,塑造了人们的理性行为和生活方式。在文化层面上,它们形成了独特的市民职业风格,沉淀为人文观念、民族气质。韦伯敏锐地注意到,这些文化特质先于现代资本主义经济而存在。例如,为神荣耀而创造财产的生活方式,其起源可以追溯到中世纪。但只有在禁欲的基督新教中才找到内在一致的伦理基础,推动了现代资本主义的发展:"那种态度在现代资本主义企业中找到了它最合适的形式,而现代资本主义企业反过来又在它那里找到了最合适的精神动力。"两者相辅相成,成为"庇护着现代'经济人'的策源地"。

　　韦伯关于现代资本主义的讨论是其西方社会理性化过程理论的一个组成部分。韦伯认为,西方社会经历了一个与其他文明不同的理性化过程,即自中世纪以来的祛魅化过程,从自然、巫教等观念逐渐走向了理性化、系统化的观念体系。理性生活方式使得人们克服自然状态,摆脱不合理的欲望以及对世俗与自然的依赖,使人的行动为持久的理性和伦理所约束,尤其体现在宗教信仰与经济理性主义的关联之上。例如,天主教的教会圣礼仪式体现了克里斯玛权威,而加尔文教所倡导的世俗生活中的职业劳动则反映了祛魅化的努力。与其他宗教派别相比,新教伦理强调排斥情感、坚守理性的生活处世;将狂热而真诚的内心秉性引向在世俗职业生活中追寻禁欲理想,从而转化为现代资本主义精神,推动了西方社会在科学技术、理性组织和生活方式诸方面的理性化过程。

　　需要指出的是,韦伯并不认为唯有新教伦理才能诱发理性资本主义,也不认为资本主义精神只是来源于宗教改革,或者作为经济体系的资本主义就是宗教改革的一种产物。韦伯提出,本书关于资本主义精神的概念和讨论,也不是这一现象唯一可能的解释,而是强调两者间有相辅相成的内在关系。这些主张与韦伯反对历史决定论,主张历史过程的多重途径、多重因果关系的立场是吻合的。

二

《新教伦理与资本主义精神》涉及一个宏大的主题，即人们的精神活动，包括宗教信仰，如何转化为基本的伦理道德，影响到日常生活方式，进而沉淀为民族性格，形成"西方市民阶层及其特质"。处理这一宏大主题，涉及一系列方法论问题。韦伯在这一时期尤其关注并致力于发展社会科学方法，本书体现了这方面的一系列尝试：其论述风格兼具德国社会科学的历史主义传统与缜密的理论思辨逻辑，展现出韦伯标志性的比较制度分析、理想类型等一系列方法。

一方面，韦伯受到德国社会科学独特的历史主义影响，将资本主义精神发展放在具体历史过程中考察；我们从文中关于历史上欧洲各地经济活动以及各教派教义的演变的讨论可见一斑。另一方面，韦伯提出了一系列"理想模型"，例如"传统资本主义"与"理性资本主义"的分类，凸显不同现象的类型特征，通过比较制度方法来条分缕析地剥离各种可能的混合因素，确定新教教义与资本主义精神间的因果关系。韦伯特别指出，这部著作不是历史主义的叙述，而是"以一种按照'理想类型的方式'贯穿起来的顺序来展示宗教思想"……以便"在研究它们那些最连贯的形式的时候，发现它们的一些特殊后果"。在这里，韦伯遵循了社会科学方法，以注重逻辑一致性的方式将这些讨论对象加以呈现，而不是着眼于实际历史发展的过程。

在确定了基本命题后，韦伯提出了下面的分析路径：首先找到宗教信仰的某些形式与职业伦理间的特定"亲和力"，然后考察这些亲和力对物质文化发展及其方向的影响。这些努力试图回答以下问题：现代文化的内容在多大程度上可归结于宗教动机,即宗教信仰(清教教义)与资本主义精神的因果关系。

韦伯比较制度分析的方法贯穿全书始终。在本书起始,韦伯比较了天主教和新教与资本主义经济活动的不同关系,并将这一差异延伸至日常生活的不同侧面。例如,父母在子女教育种类上的不同选择显示出不同的精神风格,从而影响了子女的职业观。另外,作为"被支配者"群体,德国的天主教徒并没有走向经济理性主义;而在其他地区,同处"被支配者"地位的新教徒则显露出这一倾向。如此多方位的比较分析指向了宗教信仰特质所产生的决定性作用,而不是此时此地历史—政治状况的影响。

在随后的分析中,韦伯逐步比较了不同教义的内容,借以分辨哪些要素导致了理性主义倾向。韦伯指出,新教与天主教的区别不在于"禁欲",而是禁欲与营利追求同时落实在同一教派之上。在讨论"天职观"时,韦伯将路德教义与加尔文教义加以比较,指出前者逃避现实的出世取向与后者积极入世的理性活动;然后进一步讨论这一观念对营利活动的影响,从不同方面阐述这一观念如何导致了价值观念的变化(职业观,获利合法化)。在随后的讨论中,韦伯进一步比较分析了禁欲教派中的虔敬派与加尔文派,指出前者强调情感,因此与传统主义更为切合,有助于培养"忠于职守"的官员、职员和家庭手工业者,以及家长做派的雇主。相比之下,加尔文教派的宗教基础更为理性、内在一致,与"市民资本主义企业家的那种生硬正派而又积极的意识"更有亲和性。

韦伯通过这些理想类型的多层次比较提炼,阐述了一个重要因果链条:现代资本主义精神体现在职业观上的理性生活方式之上,而后者恰恰产生于基督新教特别是清教的禁欲精神。

三

在韦伯的理论体系中，有着悠久历史的中国是一个重要的比较参照体；这一点在韦伯关于支配形式、官僚体制和宗教等一系列讨论中明显可见。《新教伦理与资本主义精神》一书是韦伯宗教社会学研究的开端，作者将同一思路延伸至他的《中国的宗教》等研究著作。

虽然本书在西方思想界有巨大影响，但在中国场景下阅读韦伯，这本书尤为艰涩难懂，阅读起来"隔膜"颇大。我认为，这是因为这本书讨论的两个核心问题，即理性资本主义与宗教观念的文化沉淀，均与中国社会文化相去甚远，对于中国读者来说颇为陌生，难以从日常生活的身心感受中体会领悟。

韦伯在另外讨论中国宗教的著作中指出，中国历史上有活跃的市场经济，包括货币经济，但这些均属于传统主义意义上的经济活动，没有导致理性资本主义的兴起。在中国，货币经济不但没有削弱传统主义，反而强化了它。这是因为货币经济与官僚俸禄结合之后，为支配阶层创造了特殊的获利机会。因此，家产制支配形态下的财富累积，不是一种理性的经济营利，而是一种政治性的掠夺资本主义。由此发展而来的不是历史上带有市民色彩的阶层，而是"处处伺机于纯粹政治性的官职剥削"。韦伯进而言之，国家的重商主义规制虽然可以培育出产业，但无法培植资本主义"精神"，因为中国传统经济中没有现代资本主义经营的法律和社会基础，而且缺乏制约和抵制官僚权力的其他独立力量。换言之，传统的官商结合制度与现代资本主义经济制度是背道而驰的。

依此视角来看，韦伯意义上的现代资本主义在中国历史上从未获得发展的空间。中国读者更多熟悉的是传统资本主义意义上的经济活动，或浸染成长于由此而来的文化精神和价值取向中。这为理解韦伯关于现代资本主义精神的讨论带来了不小的困难。

中国读者理解这本书的第二个困难缘于对宗教精神及其在社会生活中意义的陌生感。韦伯笔下的加尔文主义以及其他宗教信念渗透到西方社会日常生活之中，成为基本伦理和职业操守，以及由此产生的心理动力，塑造了人们的基本生活方式。韦伯注意到，美国社会中各教派是那些具有宗教伦理特质的人们组成的自愿性团体，经世俗化过程而成为身份象征，在历史上推动了资本主义经济活动。新教精神传统与教会正式威权或行会很是不同，提供了现代市民阶层的精神风格以及个人主义的历史基础，并为相应的民主制度提供了基础。当代西方社会文化的诸多方面仍可追溯到宗教信仰的沉淀，虽然这些宗教根基已经隐而不见。如韦伯强调指出的那样，只有认识到伦理背后的宗教渊源，才能真正理解这一伦理的强大力量。例如今天我们不时听到的关于学者从业天职感的呼声，正是那个遥远时代精神传来的回响。

与此相比，历史上的中国家族社会长期以来提供了基本的组织形式，血缘边界清晰，亲疏层次分明；行动规则多是来自各种角色关系的相对主义的文化定义。因此，中国读者对于西方宗教传统和相应的文化观念知之甚少，对深蕴于宗教信仰根基之上的习性和价值观很是陌生，几近无从体会。有学者提出儒家士大夫文化与资本主义精神之间的关联。在我看来，士大夫的家国情怀与韦伯笔下的理性资本主义精神是格格不入的。

再次提醒读者注意韦伯的立场：宗教信仰与资本主义经济活动不是唯一的因果关系；资本主义经济不存在唯一的发展途

径。韦伯意义上的"理性资本主义"不是也不应该是各种文明高低优劣的价值判断。本书的意义在于提醒我们，中西文明有不同的发展途径，而文化观念是比较、理解这些差异性的重要线索：一方面，资本主义精神、理性经济活动、官僚组织、法理支配形式等构成西方文明的诸多方面，都可以在其宗教信念中找到渊源。另一方面，这一比较制度分析也启发我们从文化层次认识中国社会、经济与政治制度诸方面及其精神渊源。一些根深蒂固的观念习性，如长老制度、等级制度深深镶嵌于文化传统设施中，在中国情境中被自然化或超自然化了，也因此被合理化了。

所谓经典作品，其价值不是那些具体观点或结论，而是提供了一种思维角度和方法，激发读者的想象和思考。韦伯著作正是为我们提供了这样一个视角和方法，唤起了相关的问题意识。我们不断重读经典，不是一再地接受其具体内容，而是将自己的困惑和思考的问题与经典中的视角和思路碰撞，以期得到新的感悟启迪；经典作品也因此获得新的活力，这正是韦伯理论以及其他思想学说具有鲜活生命力的缘由。

周雪光[1]

2019.11

---

1 周雪光，斯坦福大学社会学教授，李国鼎经济发展讲座教授，弗里曼—斯柏格里国际问题研究所高级研究员。

目　录

文献说明[1]

　　本书原发表于雅菲的《社会科学与社会政策文汇》卷二十、二十一（1904—1905）。从规模宏富的批评文献中，我只挑出最详尽的几种强调一下。拉赫法尔的"加尔文派和资本主义"（《国际科学、艺术与技术周刊》，1909年，第39—43号），对此我在我的"有关资本主义'精神'的反批判"一文（《社会科学与社会政策文汇》XXX, 1910）中作出了回应。针对我的回应，拉赫法尔再度批驳："再论加尔文派和资本主义"（同上，1910年，第22—25号）。而我的回应则是："反批判的结语"[2]（《社会科学与社会政策文汇》XXXI，布伦塔诺在我同样要援引的批判中，似乎不了解后面的这个阐述，因为他没有一并引用到）。我没有将与拉赫法尔（他在其他方面也是我极为尊敬的一位学者，这次来到了一个他实际并不精通的领域）的这场不可避免的几乎毫无收获的论争中的任何部分收到这个版本中来，而仅仅从我的反批判中撷取了（非常少的）一些补充性引文，并努力通过

1　这个"文献说明"并非原文正文，原本是韦伯给全书标题所作的一个脚注，内容是交代本书的缘起，因中文著作中罕见为全书标题作脚注的先例，为照顾读者阅读习惯，本译文仿照台湾康乐先生译本单独设立一个"文献"部分的做法，将这个脚注单独拿出来作为"文献说明"部分（之所以不取"文献"这个标题，是因为这个名称容易与注释中与书后的"参考文献"相混淆）。——译注

2　韦伯提到的两篇回应批判的文字，本译文均已收入，见后面"韦伯的'反批判'"部分。——译注

插入一些句子或注释，排除此后的一些可设想到的误解。此外还有松巴特的《资产阶级》一书，我在下面的注释中回顾了这部书。最后是布伦塔诺在他有关"现代资本主义的开端"的慕尼黑节庆演说（于科学院，1913）的"补遗"的"附录Ⅱ"（1916年在慕尼黑出了单行本，并通过收入"附录"加以扩充）。我也利用适当的机会特别在注释里回顾了这一批判。我听由每一位有兴趣倾听下面这一点的读者（尽管我不希望有这样的读者），经过比较之后感到信服：我**不曾**对包含了关乎事情之本质的任何主张的我的论文，进行了**哪怕一句**的删削、重新解释、弱化，或者将**偏离**事情的一些主张增补进来。没有任何动机促使我这样做，而阐述的进程也会迫使那些总是狐疑的读者，最后确信这一点：最后提到的这两位学者相互之间的争论，要比他们和我之间的争论更尖锐。我认为在此事上，布伦塔诺对松巴特的批判著作《犹太人和经济生活》的很多地方是有根据的，虽然就如下这个方面来看，它的很多地方又相当没有道理：布伦塔诺可能不了解这里首先完全被排除了的犹太人问题（后面会谈到这个问题）的决定性因素。在神学阵营中，由本书激发而产生的大量有价值的著作值得记录下来，整体而言对本书的接纳是很友好的；个别而言，也有一些偏离性的观点非常实事求是——这对我很有价值，于是我对有人反感这里讨论这些问题时不可避免的那种方式，就不那么惊奇了。在这个问题上，对于忠于其宗教的神学家而言**有价值的东西**，自然可能在这里并未受到重视。我们讨论的是诸宗教之生活中（在宗教立场的**评价**下）常常显得很粗浅的一些方面，但这些方面虽说**也**正处在那个层面上，却常常正因其粗浅，而在浅的层面发生最强的作用。这里还要简单提一下，而不是在所有个别问题上详细引用特洛尔奇的巨著《基督教教会与群体的社会学说》，这部书除了其他方面丰富的内容外，也形成了于我们的问题最为有益的某种补充和证实；这部书从它自己极为广泛的视点出发，论述了西方基督教伦理的通史。作者更关注宗教的**学说**，而我则更关注宗教的实际**影响**。

第一部分

新教伦理与资本主义精神

第一章 问 题

第一节 宗教认信与社会分层

纵览宗教认信混杂的国家的职业统计, 就会极为频繁地发现一种现象,[1]这种现象多次在天主教的报章文献,[2]以及在德国的天主教会议上得到热烈的讨论, 那就是: 现代企业中, 资本占有者和企业主, 以及熟练的上层工人, 特别是接受过较高的技术或商业训练的员工, 都带有非常强势的**新教**特征。[3]不仅是在宗教认信方面的区别与国籍上, 因而文化发展层次

1　例外的情形并非总是存在, 但很常见, 可以通过下面这一点来解释之: 某种工业的工人群体的认信情况, **首先**取决于它所处的地方的认信, 确切地说, 取决于它招募的那个工人群体的来源地认信。这种状况常常会迁延一些认信统计 (比如莱茵省的)初看之下给人留下的印象。此外, 当然只有通过对单个职业进行广泛的专业化和计数处理所得到的数字, 才是有说服力的。否则, 在某些情形下, 就会将数量巨大的企业主和一些独自工作的 "师傅们" 不加区分地置于 "工厂领导人" 的范畴之下。但首先要注意, **当今的** "盛期资本主义" 一般而言 (尤其是结合它的工人群体中广大不熟练的下层工人来看) 已独立于认信在过去**可能**具有的那种影响之外。关于这一点后面再谈。

2　比如可比较 Schell, *Der Katholizismus als Prinzip des Fortschrittes*, Würzburg, 1893, 第31页; v. Hertling, *Das Prinzip des Katholizismus und die Wissenschaft*, Freiburg, 1899, 第58页。

3　我的一个学生彻底钻研过他那时所掌握的一份最详尽的统计材料, 我们在这个问题上也使用这份材料: **巴登地方的**统计数字。可参见 Offenbacher, *Konfession und soziale Schichtung. Eine Studie über die wirtschaftliche Lage der Katholiken und Protestanten in Baden.* (Tübingen u. Leipzig, 1901, Bd. IV, Heft 5 der volkswirtschaftlichen Abhandlungen der badischen Hochschulen)。下面用于展示的事实与数字, 均来自这部著作。

上的差异相合的地方,像在德国东部的德国人与波兰人之间,而且几乎是在处于繁盛期的资本主义发展自由地使居民依其需求进行社会分层和职业分划的所有地方(情况越是如此,下面这一点就越是清楚),我们都能看到宗教认信统计的数据清楚地表明了这种现象。当然,新教信徒在资本占有的[1]、对现代工商企业中领导层和上层劳动中的,相对而言远远更大的那种参与,[2]亦即远远超出其占居民总数百分比的那种参与,部分地要归于历史方面的一些原因了。[3]这些根据处在遥远的过去,而在这些根据之侧,宗教认信方面的归属显得并不像是经济现象的**原因**,在某种程度上倒显得像是这些现象的**结果**。对那些经济功能的参与,一部分以资本占有为前提,一部分以昂贵的教育为前提,一部分(而且大部分)以这两者为前提,这种参与如今是与对继承的财富的占有,甚至是与优越的条件相关联的。恰恰帝国的一大部分最富裕的,在自然与交通条件方面得天独厚,在经济上也最为发达的地域,特别是多数富裕**城市**,在十六世纪都转向了新教,而此事对经济领域中生存斗争的后续影响,至今仍对新教信徒们有利。可这样一来又产生了一个历史方面的问题:经济上最为发达的地区对教会革命的这种特别强的敏感,其根据何在?而在这里,答案绝非如人们最初可能相信的那么简单。脱离经济传统主义的做法无疑显得像是一个因素,这个因素一般而言必定在相当本质的意义上,促进了同样也对宗教传统产生怀疑,以及反

1　比如在1895年的巴登地区,每一千名新教信徒被课以**资本年金**税的资本达到954060马克,每一千名天主教徒被课以**资本年金**税的资本则达到589000马克。犹太人每一千人的相应资本超过4000000马克,当然遥遥领先(数字依据奥芬巴赫前引文献,第21页)。

2　关于这一点可参见奥芬巴赫著作中的整个论述。

3　为此亦可参见奥芬巴赫著作的前两章中针对巴登地区进行的进一步阐述。

抗传统上的种种权威的那种倾向。但由此就要考虑到如今常常被遗忘的一点了：宗教改革并不意味着**消除**教会对一般生活的支配，而毋宁意味着以教会支配的**另一种**形式代替了此前的形式。而且准确来说，是以在能设想出来的最广泛的程度上，袭入家庭和公共生活的一切领域的，对整个生活方式一种烦不胜烦而又严肃的规整，替代了最宽适的，实际上在当时很少能感觉到的，通常几乎还只是形式性的一种支配。天主教教会的支配——"惩罚异端，但宽容罪人"，这种支配在过去要比当今执行得更严格——在当今被完全处于现代经济状况下的诸民族所容忍，而全世界在十五世纪末都知晓了的、最富裕的和经济上最发达的那些地区，同样也曾容忍了它。加尔文教的支配，如其在十六世纪的日内瓦和苏格兰那样，在十六世纪末十七世纪初荷兰的大部分，在十七世纪的新英格兰，也一度在英国本土发挥效力，对于我们而言，它是教会控制个人的所有可能的形式中，最无法忍受的一种。那时不管是在日内瓦，还是在荷兰和英国旧的城市贵族的广大阶层，得到的完全就是这般的感受。在经济发达的地方产生的那些宗教改革者感到要谴责的，不是教会—宗教方面对生活的支配太多，而是太少了。事情如何变成这般？那时正是这些经济发达的地区，而且正如我们还会看到的那样，在那些地方正是那时经济上飞黄腾达的"市民"中产阶级，不仅容忍了那时他们还闻所未闻的清教暴政，而且在为它辩护的过程中发展出一种英雄气概，一种**如其本然的市民**阶级此前很少了解，此后也不再了解的英雄气概——"我们最后的英雄主义"，[1] 就像卡莱尔不无理由地说的那样。

---

1 原文为英文，下文中出现类似的情形，即原文为德文以外文字的时候，一般会附上原文，不另注。——译注

但进一步来看重要的是：可能就像有人说过的那样，在现代经济内部，新教信徒对资本占有和领导职位的那种更强的参与，如今部分而言要被简单理解为他们从历史上传承下来的、总体而言更好的财产配备的后果，那么另一方面的一些现象就显现出来了，在那些现象那里，无疑就**不存在**这种因果关系了。下面这些现象（我们仅列举几例）就属于此列：首先完全普遍、有据可查的是，在巴登就像在巴伐利亚和（比如说）匈牙利一样，身为天主教徒的父母们与身为新教信徒的父母们给孩子们选择的高级课程相反，这些课程在**种类**上就很有差异。虽然对于下面这一点，即在"高级"学校的中小学生与毕业生中天主教徒所占的百分比，在整体上远远低于他们在居民中所占的总比重，[1] 人们可能在相当大的程度上归于上述历史上传承下来的财产差异；但下面这一点，也就是即使在天主教徒高中毕业生**内部**，出身于现代的、专门而言是为技术研究和工商业类职业作准备之用的，一般而言乃是为市民职业生活而打算的那些特定而适用的教育机构（实科中学、实用中学、高级市民中学）的人所占的百分比，也很醒目

1　在1895年巴登地区的总人口中，37%是新教信徒，61.3%是天主教徒，1.5%是犹太人。但在1885—1891年，国民小学层次以上且非义务教育的学校中，学生的认信情况如下（依据奥芬巴赫前引文献，第16页）：

	新教信徒	天主教徒	犹太人
文理中学	43%	46%	9.5%
实科中学	69%	31%	9%
高等实用中学	52%	41%	7%
实用中学	49%	40%	11%
高级市民中学	51%	37%	12%
平均值	48%	42%	10%

　　在普鲁士、巴伐利亚、符腾堡、帝国直辖区（1871—1918年间指阿尔萨斯—洛林地区——译注）、匈牙利出现了完全相同的现象（参见奥芬巴赫前引文献，第18页起）。

地**大大**低于新教信徒的百分比,[1]而文理中学所提供的预备教育则为他们所偏爱——这种现象由此无法得到解释,而反过来说,这恰恰可以解释天主教徒较少参与资本主义的行业这一点。但更为显著的是一种观察,这种观察有助于理解天主教徒为何在现代大工业的熟练**工人**阶层中占有较少比例。工厂很大程度上从手工业者的后代那里得来其熟练劳动力,因而使这些后代为其劳动力的成熟作准备,并在准备完成后收回这些劳动力,这一众所周知的现象,在新教信徒工匠那儿表现得远甚于天主教徒工匠那儿。换句话说,在工匠中,天主教徒表现出更强的留在手工业中的倾向,因而相对而言会更多地成为手工业**师傅**,而新教信徒则更多地分流到工厂中去,结果便是在那儿充任熟练工人和职业公务人员中的高层。[2]在这些情况下,无疑存在着因果关系,使得**养成的精神气质**,以及教育的方向(虽然在这里受到了家乡和家庭宗教氛围的限制),决定了如何选择职业,以及往后的职业命运。

但天主教徒在德国较少参与现代营利生活的现象如今是如此之显著,就更加与历来的,[3]包括现今的经验都大相径庭了:在民族或宗教上占少数的人,作为"被统治者"与另一个"统治性的"群体相对立,**由于他们自愿或不自愿地被从政治上有影**响力的职位上排除出去,通常都被强力驱赶到营利之路上,他们中那些有天赋的人,由于在国家公职的层面上无法施展抱负,就

1　参见前一个注释中的数字,从这些数字来看,天主教徒读中学的总频率要比天主教徒占人口总数的比例低将近三分之一,**只是**在文理中学(本质上是为了给神学研究作预备)这一项上有几个百分点的反超。看看稍后的论述就可以发现,因比较独特而需要强调的一种情形是,在匈牙利,**经过宗教改革的地方**在更大的程度上出现了那种很典型的新教信徒频繁入读中学的现象(奥芬巴赫前引文献,第19页末注释)。

2　参见奥芬巴赫前引文献第54页的论据,以及该书结尾的诸表格。

3　尤见佩蒂爵士著作中那些在我们的下文中一再被引用的文句。

寻求在这里得到满足。很显然，融入俄国和东普鲁士毋庸置疑的经济发展的波兰人（与被他们统治的加利西亚地区相反），更早些时候路易十四统治下的法国的胡格诺派，英国非国教派和贵格会，以及（最后但不可忽视的）两千年来的犹太人，其情形便是如此。但在德国的天主教徒那里，我们看不到一点点这种效应，或者至少没看到任何显眼的效应，而且在过去的那些他们或者被迫害，或者只是被勉强容忍的时候，他们在荷兰和英国，均未与新教信徒针锋相对地显示出**经济方面**任何特别突出的发展。毋宁说存在着这样的事实：新教信徒（特别是稍晚些时候要另加讨论的，他们当中的一些流派），**不管作为统治阶层，还是作为被统治阶层，不管作为多数群体，还是作为少数群体，都**明显特别倾向于经济理性主义，而在天主教徒那里，**无论他们境况如何，都**是看不到这种倾向的。[1]因而，造成不同态度的原因，就主要方面而言，必须到那持久的内在特征，而**不是**只到认信时外在的历史—政治境况中去找寻。[2]

1　因为佩蒂偶尔采用爱尔兰的例证的理由很简单：在此处，新教信徒阶层仅仅作为不在庄园停留的一些地主而居住着。要是说它能证明更多的什么，那就（众所周知地）错了，就像"苏格兰裔爱尔兰人"的地位所表明的那样。就像在别处一样，资本主义与新教之间的那种典型关系在爱尔兰也存在（有关爱尔兰的"苏格兰裔爱尔兰人"，参见 C. A. Hanna, *The Scotch-Irisch, 2 Bände*, New York, Putnam）。

2　当然这并非是在否定，后者也能产生最重要的一些后果；尤其并不矛盾的是，就像后面要讨论的那样，对于一些新教教派的整个生活氛围具有决定性意义，也能回过头来影响他们对经济生活的参与的是，他们代表了一些小型的，因而同质的少数群体，比如就像生活在日内瓦和新英格兰这两个地方之外的那些严格的加尔文派信徒真正普遍具有的特征那样——即便在他们居于支配地位的地方，也是如此。世上所有因某种认信而**流亡者**，印度的、阿拉伯的、中国的、叙利亚的、腓尼基的、希腊的、伦巴底的，"cawerzische"都是作为高度发达国家的**商人训练**的承担者而移居到其他国家的，这是一种极为普遍的现象，但与我们讨论的问题无关。布伦塔诺在他有关"现代资本主义的开端"的那篇被我们频繁引用的文章中，提到了他自己的家庭。但外地来的**银行家**成为业务经验和关系的最好承担者的现象，在所有国家的**所有**时代都是存在的。他们绝非现代资本主义所特有的，而且（下文提及）会被新教信徒视作伦理上不可靠之人。像穆拉特、裴斯塔洛齐这些移居到苏黎世的洛迦诺新教家族是个例外，他们在苏黎世很快就成了**现代**所特有的那种资本主义（**工业**）发展的承担者。

因而问题首先就在于，目前要探究，在宗教认信特征的诸要素中，现今或过去在前述方向上曾起作用或者部分还在起作用的，是哪一种。人们现在凭着一些肤浅的观察，由于现代的某些印象，便可能会如此表述那种对立：天主教更大的"遁世性"，禁欲的特点，这些特点必定显示出它的最高理想，也给它的信仰者培养出对此世之利益的某种更大的漠视。实际上，这种说明又符合了当今用来评判两种宗教认信方式的日常流行的图式。在新教方面，人们利用这种观念来批判天主教生活方式中的那种（实际的或表面上的）禁欲理想；在天主教方面，人们则以"唯物主义"的指责回敬，据说唯物主义是新教将一切生活内容都世俗化后引起的后果。现代的一位作者也相信，就像这种对立在两种宗教认信方式对营利生活的态度中表现出来的那样，应该如此这般表述这种对立："天主教徒……更镇静；他们没有那么强的营利之心，更偏爱一种尽可能有保障的生活历程，即便收入不多，而不是一种危险而骚动，但可能带来荣誉与财富的生活。俗谚诙谐，尝云：要么吃好，要么安眠。在前述情况下，新教信徒喜欢吃好，而天主教徒则愿意安然而眠。"[1]实际上，"愿意吃好"这一说法，虽然还不够，但至少部分正确地刻画了德国当前对教会很淡漠的那部分新教信徒的动机。不仅事情在过去便久已大为不同，众所周知，对于英国、荷兰和美国的清教徒们而言，恰恰"世俗欢乐"的反面是其特征，准确地说，就像我们还会看到的，这个反面是对我们而言最为重要的性格特征之一。而且比如说，法国的新教长久地，并在某种程度上至今都保持了某种特征，一般而言，加尔文派教会都具有这种特征，而在信仰斗争的年代，那些"十字架下"

1　奥芬巴赫博士前引文献，第68页。

的人们普遍都具有这种特征。然而（或者，我们还将必须问一问，或许正因此？）众所周知的是，法国新教曾是法国实业与资本主义发展的一个最重要的担当者，而且在免于迫害的小范围内一直如此。如果人们愿意将生活方式中的这种严肃态度，以及宗教兴趣的这种强势支配情形称作"遁世"，那么法国**加尔文派教徒**至少和德国北部的**天主教徒**同样地遁世，对于后者而言，他们的天主教无疑在某种程度上是他们真心关切的，这已到了世界上其他民族无一可比的程度。而**二者**都在同样的方向上，与占支配地位的那个宗教派别区别开来：那些其下层最享受生活，其上层则直接与宗教为敌的法国天主教徒，以及今天那些献身世俗营利生活，其上层则对宗教极为淡漠的德国新教信徒。[1]没有比这里的对比更能清楚地表明下面这一点的了：如此含混的一些观念，比如（所谓的）天主教的"遁世"，（所谓的）新教的唯物主义"世俗欢乐"，以及这里许多类似的观念，简直百无一用，因为它们部分在今天，部分至少对于过去而言，都完全是无当的。但如果人们愿意用它们，**那么除了已经作出的说明之外**，必定还会有其他一些观察甚至会触发如下想法：一方面是遁世、禁欲和虔敬，另一方面是对资本主义营利生活的参与，这两方面之间的截然对立，是否会翻转为一种内在的**亲缘性**？

实际上，从一些外在的要素出发就可以看到，出身于商人圈子，而又恰好拥护基督教虔敬的内在形式的人的数量之大已经相当醒目了。在虔敬派的那些最严肃的信仰者中，特别引人注目的是有相当数量的人就是如此出身。在此，人们

---

1 W. Wittich, *Illustrierte Elsäß. Rundschau*, 1900（也以单册形式出版），这部卓越的著作，以超乎寻常的精细的注释说明了德国和法国诸种认信团体的特征，以及在阿尔萨斯的国籍之争中，这些对立与其他文化因素混杂在一起的情形。

可以想想"拜金主义"对种种内在的且并不适于商人职业的秉性的某种反向影响，而且无疑地，在圣方济各以及许多虔敬派信徒那里，"皈依"的经过在主观上对于皈依者自身而言，常常就是这般表现出来的。而类似地，人们也可以试着将直到罗德斯为止的那种同样极为常见的现象，即资本主义大企业家出自教士家庭，解释成对他们青年时期所受的禁欲教育的一种反动。然而这种解释方式若是碰到下面这种情况，就失灵了，即练达的资本主义业务意识，与一生持之以恒地规约自己的那些最强烈的虔敬形式，在同一些人和人群中碰到**一起**时；而且这样的情况并非什么零星事件，而简直是历史上最重要的那些新教教会与教派的整个群体之标志性特点。加尔文派**在其现身的地方总是**[1]特别能显示出这种关联。它很少在宗教改革于某个国家扩展之时（就像一般意义上的某个新教认信团体一样）被束缚于某一个特定的阶级之上。然而很有特色，在某种意义上也很"典型"的一种情况是，在法国胡格诺派教会中，有为数众多的僧侣和实业家（买卖人、手艺人）可算作改宗者，特别是在迫害的年代依然如此。[2]西班牙人早就知道，"异端"（亦即荷兰的加尔文派）"促

1　**那么**当然，这是指相关地区**毕竟**还有资本主义发展之**可能**的情况下。

2　关于这一点，可参见，比如说，Dupin de St. André, *L'ancienne église réformée de Tours. Les membres de l'église*。在此人们也可以再（特别是天主教的评判者们将很接近这一思想）将狂热追求**摆脱修道院的**，或者，一般而言，教会的控制当作驱动力。但是，不仅同时代的敌对者（包括拉伯雷）的判断与这种思想相对抗，而且在胡格诺派信徒的第一届全国会议中，在关于一个**银行家**是否能成为某个教会的长老的问题上出现的良心不安，以及尽管有加尔文毫不含糊的立场，却由于有思想疑惑的信众的质询，而在全国会议上反复出现的有关是否允许收高利贷的讨论，都显示出关心这个问题的那个圈子的人的强烈参与，但**同时**也显示出，希望能在没有告解检查的情况下施行"高利贷之恶"的那种想法，那时**不是**关键之所在。（下文中，同样情形在荷兰出现了。可以明确地讲，教会法中**关于高利贷的禁令**，在我们的**这些**研究中一般而言并未扮演什么角色。）

进了商业精神"，而这又完全符合佩蒂爵士在其探讨资本主义在荷兰的勃兴之原因时提出的那些看法。格泰因[1]正确地将加尔文派聚居地称为"资本经济的培育所"。[2]在这里，人们的确可以将这聚居地主要源于法国和荷兰占优势的经济文化这一点，或者将流放或脱离传统生活关系所产生的强有力的影响，当作决定性因素。[3]光是在法国本土，就像从科尔伯特的斗争中得知的，在十七世纪情况就完全如此了。即便奥地利（不用说别的国家了）也偶尔直接引进信仰新教的工厂主。并非所有新教派别看起来都在这方面同样强烈地起作用。加尔文派在德国似乎也在这样做；在伍伯塔尔及其他地方，"改革的"

1　*W. G. des Schwarzwalds* I，67.

2　与此相关的可参见一些简短评论：Sombart，*Der moderne Kapitalismus*，第1版，第380页。可惜后来松巴特在他规模更大的那部著作（*Der Bourgeois*，München，1913）（依我看来，该书的这些部分是其最弱的地方）中，受到凯勒的虽有很多不错的评论（但这些评论在**这个**方面并无新意）、却也同样处在其他一些现代护教性的天主教著作的水平之下的那部书（*Schriften der Görres-Gesellschaft*，第12册）的影响，为一个完全错误的"论题"辩护，我们在后面会顺带回到这一点上来。

3　因为随着劳动而迁居，对于劳动的强化而言乃是最强的一种手段，这是完全确定而又明白的事实（也可比较109页注释13）。同一个波兰少女，在家乡的时候不为任何一种如此有益的收入机会所动，坚决不从她那种传统主义的懒散状态中走出来，来到萨克森这个外地之后，看起来完全改变了其性情，能达到异乎寻常的高效率了。在意大利流动工人那里，出现了完全相同的现象。这里决定性的因素绝不仅仅是来到某种更高的"文化氛围"可以受到更好教育的影响（当然这种影响也一同起了很大作用），这一点于此表明，同样的现象出现了，即使比如在农业中，雇佣的工作**种类**和在家乡的情形完全相同，流动工人宿舍等方面的安置状况甚至暂时下降到在家乡绝不能忍受的某个水平上。在与日常环境完全不同的另一个环境中工作所显示出来的明白的事实，在这里冲破了传统主义，而且是一种"教训"。几乎无须提及的是，美国经济发展有多大的成分都是基于这种效果之上的。巴比伦之囚对于犹太人具有的完全类似的意义，对于古人而言是应该刻骨铭记的，同样的情形也在（比如）波斯拜火教徒那里发生了。但对于新教信徒而言，就像信奉清教的新英格兰殖民地和信奉天主教的马里兰地区、信奉英国国教的南部地区、宗教认信混杂的罗德岛之间在经济特征上的那种确定无疑的差异已经有所表明的那样，他们的宗教特征所产生的影响，完全公开地作为独立因素起作用了，比如说就像在印度的耆那教徒那样。

宗教认信方式[1]与其他信仰表白相比,似乎曾经很有助于资本主义精神的发展。正如无论在大体上,还是在个别方面的比较似乎可以表明的那样,它比路德宗更有裨益。[2]对于苏格兰,巴克尔,特别是英国诗人济慈,都重点强调了这种关系。[3]更加显著的是,我们在这个问题上只需回想便知,在那些既以"生活淡泊",又以财富闻名的教派中的很大一部分人那里,在其以宗教规整生活的做法,和事务意识的强烈发展之间有某种整体关联:尤其是在**教友派**和**门诺派**那里。前者在英国和北美扮演的角色,在荷兰和德国落到了后者肩上。在东普鲁士本土,虽然门诺派断然拒绝服兵役,但由于他们是工业的必不可少的承担者,腓特烈·威廉一世也只得听之任之,这只是众所周知的表明上述那一点的无数事实之一,当然考虑到这位国王的性格,这就算是最强的一桩事实了。最终对于**虔敬派**来说,强烈的虔敬与同样强地发展了的事务意识及事务兴隆之间的关联同样有效,[4]这一点也家喻户晓了:人们只需想想莱茵河的局势和卡尔夫就明白了;因此,在这些仅为完全初步的阐述中,例子已经够丰富的了。因为这点为数不多的阐述

1　众所周知,改革派的宗教认信方式,在其大部分形式上,或多或少是**温和化了的**加尔文派或茨温利派。

2　在几乎纯粹信奉路德宗的汉堡,**唯一**一笔源自十七世纪的大资产,是一个著名的改革派家庭的资产(承蒙瓦尔教授的友好提示)。

3　因而,这种整体关联为人所主张(拉瓦埃和阿诺德等人已经讨论过这种整体关联),这并不是什么"新鲜"事,对它的那种完全无根据的怀疑反倒很新鲜。对它应予**澄清**。

4　当然,这并非要否认,正统的虔敬派,就像其他一些宗教流派一样,出于家长制的情绪,抵制资本主义经济制度的某些"进步"——比如从家庭手工业过渡到工厂体系。问题正在于清楚地区分一个宗教流派作为理想来**追求**的东西,和使得这个流派对于其信徒事实上**起作用**的东西,就像我们后面常常会看到的那样(关于虔敬派劳动力所具有的特殊劳动才能,我从威斯特法伦的一家工厂中算出来的那些例子有所涉及,见于下面这篇文章:"Zur Psychophysik der gewerblichen Arbeit",收于 *Archiv f. S02.* Band XXVIII,第263页,以及其他各处)。

全都表明了一点："劳动的精神"、"进步的精神"或者像人们以其他方式称呼的那样，人们习惯将这种精神的唤醒归功于新教，它不应像今天常常被理解为"生活乐趣"或"启蒙"意义上的无论哪种别的意思。路德、加尔文、诺克斯和沃特的那种老式的新教，与人们今天所谓的"进步"真的不太相关。它与现代生活的所有方面都直接敌对，但今天最激进的宗教也不打算扼杀这些方面。因而，若是能在旧式新教精神的某些特定模式与现代资本主义文化之间找到某种内在联系的话，我们无论如何也**不可**到它（表面上）多少具有唯物主义或反对禁欲的"世俗欢乐"中，而毋宁必须到它纯粹**宗教性的**特征中去寻找。孟德斯鸠说英国人将"世界上所有民族中最重要的三桩事推到了极致：虔敬、商业和自由"（《论法的精神》第二十卷，第七章）。难道他们在营利领域的优越性（以及他们在自由的政治制度方面的能力，这属于另一种整体关联了），有可能与孟德斯鸠所承认的，他们在虔敬方面的声誉合为一体吗？

当我们这样提出问题时，大量可能的关系就立即出现在我们面前了，让人感到还是有些模糊。眼前紧迫的任务就是，要将这里对我们而言模糊不清地浮现的东西清楚地**表述**出来，当然得在每一种历史现象展示的不可穷尽的多样性中允许的范围内这样做。但为了做到这一点，就迫不得已必须舍弃我们迄今一直在运用的那些含糊的一般观念，并尝试探究那些伟大的宗教思想世界的标志性特征，与我们在历史上基督教的各种不同形态中碰到的诸种差异。

但在此之前还必须注意几点：首先是关于对象的特征，这里的问题在于对它作一历史的澄清；然后是关于这样一种澄清在这项研究的框架内，在何种意义上才是可能的。

第二节 资本主义"精神"

本研究的标题运用了一个听起来颇为讲究的概念："资本主义**精神**"。应该如何理解这个概念？当我们尝试就此给出某种"定义"时，隐藏于研究目标之本质中的种种难题必定马上就会出现。

但凡可以找到某个对象，使得我们对那个名称的使用有意义，它就只能是一个"历史上的个体"，这就是说，是历史现实中的种种整体关联构成的某个复合体，我们在这些整体关联的**文化意义**的视角下，在概念上将它们结合成一个整体。

但这样一个具有历史性的概念由于在内容上与一种在其个体**特征**方面含义丰富的现象相关，就不是依据"临近的属加种差"的图式，而是必须从它那得自历史之现实的各别组成部分来逐渐**合成**。因而概念上最终的鉴定，就不是在一开始，而是在研究的**结论**处才能获得的。换句话说，只有在讨论的过程中，且作为它的实质结果，才能看到如何才能最好地（亦即对于我们这里最感兴趣的那些视角而言最合适地）表述我们这里以资本主义的"精神"要说的意思。这些视角（后面会谈到它们）并非我们后面可以在其之下分析我们所观察到的那些历史现象的仅有的可能的视角。就像在每一种历史现象里一样，其他一些观察视角在这里会产生出其他一些"本质"特征：由此可以立即得出，人们完全不会或不必将资本主义"精神"**仅仅**理解为对于**我们**的观点表现得很本质的那个意思。这正是"历史的概念构成"的本质，这种概念构成出于其方法论上的目的，并不寻求将现实塞入抽象的类概念中去，而是寻求结合成具体发生的整体关联，这些整体关联总是不可避免地

19

特别具有**个体性**色彩。

这样，如果要确定我们这里欲对其进行分析和历史说明的那种对象，那么要做的就不是进行概念定义，而首先是至少要预先将资本主义"精神"在这里的意思**直观呈现**出来。实际上，这样一种直观呈现对于就研究对象达成共识这一目的而言是必不可少的，而为此计，我们讨论表现这种"精神"的一份文献，这份文献以近乎古典的纯粹性，包含了这里首要的关键，同时又具有不与宗教事务发生**任何**直接关系的优点，因而对于我们的主题而言，它是"无预设的"：

> 想一想，**时间**就是**金钱**；谁若是每天能通过劳动挣 10 先令，又花半天的时间闲逛，或者在房间里无所事事，那么即便他只花 6 便士去消遣，也不应该只算这些，除此之外他还耗掉或者毋宁说扔掉了 5 先令。

> 想一想，**信誉**就是金钱。某个人放了一笔可支付的钱在我这里，就等于把利息送给我了，或者将我在这段时间能用它挣的那些钱送给我了。如果一个人有良好与可观的信誉，而且很好地利用了它，那么这笔钱可以达到一个相当大的数量。

> 想一想，金钱**在本性上就是富有生育力和多产的**。金钱生成一些东西，而它所生成的东西还能生成更多的东西，如此下去。5 先令一倒手就成了 6 先令，再倒手就成了 7 先令 3 便士，这样继续下去，直到成了 100 英镑为止。现有的钱越多，通过倒手产生的也就越多，这样效益就会越来越快地上升。谁要是宰了一头母猪，就等于消灭了它的所有后代，直至第一千头。谁要是毁了 5 先令，就**谋杀**了可用这 5 先令产生的一切：成堆的英镑。

想一想，俗谚有云，一个**及时还钱的人**，就是所有人钱包的主人。谁有在约定的时日准点还钱的好名声，朋友们只要有用不着的闲钱，对他一定有借必应。

这偶尔会带来巨大的收益。除了勤劳和节制之外，再没有比在所有事务中都守时和公道，更能使一个年轻人在世界上**通行无阻**的了。因此永远不要在答应还钱的时间的一小时之后还扣着借来的钱不还，如果失信一次，由此带来的不快，会致使你朋友再也不借钱给你了。

一个人必须重视那些影响他**信誉**的小节。债主早上五点或者晚上八点听到你劳动的声响，会让他半年都安心；但他要是看见你该劳动的时候在打台球，或者在酒馆里厮混，第二天一早他就会让你还债，还会在你攒够之前催你还他的钱。

这还表明，你记得你的债务，这会让你**看起来像**一个细心又**正直的人**，并提高你的**信誉**。

别把你拥有的一切都当作你的财产，并依此生活。许多有信誉的人都陷入这种幻觉了。对你的收支做一本详细的账，以防止出现上述情况。花点工夫重视一下细节，就会产生下面的好结果：你发现，极小的一些花费会积累成大数目，你还会注意到，原本可以省下多少，将来又能省下多少。

你若每年有6英镑，便能产生100英镑之用，前提是，你是一个人所共知的精明正直之人。谁每天白白花费10芬尼而无效益，他每年就白白花费了6英镑而无效益，而这就是牺牲100英镑之用而付出的代价。谁每天花点时间（很可能只有几分钟）挥霍掉了10芬尼面值，这样一天一天算下来，每年他就失去了使用100英镑的特权。谁花时间挥霍了5先令而无效益，就失去了5先令，而且很可能还将

5先令打了水漂。谁失去了5先令，他失去的不仅仅是这个总额，还失去了用这5先令从事经营可能赚回的一切——当一个年轻人进入高龄后，这可能积累到一个相当可观的总额。

在这些话里对我们进行布道[1]的，正是**富兰克林**；[2]而昆伯格则在他那部才华横溢的《美国文化图景》[3]中将这些话作为所谓的美国佬的信仰告白加以讥讽。没人会怀疑，他以其特有的方式说出了"资本主义精神"，却极少有人主张，如今人们对这种"精神"的**所有**理解，都包含在这里了。我们再在这些段落里留驻一会，昆伯格在他的《厌倦美国》一书中这样概括它里面包含的生活之道："人们从牛身上榨脂，从人身上榨钱。"这样一来，关于**值得信赖的**绅士的理想，尤其是关于个人对作为目的本身而被预设下来的、对增殖资本的兴趣**负有义务性**的思想，就作为这种"贪吝哲学"的特色凸显出来了。实际上，事情的本质首先在于，这里宣扬的并非单纯的生活技艺，而是一种特有的"伦理学"，损害这种伦理学的做法不仅被视作愚蠢，而且被视作对义务的某种遗忘。这里教导的不仅仅是"处事精明"，"精明"的意思在别的地方说得也够多的了：这里表现的是一种**风气**，而我们感兴趣的，正是**这一**性质。

1　"布道"原文作"predigt"，也可译为"训诫"。——译注

2　结尾一段取自"对将富者的必要提示"（1736）。其余段落取自"对一位年轻商人的忠告"（1748），收于斯帕克斯编的文集，卷二，第87页。

3　众所周知，《厌倦美国》一书是对莱瑙的"美国印象记"的一种诗意的改写。作为艺术作品，该书在今天可谓不堪入目了，毋宁说它充当了对（在今天来看久已被淡忘了的）德国人与美国人在感受上的种种对立的一份记录，甚至可以说，无论如何，自德国中世纪神秘主义以来为德国天主教徒和新教信徒所**共有**的而得以保存下来的那种内在的精神生活，与清教徒的资本主义活力形成对立，绝对没有被超越过。昆伯格对富兰克林论文的翻译有些随意，这里依照原文作了修正。

当富格尔的一位退休的同行劝他也这么做，因为他现在挣的已经够多了，也该给别人机会挣点钱的时候，他将这种想法斥为懦弱，并且回答说："他（富格尔）的想法完全不同，他想在能挣钱的时候多挣点。"[1]此时这种态度具有的"精神"就与富兰克林明显**不同**：在富格尔那里作为商人的雄心，以及某种私人的、与伦理无关的倾向表现出来的东西，[2]在富兰克林这里，其生活方式含有**伦理色彩**的准则的特征。在我们这里，"资本主义精神"这个概念是在这个特定的意义上被使用的。[3]它指的自然是**现代**资本主义的精神。因为从我们提问的方式来看，这里谈的无非只是西欧和美国的资本主义。在中国、印度和巴比伦，在古代和中世纪，都曾有过"资本主义"。**但那种资本主义所缺少的，正是我们将会看到的那种特有的风气。**

诚然，富兰克林的所有道德告诫，如今都被转到了功利主义方向：正直是**有用的**，因为它带来信誉；守时、勤奋、节制同样如此，而**正因此**，它们**才**是德性。由这里及其他一些观点就可以得出，当正直的**表面现象**能带来同样的成效时，这就够了，若是再

1　松巴特将引用这句话，作为有关"资本主义之发生"的那个部分（*Der moderne Kapitalismus*，Bd. Ⅰ，第193页起，参见该书第390页）的篇首格言。

2　很明显，这既不是说富格尔是一个在伦理上无所谓或者没有宗教信仰的人，也不是说富兰克林的伦理学用那几句话就**完全**道尽了。然而不必为了使这位著名的博爱主义者免遭误解（虽则布伦塔诺仿佛相信我误解了他），而引用布伦塔诺的话了（*Die Anfänge des modernen Kapitalismus*，München，第150页起）。问题反而正是：这样一位博爱主义者如何**正好**以一位**道学家**的调子陈述了**这些句子**（布伦塔诺忽略了讲述这些句子极特别的形成过程）？

3　基于此，才出现了我们这里与松巴特形成对立的、别样的提问方式。这种区别具有显著的实际意义，这种实际意义在后面会显露出来。这里应该注意的是，松巴特绝没有忽略资本主义企业主的这个伦理的方面。只是在他的思想整体中，这个方面似乎成了资本主义的结果，而我们出于自己的目的，接受了相反的假定。只有在这项研究的结尾，才能最终决定我们的立场。关于松巴特的观点，参见他的前引文献，Ⅰ，第357、380页。在这一点上，他的思路与齐美尔那些卓越的景象有联系。关于他针对我的论述，我以后会谈。在这点上任何一种详尽的争论，首先都必须被搁置起来。

在这些德性上作不必要的努力，那在富兰克林眼里必定就像是毫无用处的挥霍了。而实际上，谁要是在他的自传中读到对他如何"皈依"那些德性的叙述，[1]或者对于严格地维持简朴知足、谦逊自抑的**表面现象**的做法如何有利于达到人们对他的普遍承认的详细论述，[2]就必然会得出这样的结论：照富兰克林看来，那些德性就像所有德性一样，也**只有在如下情况下才**成其为德性，即它们在具体情况下对个人有用，而在能达到同样功效的地方，单纯的表面现象这个代用品就普遍**够**用了。这是严格的功利主义的一个不可避免的推论结果。德国人在美国风的那些德性中常常觉得"伪善"的东西，在这里被逮个正着。可是事情绝没有这么简单。不仅富兰克林自己的那种在其自传中恰恰以一种罕见的正直的面貌出现的性格，而且下面这一点，即他将德性的"有用性"在他面前的展现归结为上帝的启示，认为上帝想以此将他导向德性，这些都显示出，这里还有某种不同于纯粹自我中心主义准则之伪饰的东西存在。而首先便是这种"伦理学"的"至善"：挣越来越多的钱，最严格地避免一切自然的享受，完全

1　德语译为（韦伯将富兰克林的话翻译成德语，以介绍给德语读者，在本译文中已不存在这个问题，但我们仍按字面意思翻译了这个说法——译注）："最终我确信，在人与人之间的交往中坚持**真理、坦率和正直**，对于我们在生活中获致幸福是最重要的，并决定在每一刻都做到这一点，还**将这个决定写在我的日记本里**：终生力行这一点。然而原本的天启实际上在我这里并不重要，我是这么想的，虽然一些行为并不**因为**启示的学说加以禁止，就是坏的，或者**因为**那学说鼓励，就是好的，然而将所有情形都考虑在内来看，那些行为大概只是**因为**其本性有害，便被禁止，或者**因为**它们有益，便令我们被劝说去施行之。"

2　"我尽可能避开众人的目光，并将它"（即经他倡议建立一座图书馆）"说成是'一些朋友'的想法，说他们请我走访并建议那些他们认为是读书种子的人这样做。依此而行，我的事情办得更顺了，而且我在此后碰到这类事情的时候如法炮制，并且在我通常成功之后，还给人留下坦率的好印象。由此导致暂时稍许牺牲一点点自己的爱好，后来会产生丰厚的回报。如果**在一段时间里**不知道该将功劳归给谁，那就会有某个比当事人更自负的人，鼓起勇气说他应当得到这益处，这时妒忌之心本身就会倾向于还第一个人以公义，因为它将那些他原本以为自己应该拥有的东西夺过去，还给它正当的所有者。"

剥离一切幸福论甚或享乐主义的视点，将挣钱当作目的自身，以致这种做法显得与个人的"幸福"或"收益"相对立，无论如何都成了完全超越的和绝对非理性的。[1]挣钱成了人所追求的生活目标，挣钱再也不是作为手段，为满足人的物质生活需求服务了。正如我们将要说的，对于"自然的"事实情况的这种绝对违背自然感受的颠覆，如今显然完全无条件地成了资本主义的一个动机，这对于还没有接触到资本主义气息的人来说，是很陌生的。但这种颠覆也蕴含着一系列的感受，这些感受与某些宗教观念联系在一起。因为人们问**为什么**要"从人身上生钱"，富兰克林虽然本身是一个在宗教认信方面很苍白的自然神论者，他在其自传中以一句《圣经》格言作答，这句格言就像他说的，是他那位加尔文派的父亲在他年少的时候一再叮嘱他要牢记的："你看见**办事**[2]殷勤的人吗？他必站在君王面前。"[3]只要是合法进行的，挣钱在现代经济秩序中就是在**职业**方面能干的结果和表现，而这种**才干**，正如现在不难看到的，实际上就是富兰克林道德贯彻始终的实质，正如在上面引述的段落中，以及他

1　布伦塔诺（第125页，第127页注1）抓住机会提醒人们注意这一点，是为了批判后面关于"理性化与训练"的那些论述，那些论述将人束缚在世俗内部的禁欲之上；他说这是一种走向"不合理生活方式"的"理性化"。实际上对他而言，事情的确如此。事物从来都不会本身就"不合理"，而是从某个特定的"合理的"**视角**来看如此。对于不信教的人而言，每一种宗教行为，对于享乐主义者而言，每一种禁欲的生活方式，都是"不合理的"，然而从**它们的**终极价值来看，它们也是某种"理性化"。如果说本书有什么贡献的话，我希望它作出的贡献是，发现那看似只有一个意思的"合理"概念的多方面意思。

2　此处翻译依和合本《圣经》。"办事"一词韦伯译文为"in seinem Beruf"，可直译为"在其职业方面"。——译注

3　Spr. Sal. c. 22: 29，路德译为"in seinem Geschäft"（在其业务方面），更早的英语《圣经》译本中为"business"（业务）。关于这一点，参见第124页注54。（此为韦伯原文，这里所说的页码即原文边码，下同。——译注）

的所有著作中无一例外地向我们呈现的那样。[1]

实际上，这种独特的**职业义务**思想认为个人应该感受到这种义务，而且其感受是与他的"职业"活动内容相对立的，不论这活动的实质是什么，尤其无论它对于自然的感受是以对他的劳动力的有价值运用，还是仅仅作为他的实物产业（作为"资本"）。这种思想正是资本主义文化的"社会伦理学"所特有的，在某种意义上甚至对于这种伦理学具有积极建构的意义。它并非好像**只是**在资本主义的基础上产生的：我们在后面毋宁要寻求回溯到那之前去。当然，更不应该主张的是，对于**当今的**资本主义而言，他的各个承担者，比如现代资本主义企业中的企业家或工人，对这种伦理准则的主观领会，就是资本主义得以延续的条件。当今资本主义的经济秩序，是一个庞大的世界秩序，在这个世界秩序中，个人生来就在那里了，而且对于作为个别事物，作为事实上无以更改，而个人又要生于其中的大房子的世界秩序而言，它是现成就被给定的。它把它的经济行动的规范强加给个人，只要个人已陷入由市场构成的整体关联中。那些不断与这些规范对抗的工厂主，就像那些不能或不想适应规范的工人一样，也肯定会被削减，成为街道上游荡的无业者。

因而，当今在经济生活中占据支配地位的那种资本主义，也在经济**精选**的道路上培育和塑造它所需要的经济主体——企业主和工人。恰恰只有在这里，人们才能当即将"精选"概念理解为澄清历史现象的工具。就此而言，那种适应了资本主义之特征的生活方式和职业观，就能被"精选"出来，也就是说，能赢得对于其他生活方式和职业观的胜利，虽然很明显

1　布伦塔诺（前引文献，第150页）认为我误解了富兰克林的伦理特质，他详尽但不太准确地为富兰克林辩护，对此我只想以这个注释作答，这个注释在我看来应该足以驳倒他的辩护了。

的是，它们首先并不在单个孤立的个人那里，而是作为人**群**所具有的直观方式[1]而产生的。因而，这种产生就是真正需要澄清的事情。关于那种幼稚的历史唯物主义观点，即这样的"观念"是作为经济境况的"反映"或"上层建筑"进入生活中的，我们在后面才会深入探讨。在这里，对于我们的目标而言，指出如下这点就足够了：在富兰克林的出生地（马萨诸塞），"资本主义精神"（在我们这里所说的意义上）在"资本主义大发展"**之前**就已经存在了[在1632年的新英格兰（与美洲的其他区域形成对照）就已经有人抱怨那种追逐利益、精打细算的特殊现象了]，比如它在邻近的一些殖民地（后来的联邦中的南方诸州）不对等地还处在不发达的境地，而且虽然后面这些地方由大资本家为其**事务**而建立，而新英格兰诸殖民地却是由传教士和毕业生，与小市民、手工业者和自耕农，出于**宗教**理由而建立起来的。因而在**这种**情况下，总要设定和从"唯物主义"观点出发所设定的相反的因果关系。但一般而言，要探讨这些观念的成长年代，事情总是比"上层建筑"的理论家们所设想的更棘手，而且它们的发展过程，也不像花儿盛开那么顺利。资本主义精神，在我们此前为这个概念赢获的意义上，曾不得不在与一个充满敌对力量的世界中通过艰难的斗争而得以实现。像在前面引述的富兰克林的论述中表现出来并得到整个民族的欢呼的那种思想，在古代和中世纪[2]想必也会作为

1　或译"看法"。——译注

2　我利用这个机会在这里预先插入一些"反批判的"评论。松巴特（*Der Bourgeois*, München u. Leipzig, 1913）有时确信一种主张，然而那是站不住脚的：富兰克林的这种"伦理学"是在逐字逐句重复文艺复兴时期伟大的全才阿尔贝蒂的论述，后者除了神学著作之外，在数学、造型艺术、绘画、（特别是）建筑学和爱（他本人厌恶女人），以及家政方面亦有著述，编为一个四卷本（可惜我手头的记录中没有见到曼奇尼的版本，而只见到博努奇的老版本）。富兰克林的文句逐字印刷在上面了，那么相对应的阿尔贝蒂著作中的文句，尤其是被奉为至宝的"时（**转下页**

卑鄙的贪吝和一种绝不体面的思想而遭到放逐,这种事情在当今那些最少陷入或者最不能适应现代资本主义经济的社会群体中仍然屡屡发生。这并非因为前资本主义时期,"营利本能"还默默无闻或者尚未发展(就像人们过去常说的那样),或者

(接上页)间就是**金钱**"这一准则以及随之而来的那些告诫又何在呢?唯一与这里勉强还算扯得上一点关系的文句,不过就是《论家政》卷一结尾部分的句子(博努奇版本,卷二,第353页),那里非常一般性地谈到金钱是家政之事的枢要,要特别善加操持——完全就像加图的《农书》一样。阿尔贝蒂时时强调自己来自佛罗伦萨最高贵的一个骑士家族,那种认为他身上流着"不纯之血",由他的私生子身份(这一点却没有使他受贬抑),成为被高贵家族排斥在外的一般市民,因而对家族满怀恨意的看法,根本就是错的。阿尔贝蒂的特殊之处当然是他建议从事那些据说只有名门望族和自由高贵心境才配去从事(同上引,第209页)的**大事业**,还建议少费劳动(比较 del governo, *della famiglia*,卷四,第55页,也见为潘多尔菲尼编辑的本子,第116页:**为此**最好从事毛织品与丝织品的经销业),此外还建议严格有序地操持家务,亦即量入为出。可见这里主要讲的是照管**家政**的一种原则,但不是关于**营利**的(松巴特应该已经熟知这一点了),这正像在讨论金钱的本质时(同上引)主要谈的是**财富**的配备(金钱或产业),而不是**资本**的利用,亦即借吉安诺佐之口说出的"神圣的家庭财产"。他建议说,作为对"机运"之不稳定性的自我防范,要早点养成坦然应对一切(*della famiglia*,第192页)的不断工作的习惯[这就足以保持持久的健康了(第73—74页)],而且为了长久维持自己的地位,要避免危险的懒散,由此也可悉心学习一门与身份相称的手艺,以备不测[但任何一种受雇于人的工作都是与身份不相称的:*della famiglia*,卷一,第209页等处]。他关于"心境平和"的理想,他倾心于伊壁鸠鲁式"隐逸生活"(同上,第262页),特别厌恶一切官职(同上,第258页),认为那是不安、敌对、与世间沉沦的根源,他在乡间别墅生活的理想,他思及先祖以飨自负之感,并以**家族荣誉**为决定性的尺度和目标(因此应该依照佛罗伦萨的习惯将财富聚拢起来,而不是分开):所有这一切,在每一位清教徒的眼里都显得像是邪恶的"使受造物神圣化"的做法,但在富兰克林眼里,却是他所不了解的一种贵族的做作。那时人们还重视对文艺家生活的高度评价[因为"industria"这个词首先指的就是文艺—科学工作,这种工作是真正合人的尊严的,而且本质上只有借吉安诺佐这种非文艺人士之口才会把支持masserizia(以"合理安排家政"为摆脱他人而独立生活,且免遭困苦的手段)的行为,和上述工作等量齐观,而在此,这个下文中出自僧侣伦理学的概念,就要追溯到一位古老的教士了,见第249页]。人们可以将所有这些都和富兰克林及其清教徒先祖们的伦理学和生活方式放在一起,将文艺复兴文艺家们的那些把目光转向城市新贵的著作,和富兰克林的那些讨论市民中产阶级民众(明确地指雇员)的著作,和清教徒的那些小册子和布道放在一起,来看看它们之间有何深入的区别。阿尔贝蒂的经济理性主义到处引用古人著作以为支持,它在本质上是与色诺芬(他不知道这个人)、加图、瓦罗和格伦梅拉(他曾引用过)在他(**转下页**)

"财迷心窍"的情况，即贪财，在那时或者今天，在市民资本主义之外要比在特定的资本主义领域内**更罕见**一些，正如现代浪漫派的幻觉对事情的想象那样。资本主义和前资本主义的

（接上页）们的著作中对待经济材料的那种方法最相似的——只是在加图和瓦罗那里情况有些特别，**营利活动**本身被放在了前台，这和阿尔贝蒂那里完全不同。在其他方面，阿尔贝蒂虽说只是偶尔才论述如何使用家中的劳力，如何对他们进行分工和训练，谈谈农民如何如何不可靠等，事实上却完全就像是把加图的处世心得从奴隶市场挪用到家庭手工业与分耕佃农制的自由劳动领域上来了一样。当松巴特（他参照斯多亚伦理学的做法断然是错的）在加图的那句"发展到极致"当中就发现了经济理性主义时，如果正确理解这句话的话，也不能说他完全错了。实际上，人们可以把罗马人的某位"家中勤勉的父亲"与阿尔贝蒂那里的"家政者"理想置于同一个范畴之内。加图的特别之处首先在于：田产被评价和判定为财富**装备**的对象了。由于基督教的影响，"勤勉"这个概念当然被赋予了别样的色彩。而这里正好显示出区别所在。在源自僧侣禁欲，并从僧侣作者们那里发展出来的有关"勤勉"的构想中，埋藏着"风气"的种子，这种子将充分发展为新教信徒的那种仅仅存在于**世间**的"禁欲"（见后文）（正如我还会经常强调的，**由此**便有了二者之间的亲缘性，顺便提一下，与托马斯主义的官方教会学说之间的亲缘性还不如与佛罗伦萨和锡耶纳的托钵僧伦理学家之间的那么多）。在加图那里，以及阿尔贝蒂自己的论述中，缺少了这种风气：在两者那里讨论的是关于处世心得的学说，而不是伦理学。富兰克林也讨论功利主义。但对年轻商人的训诫，在伦理方面毫无疑问是做作的，而且这正是其独特个性，这也是问题的关键。在他看来，不小心照顾金钱，无异于（可以这么说）谋杀了资本的胚胎，因而也是一种伦理上的瑕疵。

要说两者（阿尔贝蒂和富兰克林）之间有某种内在亲缘性的话，那实际上也仅仅在于，在阿尔贝蒂那里——松巴特说他很"虔敬"，但他虽说就像许多人文主义者一样，在罗马有一份圣职并领其薪俸，实际上**根本**以宗教动机（从两个完全苍白的句子可以看出这一点）为他所推荐的那种生活方式为指导——宗教构想还没有与对"减省"的推荐联系在一起，而在富兰克林那里，这种联系俨然已经**不再**有了。在两人那里，功利主义（在阿尔贝蒂对毛织品和丝织品经销业务的推荐中也有重商主义的社会功利主义）（"可以给很多人工作"，见前引文献，第292页）——在这个领域，至少在形式上，说着同样的话。可以这样说，阿尔贝蒂的这一类论述是那类内在的经济"理性主义"的一个极为合适的典范，实际上那种理性主义作为经济状况的"反映"，在任何地方和任何时代（在中国的古典时代和古代人那里，一如在文艺复兴和启蒙时代那里一样）的那些只对"事情本身"感兴趣的作者那里，都可以见到。就像在古代的加图、瓦罗和格伦梅拉那里一样，此处在阿尔贝蒂和他这一类人这里，尤其是在有关"勤勉"的学说中，经济理性的确得到了长足的发展。但人们如何能完全相信，文艺家的这样一种**学说**，能发展出像把拯救的奖赏赋予某种特定的（在这里是指方法上合理的）生活方式的一种宗教信仰那样对生活带来根本改变的力量呢？与此相反，至于对生活方式的某种以宗教为导向的"理性化"（于此可能还包括对经济举动的理性化）究竟是什么样子，人们此外还可以在所有派别的清教徒，在最为差异（**转下页**）

"精神"差异并不在这里：中国古代的官员、古罗马的贵族和现代大庄园主们的**贪欲**，提供了可与匹敌的例子。而那不勒斯马车夫或船夫，尤其亚洲类似行业的代表，同样地还有南欧或亚洲国家的手工业者，他们的"财迷心窍"，就像每个人都能体会到的，表现得远比一个英国人在相同情况下要**鲁莽**得多，

（接上页）纷呈的者那教徒、犹太人、中世纪某些禁欲教派，在威克利夫、波西米亚弟兄团（胡斯派运动的余音）、俄国的去势派与时祷派，以及大量的僧侣修道团中看到。决定差异的因素（暂时先这样规定下来）是：某种系泊于宗教之上的伦理学，对于由它引起的生活态度，设置了某种确定的，而且（只要宗教信仰还在起作用）最有效的**心理奖赏**（**不**具有经济特征），像阿尔贝蒂那样的一种单纯的生活艺术是得**不**到这种奖赏的。只有当这些奖赏起作用，而且是在那个常常（这一点很关键）偏离神学家**学说**（后者也不过是一种"学说"而已）的**方向**上起作用的时候，它才能对生活方式，进而由此对经济产生有其自身规律的影响。说明白点，这便是我这整部书的主旨，出乎我意料的是，这主旨竟会完全被忽视。关于自然同样遭到松巴特极大误解的、相对而言"对资本很友好的"中世纪晚期神学伦理学家（特别是安东尼·佛罗伦萨和圣伯纳·锡耶纳），我在另一个地方会谈到。无论如何，阿尔贝蒂都绝不属于这个圈子。唯有"勤勉"这个概念，是他从僧侣的思路中（不管经过何等的辗转）取来的。阿尔贝蒂、潘多尔菲尼，以及像他们一样的人，是这样一种态度的代表，这种态度虽说在正式场合表示服从，在内心里却已经脱离了流传下来的教会秩序，在依然受到通行的基督教伦理学束缚的同时却大大地以古代"异教"为导向的。布伦塔诺以为我"忽视"了这种态度对现代经济学说（以及现代经济政策）之发展的意义。虽然我**在这里**没有讨论**这个**因果序列，这个做法在此却是完全恰当的：它恰恰并不属于一篇关于"**新教伦理**和资本主义精神"的论文的讨论范围。就像在其他场合所显示的那样，我远没有否定它的意义，但出于充分的理由，我在过去和现在的看法是：它的作用范围和作用方向，与新教伦理的完全**不一样**（后者的一些实际上绝非完全不重要的先驱，正是那些教派，以及威克利夫—胡斯派的伦理学）。它所影响的，**并非**（新兴资产阶级）**生活方式**，而是政治家与君主侯爵们；而这两类虽然部分地，但绝不是普遍地交汇一致的因果序列，首先得加以清楚的区分。正如富兰克林所做到的，与阿尔贝蒂很少跨出学者圈子之外而为人所知的那些范围广泛的著作形成对立的是，他的那些在那时被用作美国中学教材的、有关私人经济的小册子，在**这一**点上，实际属于广泛影响了生活**实践**的范畴。但很明显，我在这里是将他作为一个完全同样已经自外于在那期间已然淡化了的清教对生活的规整现象之外的人来引证的，这种规整现象就像一般意义上的英国的"启蒙"一样，后者与清教的关系更是经常为人所描绘。

尤其是肆无忌惮得多。[1]在挣钱的过程中强制推行自己利益时的那种**绝对的**肆无忌惮占据普遍的支配地位,完全是这些国家所特有的一种特征,这些国家的资本主义的开展情况,以西方发展的标准来衡量的话,在那时仍然是很"落后的"。正如每一个工厂主都知道的,这些国家的劳动者所缺乏的"自觉",[2]比如意大利的劳动者相比德国的,曾是且在某种程度上至今仍然是其资本主义开展的一个主要障碍。资本主义可能不会雇用无纪律的"随心所欲"状态的拥护者当工人,就像我们在富兰克林那里已经领教的,它极不可能雇用那种在其外在表现方面根本无所顾忌的实业家。这当中的差异不在于随便哪种对金钱的"本能"的不同强度的发展。财迷心窍的现象和我们所知道的人类历史一样久远;但我们将会看到,那些怀着财迷心窍的**本能**毫无保留地疯狂投入的人(比如那些"为了利润宁愿下地狱,哪怕冒着船帆被烧焦的危险"的荷兰船长),**绝非那种**思想的拥护者,并从那种思想中产生出作为**群体现象**的那种特定的现代资本主义"精神"(而这正是重点所在)。那种无所顾忌,在内心里不以任何规范约束自己的营利活动,在它事实

---

1 可惜布伦塔诺的前引文献首先也将对营利的所有种类的追求(不管是在战时,还是在平时,都无所谓)都一锅烩,然后又只将以**金钱**(而不是以土地)为指向的这种追求定为"资本主义的"[(例如)封建的形成对立]追求营利活动的特有物,他不仅否定任何进一步的划分(一般而言只有这样的划分才能产生清晰的概念),而且(第131页)还就我们在这里为了本研究的目的而建立起来的(现代的)资本主义"精神"的概念,提出了为我所不解的主张:这个概念在其预设中已然接受了它应该加以证明的东西。

2 可比较松巴特在方方面面都很到位的评论,*Die deutsche Volkswirtschaft im neunzehnten Jahrhundert*,第123页,见前引。一般来说,我大概无须特别强调(尽管接下来的研究在其整个决定性的观点方面要回溯到许多早先的著作上去),这些研究在表述方面多么受惠于如下事实了,即松巴特的那些大著已形成了一些清晰的表述,即便(而且恰恰)在他选择其他路径的时候,也是如此。即便那些因松巴特的意见而一再感到被激起了最坚决的异议且直接否定了他的一些论题的人,也有责任明确意识到这一点。

上可能出现的所有历史时期，都存在过。就像战争和海盗行为一样，过去那种自由的、不受规范约束的商业，在与家族之外的人、没有合作关系的人的关系中，是畅行无阻的；在"弟兄间"关系中被禁止的那种"对外道德"（Außenmoral），在这里却是允许的。而且从外在来看，作为"冒险"的资本主义营利活动，在了解跟金钱有关的财富对象，并能（通过圣职俸禄、税收承包、国家贷款、战争融资、王府、公务人员等方式）提供利用它们来挣钱的机会的所有经济机制中，都如鱼得水一样；从内部来看，那些把伦理的限制不当一回事的冒险家思想，也普遍存在。追求利润时的那种绝对的和有意的无所顾忌常常正好伴随着最严格地受传统约束这一现象而存在。而随着传统的破碎，以及自由营利的做法多少还很强劲地渗入社会团体内部这一现象一道出现的，通常并不是在伦理上赞同并确认这种新现象，而只是在事实上**宽容**之，或者将其作为无关伦理的，或者作为虽然令人不快，但很可惜无法避免的来加以处理。这不仅是所有伦理学说的规范立场，而且（这在本质上更是关键所在）也是前资本主义（在这个意义上：为了**营利**而合理地利用资本的做法，和合理的资本主义**劳动**组织，还不是支配经济活动的力量之时）时期一般大众的实际态度所采取的立场。但这种态度正是普遍阻止人们适应有组织的市民资本主义经济的最强的内在障碍之一。

资本主义"精神"以某种特定方式，披着"伦理学"的伪饰登场，在受规范束缚的生活方式的意义上首先与其斗争的对手，仍然是人们可以称为**传统主义**的那种感受与举止方式。这里也必须搁置下一个**拍板定案式**"定义"的企图，我们毋宁要在一些特定情况下弄明白（当然这里也只是预备性地稍做一点工作），我们用它指的是什么意思。在此我们是从底层往上，即从工人那里开始。

　　现代工厂主为了从"他的"工人那里得到尽可能多的劳动业绩，即增加劳动强度，他所习惯使用的一种手段就是**计件工资**。比如在农庄里，促使劳动强度尽可能加大的一种情况，往往是收割，因为特别是在天气多变的时候，是得到极高的收成还是亏损，其风险完全取决于是否能尽可能快地收割。因此在这里，随处可见计件工资系统被运用。而因为随着收成和运营强度的加大，雇主通过加速收割所得的盈利普遍越来越高，所以人们自然一再尝试，通过**提高**工人的计件工资率，为他们提供在一个短的时间段内挣得极高工资的机会，使他们关心自己的劳动业绩。只是在这里出现了特别的难题：计件工资率的提高常常显著引起的，并不是更多，而是更少的人以同一时间段内的工作业绩为目标，因为工人对计件工资提高的回应并非每天业绩的提高，而是它的降低。比如说，一个人以往收割1摩尔干的谷物能挣1马克，每天收割2.5摩尔干的谷物，挣2.5马克。在计件工资率提高，每摩尔干能多挣25芬尼之后，他不是像人们预想的那样，因为有了挣更多钱的机会，为了挣3.75马克，就去收割3摩尔干（这原本是很有可能发生的），而是每天只收割2摩尔干，因为这样干的话，他能和以前一样挣2.5马克，就像《圣经》里说的那样，这就"让他很满足了"。并非收入越多，越吸引他；他并不问"如果我做出可能的最大的工作量来，我这一天能收入多少"，而是问"为了收入此前我纳入囊中，也能满足我**惯常**需求的那个数（2.5马克），我得干多少活"。这也正是那种应该称作"传统主义"的态度的一个例子：人"凭本性"并不想挣越来越多的钱，而只想简单地生活，像他习惯的那样生活，而挣的钱只要能满足这一点，也就够了。在现代资本主义通过增加劳动强度而开始提高人的劳动"生产力"的地方，处处都碰到了前资本主义经济劳动的这种主导动机的无比坚强的抵制，而直到今天，工人群体（它是知道自己依赖这个群体的）越"落后"（从资本主义的视角来看），它就越是处处受到这种抵制。再次回到我们的例子上来，现在十分明显的是，因为指望通过更高的工资率来唤起工人的"营利本能"是行不通了，那就得试试反面的手段：通过**降低**工资率来迫使工人比以前做得**更多**，为的是保持他们先前的收入。平心而论，更低的工资和更高的利润息息相关，一切多支付工资的做法，都必定意味着相应的利润降低，过去诚然如此，如今也还是如此。资本主义从一开始，就一再踏上这条路，而在长达几百年的时间里都被人尊为信条的一点是，低工资"有生产力"，这就是说，它会提升劳动成绩，就像彼得·库尔（如我们将要看到的，他在这一点上完全是在旧式加尔文派的氛围下思考的）说过的那样，只有因此，而且只有在一个民族穷困的时候，人们才劳作。

可是这种看起来如此屡试不爽的手段，它的效果也是有限的。[1]资本主义为了能开展，一定需要现成的过量人口，且在劳务市场上可以廉价雇用到。只是太多的"储备人员大军"虽然在某些情况下或许有利于它在量上的扩展，却阻碍了它在质上的发展，特别是阻碍了向能高度充分地利用劳动的那些运营形式的过渡。更低的工资绝不等于低劣的劳动。先纯粹从量的

1　关于这界限在**哪里**的问题，我们在此自然就不加深论了，就像对有关高工资和高工作效率之间的整体关联的论断采取何种立场的问题一样；这个论断是布拉西最初提出来，布伦塔诺在理论上、舒尔策—格瓦尼茨同时从历史和建构方面加以表述和提倡的。这方面的讨论由哈斯巴赫的深入研究（*Schmollers Jahrbuch*，1903，第385—391页，第417页起）重新开启了，而且至今还没有最终定论。这里对于我们而言，有了下面这桩无人怀疑也无可怀疑的事实就足够了：低工资和高利润，低工资和工业发展的有利时机，并非总是简单地一起相伴而生的；一般而言，并非简单机械的金钱运作，就能带来向着资本主义文化"教化"的局面，以此也带来资本主义经济发展的可能性的。我们所选择的所有例子，都纯粹是为了解说而设的。

方面来看，劳动业绩无论如何都会随着工资不能满足生理需求而下降的，而长此以往，这样一种工资常常直接会"精选出不适用者"。当今一般的西里西亚人在同样的时间里即使用尽全力收割，也很少超过工资更高、营养更好的波美拉尼亚人或梅克伦堡人收割面积的三分之二，而波兰人，其家乡越是向东，他在体格方面就越是弱于德国人。而纯粹从业务方面来看，低工资在这样一些地方也普遍不如有资本主义发展作支撑的情形：那里的关键在于生产出一些需要某种高品质的（经过培训的）劳动，或者一些操作成本更高，也更容易损坏的机器，或者一般而言需要更高的注意力和创造性。在这里，低工资带来的效益并不好，在效果上适得其反。因为在这里，不仅某种高度的责任感绝对不可或缺，而且一般而言需要一种撇开下面这个问题不顾、一心推进工作的心态，就好像工作本身就是绝对的目的——"天职"———一样：如何在尽可能懒散、尽可能无业绩的情况下还能挣到平时那么多的工资？但这样一种心态不是天生就有的。它也无法通过或高或低的工资直接产生出来，而只能是一个经久不息的教育过程的产物。**当今**的资本主义，地位一旦稳固，相应地就很容易在所有工业国家，在单个国家内部的所有工业领域招聘工人了。而在过去，任何情况下的招聘都曾是最大的难题。[1] 而即便在当今，至少在缺乏一个强大帮手支持的情况

---

1 因而，**资本主义**企业的移入，若是没有从有更古老的文化之地而来的广泛的移民运动，通常**也**是不可能的。松巴特有关手工业工人的那些依赖于个人的"熟练技巧"、工厂秘密，与被科学对象化了的现代技术之间的对立问题的评论，极为正确：在资本主义起初产生的那个年代，这个区别几乎不存在；的确，基于"稀有价值"之上的，资本主义工人（在某种程度上还包括企业主）的那些伦理性质，通常要比在多少世纪以来的传统主义中已经僵化了的、手工业工人的熟练技巧来得高超。而且即便当今的工业，也没有绝对摆脱经过长期的强化工作方面的传统与教育而产生的，居民在选择工作地点时的这类特征。与当今科学的整个观念域相符合的是，一旦观察一下对这类特征的依赖，人们都喜欢把它归咎于种族特性，而不是归于传统和教育，在我看来这种做法是很可疑的。

下,资本主义并不总是能成功的,这个帮手正如我们将会进一步看到的,在它成长的过程中施以援手。这里的意思可以通过一个例子来显明。当今向人呈现落后的传统主义劳动形式之形象的,主要是**女**工们,尤其是未婚女工。她们全然缺乏一种能力与意愿,即放弃代代相传、一次学习便可掌握的工种,转而学习其他更实用工种,适应新的劳动形式,学习并集中甚或一般性地仅仅运用理智的能力与意愿,这几乎是雇用少女,尤其是德国少女的那些雇主的普遍抱怨。有关是否可能使工作变得更简单,特别是更有效益的讨论,在她们那里往往是完全不被理解的,计件工资率的提高也丝毫不起作用。往往很有规律的是,只在特定的宗教环境下教育成长的,特别是有虔敬派背景的少女,则与此大为不同——这一点对我们的观察而言并非无关紧要。人们常常听说,偶尔也通过计算证实了的一点是:[1] 经济教育最有可能成功的机会,就在这类人这里展现出来。集中思想的能力,以及"对工作负有义务"的绝对投入的态度,在她们这里极为常见地与严格的节俭结合在一起,后者又**融合**了业绩及其水平,以及一种清醒的自我克制和适度,后者极大地提高了工作能力。资本主义所要求的,将劳动本身当作目的,当作"天职"的那种观点,在这里得到了其最有利的土壤,而克服传统主义懒散作风的机会,最主要地就**来自**宗教教育。从资本主义的当前发展得出的这种观察,[2] 又为我们指明,无论如何都值得一**问**的是,资本主义

1　参见我的文章:"营利劳动的心理物理学",见前文。

2　前面的评论可能会被误解。一个著名类型的商人,以他们的方式利用"必须为民族保留宗教"这个原则的那种倾向,以及早先特别是在路德宗牧师的更广泛圈子里并不鲜见的那种倾向,即在可以将罢工贴上"罪恶",将同业公会团体贴上"'贪欲'支持者"的标签等的地方,因为他们对当局怀有好感,便亲自充当"秘密警察",为他们效劳——我们这里涉及的现象,和上述这些事情毫不相干。在我们的文本中涉及的那些因素所讨论的,并非个别的,而是非常常见的,以及正如我们将会看到的,以某种典型的方式一再出现的事实。

适应能力与宗教要素的这类整体关联，又是如何得以在其成长的年代成形的？因为从许多个别现象就可以得出结论说，这类整体关联曾以类似的方式存在过。十八世纪卫理公会的工人们在他们的工友们那里遭到的憎恶与迫害，就像在各种报道中一再见到的破坏他们的手工艺工具的现象表明的那样，绝非仅仅或主要与他们在宗教方面的古怪行为有关（英国人见证了许多这类行为，还有更引人注目的一些行为），而是，用人们今天的说法来讲，与他们特殊的"劳动意愿"有关。

然而在这里，我们为了弄清"传统主义"的含义，首先得再回到当前，确切地说，从现在开始再回到企业家那里。

松巴特在讨论资本主义的起源时，[1]区分了"满足需求"和"营利"，将它们作为两大"主导动机"（经济史就运行于这两种主导动机之间），依据这种区分来看，个人**需求**的大小或独立于该需求之范围外的对**利润**的追求，以及经过努力后获取**利润**的**可能性**，就成了决定经济活动之种类与方向的标准。他所谓的"满足需求的经济体系"，初看之下与这里委婉写作"经济传统主义"的东西似乎是重叠的。如果人们将"需求"与"**传统的需求**"等量齐观，**那么**事情的确如此。但如果人们不作如是观，那么依照组织形式来看，在松巴特同一著作的另一处[2]给出的"资本"定义的意义上应被视作"资本主义"的广大经济形态，就要从"营利"经济的领域中剔除，并归于"满足需求的经济"的领域了。同样，那些在资本（金钱或值钱的商品）转化的形式下，通过购入生产工具与售出产品，因而无疑是作为"资本主义企业"被引向赚取利润这一方向的经济形态，仍然带有"传统主

1　*Der moderne Kapitalismus*，卷一，第一版，第62页。

2　同上引，第195页。

义"特征。这在更晚近的资本主义历史上不是什么例外，而简直就是（随着一再因越来越新、越来越强的"资本主义精神"的闯入而被中断）有规律的常态。一种经济所具有的"资本主义"形式，与它运作于其中的那种精神，这二者虽然一般而言是相互"适合"的关系，却不是"法定上"相互依赖的。虽然如此，当我们在这里预先用"（现代）**资本主义**精神"这一表达[1]来表示那种**以职业方式**系统而合理地，以富兰克林的例子中所阐明的那种方式追求合法利润的态度时，这种做法的历史根据是：那种态度在现代资本主义企业中找到了它最合适的形式，而现代资本主义企业反过来又在它那里找到了最合适的精神动力。

然而这两方若是分开，也会很好地存在。富兰克林内心充满"资本主义精神"是在那样一个时期，那时他的印刷厂从形式上来看，与其他手工企业没有任何不同。而我们将要看到，一般而言，临近近代的时候，承担我们这里称之为"资本主义精神"的那种态度的，绝非只是或主要是商业阶层中的资本主义工厂主，而更多地是奋发向上的中产阶级中的那些正在上升的阶层。[2]在十九世纪，成为这种态度之典型代表的，也并非利物浦

1　当然指的是西方特有的现代合乎理性的**企业**的精神，而不是三千年以来在世界上，从中国、印度、巴比伦、希腊、罗马、佛罗伦萨直到当下都广泛流布的高利贷者、战争供应商、官职与税务承包者、大型商业企业主和金融豪绅的那种资本主义。参见"导论"。

2　正是（只是这里不应强调这一点）在先天的意义上完全不必假设如下这一点：一方面资本主义企业的技术，另一方面"职业工作"的精神（它常常为资本主义提供扩张的能量），这二者必定是在同样的一些社会阶层那里找到它们**最初**得以发展的温床的。与此相应的，是宗教意识内容所构成的那些社会关系。在历史上，加尔文派是朝着"资本主义精神"方向的教育的承担者。但出于后面将要讨论的一些理由，恰恰是大的资产者，在荷兰这样的一些地方，大多数并非有最严格教规的加尔文派的信徒，而是阿明尼乌派信徒。正在崛起为企业主的**中小资**产阶级，在这里和其他地方，都是资本主义伦理和加尔文教会的"典型"承担者。但恰恰是这一点，与这里所阐述的东西很好地融合拍了：任何时代都有大资产者和大商人。但只有中世纪发展到近代时，才有了从事营利性的市民工作的某种理性资本主义组织。

和汉堡那些从祖辈就继承了商人才能的高贵绅士，而是曼彻斯特或莱茵兰—威斯特法伦的那些通常出身寒微的暴发户。十六世纪的情形也类似：那时新产生的一些**工业**，通常主要是由暴发户创设的。[1]

虽然一家银行、大宗出口业、某种大规模零售业务，或者最后，家庭手工业生产出来的商品的某种大规模经销，其经营无疑只有在资本主义企业的形式下才有可能；但它们均可在严格意义上的传统主义精神下进行：大的中央银行的业务根本不**可以**以其他方式来运营；整个时代的海外商业，都建立在具有严格传统主义特征的垄断和规则的基础上；在零售商业（这里涉及的不是那些小打小闹又没有资本的懒汉，他们如今都在寻求国家补助了）中终结了旧式传统主义的革命化过程，现在还在全盘进行中：这种彻底的变革突破了种种旧形式的经销体系，现代家庭劳动仅仅从形式上而言，还与那种经销体系有些亲缘性。至于这个革命化过程是如何运作的，它又意味着什么，这些又只有在某种特殊情况下才可以直观地看清楚，这一点已是众所周知。

直到将近十九世纪中期，至少在大陆纺织工业的一些分支中，[2]一个经销商的生活照我们今天的概念而言，还是相当惬意的。人们可以这样来想象这种生活的流程：农人将他们的布匹（以麻布而论，常常主要或完全是用自产的原料制作的）带到城里来，经销商就住在城里，经过小心翼翼、通常很有官方色彩的质量检查，按照平常的价格购买之后才收下这些布匹。经销商

1　就此可参见马林尼亚克在苏黎世的优秀博士论文（1913）。

2　接下来描绘的这幅图景，是按照"理想类型"的方式，从不同地方不同的单个分支的局面当中撷取加工而成的；为了这里所追求的阐释的明白起见，自然不必为下面这一点而介怀，即所思索的那些例子中没有一个的事情发展过程恰好完全是以我们描述的那种方式进行的。

的顾客是一些中间商,将货品销售到更远的地方,他们也是长途跋涉,大部分还不是依照样品,而是依照惯常接受的质量从经销商那里购买,或者老早就订货,也许结果便还是在农人那里订货。顾客亲自旅行来购买的情形虽然一般来说是有的,却很长时间才一次,因为其他时间靠通信和缓慢增长的货样邮寄,就可以做到了。适度的办事时间(也许每天5至6小时,有时明显更短,在农忙时节要是这种时间段的话,就更久些);业绩还过得去,足够过上体面的生活,在兴隆的时候还能有一小笔积蓄;整体而言竞争者之间相互比较大度,前提是就事务的规矩达成更大的共识;每天多多拜访"人脉资源";除此之外,在这些完事之后,一般来说还维持着黄昏逛酒馆、参加小型舞会等惬意的生活节奏。

要是人们看看工厂主们的那种纯粹商业—业务性的特征,以及那些在业务中被转运进来的资本的必不可少的调解活动,以及最后,经济过程的客观方面或簿记的种类,那么可以说,从任何一方面来看,它都是"资本主义"**形式**的组织。但当人们从鼓舞工厂主们的**精神**方面来看的话,它就是"传统主义的"经济:传统的生活态度,传统的利润水平,传统的工作标准,传统的业务运行方式,与工人、与本质上很传统的顾客圈子之间的那种传统关系,吸引顾客与销售的那种方式,支配了商业企业,成了(人们可以直接这么说)工厂主们构成的这个圈子的"风气"的基础。

现在,说不准在什么时候,这种舒适的局面就突然被打破了,而且是在组织**形式**还没有开始发生任何原则性改变(比如突然转向封闭经营或机器织造等)的情况下突然如此。发生的事情仅仅是,一个出自城市里牵连其中的销售商家庭的年轻人,迁居到乡下,细心精选出他所需要的一些纺织工,越来越增加他们的依赖性和对他们的控制,这样就将他们从农人培养成工人,但另一方面也通过尽可能直接的门道把销路打通到终端买主那里:完全亲手操办零售业务,亲自向顾客做宣传,每年有规律地走访考察他们,但首先是要懂得如何使产品质量专门适合他们的需求与愿望,"投其所好",同时又开始实施"薄利多销"的原则。随后,这样一种"理性化"过程的结果就总会再现:人们不进则退。田园牧歌在一开始就被激起来的竞争中破产,人们挣到巨大的财富,不是用它来生出利息,而是反复将其投资到业务中去,旧式宽裕舒适的生活状态在生硬冷峻的局面前屈服了,这些情形发生在那些经历其事并一步步高升的人那里,因为他们不**愿意**挥霍,而宁愿赚进;发生在那些虽保持旧的生活方式,却**必须**限制自己的人那里。[1]而这里首要的关键是,在这样的一些情况下,**并不是新资金**的涌入带来了这一彻底变革(就我所知,有时从亲戚那里借来几千马克,就足以开启整个革新过程了),而是新的**精神**,即"现代资本主义精神"引入了这一彻底变革。对现代资本主义扩张之动力的追问,首先并不是对资本主义的那些可用的资金储备之来源,而首先是对资本主义精神之发展的追问。它在其活跃起来,能产生作用的地方,就创造出资金储备,作为帮助其起作用的手段,却不是相反的情况。[2]但它的到来常常一点也不宁静。很有规律的是,由猜忌,偶尔还有憎恨,特别是道德上的愤怒构成的洪流大大悖逆了首位革新者的初衷,通常还(我知道这一类的很多例子)开始了一场正式的制造传奇的运动,即在其过去的历史上,一些秘密的污点是如何的云云。没人能够如此无偏私,以致很容易就能注意到,恰恰只

1　正因此,下面这一点就决非偶然了:理性主义开始的最初那个时期,比如德国工业最初振翅欲飞的时候,是与日常生活需求对象之风格的彻底衰落相伴相生的。

2　在此不应认为重金属库存量的变动在经济上无关紧要。

有这样的一位"新派"工厂主，能维持某种异乎寻常的坚定的品格，免于失去清醒的自制力，免于在道德和经济上遇难；注意到除了洞察明晰和精力充沛之外，首要的还有完全确定和显著的"伦理"品性，这些品性能在这些革新现象出现时为他赢得顾客与工人的那种必不可少的信任，使他获得克服阻力的强大力量，特别是，一般而言，使他有机会得到如此无限强劲的工作效率，这种工作效率如今是工厂主的要求，也与舒适的生活享受格格不入。这些品性恰恰是与适合于过去的传统主义的一些品性特别不同的另**一种**伦理品性。

而同样地，创造这套外表看来毫不起眼，但对以这种新的精神展开经济生活而言具有决定作用的语汇的，通常并不是鲁莽而肆无忌惮的投机者和经济上具有冒险家气质的人，就像我们在经济史的所有时期遇到的那样，而是在严厉的生活训练中成长起来的，既审慎又勇敢，但首先**清醒**而又**坚毅**、敏锐而又彻底地献身于事业的那些人，他们有着严格的资产阶级观点和"原则"。

人们会倾向于相信，这些**个人道德品性**与任何伦理准则甚或宗教思想本身之间，一点关系也没有，在这个方向上，本质上是某种消极的东西，即**摆脱**遗留下来的传统的能力，因而首先是自由主义的"启蒙"，成为这样一种业务性生活方式最合适的基础。而实际上，一般而言，**当今**的情况就是如此。不仅生活方式常常与宗教起点之间缺乏联系，而且即便存在着这样一种联系，至少在德国，它也通常以一种消极的面目出现。**当今**这样一些充满了"资本主义精神"气质的人，通常即便不直接与教会相敌对，也很漠视教会。想想天国里那种虔敬的枯燥，对他们那种乐于行动的气质而言，就没有什么吸引力了。宗教对他们而言，不过就是使人们脱离地上的劳动之重负的一种手段罢了。倘若有人问他们，他们如此无休止地追逐，意义何在？这种追逐从不满足于自己的财产，因而在那种纯粹以世俗事物为指向的生活看来必定显得极无意义。倘若他们一般而言还知道答案的话，他们有时会这样回答："为子孙后代操心。"但更常见，也（因为上述动机并非他们所特有，而是在"传统主义的"人们那里完全相同地在起作用）更正确的答案是极为简单的：对于他们而言，不断地工作所带来的那些业务，是"生活所必不可少的"了。这实际上就是唯一恰当的驱动力，而且从个人幸福的角度来看，它也表现出这种生活方式的极**不合理之处**，在这种生活方式中，人是为他的事务而存在的，而非相反。显而易见的是，追求权力和专注于财产这单一事实的做法，在此扮演了某种角色：如若整个民族的幻想都投到了单纯的量的大小这个方向上，就像在美国那样，这种"数字浪漫主义"就会对商人中的"诗人"产生难以抗拒的魔力。但在其他一些民族中，整体而言并非那些真正起领军作用的，尤其不是那些不断成功的工厂主，会有这种想法。他们的儿子们全盘躲入世袭财产与贵族名号的庇护之下，努力在大学和军官群体里表现得好像忘了自己的出身似的，就像德国资本主义暴发户家庭的日常生活轨迹一样，这种现象显示出一种只会靠模仿度日的颓败产物。在我们身边的个别特殊的例子所代表的，资本主义工厂主的"理想类型"，[1]与这种或粗鄙或精细的做作现象毫不相关。他们羞于夸示和不必要的浪费，以及陶醉于其权力，和那种毋宁让它很不自在的接受显明他所享有的社会尊敬的外在标记的做法。换句话说，他们的生活方式常常（这正好会涉及对我们很重要的这种现象的历史意义问

1　这只应指：**我们**在这里当作我们观察的对象的那种企业主类型，而不是经验观察得来的随便哪一种平均水平（关于"理想类型"概念，参见我的论文，收于 *Archiv f. Sozialwissensch*. Bd. XIX Heft 1）。

题）带有某种禁欲的特征，就像前文引用的富兰克林的"布道"里清楚表明的那样。一定范围的冷峻的简朴，在他们那里决非罕见，我们恰好常常可以发现，这个范围在本质上要比富兰克林极为明智地推荐的那种谨慎更为坦率。他们"绝不"以他们的财富的一星半点，作为他们人格的本质特征，唯一的例外是那种非理性的"履行天职"之感。

但这正是前资本主义时代的人觉得特别不可思议和难以理解、特别肮脏和可鄙的事情。有人居然想将终生工作的唯一目标定为有朝一日带着更重的财物就墓，在他们看来，只能将这种现象解释为反常欲望的产物：财迷心窍。

在当前，在我们的政治、私人法权和经济方面的种种建制之下，在我们的经济所特有的那些企业形式和结构下，这种资本主义"精神"如今就像人们所说的，只有纯粹作为适应的产物，才是可理解的。资本主义经济秩序需要对挣钱的"天职"的这种全力投入：它是人自身对外部商品的一种态度，这些商品极其适合那种结构，也与在经济方面的生死之争中获胜的那些条件极为紧密地联系在一起，以致当今的人们实际上再也不关心那种"营利的"生活方式与任何一种统一的"世界观"之间有没有什么整体关联了。尤其是，这种生活方式再也没有必要承担认可任何一派宗教势力的重负，并且感觉到，教会规范对经济生活的影响（在一般可感觉到这种影响的范围内）同样是一种阻力，就像国家的规整一样。那么，商业政治和社会政治方面的利益格局，常常会决定"世界观"。谁的生活方式不能适应资本主义繁荣的那些条件，就要走下坡路，或者前途不那么乐观了。但这些都是一个时代出现的现象，在这个时代，现代资本主义已然获胜，而且从旧的那些支撑力量中解放出来了。正如它从前只有与新生的现代国家力量结盟，才冲破了中世纪调节经济的种种旧形式一样,它与宗教力量之间的关系可能也是如此——我们暂时这么说。情况是否如此以及在何种意义上是如此的,这正是我们在这里应当加以研究的。因为将挣钱的活动看作本身就是人有义务去实现的一种目标,看作"天职",这种观点与整个时代的伦理情感相抵触,这一点几乎无须证明。在教会法中,那时(就像福音书里关于利息的文句一样[1])被奉为金科玉律,常为商人的活动所援引的那句"并

---

1 或许这里适合于非常简短地探讨一下凯勒的前引著作中的评论(*Schriften der Görres-Gesellschaft*,第12册),和与此相关的松巴特的评论(参见 *Bourgeois*),只要它们与此相关。对于一篇**完全没有提及**教规对高利贷的禁令(唯一的例外是**一个**附带的评论,它与整个论证没有**任何**关系)的文章,一位作者在下面这个前提之下展开批评,即正是对高利贷的这种禁令(然而几乎在地球上所有的宗教伦理中都能找到这种禁令的相似物!)作为天主教与新教伦理的区别之所在,成了这里的要求,这种做法实在过分:人们只能批评他真正读过的著作,或者当人们在读的时候,还没有忘掉其阐述内容的那些著作。与高利贷罪的斗争,贯穿了十六世纪胡格诺派以及荷兰的整个教会史。"伦巴第人",因而银行家们,常常被人看作放高利贷的人,而被排除在圣餐礼之外(参见第109页注13)。加尔文那种更自由的观点(顺便说一下,这种观点并未妨碍在戒律初稿中还有关于高利贷的规定)通过萨尔马修斯才取得胜利。因而**这里**并没有什么对立,而是相反。但更糟糕的是作者自己的那些就此进行的论证,这些论证乃是针对冯克的著作(依我看来,他也根本没有作出与冯克的功绩相称的征引),以及其他一些天主教学者,还针对恩德曼的那些在今天看来,在个别地方虽然过时了,但仍然一直具有奠基性价值的研究而作的,恰好难堪地透露出了它的浅薄。凯勒的确防止了那些过分的做法,就像松巴特的评论里说的那样(前引文献,第321页):人们过于死板地对那些"虔敬之人"(圣伯纳·锡耶纳和安东尼·佛罗伦萨肯定被包括在内了)品头论足,"就好像他们千方百计想促进企业精神似的"——因为他们完全就像世界上其他所有地方对待高利贷禁令那样,将它解释成没有涉及(照我们的术语系统看来)"有生产力的"资本装备的。[在松巴特那里,一方面罗马人属于"英雄民族",另一方面(在其他地方这在他看来是一种不可调和的对立)据说经济理性主义在加图那儿就已经发展"到极致"了(第267页),这一现象我们只是顺便将其作为如下这一点的征兆记下来:在这里我们恰恰只能看到进行外在罗列的一部"论题之书"。]关于高利贷禁令的意义,最初的时候常常被评价过高,后来又遭到强烈的贬低,而今在天主教中也出了百万富翁的年代,出于护教的目的,它根本就被罔顾事实本末倒置了,我们在此就不详论了,但他也完全曲解了这一禁令。[众所周知,这一禁令(虽然扎根于《圣经》之中)直到最近这个世纪,才通过枢机主教会议的指令而失去效力,而且是随机应变和**间接地**这么做的,也就是说:人们之所以可能期待做告解的人服从它,那**也只是为了防止**这一禁令再度生效,在这种情况下,禁令会让告解人进一步因高利贷罪进行的审查而心感不安。]因为每个对教会在高利贷方面的教义的那段再复杂不过的历史作过一点深入研究的人,考虑到有关是否允许租税交易、汇票 (转下页)

非上帝所喜"，在圣托马斯将追求盈利的活动称为"卑鄙"（与此一道，甚至连不可避免的，因而在伦理上被允许的盈利活动也被波及了）的做法中，就已经包含了天主教教义对意大利城

（接上页）贴现和最为不同的其他一些契约的那些无穷尽的争论（首先考虑到上述枢机主教会议指令是由于一项**城市**公债才颁布的），都不会主张（第24页），高利贷禁令只与紧急贷款的情形相关，它追求"维持资本"的目的，甚至"对资本主义企业大有裨益"（第25页）。实情是，教会直到很晚的时候，才重新开始考虑高利贷禁令，与此同时的那些常见的、纯粹业务性的资本装备形式并不是有固定利息的借贷，而是海上高利贷、航海信贷、海帮和依据危险等级而规定收支程度的借贷这些形式（而且**必定**带有企业主借贷利息的特征），这些都未被禁令波及（或者说只在个别极为严格的教规学者那里被波及了）。事情是，在有固定利息的资本装备与贴现成为可能并变得比比皆是的时候，对高利贷禁令那方面而言，这些（后来也）很可以感觉到的难处却愈益增强了：这些难处导致商人同业协会的各种苛刻的规章守则（黑名单）。实情是，这样一来，教规学者们对高利贷禁令的讨论通常变成了**纯粹**司法—形式性的无论如何都没有了凯勒强加给他们的那种"保护资本的"趋势。最后，实情是，一般而言**只要**需对如其本然的资本主义采取某种确定的立场，那么一方面是传统主义的，大部分时候都让人觉得很迟钝的一种反感态度，即对资本的那种四处扩张而又无人格性的，因而很难谈得上什么伦理化的力量（路德对富格尔和金钱交易的表态还反映出这种反感）；另一方面是适应的必要性，这两方面就会产生决定性的影响。然而这不属于这里讨论的内容，因为正如前面说过的，高利贷禁令及其命运，对于我们而言最多只有征兆的意义，而且只是很有限的意义。苏格兰的，特别还有十五世纪的托钵僧派的一些神学家（首先是圣伯纳·锡耶纳和安东尼·佛罗伦萨），因而尤其是主张进行合理**禁欲**的一些僧侣作家所主张的经济伦理，无疑是值得特别写上一页的，在我们的语境下则无法顺便完成这一任务了。在这个问题上，我必须在一份"反批判"中预先完成要在叙述天主教经济伦理与资本主义的**积极**关系的时候加以完成的事情。这些作者（在这一点上他们成了一些耶稣会士的先驱）关注的是证明，**商人**作为企业家的收益，这收益作为对他们的"勤勉"的补偿，在伦理上是**可允许的**（很明显，凯勒也不能主张更多了）。

"勤勉"概念及对它的重视，**归根到底**是从僧侣的禁欲中取来的，那个依据阿尔贝蒂自己借吉安诺佐之口作出的陈述，从教士那里取来加以运用的"masserizia"概念，也是如此。关于僧侣伦理如何成了新教中主张世间禁欲的那些教派的先行者，我们留到后面进行深入讨论［在古代，在犬儒学派、后期希腊化时代的墓碑铭文上，以及（出于完全不同的一些条件）埃及人那里，都已经有了相近的一些构想的萌芽形态了］。这里**完全缺乏的**（就像在阿尔贝蒂那里一样），正是对我们而言最为关键的东西，即正如我们后面将会看到的，禁欲的新教所特有的那种有关在天职中**证明**对得救的确信的构想，因而也是心理方面的**奖赏**，这些奖赏以"勤勉"来衡量一个人是否虔诚，而这一点必定是天主教完全没有的，因为天主教的救赎手段恰恰在别的方面。依据效果来看，这些作者所关注的是伦理**学说**，而不是实际上受到救赎方面的关怀限制的那些个人动力，此外他们还关注**适应**的问题（这一点很容易看出来），而不是像（**转下页**）

市中那些与教会政治极为紧密地绑在一起的金融势力之利益的巨大**妥协**,这与相当广泛的人群极端反对营利的景象形成对照。而在教义更多地进行自我调节的地方,特别像在佛罗伦萨的安东尼那里,下面这种感受也从未完全消失:在那种以自身营利为目的的活动中,根本上涉及的是一种"耻辱",这种耻辱只不过是在迫使人们宽容现成存在的生活秩序。那时个别的伦理学家,特别是唯名论派的,接受资本主义经营形式的一些已经有所发展的萌芽为既成事实,并试图证明这些萌芽是可容许的,特别是要证明商业是必需的,在商业中发展起来的"兢兢业业"盈利乃是正当的,在伦理上也是无可非议的:这并非没有矛盾,但统治性的学说将资本主义营利的"精神"作为卑鄙的而否弃,或者至少不能在伦理上给它以正面评价。像富兰克林的那样一种"伦理"见解,在那时简直是不可思议的。这首先是参与其中的资本主义圈内人士本身的观点:当他们立身于教会传统的基础之上时,在有利情况下,他们终生的工作在伦理上是淡漠的、被宽容的,但毕竟因为总是有与教会有关禁止放高利贷的规定相冲突的危险,因而人们认为其不配享有天堂的极乐。正如一些资料表明的,大量的财富在富人们死去的时候作为"良心钱"流入教会的机构,在某些情况下还作为从先前的债务人那里夺取的不义的"利息",回流到他们那里。

(接上页)在世间禁欲那里一样,关注从核心宗教立场而来的那些论证。(顺便提一句,安东尼和圣伯纳早就比凯勒做了更好的探讨。)而且人们直到今天都还对这种适应争执不休。尽管如此,也绝不要认为僧侣的这类伦理构想**在征兆的层面上**毫无意义。但注入**现代职业**概念中的那种宗教伦理的某些实际的"萌芽",出现于诸教派和异端中,尤其出现于威克利夫那里——当然,布罗德尼茨过于高估他的意义了(*Engl. Wirtschaftsgeschichte*),他认为威克利夫的影响极大,使得新教不必再多做什么了。这里无法(也不应该)对所有这些话题进行深入讨论了。因为这里无法再单独辨明,中世纪基督教伦理**事实上**已经且在多大程度上已经在为资本主义精神创造着前提条件。

行事与此不同的（除了被认为属于异端或者令人疑虑的那些情形之外）只有内心已经与传统相脱离的城市商业新贵圈子。但那些有怀疑主义气质和背离教会气质的人，通过捐赠大量的财富而结好于教会，以保万全，因为对于死后的不确定性而言，这毕竟不失为一种不错的保障，也因为（至少依据那种广泛传播而似是而非的观点）表面归服教会的诫令，就足够配享极乐了。[1] 正是在这一点上，清楚地出现了**逃避**伦理或直接**抵制**伦理的现象，这种现象依照参与者**自己的**观点，而附着于其行为之上。现在，在这种有利情况下，在伦理方面得到宽容的举止中，如何能生出富兰克林意义上的一种"天职"来？如何在历史方面弄清楚，在十八世纪宾夕法尼亚（那里的经济纯粹因为缺钱而总有萎缩为自然交换的危险，根本没有一点大型营利工厂的痕迹，在银行方面也只有一点最初步的迹象）的那种乡下资产阶级局势下，可以充当一种伦理上值得赞扬的、的确很必需的生活方式之内容的事物，在以前世界资本主义发展的中心，十四世纪和十五世纪的佛罗伦萨，即所有政治强国的货币和资本市场，却是在伦理上不可靠的，或者顶多勉强可以容忍的？**这里**要是有人想谈论"物质"方面的局势在"观念的上层建筑"中的"反映"，那只能说是纯粹的胡说。将一种外表看来纯粹以盈利为目的的活动，编列到个人感到对其**负有义务**的那种"天职"的范畴之下，这种做法的源头是一个什么样的思

---

1 关于人们如何才能容忍高利贷禁令，比如说，毛织品工会章程的第一卷第65章有所教导（我眼下只有艾米利亚尼—朱迪奇编辑的意大利文版本：*Stor. dai Com. Ital.* 卷三，第246页）。因而就有了从行会方面，通过正式手续或通过招标，为其成员获得赦罪资格的事情。资本盈利与伦理无涉的特征之最特别的地方，也即随后进一步给出的指令，以及，比如说，直接在前面给出的禁令（第63章）：将所有利息和利润算作"礼物"入账。这些向教会法庭要求自外于高利贷罪的人的坏名声，常常堪比当今的交易所里给那些对价差提出异议的人设置的黑名单。

想领域？因为这一思想为"新派"的工厂主的生活方式提供了伦理上的基础与支持。

人们已经（特别是松巴特在一些常常很出色也很有影响的论述中就是这样做的）一般性地将"经济理性主义"称作现代经济的基本动机了。如果这个概念指的是劳动生产力的扩大，这种扩大通过在**科学**视角之下对生产过程进行划分，就克服了生产过程被束缚于个体人格的种种自然存在的、"有机物"的局限之上的局面，那么这种说法无疑是有道理的。现在，技术和经济学中的这种理性化过程无疑也限制了现代资产阶级社会之"生活理想"的一个重要部分：为合理地塑造人类在物质方面的商品供应而服务的那种劳动，对于"资本主义精神"的拥护者们而言，无疑也总是他们一生工作的指路明灯。比如说，要明白这个已经非常明显的真理，我们只需读一读，富兰克林对他如何努力为改进费城地方的状况而服务的文字就可以了。而因为在故乡经济"繁荣"（在这个词以人口数和商业总量为指向的那个意义上，资本主义现在一度也将该意义与此关联起来）之时，为众多的人顺便创造与"带来工作"而带来的快乐和骄傲——所有这些都明显属于现代工厂主群体的生活乐趣，这种乐趣特别而且无疑地具有"理想主义"的味道。而且同样地，资本主义私有经济的一种基本特征自然是，它在严格精算的基础上被理性化，井井有条且冷静地以所追求的经济兴隆为目标，与农人的那种辛苦劳作只为糊口的生活，与旧的行会手工业者因享有特权而老套懒散的做派，以及仰赖于政治机遇和非理性投机的"冒险资本主义"，都形成了鲜明对照。

因而事情就显得像是要将"资本主义精神"的发展，以最简单的方式理解为理性主义的整个发展现象的一部分，而且必定可以从理性主义的原则性立场导向最终的生活问题。鉴于此，好像只有当新教充当了纯粹理性主义生活观的"前期果实"的情况下，我们才能将它置于历史的观察视野中去似的。只有当人们严肃地进行尝试时，才能发现，这样一种简单化的提问方式并不切中肯綮，因为理性主义的历史**根本没有**显示出在个别生活领域中与之**并行**的发展过程。对私人法权的理性化，比如说，如果人们将它理解为概念上的简单化和对法权材料的划分的话，在晚期古罗马法中达到了它迄今为止最高的形式。它在经济方面最为理性化的一些国家，特别是在英国，却保持了最落后的形态，在英国，罗马法在那个时代的复兴受阻于一些大的法学家行会；而它在南欧的一些信奉天主教的地区的统领地位，却一直延续下来。纯粹世俗的理性哲学，在十八世纪完全不局限于，甚或并不主要是在资本主义最发达的那些国家落地生根的。伏尔泰主义到今天为止，也并非恰巧是属于罗曼语系且信奉天主教的那些国家中广大上层与（这一点实际上更为重要）中层人士的共有精神财富。人们完全将"现实的理性主义"理解为这样一种生活方式，它有意识地将世界与**个别自我**的世俗利益联系起来，并且由此出发对事情作出评判，因而从过去直到当今，这种生活模式越发成了那些"随心所欲"的民族的典型特征，比如在意大利人和法国人那里就是深入骨髓的。而且我们已经可以说服自己的是，这绝非使人与作为资本主义所需之任务的其"天职"之间的那种关系得以特别兴旺发达的基础。人们恰恰可以在最为不同的各种终极视角下，依照十分不同的各种方向，来将生活"理性化"——这个常常被人忘记的原理，应该成为关于"理性主义"的每一种研究的最高准绳。"理性主义"是一个历史性概念，这个概念中包含了由各种对立构成的一个世界，而且我们恰恰必须研究，过去是什么样的一种精神，构成了"理性"思想和生活的那种具体形式,那种"天职"思想和那种(正如我们过去看到的,从纯粹幸福论的自私自利出发来看极其非理性的)全身心投入到职业**劳动**中去的做法就是在这种形式中产生的。这种全身心投入的做法,过去是,现在也一直是我们的资本主义文化的一个特有的组成部分。这里**我们**感兴趣的,恰恰是种种"天职"概念中的那种**非理性**因素的起源。

第三节　路德的天职构想——研究的任务

现在确定无疑的一点是,在德语词"Beruf"中,就像或许更清楚地体现在英语词"calling"中的情形一样,已经蕴含了一种宗教的观念(被上帝定下的一种**使命**),至少是**伴随**该词的其他含义**一道**在回响,而且我们越是重视这个词在具体情形下的语调,这种含义就越是能被感受到。而我们现在就要从历史方面探究这个词,并穿透各种文化语言来看问题,这样首先就会表明一点:在天主教信仰占优势的那些民族,不知道用一个具有类似色彩的词汇来表达我们所说的"天职"(在生活态度的意义上,经限定的生活领域),就像古典的古代一样,[1] 而在新教信仰

1　在古代语言中,**只有希伯来语中的**一些表达有这样的意味。首先是在"מלאכה"这个词中:它用来指**祭司**的职责(《出埃及记》35:21;《尼希米记》11:22;《历代志上》9:13,23:4,26:30),指侍奉君王的事务(特别是《撒母耳记上》8:16;《历代志上》4:23,29:6),以及**王室**官员(《从斯帖记》3:9,9:3)、一个**监督**劳动者(《列王纪下》12:12)、一个奴隶(《创世记》39:11)、**田间**劳作(《历代志上》27:26)、**手工业劳动者**(《出埃及记》31:5,35:21;《列王纪下》7:14)、商贩(《诗篇》107:23)的劳务,也指我们后面会谈到的《西拉书》11:20中的每一种"职业劳动"(Berufsarbeit)。这个词源自לאך(发送,派遣),因而最初意味着"使命"(Ausgabe)。它起源于埃及的徭役国家和依埃及模式建立起来的所罗门徭役国家的那个徭役与赋役制官僚思想世界,这一点从前面的引文来看是很明显的。从思想上来看,就像梅克斯从他那方面启发我的一样,这个概念群在古代就已经完全失落了,这个词被用来指任何一种"劳动"(Arbeit),而且事实上就像我们的"职业"(Beruf)概念一样变得完全没什么色彩了——它过去还与后者共享了一种命运,即主要被用于指宗教职能。קח 这个(转下页)

占优势的**所有**民族，都有这种表达。进一步还会表明，所有相关的各种语言的任何一种种族限定特征，比如某种"日耳曼民族精神"的表现形式，都与这不相干。这个词当今的意义乃源自

（**接上页**）表达等于"特定的"、"被指定的"、"指定任务"（Pendum），这个表达同样出现于《西拉书》11：20中，在那里被七十子《圣经》译作"διαθηκη"，同样源于徭役官僚制语言，就像דבר־יום一样（《出埃及记》5：13，比较《出埃及记》5：14，在那里，七十子圣经同样以"διαθηκη"指"指定任务"。在七十子圣经中，《西拉书》43：10那里它被译作"χρίμα"）。在《西拉书》11：20，它明显用来指实现**神**的命令，因而同样与我们的"天职"（Beruf）概念有某种亲缘性。关于《西拉书》中的这些文句，这里可参见斯蒙德所写的关于耶稣·希拉的著名著作中论这些句子的部分，以及他的 *Index zur Weisheit des Jesus Sirach*（Berlin，1907）中"διαθηκη"、"εργου"、"πονος"各词条。（众所周知，《西拉书》的希伯来文本曾遗失，但后来被舍希特尔重新发现，并部分地由塔木德引文所补充。路德不曾见过它，而这两个希伯来概念没有对**他**的语言产生任何影响：见下文有关《箴言》22：29的讨论。）

在希腊文中，一般而言没有词对应于德语中具有伦理色彩的那个词。在路德已经与我们当今的语言用法完全相符合地（见下文）将《西拉书》11：20，21翻译成"bleibt in deinem Beruf"（保有在你的天职中）的地方，七十子《圣经》一次翻译成εργον，另一次则在文句似乎完全损毁了的地方翻译成πονος（在希伯来原文中谈的是在神之扶助下的光耀）。此外，在古代，τα προσηχουτα 是在普遍的"义务"意义上被使用的。在斯多亚的语言里，χαματος（承蒙迪特里希指点我留意这个词）有时也带有某种相近的思想色彩，其出处从语言上来讲则是无关紧要的。所有其他这样的表达（比如ταξις等）都没有伦理色彩。

在拉丁语中，人们用来表达我们译作"Beruf"的那个意思（一个人在分工格局下的持久活动，对于他而言通常既是收入的来源，也是经济上的生存基础）的词，除了苍白无色的"opus"之外，在带有和德语词"Beruf"的伦理内容绝然不同的另一种色彩时或者是officium（源自opificium，因而最初是没有伦理色彩的，后来，特别是在塞涅卡《论恩惠》卷四第18节中就等于"Beruf"了)，或者是munus（导源于古老的市民群体的徭役），或者最终就是professio。最后这个词可能以其特有的方式，同样源于公共—法权上的义务，亦即市民古老的申报税务的义务，后来专门被用于现代意义上的"自由职业"[因而就有了"善言的职业"（professio bene dicendi）这样的说法]，并且在**这个**狭义上，有了在所有方面都和我们的德语词"Beruf"相当类似的一种总体含义[在这个词的更内在的意思上也是如此；因而西塞罗才这样说一个人："他不知道自己真正的职分。"（non intelligit quid profiteatur）]——唯一的不同之处是，这个词自然完全是在世间的意义上说的，没有任何**宗教**色彩。"ars"（技艺）的情形自然就更是如此了，这个词在皇帝时代指的是"手工业"。

拉丁文通俗本《圣经》对上述《西拉书》文句的翻译，一次是"opus"，另一次是（第21节）"locus"，在那里大约是"社会地位"的意思。从希罗尼穆斯这样一位禁欲者那里开始了附加上"mandaturam tuorum"的做法（布伦塔诺强调这一点，是完全正确的），而就像在其他地方一样，在这里人们也没有注意到，**这正是**证明这个概念来源于**禁欲者**——宗教改革之前是出世者，之后是入世者——的标记。此外还有一点不确定，即希罗尼穆斯的译文（**转下页**）

《圣经》译文，虽说那是源自译者的精神，而不是源自《圣经》原文的精神。[1] 路德在《圣经》译文中，最初是在《便西拉智训》的

（接上页）依据的是那个文本作出的；似乎不能排除 מלאכה 这个名称的那种古老的赋役含义的影响。

在罗曼语系中，只有西班牙语中的 "vocacion" 在**内在**"职分"的意义上辗转指宗教职务，这部分地具有了和德语词 "Beruf" 相符合的色彩，但从不在外在的意义上被用来指"职业"。在罗曼语系的《圣经》译文中，西班牙语中的 vocacion、意大利语中的 vocazione 和 chiamamento，在一种和后面同样要讨论的路德与加尔文派的语用法部分相符合的意义上，**只**用来翻译《新约》中的 κλησις（蒙福音之召，得永恒拯救），拉丁文通俗本《圣经》在此译作 "vocatio"。（布伦塔诺的前引文献中罕见地意指，我自己**为了证明**我的看法而提到的这个情形，也可以**证明**宗教改革之后那个意义上的"天职"概念，在之前就已经存在了。但事情完全不是这样的：κλησις 的确必须翻译成 "vocatio"，可问题是，在中世纪的何时何地，这个词在我们当今的意义上被使用了？这一翻译的事实，以及**虽然**如此翻译了，却**缺少**那种入世的词义，这两点恰恰说明了问题。）按照这种方式，比如说，十五世纪的意大利文《圣经》译本（*Collezione di opere inedite e rare*, Bologna, 1887 年印刷本）所采用的译法，除了 "vocazione" 之外，就有 "chiamamento"。与此相反，被用来指**外在的**、入世的、有规律营利活动的意义上的"职业"的那些词，正如从词典材料和我尊敬的朋友贝斯特教授（弗莱堡）的友好而深入的阐述来看可以知道的，完全不带有任何宗教印记；就像源自 ministerium 或 officium、最初还带有某种伦理色彩的那些词，或者源自 ars、professio 和 implicare（impiego）的那个词一样，可能从一开始就完全没有上述宗教印记。在《西拉书》中我们提到的那些文句的开头（路德译作 "Beruf"），对应的译法有：法文本第 20 节 office、第 21 节 labeur（加尔文派的译文），西班牙文本第 20 节 obra、第 21 节 lugar（依据拉丁文通俗《圣经》译本），新的译文是 "posto"（新教译本）。罗曼语系国家的新教信徒由于只占人口的少数，因而没能，或者更确切地说，他们根本没有尝试过，像路德能在语言创造方面影响那时还不太被学院理性化的德国公文语言一样，运用这种影响。

[1] 与此相反，这个概念在《奥格斯堡信纲》里还只是部分地发展了，而且是隐含着的。第十六条（参见克尔德版本第 43 页）教导说："因为福音……并不冲击世俗的治理、警察和婚姻，毋宁是要我们将所有这些都当作上帝定下的秩序，并要我们**每个人在其天职（Beruf）中**，在所有这些身份下来证明基督徒的爱、正当的好事工"（拉丁文译本里只是说："在这样的秩序中博爱"，eod. 第 42 页）。这就表明可以由此推论出：人们必须服从当局，而且在这里，至少在第一行里，"Beruf" 是被当作《哥林多前书》7: 20 那里的意义上的**客观**秩序了。而第二十七条（在克尔德译本中是第 83 页以下）谈到"天职"（拉丁文中是: in vocatione sua），是联系上帝规定下来的那些等级来说的：教士、当权者、君主与大人阶层等等，而这一点在德语文献中仅见于《新教宗典全集》的稿本措辞中，而在德文初版中则不见相关的句子。

只有到第二十六条（克尔格斯译本第 81 页），在下面的措辞中，这个词才在一种至少将我们当今的那个概念**一同**囊括进去了的意义上被使用了："苦修不应追求配当上帝的恩典，而是保持身体的灵巧，身体并不妨碍一个人依照命令去追求他的职分（拉丁文是: juxta vocationem suam）。"

某个地方（第11章第20节或第21节），完全在我们今天的意义上用了这个词。[1]自此之后，信奉新教的所有民族的世俗语言很

1 　就像词典表明的，以及我的同事布劳内与霍普斯已最友善地向我证实的，在路德的《圣经》译文之前，"Beruf"（对应荷兰文中的"beroep"、英语中的"calling"、丹麦语中的"kald"、瑞典语中的"kallelse"）在所有那些如今包含了它的语言中，**无一**是以它当今**世俗性的**含义出现的。中期高地德语、中期低地德语和中期荷兰语中，**听起来**和"Beruf"相似的那些词，全部指的是当今德语中的"呼召"（Ruf）义，这尤其还包括晚期中世纪有资格任用**教会带薪神职**的人"委任（Berufung）"[任命（Vokation）]某个候选人——这是很特别的一种情况，斯堪的纳维亚语言的词典编纂者们常常要突出强调这一点。路德偶尔也在后面这个意义上使用这个词。只是，尽管该词的这种特殊的用法后来同样有利于对它作出新解，现代"天职"概念的创造，在语言上回溯到《圣经》译本（准确地说是**新教的**《圣经》译本），只有在陶勒那里，才有了这个词的一些后面要提到的萌芽形态。受到**新教**《圣经》译本的支配性影响的**所有**语言，都建构起了这个词；而未受此影响的**所有**语言（比如罗曼语系），都没有建构这个词，或者不是在当今的意义上建构的。

　　路德以"Beruf"翻译两个最初完全不同的概念。**第一处**是保罗的"κλησις"，意思是蒙上帝之召进入永恒救赎。属于此类的有：《哥林多前书》1：26，《以弗所书》1：28、4：1、4：2，《帖撒罗尼迦后书》1：11，《希伯来书》3：1，《彼得后书》1：10。在所有这些地方，讨论的都是那种呼召的**纯宗教概念**（上帝借他通过使徒所宣示的福音，发出了这种呼召），而κλησις这个概念与当今意义上的世俗"职业"没有任何关系。路德之前的各版德语《圣经》在这种情况下写的是"ruffunge"（海德堡图书馆的全部古版《圣经》都是如此），而且偶尔也用"von Gott gefordert"（蒙上帝要求）来代替"von Gott geruffet"（蒙上帝之召）。但在**第二处**，他用"beharre in deinem Beruf"（固守你的**职分**）和"bleibe in deinem Beruf"（保守你的**职分**），而不是"bleibe bei deiner Arbeit"（保守你的劳动），来翻译前面的注释中反复提到的《西拉书》中的话；而后来（权威的）天主教《圣经》译本（比如弗莱舒茨的译本，Fulda，1781）在此处（就像在《新约》中的那些文句一样）只不过是与路德接榫罢了。就我所知，路德对《西拉书》两处文句的翻译属于**第一种**情况，他在那里是在当今的纯粹世俗的意义上使用"Beruf"这个德语词。[至于第20节中在那前面的劝告"στηθι εν διαθηκη σου"，他则翻译成"保守上帝的言"，尽管《西拉书》14：1和43：10表明，与希伯来文中的表达"חק"（从塔木德引文来看，《西拉书》使用过这个表达）相符合的，διαθηκη这个词实际上应该意指与我们所说的"Beruf"（天职）相近的，亦即"命运"或"被指派的工作"）。在后来的和当今的意义上的德语词"Beruf"，正如上面提到过的，以前在德语中并不存在，就我所知在更早的《圣经》译者或者传道者的口中也不曾说出那样。路德之前的德语《圣经》将《西拉书》文句中的那个词译作"Werk"（事工）。雷根斯堡在布道中，在我们会说"Beruf"（天职）的那些地方用了"Werk"（事工）这个词。这里的语言用法就像古代的一样。迄今为止我所知道的第一个将**呼召**（Ruf）（作为对κλησις的翻译），而不是"Beruf"（天职）用来指纯世俗劳动的，是陶勒有关《以弗所书》第四章的漂亮布道（Basler Ausg. f. 117 v）；清早浓雾漫天时，就可以看到农夫们的身影了，"比起那些不顾上帝对他们的呼召的教会人士来"，农夫们行得更好，"他（转下页）

快就接受了这个词在今天的含义，而此前在世俗文献中，根本找不到这类词义的任何苗头，而且在此前的布道文献中也是没有这样的苗头的，目前所知的唯一例外是一位对路德有着众所周

（接上页）们憨厚地遵行上帝对他们的呼召"。在这个意义上的这个词，并没有侵入世俗语言中。而路德的语言用法虽说起初（参见 *Werke*, Erl. Ausg. 51, 第51页）徘徊在"呼召"和"天职"之间，尽管在《基督徒的自由》中恰好可以找到对陶勒的这个布道的指责，我们还是完全无法确定陶勒是否对这一用法有什么直接影响。因为路德最初并未在像陶勒前述引文中的那种纯粹**世俗**的意义上，使用这个词（这与德尼夫勒的《路德》第163页的意思相反）。

很明显，从一般性地劝告人们信赖上帝的角度来看，在七十子《圣经》稿本的《西拉书》中的劝说，并不包含与对世俗"职业"劳动的某种特殊宗教**评价**的任何联系（已腐坏的第二个文句倘若没有腐坏的话，其中包含的那个表达，πόνος，即辛劳，毋宁说正好是这样一种评价的反面）。便西拉所说的，完全与《诗篇》作者的劝告（37：3）相符合：住在地上，**以他的信实为粮**。我们把第21节的劝告和这里的放在一起，就再清楚不过了：不要惊奇罪人的成就……因为，使穷人忽然变为富翁，在上帝眼中，是一件容易的事。只有开头的劝告"老于你的חיל"（第20节）可以说与福音书中的κλῆσις有某种亲缘性，但恰恰在这里，路德**并未**使用"Beruf"这个词。路德是在《哥林多前书》的文句及其译文中，在"Beruf"这个词的两种看起来完全异类的用法之间架设起桥梁的。

在路德那里（现代常见版本），这些文句出现于其中的关联部分是这样的："只要照主所分给各人的，和上帝所召个人的而行……（《哥林多前书》7：17）有人已受割礼蒙召呢，就不要废割礼。有人未受割礼蒙召呢，就不要受割礼（第18节）。受割礼算不得什么，不受割礼也算不得什么。只要守上帝的诫命就是了（第19节）。各人蒙召的时候是什么职分，仍要守住这职分（正如枢密大臣梅克斯告诉我的，这无疑是以一种希伯来的语气说的）。你是作奴隶蒙召的么，不要因此忧虑。若能以自由，就求自由更好（第21节）。因为作奴隶蒙召于主的，就是主所释放的人。作自由之人蒙召的，就是基督的奴仆（第22节）。你们是重价买来的。不要作人的奴仆（第23节）。弟兄们，你们各人蒙召的时候是什么职分，仍要在上帝面前守住这职分（第24节）。"随之后面第29节就暗示，时候"减少"了，之后就是那著名的，由终末论盼望（第31节）带动的指示："那有妻子的，要像没有妻子"，"置买的，要像无有所得"，如此等等。路德在1523年为这一章所写的评注中，还联系更古老的一些德语译文，将第20节中的κλῆσις翻译成"Ruf"（呼召）（Erl. Ausgabe, Bd. 51, 第51页），那时他还以"Stand"（**身份**）来解释它。

实际上很明显的是，在这个句子中（而且只在这个句子中）的κλῆσις这个词差不多就与拉丁语中的"status"和德语中的"Stand"（婚姻，奴隶地位，等等）相符合了。(但肯定不是像布伦塔诺的前引文献第137页中假定的那样，是在当今使用的"Beruf"的那个意义上。很难说布伦塔诺好好读过这个句子本身，以及我就这个句子所说的话。)在希腊文献中，这个词在至少能让人联想到此处的意义上出现的地方，就词典材 （转下页）

知的影响的德国神秘主义者。

　　而就像词义的情形一样，大体上可能已众所周知的是，这思想也是新的，而且是宗教改革的一种产物。情况并不是这个

（接上页）料显示的而言，只有哈利卡纳斯（Dionysius von Halikarnaß）的一个句子，在那里，它相当于拉丁文中的"classis"，后者从希腊语中转化而来，指被"召集"、被召募起来的市民步兵分队。泰奥菲拉科托斯（十一至十二世纪）这样解释《哥林多前书》7：20：（承蒙我的同事戴斯曼提醒我注意这个句子）。这个句子里的 κλῆσις 无论如何也不能说相当于我们今天的"Beruf"（职业）这个词。但路德将由终末论驱动的那句劝告（即每个人都应保有他当前的身份）中的 κλῆσις 翻译成"Beruf"（天职），后来由于劝告**在事实内容上的相近**，当他翻译旧约次经时，就将便西拉的由传统主义和反货殖主义（antichrematistisch）驱动的那句建议（即每个人都可以保有他的活动）中的 κλῆσις 也翻译成"Beruf"（天职）了。[这就是关键和特别之处。《哥林多前书》7：17的句子，就像已经说过的，并不是在"Beruf"（界限分明的事功领域）的意义上用 κλῆσις。]在那以后（或者在那同时），天主教那种超越世间伦理的做法的无效性，从1530年的《奥格斯堡信纲》开始就确立下来了，"人尽其职"这个说法也就此被使用开了（参见前一个注释）。这一点，加上恰好在十六世纪三十年代初期显著提高的对个人立于其中的那种秩序之**神圣性**的评价（这种提高体现了他那种越来越明确地表述出来的、对上帝的整个特别安排的信仰，这种安排也达乎生活的各个细节了），还有他越来越倾向于认为世俗的秩序是上帝不容更改的意愿，这些因素都在路德这里的译文中浮现出来了。"Vocatio"在流传下来的拉丁文中等于上帝将人呼召到某种神圣**生活**中去，特别是在修道院中的生活或作为神职人员而生活；如今对于路德而言，在教义的强大压力之下，世间的"职业"劳动也具有了这种色彩。因为他现在以"beruf"翻译《西拉书》里的 πόνος 和 ἔργου 这两个以前**不是**源自**僧侣**译文的（拉丁语）近义词，而就在几年前他还将所罗门《箴言》22：29，以及另一处（《创世记》39：11）的希伯来文 מלאכה 翻译成"Geschäft"（事务）（这个希伯来词语是希腊文本《西拉书》中的 ἔργου 的基础，而且与德语中的 Beruf 以及北欧的 kald、kallelse 完全一致地都是从**宗教**"职务"这个意思来的）（七十子《圣经》译本里的 ἔργου，拉丁文通俗《圣经》译本里的 opus，英文各版《圣经》里的 business，相应地还有北欧和我所掌握的所有其他译本）。路德从此开始所完成的，对我们当今意义上的"Beruf"（职业/天职）这个词的塑造，最初完全是**路德宗**的事情。加尔文派信徒并不将《圣经》次经当作经典。随着对"救赎考验"的兴趣越来越走到前台，他们才接受了路德宗的天职**概念**，并且如今开始大力强调了；但在第一批（罗曼语系）《圣经》译本中，他们还没有采用某个相应的**词语**，也不具备在已经定型了的语言中为这样的词语重新塑造新的用法的力量。

　　在十六世纪，"Beruf"概念就已经在当今的那个意义上被引入教会外的文献中了。路德**之前**的《圣经》译本已经用"Berufung"（天职）这个词翻译过 κλῆσις（比如在1462—1466年、1485年的海德堡古版本中），英154尔斯泰特1537年的译本中就说过"in dem Ruf, worin er beruft ist"（他蒙召被用）。后来天主教的译本大部分都直接追随路德的做法。英国的第一个，即威克利夫的《圣经》译本在这里用了"cleping"[古英语词，后来被"calling"（转下页

天职概念中蕴含着的对世俗日常劳动的那种评价的一些萌芽，在中世纪乃至（晚期希腊化的）古代都不存在：后面会谈到这一点。但无论如何，有一点是全新的：将在世俗职业中履行义务，评价为伦理上的自我实现所能采用的最高内容。这就不可避免地导致这样的想法，即世俗的日常劳动具有宗教含义，这也首次产生了这个意义上的天职概念。在所有新教教派的核心教义的"天职"概念中，都表现出对天主教将基督教伦理诫命区分为"训导"和"劝告"这一做法的抛弃，而且将为神所悦纳的唯一生活手段，不是定为通过僧侣那样的禁欲来超越世间伦理，而是仅仅定为履行世间的义务，而这些义务则是从个人的生活态度中产生的，这种生活态度由此就成了他的"天职"。

在路德那里，[1]这种思想是在他的宗教改革活动的头十年中发展出来的。起初在他看来，世俗的劳动虽然是上帝所要的，但

（接上页）这个外来词代替]，因而它用的是在罗拉德派伦理学那里确然很有特色的一个词，一个已经与后来宗教改革的用语相符合的词；与此相反，1534年廷达尔译本则将这一思想转变得颇具等级制色彩了，那里写到"in the same *state* wherein he was called"（在他过去被召入的同一种**状态**下），1557年的日内瓦《圣经》也是如此。1539年官方的**克兰默**译本以"calling"代替了"state"，而1582年（天主教的）莱姆泽（Rheimser）版《圣经》就像伊丽莎白时代皇家的英国国教版《圣经》一样，又回到了依据拉丁文通俗《圣经》译本而来的"vocation"。在英国，克兰默《圣经》译本就是清教在Beruf（trade）意义上的那个"calling"概念的源头，这一点默里（Murray）在《牛津英语词典》的"calling"词条下已经说到了。在十六世纪中期，calling就已经开始在那个意义上被使用了，而在1588年，人们就已说到"unlawful callings"（非法行业），1603年就已经在"高等"职业的意义上说到"greater callings"了（参见默里前引文献）。[最值得注意的是布伦塔诺的观点（前引文献第139页）：中世纪人不将"vocatio"翻译成"Beruf"，而且还不认识后者，因为只有**自由人**才能从事某种"职业"，而那时**还没有**从事市民职业的自由人。因为与古代相反，中世纪行业的社会划分完全基于自由劳动之上，而商人尤其是几乎完全自由之人，所以我不敢苟同这个主张。]

1 下文请比较埃格尔富有教益的叙述：*Die Anschauung Luthers vom Beruf*（Gießen, 1900）。该书唯一的瑕疵可能是，在他那里，就像在差不多所有其他神学作者那里一样，还没有足够清楚地分析"自然法"概念[就此请参见特洛尔奇为泽贝格的 *Dogmengeschichte*（Gött. Gel. Anz., 1902）所写的评论，特别是此后在他有关基督教教会的"社会学说"的书的相关部分中所作的讨论]。

它完全在那种支配性的中世纪传统（以阿奎那为代表[1]）的意义上，属于受造物之列，它是信仰生活必不可少的自然基础，其本身在伦理上则是无所谓的，就像吃喝一样。[2]但随着"因信称义"思想被贯彻到底，随着因此而导致的，与"魔鬼授意的"天主教修道院"福音忠告"那种越来越尖锐地被强调的对立，天职的含义就跃升起来了。僧侣的生活方式现在不仅对于在上帝面前称义明显全无价值，而且对他显得还是自私自利、逃避世俗义务的

1　因为当阿奎那将人的等级和职业划分描绘成上帝天意的事工时，也随之蕴含了社会的客观**秩序**之意。但个人致力于某个特定的"职业"（就像我们也会说的那样，托马斯说的是 ministerium 或 officium），这一现象的根据在于"自然原因"。"但是人类在职责分化方面的多样性首先源于神圣天意，因此它**分配了**人的**地位**……其次也源于**自然原因**，因为在人类分化方面的不同**倾向**就是指向**不同职责的**……"（*Quaest. Quodlibetal.* Ⅶ art. 17 c）与此完全相似地，比如说，帕斯卡尔对"职业"的评价依据这样的原理：职业的选择的关键是一种**偶然**（关于帕斯卡尔，可比较 A. Köster, *Die Ethik Pascals*, 1907）。在这方面，在"有组织的"宗教伦理学中，唯有它们当中最封闭的那一种，即印度的宗教伦理学，是另一种情形。托马斯主义与新教的（以及其他的，特别是在对天意的强调方面与后来的路德宗关系紧密的那些教派的）职业概念之间的对立是如此显著，以至于目前只需上述引文就够说明问题的了，因为后面我们会再回过头来评价天主教看问题的方式。关于托马斯，参见 Maurenbrecher, *Th. u. Aquinos Stellung zum Wirtschaftsleben seiner Zeit*, 1898。顺便提一下，在路德于个别细节上显得和托马斯相一致的地方，或许影响他更多的是经院哲学的一般学说，而不是托马斯个人。因为依据德尼夫勒的证明，他实际上好像不太了解托马斯（参见 Denifle, *Luther und Luthertum*, 1903, 第 501 页，就此可参见 Köhler, *Ein Wort zu Deniﬂes Luther*, 1904, 第 25 页起）。

2　在《论基督徒的自由》中，首先是人的"双重本性"被用于建构自然法（在这里等于世界的自然秩序）意义上的世间义务，而这种双重本性则源自下面这一点：人**在事实上**被束缚于他的身体，以及社会共同体之上（Erl. Ausg. 27, 第 188 页）。在这种处境下，与此相关的**第二个**论证就是，如果他是一名虔信的基督徒，他就会下定决心，通过爱邻人，去**报答**上帝出于纯粹的爱而决心给人的恩典（第 196 页）。与"信仰"和"爱"之间的这种非常松散的关联交叠在一起的，是对劳动的那种古老的禁欲性论证，即劳动是使"内心的"人得以支配身体的工具（第 190 页）。由此，据说劳动活动——与此关联之下进一步这样说，而且"自然法"（这里等于自然伦理）思想换了一种措辞形式，在这里又出现了——是**亚当**在堕落之前就有了的活动，上帝将一种**本能**灌输给亚当，使得他努力"独独为上帝所喜"。最后，紧接在《马太福音》7：18 等几节之后出现了这样的思想：据说，在各人职分中熟练地劳动，是由信仰带动的新生活的结果，而且必须是这样的结果；然而与此同时却没有发展出加尔文派就"救赎考验"作出决断的思想。这是支撑这部著作的有力论调，它澄清了对异质的概念因素的利用。

硬心肠的产物。与此相反，世俗的职业工作显得是对邻人之爱的外在表现，而且这是以一种固然最有遁世色彩的方式，同时也在与斯密那些著名的原理[1]形成某种近乎怪诞的对立的情况下，尤其是通过对下面这一点的暗示而得到证明的：劳动分工迫使每个人都为**他人**而劳动。然而，就像人们看到的，这种本质上具有经院哲学色彩的证明很快又消逝了，留下的是对下面这一点的越来越重的强调：在所有情况下履行世间的义务，才是为神所喜的唯一道路，只有它才是上帝的意志，而且每一种可允许的职业，因此而在上帝面前具有同等效用。[2]

在伦理上对世俗职业生活的这种定性，成了宗教改革影响最大的功绩之一，因而就特别成了路德的功绩，这一点实际上无可怀疑，甚至成了一句套话。[3]相比于帕斯卡尔，上述这种观点还是很遁世的：**帕斯卡尔**思辨的心境，据他最深的信念来看，只有以浮华和诡诈才能解释的那种对世俗活动的珍视，对此他怀

1　"我们不盼望屠夫、面包师或农夫的好意给我们带来午餐，午餐来自他们对自己利益的考虑；我们不指望他们对邻人的爱，而是指望他们的自私自利，也从不向他们谈及我们的需求，而只跟他们谈他们的利益。"（W. of N. I，第2页）

2　"一切将通过你被完成，通过你将会挤出牛奶，并且最卑微的事情通过你而完成，因此，最大的事业和最小的工作同样都是为神所喜的。"（*Exegese der Genesis*, Op. lat. exeg. ed. Elsperger Ⅶ, 213.）在路德之前，陶勒就已经有了这种思想，在原则上，这种思想将宗教的与世俗的"呼召"等量齐观。在与托马斯主义形成对立这方面，德国神秘主义和路德是相同的。在言辞之间他也表达了一点：托马斯——特别是为了坚持冥思在伦理上的价值，但也是从托钵僧的视点出发来看——发现自己必须如此解释保罗的那句"不劳动者不得食"，即从自然法来看必不可少的劳动，成了人类的负担，但并非成了所有个人的负担。从农夫的"奴隶劳动"开始往上逐层增高地排列着的，对劳动的评价，与出于物质方面的理由而被束缚于城市这个生计之所的托钵僧群体所独有的特征是分不开的，但这种评价方式对于德国神秘主义者和农民之子路德而言，却都很陌生，后者在平等看待各种职业时，强调人在身份上的划分出自上帝的意愿。托马斯的关键文句参见 **Maurenbrecher, *Th. u. Aquinos Stellung zum Wirtschaftsleben seiner Zeit*（Leipzig, 1898，第65页起）。

3　令人震惊的是，个别研究者相信：这样一种新创造可能对人的**行动**毫无影响。我不得不承认自己对此无法理解。

有深深的憎恶。[1]当然，耶稣会的那种概然性所导致的，对世俗的那种慷慨的功利主义式**适应**，就离这种观点更远了。新教的那种功绩的实际含义，现在就个别而言似乎可以——列举出来，但就普遍而言却让人感觉还很晦暗不明。

首先，几乎无须明言的是，绝不应该将路德与我们到此为止一直赋予的那个意义上的（或者，顺便说一下，任何一种一般意义上的）资本主义精神作为有内在亲缘性的两件事放在一起说。当今教会里那个习惯于最卖力地以那种宗教改革"行动"自吹自擂的圈子，整体而言绝不是任何意义上的资本主义之友。但毫无疑问的是，路德本人越发会断然否认与富兰克林那里出现的一种态度有任何亲缘关系。当然，这里不应以他对大商人的那些指责为意，那些指责援引富格尔[2]等人为大商人之典型。因为针对十六世纪和十七世纪个别大型贸易公司在法权上或事实上的**特权**地位的斗争，最适合与现代反托拉斯的风潮相比，而且它与这种风潮一样，其本身都已经不是传统主义态度的表现了。针对这些人、伦巴第人、"钱庄"，以及受到英国国教、国王及议会庇护的那些垄断者、大投机商与银行家，清教徒和胡

1　"虚荣如此深植于人心，以至于一个辎重兵、一个年轻伙夫、一个脚夫都希望出名，希望有自己的拥趸……"（*Faugères Ausgabe* 1，第208页，可比较克斯特前引文献，第17页、第136页起）。关于波尔·罗亚尔女修道院以及詹森派对于"职业"的原则立场（后面会简短地回到这一点来），如今可比较霍尼希斯海姆博士的出色著作 *Die Staats-und Soziallehren der Französischen Jansenisten im 17. Jahrhundert*（海德堡大学历史学博士论文，1914，包含于另一部广泛的著作中：*Vorgeschichte der französischen Aufklärung*，尤其可比较前一著作第138页以下诸页）。

2　关于富格尔，他的想法是：可能"一个人的生命中要是聚集了如此大量而又如君王般的财富，这事就既不公正，也不神圣了"。因而这在本质上就是农夫对资本的不信任。在他看来，承包交易在伦理上同样是很可疑的，因为它"是由人重新靠狡黠而发明的一种事物"，故而也是因为，这种交易在他看来是经济上的**暗箱操作**，就像在现代教士眼中的期货贸易一样。

格诺派也发起过激烈的斗争。[1]克伦威尔在邓巴战役之后（1650年9月）致信长期国会说："请革除对所有职业的滥用，只要有一种职业使少数人致富而将多数人致贫，这对一个国家就是有害的。"与此相反，人们将在别处发现他满脑子都是特有的"资本主义"思维方式。[2]反之，在路德所发表的大量观点里，针对一般的高利贷和收取利息的行为，在晚期经院哲学的背景之下，他看待资本主义营利之本质的那种（从资本主义的观点来看）简直是"落后的"方式就清晰无疑地浮现出来了。[3]尤其是那种在佛罗伦萨的安东尼那里已被克服了的，有关金钱没有产出之能力的论点，自然也属于此列。然而在这里，我们根本无须再深入到个别例子中去了，这首先是因为：**宗教**意义上的"天职"思想

1　利维恰当地展示了这种对立（ *Die Grundlagen des ökonomischen Liberalismus in der Geschichte der englischen Volkswirtschaft*, Jena, 1912 ）。也可比较，比如说，1653年克伦威尔军队中的平均派针对垄断与大公司所提交的请愿书，见Gardiner, *Commonwealth* Ⅱ，第179页。与此相反，劳德的政权追求建立一种由国王和教会所指导的"基督教—社会"经济组织——国王正想从这种组织中得到政治方面的和国有垄断性的利好。而清教徒的斗争所针对的正是这一点。

2　可以通过克伦威尔于1650年1月宣布对爱尔兰人发动歼灭战时颁布的通告来阐明这里的意思，它是对克伦马科诺伊斯的爱尔兰（天主教）教士发布的通告的针锋相对的回应。通告的核心句子是这样的："英格兰人继承了许多精美的遗产（意即在爱尔兰），是他们中的许多人**用钱买来的**……他们从爱尔兰人那里获得了将来很长时间的租约和**这些遗产上的大量投票**，花钱建起房子和种植园。……是你们打破了这个同盟……此时在爱尔兰一片和平繁荣，**在英格兰工业的榜样带动下**，通过商业和贸易，国民们手中所拥有的，要好过以前全爱尔兰都为他们所拥有时的情形……**难道上帝不护佑你们吗，难道上帝还愿意护佑你们吗**? 我敢说他绝不愿意。"这份通告让人想起布尔战争时英国的社论，它之所以特别，并不是因为在这里，英国人的资本主义"利益"被视为战争的法理依据了——这一点在威尼斯和热那亚之间就它们在东方的利益范围进行协商时，同样可以被拿来用作论据（尽管我强调了这一点，但布伦塔诺前引文献的第142页还是很奇怪地对这一点提出异议）。这份文本的特殊之处毋宁说恰恰在于，就像每一个了解克伦威尔性格的人最为确信地知道的，他针对爱尔兰人本身，而吁请**上帝**来见证，由于英国的资本教育爱尔兰人从事**劳动**，所以**在伦理上他**是有资格征服他们的。（这份通告除了在卡莱尔那里可以见到外，在Gardiner, *Commonwealth* Ⅱ，第163页起所作的摘要中也被刊登和分析了，亦见霍尼希的《克伦威尔》中的德译本。）

3　此处不宜深论这一点了。可比较此处以下第二个注释中作者的引文。

对世间生活方式造成的后果，可能具有各种不同的形态。如其本然的宗教改革的功绩首先仅仅在于，与天主教的观点形成对照的是，在伦理上对于世间的、在职业方面井井有条的劳动的强调，以及在宗教上对这种劳动的**奖赏**，在剧烈增长。至于表现这一点的"天职"思想是如何得到了广泛的发展的，这取决于对虔敬的进一步锻造，正如此后在各个新教教会中展开的情形一样。《圣经》的权威（路德相信可以从中引出天职思想）本身，如今在整体上更喜欢某种传统主义的措辞。特别是《旧约》，在真正的《先知书》里完全没有抬高世间伦理的痕迹，在其他地方，也只是在极为零星的只言片语和小小的苗头那里有点痕迹，《旧约》严格地在一种意义上塑造出某种完全类似的宗教思想，即每个人只要有粮食"维持生计"即可，让那些不信上帝的人去营利：这就是所有直接谈论世俗工作的文字的全部意义。在这个问题上，只有塔木德部分地（但也不是根本性地）处在另一个基础上。**耶稣**的个人立场，在"我们日用的饮食，**今日**赐给我们"这句典型的古代东方式的呼请中以一种古典的纯粹性标示出来了，而他在"不义之财"这个说法中表达出来的极端弃世的气质，则亲手排除了与现代职业思想的任何**直接**联系。[1]基督教的在《新约》中形诸言词的使徒时代，特别是保罗，由于初代基督徒们满怀的终末论盼望，对于世俗的职业生活或者是漠不关心的，或者以本质上也属传统主义的态度抵制它：因为所有人都在盼望主的到来，所以每个人都希望像从前一样，留在主的"呼召"发现他的那个身份和世俗工作中，继续劳动，这样一来，他在他的弟兄们眼里就不是个讨厌的穷苦人了，而他在世上剩下的时光也不过是短暂的一瞬。路德是透过他每个时期的总体

1　参见于利歇尔那部漂亮的书中的注释：*Gleichnisreden Jesus*，Bd. Ⅱ，第636页，第108页起。

心境这副眼镜,来阅读《圣经》的,而这种总体心境在他于大约1518年到1530年之间的发展过程中,并非只是保持同样的传统主义特征不变,而是越来越具有传统主义特征了。[1]

在他进行宗教改革活动的最初那些年,由于他对职业的那种本质上偏向受造之物的评价,在谈到世间活动的**种类**的时候,在他那里占上风的,是与保罗式的、终末论的漠不关心(表现在《哥林多前书》第七章中[2])内在地具有亲缘性的某种看法:人在任何身份上都能成圣,将重点放在职业**种类**上的做法,在生命的短暂朝圣之旅上是毫无意义的。因而对超出自己的需求的物质方面盈利的追求,就必定成了缺乏恩典的状态的征象,而且因为它只有在以他人的所得为代价时才显得可能,

---

1 关于下文,首先可比较埃格尔前引文献中的描述。这里可以再提一下施内肯布格尔的那部至今还未过时的漂亮著作(*Vergleichende Darstellung des lutherischen und reformierten Lehrbegriffes*, hrgb. Güder, Stuttgart, 1885)。(Luthardt, *Ethik Luthers*, 第84页。我手头只有这本书的第一版,该处没有对那个**发展过程**给出任何实际的描述。)进一步可比较*Dogmengeschichte* Bd. II,第262页以下。《新教神学与教会实用百科全书》中的"Beruf"词条没什么价值,该词条没有对这个概念及其发生过程进行一种科学的分析,而是就所有可能的问题,比如妇女问题等,进行相当肤浅的评论。在有关路德的国民经济学文献中,在此值得一提的,只有施莫勒的著作(*Gesch. der nationalökon. Ansichten in Deutschland während der Reformationszeit*, Z. f. Staatswiss. XVI, 1860),威斯克曼的获奖著作(1861),以及瓦尔德的著作(*Darstellung und Würdigung von Luthers Ansichten vom Staat und seinen wirtschaftlichen Aufgaben*, Conrads Abh. XXI, Jena, 1898)。就我所知,比较优秀的路德文献,在宗教改革的那个世纪之交,并没有产生什么决定性的新东西。关于路德的(以及路德宗的)社会伦理学,当然首先也要比较一下特洛尔奇的《社会学说》一书中的相关部分。

2 "哥林多前书第七章注解",1523, Erl. Ausg. 51,第1页起。在这里,路德在这个文句的意义上极大地扭转了关于上帝面前"一切职业"皆自由的思想,以至于在此应该抛弃**一些关于人的规条**(僧侣誓言,禁止不同身份的人之间通婚,等等),而(在上帝面前本身**无所谓的**)履行对邻人的那些从超越领域吸收到世俗之中的种种义务的做法,被作为对邻人之爱而为路德反复叮嘱。实质上,在(例如)第55、56页那些特别的论述中所涉及的,当然是自然法与在上帝面前称义之间的二元对立问题。

故而直接被认定为当受谴责的。[1]随着越来越深地涉入世界的种种复杂争执之中，路德对职业劳动之意义的评价也就相应地越来越高。但是在这里，如今对于他而言，个人的具体职业就越发成为上帝对他的某种特殊命令了，即命令他好好履行上帝的安排指引他进入的**这个**职位的责任。而因为经过与"宗教狂热者"以及农民骚乱的斗争之后，上帝将个人置入的那种客观历史秩序，对于路德而言就越来越成为上帝意志的直接表露了，[2]此后对神意越来越多的强调，也就在个人生命历程中越发具有符合于"天意"思想的那种传统主义色彩了：一旦上帝将个人置于某种职业与身份之中，他在根本上就应该**待在**那里，而且应该将他在世上的追求维持在被给予他的这种终生地位的范围内。经济上的传统主义起初曾是保罗式的对职业的漠视态度的结果，因而后来就成了越来越强烈的天意信仰的表露，[3]这种信仰将在上帝面前的无条件顺服[4]等同于在现成的境况下的无条件屈服。一般来说，路德以这种方式并未做到在全

---

1 可比较松巴特正确地作为格言放在他对"手工业精神"（等于传统主义）的叙述之前的那句话，这句话取自《论展销与高利贷》（1524）："因此你必须对自己暗下决心，不要在这种交易中获取优厚的生计，你对花费、辛苦、劳作和危险的盘算或粗或精，因而你储备的货品或增或减，都要依据你能否从交易中为这些劳作和辛苦获得报酬而定。"这个原理完全是在托马斯主义的意义上说的。

2 在1530年借以为《诗篇》第117章作评注的，写给斯特恩贝格的那封信里说到，（低等）贵族即使在伦理上败坏，其"身份"也是由上帝创设的（Erl. Ausg. 40，第282页以下）。闵采尔的骚乱对于这种观点的发展所产生的那种决定性意义，在这封信里（第282页以上）清楚地表现出来。也可比较埃格尔前引文献第150页。

3 在1530年对《诗篇》111：5—6的阐释中（Erl. Ausg. 40，第215、216页），也是从针对"修道院胜过世俗秩序"这一观点发起的论战开始的。但如今自然法（与皇帝和法学家们指定的实定法相对立）被直接**等**同于"上帝的公义"了：它是上帝创立的，而且特别包含了国民在**身份**上的高低划分（第215页，Abs. 2 a. E.），只是在这里仍然强调了各种身份在**上帝**面前价值相等。

4 正如他在《论宗教会议与教会》（1539）和《圣礼上的简短告解》（1545）这两部著作中教导的那样。

新的，或者说一般原则性的基础上，将职业劳动与种种**宗教**原则结合起来。[1]在二十年的斗争之后，他越来越坚定不移地持守被视作教会的唯一不容争议的标准的**学说**，其纯粹性本身阻碍了伦理领域一些新的观点的发展。

因而在路德那里，天职概念仍然受到了传统主义的束缚。[2]天职就是人将其作为上帝的安排**加以接受**的东西，他"得安于"这一天职——这种倾向盖过了另一种同样现成存在的思想，即

1　非常特别的是，对于我们极为重要，且支配了加尔文主义的、关于基督徒在其职业劳动和生活方式中获得**救赎考验**的思想，在路德那里却隐没于背景之中，这一点从《论宗教会议与教会》的一些文句中就可以看出来（1539, Erl. Ausg. 25, 第376页以下）。"在这七个"（人们用以识别真教会的）"主要信条之外的，是一些**更外在的迹象**，人们可以用以识别圣洁的基督教会……当我们不是淫棍和酒徒，清高、傲慢而又自以为了不起，而是纯正、贞洁而又清醒时……"依据路德，这些迹象并不像"上面那些"（纯粹的学说、默祷等）那么确定，"因为一些异教徒也这样行事，而且有时还显得比基督徒更圣洁"。正如后面会讨论的那样，加尔文个人的观点与此并无大的区别，但清教徒则不然。无论如何，在路德那里，基督徒只是"在职业中"，而不是"**通过职业**"来侍奉上帝（埃格尔，第117页起）。与此相反，恰恰是**救赎考验**思想（诚然更多地出现于虔敬派的，而不是加尔文派的措辞中），在德国神秘主义者们那里至少能找到一些萌芽（可以参见上面引用过的西贝格《教义史》第195页的那个来自苏索的句子，以及前面引用过的陶勒的一些语句），虽说那纯粹是在心理的意义上来用的。

2　他最终的立场在《创世记》注的一些论述中写下来了：
　　专注自己的工作，且不挂怀其他事情，并不是小**试炼**，依照自己的命运生活着的人，更是极少（Vol. IV, 第109页）……然而**服从那召唤我们的神**，是我们的职分。（第111页 eod.）……因此，每个人**坚守各自的工作、依照各自的天赐**去生活，却不挂怀于其余，就是应该遵守的法则（第112页）。在**结果**方面，这完全符合阿奎那里传统主义的表述：由此而必然的是，人的善大约就在于某种尺度，也就是说，当人所寻求获得的外在财富，**其必然性是依据他的生命及其状况**的时候。因此，罪就在于对尺度的超出，也就是说，当某人打算获取或者保留超出适度之物的时候，那就属于贪婪了（th. V, 2 gen. 118 art. 1c）。关于一个人如果僭越与每个人自己的身份所需相符合的、现成的营利本能范围，这如何构成一种罪，托马斯是从自然法出发，如其在外在利好的**目的**中表现的那样来证明的，路德则从上帝的安排出发来证明。关于路德那里信仰与职业的关系，还可参见卷八，第225页：……若你信仰时，诸物都会取悦神，甚至是身体、肉欲、职业、或者吃，或者喝，或者醒，或者睡，这些完全属于身体性或动物性的东西。**这就是信仰**……确实如此，甚至不信神者身上的刻苦和职业上的勤奋（职业生活中的这种**活动**是一种**自然法**的德性）都会取悦神。但是，不信仰和空虚的荣耀在阻碍着，他们的事工无法归于上帝的荣耀（与加尔文派的措辞相呼应）……因此，不信神者的好事工值得在这一生得到其回报（与奥古斯丁的"粉饰了道德外表的邪恶"相对立），但在来世却不能被作数。

职业劳动是一种，或者毋宁说是**唯一一种**为上帝所定下的使命。[1]而正统路德宗的发展则更进一步强化了这种特征。某种否定性的东西，即废止通过禁欲的义务来超越世间事物的做法，却与有关服从权威，以及现有生活处境中的天意的训诫，联系在一起了，因而这种否定性的东西就是目前在伦理方面唯一的收获。[2]就像有关中世纪宗教伦理的问题上还有待讨论的那样，德国神秘主义已经广泛地为路德式的天职思想作了准备，尤其是通过陶勒在原则上将宗教的和世俗的职业等量齐观，以及对由于灵魂在迷醉—沉思中接纳圣灵唯一具有的决定性意义而产生的禁欲事工[3]的种种传统形式的**更低**评价。在下面这种情况下，甚至在某种意义上与神秘主义者对立，路德宗意味着一种退步：在路德那里，更多地还在他的教会那里，与神秘主义者们（他们关于这个问题的观点一再让人想起虔敬派或贵格会的信仰心理学）[4]形成对立的是，一种合理的职业伦理学的心理学基础变得相当不稳固，而且就像有待指出的，恰恰**因为**禁欲的自我训练方面的特征，在他看来有使事工神圣化的嫌疑，所以在他的教会里，就必定越来越多地淡化为背景了。

1　在教会讲道书中（Erl. Ausg. 10，第223、235—236页）是这样说的："**每个人都被呼召到一种职业中去！**" 他应该静心等待**这种**职业（第236页直接就称之为 "命令"），并在其中服务上帝。上帝所喜的，不是事功，而是在这当中体现出来的**顺服**。

2　与此相应的是，人们（这幅景象与上面就虔敬派对女工们的俭省造成的影响所说的情形**相反**）偶尔就现代企业主提出主张说，比如，严格笃信路德宗的家庭手工业家，**如今**很少会，比如在威斯特法伦，以极为传统主义的方式思考问题了，尽管改变劳动方式预期会有更多收入，但他们对此不感兴趣，也拒绝向工厂系统转变，而且以彼岸来证明他们的做法，在那里，当然一切都会得到弥补。事情的发展表明，单纯的**虔敬**和信奉，对于整个生活方式而言，还没有任何本质性的意义：正是更为具体得多的宗教生活内容，在资本主义的成长时代扮演了其角色，如今也还在相对比较狭小的范围内扮演其角色。

3　可比较 Tauler, Basler Ausg. Bl.，第161页起。

4　可比较陶勒特有的富有情趣的布道，前引文献，及 Fol. 17. 18 v. 20。

因而应该在此确定下来[1]的只有一点：单是路德意义上的"职业"思想，就我们迄今所见，对于**我们**所追寻的东西而言，其有效性无论如何还是很成问题的。但至少这里并没有说，路德那种形式的宗教生活新秩序，对于我们的观察对象没有什么实际意义。情况恰恰相反。只是这种实际意义明显不能**直接**从**路德**及其教会看待世俗职业的立场中推导出来，而且一般而言，也不像新教的其他一些表现形式那里的推导那么容易把握而已。因而对于我们而言比较可取的路径是：首先观察这样一些表现形式，在这些表现形式中生活实践与宗教出发点之间的整体关联，较之路德宗那里更容易弄清。前文已经提到**加尔文派**与一些新教**教派**在资本主义发展史上扮演的突出角色。正如路德在茨温利那里发现了与他自身那里不同的"另一种精神"活生生地存在一样，秉承他的精神的后裔们在加尔文派那里也特别发现了某种别的精神。特别是天主教历来，且直到当下都将加尔文派视作真正的敌手。这首先的确是出于一些纯粹政治性的理由：宗教改革若是没有路德的完全个人性的宗教发展，是不可想象的，而且在精神上一直由他的人格所规定一样，然而若是没有加尔文派，他的事工是无法在世间延续下去的。但天主教徒和路德宗教徒所共有的那种憎恶的理由，还在于加尔文派的伦理特质。光看表面即可得知，在这里，与天主教和路德宗都不同的，宗教生活和世间行动之间的一种完全别样的关系被确立了。即便在那种仅仅利用了特殊的宗教动机的文献中，这一点也显现出来了。比如说，在《神曲》的结尾，诗人在天堂心满意足地注视上帝的秘密，已无言语，我们也可以瞧瞧人们习惯于称之为

---

1 因为在此处，这就是这个有关路德的评论的唯一目的，所以这样一份比较单薄的预备性概述就够用了，当然，若是从评价路德的角度来看，这份概述无论如何都是不够的。

"清教神曲"的那首诗的结尾。弥尔顿在描述了被逐出天堂的情形后,这样结束了《失乐园》的最后一首歌:

> 他们,回首望着,看到乐园底
> 最东侧,最近是他们幸福的住居,
> 门上面有那把燃着火焰的剑挥舞着
> 拥塞着憎怖的脸孔和火烈的军器:
> 他们落下了一些自然的眼泪,但是立刻
> 把它揸去;**世界全在他们面前,在那里他们**
> **要选择休息的地方,神意是他们的**
> **导者**:他们,手揽着手,以彷徨和迟缓的
> 脚步,穿过伊甸走他们孤寂的路程。[1]

就在稍前一点的地方,米勒迦曾对亚当说:

> 只要加上和你的智慧相称的
> 行为;加上信心;加上美德、忍耐、节制;
> 加上爱,将来要被叫作慈善,一切余者的
> 灵魂:**然后你不会不愿离开这座乐园,**
> **但是在你心里将要占领一座乐园,**
> **远更幸福。**[2]

读者都可以感觉到,在一位中世纪作者的嘴里是不可能

---

1 译文采自朱维基先生译本,见弥尔顿,《失乐园》,朱维基译,上海,第一出版社,1934年版,第404页。加粗部分为韦伯所加。个别词语的译法遵照当今语言习惯有所改动。——译注

2 引自同上书,第402页,加粗部分亦为韦伯所加。——译注

冒出来强烈表现清教徒对世界的关注的那种语句的，即将世间的生活视为**使命**。但在路德宗看来，像是路德和格哈德的赞美诗里出现的那样，这种语句也完全不是和他们那么意气相投的。在这种含糊的感受出现的地方，此时此地我们可以设置某种更准确的思想性的**说法**，并追问这类区别的内在根据。诉诸"民族特性"的做法，一般而言不仅等于自认**无知**，而且在我们所讨论的问题上也完全是无效的。将某种整体性的"民族特性"归于十七世纪的英国人，这在历史方面根本站不住脚。"保皇党"和"圆颅党"自我感觉不仅是两个不同的党派，而且是两个极端不同的人群，而谁要是留意观察，就必定会赞同他们这种感觉。[1]而另一方面，在性格上，在英国商人冒险家和古老的汉撒同盟商人之间找不到什么对立，这就像一般性地在中世纪晚期的英国人和德国人的特质之间也找不到另一种深层次的区别一样，尽管特质上的区别通过不同的政治命运直接就可以得到解释。[2]在这里，只有宗教运动的力量（不仅仅是，但首先是这种力量）才创造了我们当今能感受到的那些区别。[3]

　　但是如果我们据此在研究旧式新教伦理[4]和资本主义精神

1　当然谁要是分享了平均派的历史构建方式，他就有幸可以将这事也还原为种族差异了：他们相信自己作为盎格鲁—撒克逊人的代言人，在针对作为占领者与诺曼人的威廉的后人，捍卫其"天赋权利"。让人大跌眼镜的是，从来没有人在人类测量学的意义上，当着我们的面把平民"Roundheads"（英文"圆颅党"的写法——译注）解释成"Rundköpfe"（德文"圆颅党"的写法——译注）！

2　特别是英国人在民族方面的自负，后者是《大宪章》和大战的结果。今天每当看见漂亮的外国女孩时就说"她看起来像个英国女孩"这种典型现象，同样在十五世纪时就已经有人报道过了。

3　这些区别自然在英国也保持着。尤其是，"老乡绅"一直是"古老快乐的英国"的化身，直到今天依然如此，而且从宗教改革以来的全部时期，都可以被理解成两种类型的英国人气质相互斗争的时期。在这一点上，我以为波恩是舒尔策—格瓦尼茨那部有关英国帝国主义的书所写的评论（发表于《法兰克福汇报》）所论甚当。

4　Die altprotestantische Ethik，或译"老派新教伦理"，在新教运动中亦有老派（旧式）、新派之分，非指新教回到了天主教的老路上。——译注的发展之间的关系时，从加尔文、加尔文派及其他"清教"教派的作品出发的话，这不能被理解成是，我们期待在这些宗教共同体的某一位创始人或代表那里看到，我们在此称为"资本主义精神"的东西，在任何一种意义上成了他们终生工作的**目标**。我们着实无法相信，被视作自身就是目的的那种追求世俗财货的行为，在他们当中的任何一位那里，直接就充当了伦理价值。一般而言，首先要永远坚持的一点是，在任何一位宗教改革者那里（出于我们观察的需要，这里也得将门诺、福克斯和卫斯理等人算在其中）伦理上的改革规划从来就不是核心的视角所在。他们不是"伦理文化"团体的创始人，或者人道的社会改革梦想或文化理想的代表人。灵魂救赎，而且只有灵魂救赎，才是他们的生活和活动的枢轴。他们在伦理上的目标，以及他们的学说的实际影响都系于此，而且只是纯宗教动机的**产物**。因而我们就必须对下面这一点有心理准备：宗教改革在文化上的影响，有很大一部分（甚或对于我们特殊的视角而言，绝大部分）是宗教改革者当初的工作的一些出人意料，甚而**有违初衷的**后果，常常与当时向他们呈现的所有东西远隔开来，或者直接相对立。

因而接下来的研究，其部分虽谨慎，但也有望助于人们直观地理解"理念"[1]在历史之中一般起作用的方式。在这一点上，关于纯粹理想性的动机一般而言在某种意义上号称开始起作用了，有一些误解存在，但这些误解并非从一开始就有了。作为这些导论性质的讨论的结尾，我们可以就此问题略微再提几点。

正如人们首先就可以清楚看到的，在这些研究中所涉及的，

---

1 Ideen，或译"观念"。——译注

无论是从社会政治方面,还是从宗教方面,绝不是企图在任何意义上对宗教改革的思想内容进行**评价**。出于我们的目的考虑,我们总是从宗教改革的这样一些方面着手,这些方面对于真正的宗教意识而言必定显得很边缘,甚至干脆显得很浮浅。因为这里所应承担的任务,仅仅在于稍稍澄清一下宗教动机对我们的文化发展所构成的那个组织形成的冲击,这种文化产生于历史上无数个别动机之中,是现代的,特别以"此世"为指向的文化。因而我们追问的仅仅是,这种文化中的哪些特定的、有代表性的内容,可以**看成**作为历史原因的宗教改革所造成的影响?在此我们必须摆脱这样的看法:人们可以从宗教上的迁延,演绎出宗教改革是"发展史上的必要"现象这一点。历史上有数不清的局面,不仅无法嵌入任何"经济规律"之中,而且一般而言无法嵌入任何种类的经济观点之中去;这些局面,特别是政治事件,必定也共同起作用了,那些新建立的教会一般而言要与这些局面一道,才能继续存在下去。但另一方面,根本不该为像下面这么愚蠢和教条的一个论题[1]作辩护:"资本主义精神"(就这个词在这里被暂定的那种意义上而言)**只有**作为宗教改革所产生的一些特定的影响的表露,**才能**产生,甚至于作为经济体系的资本主义,就是宗教改革的一种产物。众所周知,资本主义商业企业的某些重要形式,要大大**早**于宗教改革,这一点已经一劳永逸地阻绝了这种看法。应该确定下来的反倒是:是否,以及在多大的程度上,宗教的影响**一同**参与了那种"精神"在世界上进行的质上的塑造和量上的扩张,以及那种建立于资本主义基础之上的**文化**的哪些具体的**方面**得回溯到这些影响上去。在此,现在考虑到物质基础、社会与政治上的组织形式,与宗教

1　尽管我在此处和后文中从未改变过立场,而且在我看来已经足够清楚地一再给出说明,但恰恰这个论题很奇怪地一再被扣到我的头上。

改革文化的时代之精神内容之间的相互影响极为错综复杂，我们只有这样来操作了：首先研究一下，是否以及在哪些点上能找到宗教信仰的某些形式和职业伦理之间的一些特定的"亲和力"？以此也就可以依可能性阐明，由于这类亲和力，宗教运动是以何种方式，在哪个一般**方向**上，对物质文化的发展产生影响的了。只有**接下来**，在将这一点多少清楚地确定下来之后，才能尝试评定，现代文化的内容，在其于历史上产生的过程中，在多大的程度上可归结于那些宗教动机，又在多大的程度上可以归于其他事物。

第二章　禁欲新教的职业伦理

第一节　世间禁欲的宗教基础

禁欲新教（就此处的意义而言）在历史上的承担者，主要有四个：（1）**某种形态的**加尔文派，即它在其占据支配地位的西欧主要地区，特别是在十七世纪期间所采取的那种形态；（2）虔敬派；（3）卫理公会；（4）从再洗礼运动中产生出来的那些教派。[1] 这些运动中没有任何一种是和其他几种严格分离的，它们与非禁欲的宗教改革派教会之间的区隔，也绝没有被严格贯彻到底。卫理公会直到十八世纪中期，才在英国国教内部产生出来，依照其创立者的意图，它并不是一个新的教会，而只是要重新唤醒旧的国教内部的禁欲精神，而且只是在它发展的过程中，特别是在移居美国的过程中，才从英国国教教会分离开来。虔敬派最初是在英国的，特别是荷兰的加尔文派的基础上才产生的，它通过完全不显眼的一些通道与正统派发生联系，然

---

1 我们不单独讨论茨温利派了，因为这一派在短暂地获得权势之后，很快又不重要了。阿明尼乌派**在教义方面的**独特之处，在于鲜明地否弃预定论教义，也否弃"世间禁欲"，它只在荷兰（和美国）建立起来，在本章中我们对于这一派并没有什么兴趣，更准确地说只有否定性的兴趣：在荷兰，它是由商人中的新贵们组成的教派（就此见后文）。这一派的教义学在英国国教教会里，以及大部分卫理公会派里通行。但它的"国家至上主义的"态度（即在教会事务中也拥护国家的主权），却是所有只对政治感兴趣的当局、英国的长期国会所共有的，伊丽莎白女王和荷兰共和国诸省代表大会，特别是奥登巴内费尔特，也完全如此。

后还在十七世纪末期受斯佩纳的影响，通过在教义方面部分地改弦易辙，而完成了向路德宗的融合。虔敬派原本一直是教会**内部**的一种运动，只有与钦岑多夫相关的，那个受到摩拉维亚弟兄会里残存的胡斯派及加尔文派影响之余音的共同规定的流派（"赫恩胡特派"），才如卫理公会一般违心地被迫完成了某种特殊的教派建构。加尔文派和再洗礼派在它们发展之初，相互之间是截然分离的，但在十七世纪晚期的浸礼会中相互之间发生了密切的接触，而在这个世纪早期，英国和荷兰的各个独立派教派，就已经在逐步融合了。正如虔敬派所表明的，向路德宗的融合，也是一个逐渐发生的过程，在加尔文派与英国国教教会之间亦复如是，后者在其外在特征上，在其最坚定的信仰者的精神气质上，都与天主教有着亲缘关系。"清教"这个词的含义是多重的，在最广义上被称为"清教"的那场禁欲运动，[1]虽然在拥护它的大众中，特别是在他们中那些坚定的捍卫者当中，人们攻击英国国教的基础，但只是在这里，种种对立在斗争中才慢慢尖锐化了。而且如果我们将这里原本并不太令人感兴趣的政府与组织问题暂时完全撇开的话，事情的实质就显得相同了。教义上的种种差异，甚至最重要的那种差异，比如有关预定论与称义论的学说，就在各式各样的联合中，相互融合到一起了，而且直到十七世纪初期都在有规律地（尽管并不尽然）阻碍教会共同体的维持。而首先要强调的是：对于我们而言很重要的**伦理**生活方式的现象，是在这样一些相互之间最为不同的教派的拥护者间，以同样的方式出现的，这些教派或者出自上述四种来源

1　关于"清教"这个概念的发展，尤可参见 Andrer Sanford, *Studies and Reflections of the Great Rebelion*，第65页起。我们一般性地运用这个表达时，总是在十七世纪日常语言的那个意义上使用它的，即指荷兰和英国以禁欲为导向的宗教运动，而没有区分教会的体制规划和教义，因而也包含了"独立派"、公理派、浸礼会、门诺派和贵格会的信徒这些相异的成分。

之一，或者出自这四者中两种以上的联合。我们将看到，相似的一些伦理准则可能会与不同的教义基础结合起来。即使是那些用于灵魂安慰活动的，产生了很大影响的文学辅助手段，尤其是各种宗教认信方式的决疑论大纲，在那个时代的过程中也相互产生影响，人们发现，它们的内容极为相似，然而信徒们在实践生活方式的时候却表现出尽人皆知的极大不同。因而事情几乎显得是，我们最好将教义基础以及伦理理论完全忽略，而只专注于伦理实践——只要它是可以确定的。然而事情恰恰不是如此。禁欲伦理的那些在教义方面各不相同的根源，经历各种可怕的斗争之后，自然是渐渐枯萎了。但最初系泊于那些教义之上的做法，不仅在后来"不合教义的"伦理中留下了一些有力的印记，而且**只有**认识了最初的思想内容，我们才能理解，那种伦理是如何与绝对支配了那个时代的精神世界最丰富的人们的、有关**天堂**的思想关联在一起，如果没有天堂的超绝一切的力量，那时就**没有任何**能真正影响生活实践的伦理更新运动发生了。因为对我们而言，问题显然并不在于那个时代的伦理小册子在理论方面正式教导我们什么（当然这些内容通过教会的培养、灵魂的安慰与布道所产生的影响，也具有一些实际意义），[1]而是某种完全不同的东西：探明通过宗教信仰和宗教生活实践所产生的那些心理**动力**，这些动力为生活方式指明了方向，并将个人固定于这种方式中了。但这些动力如今又在很大程度上源自宗教信仰观的特性。那时的人喜欢冥想看起来很抽象的一些教义，至于他们在多大的程度上如此，那只有当我们弄清了它

---

1 在讨论这些问题的时候，这一点遭到极大误解。特别是松巴特，但也包括布伦塔诺，他们总是引用伦理方面的作者（大部分是他们通过我才认识的），比如引用他们的生活规则汇编，却**从不**问问，这些生活规则汇编到底将唯独在心理上起作用的**救赎**奖赏给了谁。

与实践—宗教方面的种种兴趣之间的整体关联,才能真正明白。我们不可避免地要对教义作一些观察,[1]这条道路对于不熟悉神学的读者而言是很艰辛的,犹如他们在了解神学的饱学之士面前显得仓促而又肤浅一样。在此我们当然只能采取这样的路子:我们以一种按照"理想类型的方式"贯穿起来的顺序来展示宗教思想,这种顺序在历史的事实中则很少见到。因为,正是**由于**在历史的现实中不可能画出鲜明的界限,我们才只能寄望于在研究它们那些**最连贯的**形式的时候,发现它们的一些特殊后果。

那么,在十六世纪和十七世纪资本主义最发达的一些高度文明国家里,即荷兰、英国和法国,规模最大的那些政治与文

---

1 我几乎不用特意强调,这里的概述因为运行于纯粹教义的领地上,就完全以教会史和教义史文献中的表达,以"二手文献"为依据,因而也完全不声称具有任何"原创性"。显然,我尽我所能深入探索了宗教改革史方面的文献资料。但如果企图忽视几十年来深入透辟而又细腻精微的神学研究,而不是(这是完全不可避免的)让自己被**引导**来理解文献资料,那将是一种大大的僭越。我只是希望,不得已写得这么简短的概述,没有引向不正确的表达,也希望我至少在事情的论述上避免了一些显而易见的误解。对于每一个熟知那些最重要的神学文献的人而言,如果说这里的叙述有什么"新意"的话,那便是,一切自然都是依照**对我们**很重要的一些视角来安排的,这些视角中有一些(比如**禁欲的理性特征**,及其对现代"生活方式"的意义)当然恰恰是坚决而意味深长地与神学家们保持距离的。在这个方面,以及事情的社会学方面,自从本书出版以来,已经有前面引用过的特洛尔奇的著作(Tröltsch, *Gerhard und Melanchthon*,以及发表于 *Gött. Gel. Anz.* 上的大量评论,已经堪称他的巨著的先驱了)进行系统的深入研究了。由于篇幅的限制,我没有引用所有共用资料,而是每次只引用文本的相关部分所依照的或者有关系的那些著作。这当中与我们这里感兴趣的那些视角比较相近的,往往恰好是那些比较老旧的作者。德国图书馆的财政配备完全不能令人满意,这就导致,"外省"的人,只能从柏林或其他大图书馆外借那些最重要的著作资料短短几周。像沃特、巴克斯特、卫斯理,以及所有卫理公会、浸礼会和贵格会作者,还有许多没有收入《宗教改革文集》中的所有初期作者的书,就是如此。对于任何**深入的**研究而言,造访英国的,特别还有美国的图书馆,常常是必不可少的。当然对于接下来的概述而言,当然必须(也可以)一般性地满足于在德国可以得到的那些文献。在美国,一段时间以来,各个大学所特有的有意否认自己带有"教派"色彩的过去的风气,导致各个图书馆很少甚或根本不再添置这类文献——这是美国生活普遍的"世俗化"趋势的一个特征,这种趋势在不久的将来,就会消解掉历史上传承下来的民族性,并最终完全改变这个国家起奠基作用的一些建制的意义。人们不得不去这个国家的一些正统小教派办的学院找书。

化斗争为之而发起，[1]因而我们首先要转而考察的那种信仰，[2]便是**加尔文派**了。**上帝选择**学说是这种信仰在那时最有特征，到今天依然普遍有效的教义。对于它究竟是改革派教会"最

1　在下文中，我们**首先**感兴趣的，不是禁欲教派的起源、过往和发展史，而是将其已经得到充分发展的思想内容，如其所是的那般作为既成的伟大事物接受下来。

2　关于加尔文与加尔文派，普遍而言，除了坎普舒尔特的奠基性著作之外，马克斯的叙述是最好的（见 *Coligny*。Campbell, *The Puritans in Holland, England und Amerika*（2 Bd.）并不全然是批判性的和无偏颇的。皮尔森关于加尔文的研究是一部强烈地反加尔文派的派别性著作。关于在荷兰的发展过程，除了莫特利之外，还可参见荷兰古典作者的著作，特别是 Groen van Prinsterer, *Geschiedenis v. h. Vaderland*、*La Hollande et l'influence de Calvin*（1864）、*Le parti antirévolutionnaire et confessionel dans l'église des P. B.*（1860, 关于**现代**荷兰）；此外尤可参见 Fruin, *Tien jaren uit den tachtigjahrigen oorlog*，特别可以比较 Naber, *Calvinist of Libertijnsch*。此外还可参见 W. J. F. Nuyen, *Gesch. Der kerkel. an pol. Geschillen in de Rep. de Ver. Prov.*（Amst. 1886）; A. Köhler, *Die niederl. ref. Kirche*（Erlangen, 1856），该书讲的是十九世纪。关于法国，除了波伦茨，如今可参见 Baird, *Rise of the Huguenots*。关于英国，除了卡莱尔、麦考利、马松，以及最后但并非不重要的兰克之外，首先后面要引用的加德纳与弗思的各种著作，此外还可参见，比如说，Taylor, *A retrospect of the religious life in England*（1854），以及 Weingarten, *Die englischen Revolutions-Kirchen*，就此可参见特洛尔奇为《新教神学与教会实用百科全书》（第三版）就英国"道德家"所写的文章，进一步的（不言而喻）当然还有他的《基督教教会与群体的社会学说》，以及伯恩斯坦的那篇收于《社会主义史》（Stuttgart, 1895, Bd. Ⅰ, 第506页起）的出色的文章。最好的文献目录（超过7000条）是 Dexter, *Congregationalism of the last 300 years*（当然首先关注的是教会**制度**问题，但也有例外）。这部书在本质上完全超过普莱斯（*Hist. of Nonconformism*）、斯科茨和其他人的一些叙述。关于苏格兰，可参见，Sack, *K. von Schottland*（1844），以及关于洛克斯的文献。关于美洲殖民地，多伊勒的著作《美洲的英国人》从大量个别文献中脱颖而出。此外还有：Daniel Wait Howe）, *The Puritan Republic*（Indianapolis, The Bowen-Merrill-Cy publishers）, J. Brown, *The pilgrim fathers of New England and their Puritan successors*（3d ed. Revell）。进一步的引用随行文给出。关于**学说**方面的区别，下面的叙述特别应归功于前面已引用过的施内肯布格尔的演讲集。里奇尔的奠基性著作《基督教称义论与和解论》（3 Bde., 这里引自第三版），将历史叙述和价值判断熔为一炉，表明了作者显明的特色，这种特色显示出卓越的思想敏锐性，却总也不能让引用者对其"客观性"完全放心。在他，比如说，否弃施内肯布格尔的叙述的地方，我对其正确性是存疑的，但在其他地方，我并不妄加判断。此外，比如说，他认为大量各异的宗教思想与心境中（在路德本人那里的更是如此）适合于称为"路德宗"学说者，似乎经常是通过价值判断确定下来的：那便是路德宗里对于里奇尔而言**具有恒久价值的**东西。那是（依据里奇尔的看法）路德宗应值的的样子，而不是它**曾是**的样子。无须特别提及的是，缪勒、西贝格等人的著作**随处**被采用。我为下文中给读者，**正如给我本人**那样，加上极累赘的注释的负担而抱歉，这里的关键同样是一种急迫的要求，即特别要让非神学的读者们至少能够暂时查核一下这份概述中的思想——包括通过简述与此有关的一些进一步的观点。

77

为本质的"教义,还是一种"附赘",人们固然是有争议的。但现在有关一种历史现象之本质与否的判断,或者是在以此说出了它全部的"令人感兴趣的因素",或者它全部持久地"有价值的因素"的情况下,成为一些价值判断和信仰判断;或者它们说出了一些由于对其他历史进行有影响而在因果的意义上很重要的东西:那样的话,就涉及历史方面的归因判断了。正如这里发生的一样,现在我们就要从这后一种视角出发,也要追问那种教义由于其在文化史上产生的**影响**而具有什么样的意义了,因而这些影响必须被高度评价。[1]奥尔登巴内费尔特所领导的那场文化斗争就败在这个教义上了,而在詹姆斯一世治下,自从王室与清教之间在教义上(恰恰是在这个学说上)发生分化以来,英国教会内部的分裂就变得不可弥合了,一般来说,**这种学说**首先被认为依凭加尔文派而对国家有害,并遭到当局的斗争。[2]十七世纪最大的几次新教宗教会议,特别是多德雷赫特和威斯敏斯特的两次会议,以及多次小型会议,都以将它提高到宗教法规的地位为中心议题;"战斗的教会"的无数英雄都奉此为固定不移的立足点,而在十八世纪,就像在十九世纪一样,它还引起了教会的分裂,并且在大规模地重新唤醒宗教意识的运动中,发出了战斗呐喊之声。我们不能将它略过,而首先要研究它的内容(因为这内容今天可能已不是饱

---

[1] 关于下面的概述,一开始就可以断然指明,我们这里考察的**不是**加尔文个人的观点,而是加尔文派,而且即便对于后者,我们所考察的也只是他在十六世纪末和十七世纪初能加以支配的那个领地内(这些领地成了资本主义文化的承担者)所发展出来的**那种形态**。目前我们要将德国暂且**完全置之不顾**,因为纯粹的加尔文派在德国的任何地方都没有**支配**大片领地。"改革派"当然不等于"加尔文派"。

[2] 剑桥大学与坎特伯雷大主教协定的,有关英国国教信纲第十七条的宣言,即所谓的1595年兰贝斯条款与官方的理解不同,也明确地教导死亡的预定,国王没有批准这个条款。激进人士重点强调的,恰恰是明确的死亡预定(而不仅仅是"许可"诅咒,正如更温和的学说所希望的那样)——《汉瑟诺里斯信纲》就是如此。

学之士所熟知的了），真正从1647年《威斯敏斯特信纲》中的语句出发来了解，而独立派与浸礼会信仰告白，不过是重复了这个信纲而已：[1]

第九章（"论自由意志"）第三条：人由于堕落到罪的境地，完全失去了立意追求任何宗教之善的能力，亦不能保持圣洁，以致一个完全脱离了善，在罪中萎靡的自然之人，是没有能力自行皈依，甚或自行为此作准备的。

第三章（"论上帝的永恒决定"）第三条：上帝为了明示出他的庄严，通过他的决定……预定了一些人要得永生，也注定了另一些人永远死去。第五条：上帝在为世界立下根基之前，在他下了永恒不变的决心，作了隐秘的决定，选择了立意之后，就在基督中选择了人类中那些被预定要得到生命的进入永恒的庄严，而这纯粹是出自上帝自由的恩典和爱，而不是因为上帝预见到受造者的信仰或善工，抑或始终坚持这二者之一，或者别的什么行为，有了这些作为条件或原因，才促使上帝这样做，而是所有这些都为了荣耀他庄严的恩典。第七条：上帝所喜的是，依照他的意志所发出的那种玄妙莫测的主意（上帝随自己的意给或不给恩典，随他所喜），为了展现他那超出他所造者之上的无限权力，而放弃他们，又因为他们的罪而安排他们耻辱与愤怒，来荣耀他庄严的公义。

第十章（"论有效的天召"）第一条：为上帝所喜的是，在他所定下的合适的时间，通过他的话语和他的灵，有效地

---

1 这里和其他地方引用的加尔文派信条文句，参见 Karl Müller, *Die Bekenntnisschriften der reformierten Kirche*（Leipzig, 1903）。进一步的引用随行文给出。

呼召所有他预定要得生命的人,而且只呼召这些人……因为他使他们的心由冷酷变温润,因为他革新了他们的心意,还通过他全能的力,让他们决意向善……

第五章("论天意")第六条:关于恶人与不信神的人,上帝这位公正的法官因他们以前的罪而令其昏聩顽固,不仅撤走能使他们理智清明、心灵感动的恩典,有时也撤走他们的才能,并使他们与那些将其败坏至罪恶境地的对象发生关系,还将他们抛给他们欢乐、世俗的诱惑和撒旦的力量,这样一来,他们就使自身冷酷,乃至于将上帝用来使其他人变得温润的那种手段为他们所用。[1]

"即使要我去地狱走一遭,这样一位上帝也永远不能强使我尊敬。"这是弥尔顿对这一学说的著名判断。[2]但我们这里关心的不是某种评价,而是这个教义的历史地位。我们只能在下面这个问题上短暂停留:这个学说是如何产生的,它所嵌入的,是加尔文派神学中的哪些整体关联?有两种回答方式。正如在奥古斯丁以来的基督教历史上屡屡发生的那样,

---

1　关于胡格诺派的预定论,参见 *Polenz* I,第545页起。

2　关于弥尔顿的神学,参见艾巴赫的收于《神学研究与批判》中的文章(1879)(麦考利借萨姆纳翻译1823年重新发现的《基督教教义》之机就此所写的论文很肤浅,陶赫尼茨本185,第1页起);关于更进一步的信息,当然可以参见马松太过公式化地加以划分的、六卷本的英文主要著作,以及斯特恩基于该著作之上,为弥尔顿撰写的德文生平——弥尔顿早就开始脱离以双重法令的形式出现的预定论了,直到最后,在他高龄的时候,达致完全自由的基督教信仰。在摆脱自己时代的一切束缚这方面,他在某种意义上可以与弗兰克相比。只是弥尔顿具有一种实际而积极的性格,而弗兰克则具有一种本质上为批判性的性格。加尔文派给后世留下的恒久遗产表现出依照上帝的意志、在世俗内部给生活制定的一种**理性的**导向,弥尔顿只是在这种理性导向的较广泛的那种意义上,才算是"清教徒"。人们可以在完全类似的意义上称弗兰克为"清教徒"。我们不逐个考察这两个"特立独行者"了。

恰恰是在最积极与最有激情的伟大祷告者那里，宗教救赎感
这种现象，与一种坚定的感受结合起来了，即一切都要归于
某种客观力量的独一无二的作用，而一点都不归于自己的价
值：这是因欢乐的信仰而产生的强大情绪，在这种情绪中，他
们的罪恶感所产生的那种可怕的痉挛得到了释放，这种情绪
看起来完全是在毫无准备的情况下侵袭他们的，而且使人完
全不可能认为，这种闻所未闻的恩典施舍能归功于他们自己
的任何协作行为，或者能与他们自己的信仰和意愿的功绩或
性质结合起来。路德在其宗教天才极盛的那些时期，能写出
《基督徒的自由》，对他而言，上帝"隐秘的决定"最为确定无
疑地构成了使他得以持久领受宗教恩典的绝对唯一的源泉。[1]
即便到后来，他也没有正式放弃这个想法，只是它不仅没有在
他那里获得任何核心地位，也随着他作为负责任的教会政治
家而不得不越来越多地服从"实际政治"，便越来越没入背景
之中了。梅兰希顿完全是有意回避了接受《奥格斯堡信纲》
中那个"危险而晦涩的"学说，而且对于路德宗的教父们而言
在教义方面无可移易的一点是，恩典是可以失去的，也能通过
谦卑地悔过自新、虔诚地信奉上帝的话语，以及通过圣礼而被
重获。加尔文那里的演变过程与此恰恰相反，[2]我们可以感觉
到在他与教义上的论敌们相互论争的过程中，这个学说的重
要性一直在上升。这个学说直到他的《基督教原理》的第三

1　"这是最高的信仰：它拯救的极少，诅咒的极多，但我们仍相信它是仁慈的；它依
自己的意志，使我们都成为必可诅咒的，但我们仍相信它是公义的。"——《论意
志的束缚》这部书的著名文句是这样说的。

2　路德和加尔文二人在根本上正好都辨认出了双重的上帝（参见里奇尔在《虔
敬派历史》中的评论，和克斯特林为《新教神学与教会实用百科全书》所写的
"上帝"条目，第三版）：《新约》里启示出来的仁慈友善的父（因为这位父的形
象支配了《基督教原理》的开头几卷），以及这幕后作为恣意而为、喜怒无常
的暴君的"隐匿的上帝"。在路德那里，《新约》中的上帝完全占优（转下页）

版中，才完全得到展开，而且直到他死后，才在一些大型的文化斗争中赢获其核心地位，在多德雷赫特和威斯敏斯特宗教会议寻求结束这种斗争。在加尔文那里，那"可怕的裁定"**不是像在路德那里是要被体验的**，而是要**被思索的**，而这样一来，它的重要性就随着转向他唯一的上帝（而不是人）的宗教兴趣在思想上的连贯性的一次次越发增长而增长了。[1]不是上帝为了人而存在，而是人为了上帝而存在，而所发生的一切事件（因而也包括那对于加尔文而言确定无疑的事实，即人类中只有一小部分被召向至福）都无一例外地只有在充当达到如下目的之手段时，才有意义：荣耀上帝的威严本身。把地上的"公义"的那些标准用来衡量上帝的那些至上的指令是无意义的，而且是对他的威严的一种损害，[2]因为他，而且只有他，是**自由的**，即不受制于任何法律的，而他的那些决定，只有在他认为适于告知我们的情况下，才能为我们所理解，也才能普遍为我们所了解。我们所能遵守的，只有永恒真理的这些片段，而剩下的所有部分（那是我们个人命运的**意义**所在）都被难解的秘密所包围，这些秘密是我们无法探究的，也超出了我们的能力之外。当那些被抛弃的人想抱怨他们的处境是不应得的，这就好像是动物抱怨自己没有生而为人一样。因为所有受造物都是通过一道不可跨越的深谷与上帝隔离开的，而只要他不是为了荣耀他的庄严

（接上页）势了，因为他越来越倾向于将有关形而上学之物的**反思**作为无用而危险的东西，加以避免；而在加尔文那里，关于超越的神性具有超出生命之上的权力的思想获胜了。在加尔文派的普及发展中，这种神性自然无法维持了，但取而代之的不是《新约》中的父，而是《旧约》中的耶和华。

1 关于下文，可比较 Scheibe, *Calvins Prädestinationslehre*（Halle, 1897）。关于一般的加尔文派神学，参见 Heppe, *Dogmatik der evangelisch-reformierten Kirche*（Elberfeld, 1861）。

2 *Corpus Reformatorum*, Vol. 77, 第186页起。

而另下决定，那么所有受造物在他面前都只配得到永恒的死亡。我们所知道的只有：一部分人得到至福，其余的人被诅咒。据说假定人的功业或过错能一同规定这个命运，就意味着将上帝那些恒久以来就确定了的，绝对自由的决定，视为可因人的影响而改变的：这是不可能的。《新约》中那位"天上的父"是人所能理解的，他为罪人重回他的怀抱而高兴，就像一个女人为寻回钱币而高兴一样，而在这里，从原来的那位父亲当中形成了一位超出人的所有理解之外的超越性神明，他恒久以来就依照完全深不可测的决定，为每个人分派其命运，并支配宇宙中的一切细节。[1]由于上帝的决定是不可更改地确定了的，他的恩典对于那些皈依他的人而言就是不会失去的，这正如对于那些拒绝他的人而言是无法得到的一样。

这个学说严峻而不近人情，如今对于服膺于它伟大的一贯性的那代人的心绪，首先就会造成这样的一种后果：**个人内心中一种闻所未闻的孤独感**。[2]在对于宗教改革时代的人们而言最为关键的生命事件（永恒至福）上，个人只能踽踽独行，去面对恒久以来就已确定下来的命运。没有谁能帮他。任何布道者都不能帮他，因为只有被拣选者才能有灵性地理解上帝的话语。任何圣礼都不能帮他，因为圣礼虽然是上帝为光大其名而

---

1 人们差不多可以依照这里给出的形式，比如Hoornbeek, *Theologia practica*（Utrecht, 1663）L. II c. 1：论预定［这部分很独特地直接冠有"论上帝"（De Deo）的标题］中的那种形式，来检视前面的叙述。霍恩贝克所依据的《圣经》篇章主要是《以弗所书》第一章。将个人的责任与上帝的预定以及天意相结合，并解救意志在经验中的"自由"的各种不彻底的尝试，在奥古斯丁初次扩展其学说的时候就已经开始了，我们在此不必加以分析。

2 "（与上帝形成的）最深刻的共同体不在各种机构、社团或教会中，而在孤独内心的秘密中"，道登在他那本出色的《清教徒与国教信徒》（第234页）中表述了这个关键点。个人这种深刻的内心孤立，同样也完全可以在波尔罗亚尔女修道院的詹森派信徒当中出现了，后者是预定论者。

先行规定下来的,因而要信守不渝,却不是获取上帝恩典的什么手段,而不过是在主观上仅仅充当信仰的"外部辅助"罢了。任何教会都不能帮他,因为虽说离开真正的教会的人永远也不能重回上帝所拣选者之列,在这个意义上"教会之外无救赎"的原理是有效的,[1]但那些重新被试炼者也属于(外在的)教会,他们的确**应该**归属于这样的教会,并服从其管教手段,这样做并不是为了达到至福(这是不可能的),而是因为他们也必须被强迫遵从上帝的命令,以荣耀其名。最后,任何神也帮不了他们,因为基督只为被拣选者而死,[2]上帝恒久以来就已决定,为了这些人而让基督殉道。对教会—**圣礼**的救赎功用的这种完全的取消(在路德宗里这种取消还绝没有被推到极致),与天主教形成对立,是绝对的关键。宗教史上那个伟大的为世界**祛魅**的过程,[3]与古犹太教的那些预言一道开始,和希腊的科学思想协同起来,将**巫术一类的**寻求救赎的工具作为迷信和渎神的做法抛弃了,这个祛魅过程在这里终结了。真诚的清教徒甚至将葬礼时的一切宗教礼仪的痕迹都抛弃了,在埋葬他们逝去的同伴时既不唱歌,也不发出声音,目的仅仅是不要使任何"迷信",任何

---

1 "那轻视这种方式的集会(亦即纯粹的学说、圣礼和教会培育存在于其中的一个教会)的人,其救赎无法确定;并且,那保持这种轻视的人,不会被拣选。"Olevian, *de subst. foed*,第222页。

2 "人们说,上帝差遣他的儿子来,是为了拯救人类,但这不是他的目的,他只想将一部分人救出堕落之外……我还告诉你们,上帝只是为那特选的人而死的……"(Wtenbogaert, Ⅱ, 1609,第9页,可比较前引奴杨著作, Ⅱ,第232页)。《汉瑟诺里斯信纲》里对基督中保角色的证明,也是纠缠不清。那里到处都预设了一点:上帝其实根本不需要这样一种中介。

3 关于这个过程,参见我在《世界宗教的经济伦理》中的论文。正如那里表明的,古代以色列伦理针对与其内容上有亲缘关系的埃及与巴比伦伦理所采取的特殊立场,以及它自先知时代以来的发展,就已完全基于这个基本事态之上了:拒绝圣礼巫术为救赎之路。

仰仗巫术—圣礼一类事物的救赎作用的做法,流行起来。[1]那时不仅没有任何巫术,也根本没有任何手段,能使上帝的恩典得以转向那些上帝决定不给其恩典的人。与关于一切纯粹受造而不受上帝眷顾者会无条件远离上帝,且没有价值的生硬学说结合在一起,人的这种内心的孤立,一方面为清教对文化及虔敬内心中一切感性**感受**类的因素的绝对消极态度提供了根据(因为这些因素对救赎无用,而且会助长多愁善感的幻想,以及将受造物神圣化的那种迷信做法),因而也导致了对一切感官文化的根本拒绝。[2]但另一方面,这种内心的孤立也构成了那种毫无幻想而又有着悲观主义色彩的个人主义的一个根源,[3]这种个人主义直到如今,还在过去信奉清教的各民族的"民族性格"及各种建制中起作用,这与后来"启蒙"看待人的那种眼光,形成了显

1　同样,依照最彻底的观点,只是因为有成文的规定,才有行洗礼的责任,但对于救赎而言,它根本不必要。**因此**,严格奉行新教的苏格兰和英格兰独立派,就能够将这原理贯彻到底:明显**为神所弃者**的孩子(比如醉鬼的孩子),就不应被施以洗礼。对于一个渴望行洗礼,却还没有"成熟"到参加圣餐礼的成年人,1586年爱达姆宗教会议只建议在其无可指责的有了转变,并使这种渴望"撇清了迷信"时,方可行洗礼。

2　正如道登的前引文献很出色地阐明了的,对"感官文化"的这种否定性态度,恰恰是清教的一个建构性因素。

3　"个人主义"这个表达包括了可以想象到的最为异质的一些东西。这个表达在**这里**的意思,有望通过接下来进一步的勾画得以显明。在这个词的另一个意义上,人们称路德宗是"个人主义的",因为这派**不遵守**一种通过禁欲来规整生活的要求。而比如当舍费尔在他的著作《沃姆斯宗教协定评论》(柏林科学院论文,1905)中称**中世纪**为"显著个体性"的时代时,他又是在完全不同的另一种意义上使用这个词的,因为对于历史学家认为**不相关的**事件,那时非理性的因素具有某种重要意义,正如今天不再具有此种意义一样。他是对的,但他以其种种考察来反驳的那些人,或许也是对的,因为双方在谈到"个体性"和"个体主义"时,说的是完全不同的东西。布克哈特的那些天才的说法,今天已部分过时了,而一种透彻的、以历史为导向的概念分析,如今正又重新在科学上具有了最高的价值。当一种游戏的心态驱使某些历史学家以招贴画的风格来"定义"这个概念,而其目的无非是以此为某个历史时期贴上一张标签时,情况当然就正相反了。

明的对立。[1]在我们考察的这个时代的生活方式与生活观的种种基本现象中，我们又发现了神恩拣选学说产生的这种影响的痕迹，而且即便在它作为教义的效用已经开始消退的地方，也是如此：它也不过是信靠**上帝**的行动所具有的那种**排他性**的**最极端**表现形式罢了，这也是我们这里要分析的。这样一来就有了，比如对信赖人的协助以及人与人之间友谊的那种做法的警告，常常很显著地一再出现，尤其是在英国清教的文学中。[2]即使性情温和的巴克斯特也劝告人们切勿信任密友；贝利干脆建议人们不要相信任何人，不要让任何人知道会使人丧失名誉的事情：只应信任上帝。[3]那么，与路德宗形成最鲜明对立的是，在这种生活格调的整体关联之中，在加尔文派完全发展了的那些领域里，私人忏悔悄悄地消失了（针对私人忏悔的问题，加尔文

1　同样也与后来的天主教学说形成了对立，虽说不那么尖锐。相反，帕斯卡尔同样基于恩典拣选学说之上的那种深刻的悲观主义，来自詹森派，而他由此产生的那种遁世的个体主义，与官方的天主教立场无论如何是无法协调一致的。就此可参见前引霍尼希斯海姆有关法国詹森派信徒的著作第133页注63。

2　詹森派信徒也完全如此。

3　Bailey, *Praris pietatis*（德文本，Leipzig, 1724），第187页。J. Spener, *Theologischen Bedenken*（这里引自第三版，Halle, 1712）也持相似的观点：朋友给出建议，很少考虑到上帝的荣耀，而是大多出于肉欲的（并不必然是自私的）意图。"他"（那"博学之人"）"并非不知道任何人的所好，但对自己的最是了然。他只在自家事务的圈子里活动，对于不必要的麻烦，他不会以身犯险……他看出它（尘世）的虚伪，因此学着信赖他自己，而对他人，则只在不因他们令其失望而受伤害的情况下，才信任之"，这便是亚当斯的哲学运思（*Works of the Puritan Divines*，第11页）。贝利（*Praxis pietatis*，同上引，第176页）还进一步建议，每个清晨在出发进入人群之前要想象一下，那是在进入一片充满危险的原始森林，也要祈求上帝给予"**审慎**和正义的保护"。这种感觉在所有禁欲教派中完全畅行无阻，而且在一些虔敬派信徒那里，直接导致某种世界中的隐居生活。斯潘根贝格甚至在那部（赫恩胡特派的）《兄弟会的信仰观》的第382页中，重点提到了《耶利米书》17：5："倚靠人血肉的臂膀，那人有祸了。"为了估测这种生活观所特有的敌视人的态度，人们也得重视霍恩贝克的《实践神学》中有关**爱敌人**之义务的阐释："总之，我们不去向邻人复仇，而将这事**交给上帝这个复仇者**，我们就复仇更多……谁自己复仇越多，上帝就为他做得越少。"《旧约》中那些写于巴比伦之囚后的部分里，也有类似的"复仇的转移"：与古老的"以眼还眼"形成对立，这里复仇欲得到了某种提纯升华与内心化。

本人只是因为可能在圣礼方面引起误解,而有些犹疑不决):这是一个波及最广的过程。首先,这个过程成了这种虔敬信仰的作用方式的征兆。但是接下来,它也在心理方面刺激了他们的伦理态度的发展。定期"消解"情绪性负罪意识[1]的那种手段,被取消了。关于这个过程对日常伦理实践所造成的后果,后面还要再谈到。但眼下要讨论的是对人们的整体宗教处境造成的影响。虽说要得到救赎就必须顺服真教会,[2]但加尔文派信徒们与上帝之间的交往,却是在内心深处的那种孤立状态中完成的。想要感受一下他们所特有的这道鸿沟产生的特殊后果,[3]可以去看看所有清教文学中被阅读最多的那部书:班杨的《天路历程》,[4]里面有对"基督徒"举止方式的描述,书中说基督徒会有在"堕落之城"逗留的想法,而天召则催促其一刻不停地踏上去往天国的朝圣之旅。妻儿对他依依不舍,但他用手指堵住耳朵,喊着"生命,永生!"就越过田野执意奔向前方;再精致的语言也不如在监牢里劳作的这个补锅匠得到他信仰的那个世界的肯定时所产生的质朴感受,更能表现那些只与自己打交道、只为自己的救赎操心的清教徒的心境的了,这种心境在他与同道在路

1　当然,告解室的作用并不**仅仅**如此,对于告解中最复杂的心理问题而言,比如,穆特曼在《宗教心理学杂志》,Ⅰ,第2册,第65页中的那些表述是太过简单了。

2　恰好**这种**结合,对于评判加尔文派的社会**组织**的心理基础极为重要。这些组织**全都**基于内心"个人主义的"、"目的合理"或"价值合理"的那些动机之上。个人从不以**感情**的方式加入它们。"上帝之名"和**自己的**拯救,总是**超出**了"意识域"之上。直到今天,这一点都还给过去曾受清教影响的那些民族的社会组织打上一些特有的印记。

3　这派的学说具有**反权威**的根本特征,这种特征在根本上将教会和国家对伦理与灵魂救赎的一切关怀,都贬为徒劳之举,总是导致such此派学说重新被禁止,特别是在荷兰的联邦议会总是遭禁。结果便总是私下集会的形成(1614年之后便是如此)。

4　关于班杨,可比较弗劳德的传记,收于莫雷的文集《英国文豪名录》,进一步的还可以比较麦考利的(比较浅显的)概略描写(*Miscell. Works* Ⅱ,第227页)。班杨对加尔文派内部的派别之分漠不关心,他自己却是一个严格的加尔文派浸礼会信徒。

上庄重地交谈时表现出来了,这些交谈让人想起了凯勒的《正直的制梳匠》。只有当进入上帝的怀抱,他才会觉得要是家人如今也在他身边,该有多美好。我们在多林格尔为我们描绘的利果里的阿方索那里,处处都能感受到对死亡和死后状态的同一种折磨人的恐惧——这与在马基雅维利笔下那些佛罗伦萨市民的荣誉感中所表现出来的,那种以世俗为骄傲的精神有着天壤之别,这些市民在与教皇和宗教活动禁令斗争时"更重视对母邦的爱,而不是对他们灵魂得救的焦虑";当然这与西格蒙德在面临生死之战时说出的那种感受,就离得更远了,他说:"代我问候沃坦,代我问候英灵殿……但真别跟我说什么英灵殿里冷淡的福乐了。"只是,当然了,这种恐惧的**后果**,在班杨和利果里的阿方索那里各有千秋:同样的恐惧,驱使后者尽可能地贬低自己,却鞭策前者不停地、有系统地与生活相斗争。这种区别何来?

最初似乎很难弄明白的是,加尔文派在社会组织方面那种无可怀疑的优越性,如何能与在内心里将个人从世俗对他的那些最牢固的束缚中释放出来的那种趋势结合起来。[1] 可是这种优越性(最初这未免看起来非常古怪)恰恰源自基督

---

1 不难理解,这里涉及的是,加尔文派有关要得救赎,就必须被吸纳到一个与上帝的规诫相应的**共同体**中去[这种必要性源自"与基督合一"的要求(*Calvin. Instit.*, Ⅲ, 11, 10)]的思想,对于改革派基督教的**社会**特征具有极大的重要性。但对于**我们**特殊的视角而言,问题的重点还在别处。那种教义思想,在具有纯粹制度性特征的教会中,也能发展出来,而且正如众所周知的,已经发展出来了。这种思想本身并不像加尔文派的情形那样,具备唤起能建立共同体的那种**首创性**的心理能力,也不能完全将这种能力赋予共同体。而它建立共同体的那种趋向,恰恰也正是**在**"世俗"中由上帝指定的、教会的团契模式**之外**起作用的。在这里起决定作用的恰恰是"基督徒通过'增耀上帝之荣光'的**活动**,来考验恩典状态"这一信仰;而通过断然拒绝将受造物神圣化,以及停留于人与人之间的**私人**关系之上的做法,则必定潜移默化地将这种能量引导到合于事情的(而不是私人性的)活动的轨道上去。将恩典状态的检验置于心灵之中的那种基督徒,是为了**上帝的**目的而活动的,(转下页)

88

教"对邻人之爱"在个人内心孤立而产生的压力之下,因加尔文派信仰的影响而必定带有的那种特别的色彩。它首先是在教义方面源于此。[1]世俗被预定要为了,且仅仅为了上帝的自我荣耀而服务;被拣选的基督徒要为了,且仅仅为了通过倾力执行上帝的命令来在世上光大他的名而存在。但上帝想要基督徒在社会上有所成就,**因为**他想要生活中的种种社会形态服从他的命令,并被布置得适应那个目的。加尔文派信徒在世

(接上页)而这些目的只可能是**非私人性的**。就像在一切禁欲伦理中一样,在清教伦理中,人与人之间的一切纯粹感情性的(因而就不是经过合理限定的)**私人**关系,极易受到将造物神圣化的质疑。对于**友谊**,比如说,如下警告(以及前文中已说过的其他一些地方)就足够清楚地表明了这一点:"一个理性的受造物,爱任何一个人超出**理性**允许的限度,这便是一种不合理的行为,也不合适⋯⋯这常常会夺走人的心灵,妨碍他们**爱上帝**。"(Baxter, *Christian Directory* IV, 第253页)我们总会一再遇到这类论证。有一种思想鼓舞了加尔文派信徒:上帝在形成世界和社会秩序的过程中,必定愿意将合乎**事情的有目的之物**,用作赞颂他的名的手段,这不是为了受造物本身,而是受造物的**秩序**服从他的意志。由此,圣徒的那种因为恩典拣选学说而松弛了的行动紧迫感,就完全注入到对将世界理性化的追求中去了。对于清教而言,如下这种思想尤其源自对将受造物神圣化的拒绝(就其本身而言,这一现象并没有什么新鲜之处):正如巴克斯特完全在后来的自由主义理性主义的意义上表述的(*Christian Directory* IV, 第262页,此处对 *Röm.* 9:3的引用有些做作),"共同的"利益,或者**"众人的"利益**,要置于一切个人的"私人的"或"一己的"福利之前。美国人传统上对私人间的**服侍**之事的深恶痛绝,除了跟其他一些源自"民主"情感的大众方面的理由有关系之外,无论如何(以间接的方式)与上面那个传统也是有很大关系的。但曾经深受清教浸润的那些民族对专制主义的**相对**较强的拒斥即是如此,以及英国人一般而言在内心里对他们伟大的政治家采取的更为灵活的立场(一方面更倾向于让伟人"发挥作用",但另一方面却又拒绝对他们的一切歇斯底里的热爱,拒绝"人们可能出于'感激'而在政治上服从任何人"这种幼稚的思想)也是如此,这与我们从1878年起在德国所经历的(不管是正面的还是负面的)一些事情形成了对比。关于崇信权威的做法的罪恶之处(这种崇信同样只在作为**非私人性**的、以《圣经》内容为导向的活动时,才是被允许的),以及对最圣洁与最优异之人的过高评价本身的罪恶之处(因为这样做就可能使对**上帝**的服从遭受危险),参见Baxter, *Christian Directory* IV(1678年第2版),Ⅰ,第56页。关于对"将受造物神圣化"的拒绝,以及"上帝首先应该在教会中,最终却是在整个生活中'起统领作用'"这一原则在政治上意味着什么,我们这里就不讨论了。

1 关于教义上的和实践—心理上的"后果"之间的关系,后面还将多有论及。几乎无须提醒的是,这二者并不相同。

上的社会[1]劳动，不过是"为了荣耀神"的。因而服务于世间生活之整体的**职业**劳动，也就具有了这种特征。我们已经看到，在路德那里，分工性的职业劳动源自"对邻人的爱"。但在他那里还是一种不稳固的、纯粹构造出来的思想萌芽，如今在加尔文派信徒这里成了他们的伦理体系的一个特有的部分。因为"对邻人的爱"只应为上帝的名，[2]而不是为**受造物**服务，[3]所以它**首先**表现在完成由自然法所规定下来的**职业**使命，而且由此便具有

1　"社会"一词当然与现代意义上的这个词没有任何相似之处，唯一的例外是"在政治、教会与其他共同体组织中的活动"这层含义。

2　为了除荣耀**上帝**之外的其他**任何**目的而做的善工，都是**有罪的**，见《汉瑟诺里斯信纲》第十六章。

3　关于"对邻人的爱"的这样一种受到生活与上帝的独一关系"限制的非私人性"，在宗教共同体生活这一自家领地里意味着什么，可以在"中国内陆传教团"和"国际传教士联盟"的所作所为中很好地展示出来（关于这一点，可参见 Warneck, *Gesch. d. prot.*, 第5版，第99、111页）。经过巨大的耗费，大批的传教士装备精良，比如单就中国而论，就有1000名这样的传教士，为的是通过巡回布道，给所有异教徒（在严格字面意义上）提供福音，因为基督是如此命令的，并使他的再度降临依赖于此。至于这些听布道者是否归服于基督教，故而也分享了圣洁特性，乃至是否起码从语法上**理解**了传教士的语言，从原则上讲，这些问题完全是次要的，那是上帝的事情，毕竟只有上帝才能决定这件事情。泰勒（参见瓦内克，上引文献）认为，中国大约有五千万个家庭。一千个传教士如果每天"接触"五十个家庭，这样一来，在一千天或者说少于三年的时间内，福音就可以"提供"给所有的中国人了。这正是加尔文派据以促进，比如说，其教会教育的那种模式：目的**不**在于受检验者的灵魂救赎（那件事情唯有上帝能做——而在实际上则是受检验者自己的事情，而且绝不受教会教育手段的影响），而是光大上帝之名。因为现代的那些传教成果乃基于教派联合的基础之上，加尔文派本身对于这些成果是不用负责任的（加尔文本人不认为有对异教徒传教的义务，因为教会的进一步扩张是"独一上帝的事工"）。虽说如此，这些成果还是明显源自通过清教伦理延续下来的那些观念，依据那些观念，当人们为了光耀上帝的名而履行**上帝的**命令，他便满足了对邻人的爱。在这样做的时候，就将邻人应得的东西给了他，至于接下来的，那就是上帝自己的事情了。在某种程度上可以说，与"邻人"的关系中的人性被泯灭了。这一点在各种不同的局势中表现出来。我们再举一个带有那般生活气息的这般残余的例子，比如在某些关系上理所当然地闻名遐迩的改革派慈善事业，便是如此：阿姆斯特丹的孤儿们直到二十世纪都还穿着垂直分成红黑两半，或者红绿两半的外套和裤子（这是带有戏弄味道的装束），排着队列被带到教堂，对于以往的人的感情来说，这一定是一个令人心生虔敬之感的场景，这些孤儿必定在极大的程度上使得私人一"人性"的感情受到侮辱，也在同等程度上，有助于荣耀上帝之名。正如我们还会再次看到的情形一样，若是一直细化到个人职业活动的所有（**转下页**）

一种特有的以事情，而非以个人为主导的特征：在我们周围的社会秩序之种种合理形态方面进行某种服务的特征。因为这种秩序（依照《圣经》中的启示以及自然的洞见，这种秩序表面上看是被安排来为人类所"**用**"的）的神奇地合乎目的的形式，就使得人们将为这种不以个人为主导的社会效用服务的劳动，当作对上帝之名的支持，因而也是上帝想要的。对于清教徒而言，就像（出于完全不同的理由）对于犹太人而言一样，要彻底排除掉神正论问题，以及一切有关世俗与此世生活之"意义"的追问（别人为这些追问而殚精竭虑），这完全是不言而喻的。此外，在某种意义上，对于非神秘主义派别的基督教信仰而言，一般来说也是如此。在加尔文派那里，还有一种在此方向上进一步发挥作用的特征对力量经济形成了补充。（在克尔凯郭尔意义上的）"个人"与"伦理"之间的冲突对于加尔文派并不存在，尽管这一派在宗教的事情上完全将个人付之于他自身。这里不是分析这种现象的根据，以及这些视点对于加尔文派之政治与经济理性主义的意义的地方。加尔文派伦理学的**功利主义**特征的根源就在于此，加尔文派对职业的构想的一些重要而独有的特征，也是由此产生的。[1]但我们首先还是要再次回过头去，特别考察一下预定论。

因为对于我们而言关键性的问题首先在于：在一个认为来世不仅比世间生活的一切利益更重要，而且在许多方面也更稳

（接上页）单个例子来看，情形也是如此。当然，这一切所表明的，不过是一种**趋势**，而且我们后面甚至还必须作出一些限定。但**作为**这种禁欲性虔敬的一种趋势——尽管是一种十分重要的趋势，它在这里也必须被指明。

1　在所有这些方面，波尔·罗亚尔女修道院的预定论伦理都与此完全不同，这是因为这种伦理的具有神秘主义的、**遁**世的，因而天主教的导向性（参见霍尼希斯海姆，上引文献）。

固的时代，[1] 人们是如何**忍受**这种学说的？[2] 下面这个问题必定立即对每一个信仰者浮现出来，而且将一切别的兴趣挤到后台去：

1　正如这一点又以极为强烈的方式构成了班杨的《天路历程》的基本格调一样。

2　Hundeshagen, *Beitr. z. Kirchenverfassungsgesch. u. Kirchenpolitik*（1864，Ⅰ，第37页）主张，预定论教义是神学家的学说，而不是哪个民族奉行的学说。自那以后，这种观点屡屡被人重申。然而只有当人们将"民族"概念等同于其他诸阶层之下无教养的**大众**时，这个主张才是正确的。而即便在那种情况下，这主张也只是在最有限的意义上行得通。科勒（同上引）在十九世纪四十年代恰恰发现，"大众"（指的是荷兰的小市民）具有严格的预定论倾向；每个否认双重法令的人，在他们看来都是一个异教徒和堕落者。他本人就被人问及，他（那按照预定论来看）的重生会在什么**时刻**发生。达科斯塔和德科克的分离受此影响。不仅克伦威尔（Zeller, *Das theologische System Zwirglis*，第17页中已经将他作为范例，来演示这教义的影响了），而且他的圣徒们也都十分清楚，这教义所关乎事，以及多德雷赫特和威斯敏斯特举行的宗教会议关于预定论学说达成的法规是意义重大的民族事务。克伦威尔手下的那些从事审判与放逐的人员只能接受预定论者，而巴克斯特（*Life*，Ⅰ，第72页）尽管在其他情况下是个反对者，在这一点上却断定，这个学说极大地影响了教士的品质。若是认为属于改革派的那些虔敬派，身为英国和荷兰私下集会的参加者们，对这一学说的态度模棱两可，那纯属无稽之谈；事实是，恰好是这一**学说**，将他们聚合起来，为的是寻求救赎的确信。当预定是**神学家**的学说时，预定意味着或不意味着什么，严守正确教规的天主教可以显明这一点；对于天主教而言，作为奥秘学说，并采取摇摆不定的形式的这种学说，绝不陌生。（此外，决定性的一点是，**个人要认为**，也要证明自己被拣选，这一主张总是遭到抵制。可比较，比如说，Ad. van Wyck, *Die katholische Lehre*, Cöln, 1708。这里不追究帕斯卡尔对预定的信仰在多大的程度上是正确的这个问题了。）并不喜欢这一学说的洪德斯哈根，很明显主要的状况得到他的印象的。他的那种反感的根据在于一种纯粹通过演绎得来的看法，即这学说必然会导致伦理上的宿命论和自相矛盾。策勒在上引文献中已经反驳过这种看法了。另一方面，无可否认的是，这样一种转向曾是**可能的**，梅兰希顿和卫斯理都谈到过这种转向；但在二人那里，涉及的问题都是与**感觉**性"信仰"——虔敬性的某种结合。对于缺乏合理的**考验**思想的这些人而言，实际上在事情的本质中就蕴含了这个结果。这些宿命论式的后果，在**伊斯兰教**中出现了。但为什么呢？原因在于，伊斯兰教的命定论以命定的方式，而不是以预定的方式，被引向了**此世**的命运，而不是**来世**的救赎；原因在于，伦理上的决定性因素，即"考验"自己是被预定者的做法，因此便根本没有在伊斯兰教中起任何作用，因而由此产生的，只有**战斗**的勇敢[正如在"命运女神"那里一样]，而不是在生活中**讲究方法的**种种后果，对于后者而言，是没有宗教上的"奖赏"的（参见乌尔里希在海德堡的神学博士论文：*Die Vorherbest. L. im Isl. und Chr.*, 1912）。只要没有触及有关上帝的那种关涉**具体的个别**个体的，在拣选方面的决断，以及如何**检验**这种决断的思想，实践中（比如巴克斯特那里）导致的对该学说的缓和也就不太关乎它的本质。但首先，在最宽泛意义上的清教的所有伟大人物都从这学说出发，该学说的那种幽暗的严峻影响了他们青年时期的成长：弥尔顿和巴克斯特都是如此（当然后者那里是越来越缓和了），甚至后来十分具有自由思想的富兰克林（**转下页**）

那么**我**被拣选了吗？而**我**又如何能确知这种拣选？[1]对于加尔文本人而言，这根本不是问题。他觉得自己是上帝的"工具"，并确信他自己蒙受了恩典。据此看法，他根本上而言对于个人通过什么渠道能确知自己被拣选的问题，只作了如下回答：我们应满足于了解上帝已作决定，满足于由真信仰而来的，对基督的坚定信赖。他在原则上拒绝如下假定：可以通过观察别人的举止而获知，他们是被拣选了还是被抛弃了。这种假定在他看来就是妄图探知上帝的秘密。在此生的外在方面，被拣选者与被抛弃者绝无区别，[2]被拣选者的所有主观体验，被抛弃者也可能会有（这便是"圣灵的戏弄"），唯一的例外就是，信仰者将虔诚的信赖坚持"到底"了。因而，被拣选者是，而且一直是上帝的**不可见的教会**。当然，那些模仿者（从贝萨开始已经如此），特别还有广大的普通人群，其情形就完全不同了。对于他们而言，在可**识别**的恩典状态意义上的"对救赎的确信"攀升到了绝对突出的重要地位，[3]因而在坚持预定论的地方，下面这个问题也还普遍存在着：是

（接上页）也是如此。他们在后期脱离对该学说严格的字面解释的做法，分别完全符合了沿着同样的方向贯穿整个宗教运动的那个发展过程。但至少在荷兰，以及在英国的大部分情形下，**所有伟大的宗教复兴运动恰恰总是一再回到这一学说那里去。**

1　即便撇开预定论教义不看，相对于加尔文派信徒而言，这个**问题**对于后世的路德宗信徒而言并不很重要。这不是因为他们对其灵魂的救赎不太感兴趣，而是因为随着路德宗教会的发展，教会的**救赎机构**特征显著地浮现出来了，因而个人也感到自己成了教会活动的课题，并在教会中受到庇护。直到虔敬派，才以其特有的方式，在路德宗内部同样唤起了这个问题。但是，关于对救赎的确信的问题**本身**，对于每一个不太讲究圣礼的救赎宗教（无论是佛教、耆那教，还是其他一直存在的宗教）而言绝对是核心问题；这一点不可弄错。**这里**正是纯粹**宗教性**人物所具有的一切心理动力的根源。

2　这清楚地表现在致布策尔的信中，见 *Corp. Ref.* 第29页，第883页起。此外还可以比较沙伊贝的前引文献，第30页。

3　*Die Westminster Confession*（XVIII, 2）也向被拣选者应允了**真实无欺的**恩典**确信**，尽管我们即便竭尽全力，也只是"无用的奴仆"（XVI, 2），而与恶的斗争还要持续一生（XVIII, 3）。只是为了得到信徒的那种不可能完全被褫夺的确信（对于履行义务的意识给了被拣选者这种确信），他通常必须经过长期的搏斗。

否有一些稳固的标记,使得人们可以鉴别是否跻身"选民"之列了? 这个问题不仅在基于经过改革的教会之上生长起来的虔敬派的发展过程中,并具有核心的意义,我们还必须谈到的是(只要我们一窥改革派的圣餐学说与圣餐实践具有的极为广泛的政治与社会意义),在整个十七世纪,在虔敬派以外,个人恩典状态的可确定性,对于是否被准许参加圣餐礼,以及被准许参加能决定他的社会地位的那种礼拜活动而言,具有何等的重要性。

只要关于个人**自己的**恩典状态的问题浮现出来,他至少不可能满足于加尔文所指点的那样,就是否将恩典在人内心引起的那种信仰孜孜不倦地坚持下去,进行自我确证,[1]虽说加尔文的这种指点从未被正统教义在原则上正式放弃过。[2]首先,那处处与预定论所造成的种种内心折磨打交道的安慰灵魂的实践,就无法遵循他的指点。这种实践以各种不同的方式,来消化这些困难。[3]只要在此期间,恩典拣选的问题没有得到解释、缓和

---

1 真正的加尔文派学说指涉了**信仰**,以及在圣礼中与上帝结成共同体的那种意识,而只是附带地提及"精神的其他果实"。参见 Heppe, *Dogmatik der ev. ref. Kirche*(1861),第425页起。加尔文本人极为坚决地否认那些在他看来,正如在路德宗信徒看来一样,成为信仰之果实的事工是被上帝认可的**标志**(*Instit.*, Ⅲ, 2, 37, 38)。在实践中转而到事工中验证信仰,这种做法恰恰以**禁欲**为特征,与这种做法相伴随的,是对加尔文学说的逐步转化,依据这一学说(正如在路德那里一样),**首先**只有纯粹的学说与圣礼才是真正的教会的标志,经过转化之后,"教规"也成为与这二者具有同等地位的标志。人们可以,比如说,在黑珀尔的上引文献第194—195页的文句中追索这个发展过程,按照同样的方式,十六世纪晚期荷兰的团契成员也是这样获得其资格的(明确地以契约的方式,服从作为核心条件的**教规**)。

2 比如可参见 Olevian, *De substantia foederis gratuiti inter Deum et electos* (1585),第257页, Heidegger, *Corpus Theologiae*, ⅩⅩⅣ, 第87页起,以及 Heppe, *Dogmatik d. ev. reform. Kirche*(1861),第425页起。

3 关于这一点和相关的其他问题,可参见施内肯布格尔的上引文献,第48页。

以及从根本上被放弃，[1] 两类相互联系的，用来安慰灵魂的建议，就特别容易出现。一方面直接成为义务的是，自认为已被拣选，并将任何怀疑的念头作为魔鬼的纠缠打退掉，[2] 因为据说连缺乏自我确信，也是信仰不够坚定的后果，因而是恩典的作用不够大的后果。因此使徒对"坚守"自己天命的敦促，在这里就被解释成了一种义务，即在日常的斗争中，要在主观方面确信自己赢得了选民资格。当那些谦恭的罪人经过悔罪后，在信仰中将自己交托给上帝时，路德预言他们会得到恩典；这里代替这种情形的是，那些确信自己得救的"圣徒"要如此这般培养出来，[3] 我们在资本主义的那个英雄时代意志如钢铁一般坚硬的商人中，在一直延续到今天的那些个别典范身上，又发现了这样的圣徒形象。而另一方面，又教诲人们不停地进行职业劳动，以此作为**达到**自我确信的最突出手段。[4] 据说职业劳动，而且只有职业劳

---

1 如此这般，比如说，在巴克斯特那里，"死罪"和"可宽恕的罪"之间的区别，又完全以天主教的那种方式浮现出来了。前者是缺乏或者没有实际的恩典状态的标记，而且只有一种整个人的"皈依"才能保证获得恩典。后者则并非与恩典状态不相容。

2 巴克斯特、贝利、西季威克、霍恩贝克就是如此，他们之间有着复杂的层次差异。进一步可参见施内肯布格尔的上引文献，第262页。

3 将"恩典状态"作为一种等级性质的看法（比如旧教会中对禁欲者等级的看法）经常出现，甚至还在肖廷胡斯那里出现了（*Het innige Christendom*，1740——被联邦议会**禁止**了！）。

4 正如后文要讨论的，在巴克斯特的《基督徒指南》的无数个文句和其最后一节中就是这样说的。对人们在职业劳动中不要在伦理上自卑和忧心的这种劝告，让人想起了帕斯卡尔对求财本能和职业禁欲的那种心理解释，即那是人们为了掩盖自己在伦理上的空虚感而发明出来的手段。在他那里，预定论信仰与对一切受造物因原罪而虚无这一点的确信一道，正是为了使人弃绝世俗，为了劝导人们进行冥思，这是缓解罪的重负，得到救赎的确信的唯一手段。关于正统天主教和詹森派对职业概念的表达方式，霍尼希斯海姆博士在他的前引博士论文（一部更大的，希望能继续加以推进的著作的一部分）中作出了深入的注释。在詹森派那里，根本没有将对救赎的确信与世界内的**行动**关联起来的任何痕迹。比起路德宗的，甚至真正天主教的职业构想来，他们关于"职业"的构想远远更为强烈地彻底具有一种自我派遣到现成的生活情境中去的含义，而这种生活情境不仅仅像在天主教那里一样由社会秩序，也由自己良心中的声音呈现出来（Paul Honigsheim，上引文献，第139页起）。

动,能驱走宗教上的怀疑,并给出恩典状态的担保。

　世俗的职业劳动被认为能促成**这种**壮举,可以这样说,它可以被当作发泄宗教恐惧感的合适手段,这一现象的根据,如今却深埋于在改革派教会中得到照料的那种宗教感受的特征之中,这些特征与路德宗形成对立,这种对立最清晰地表现在关于称义信仰之本性的学说中。这些区别在施内肯布格尔出色的讲演录丛书中得到了极为精细的分析,这些分析悬置了一切价值判断,完全从事实出发,[1]如此一来,接下来的这些简短的评论在本质上就得附丽于他的叙述之上了。

　路德宗的虔敬信仰(尤其是在其十七世纪的发展过程中)所追求的最高宗教体验,便是与神性"神秘合一"。[2]这种称呼在改革派学说的这方面措辞中是没有的,正如它所表明的,这种体验与对上帝的一种实体性的感触有关:感到信仰者的灵魂实

1　与他的观点相关联的,还有罗布斯坦发表于霍尔茨曼的寿辰纪念文集中的极为通透的概述,这份概述同样可以和下文相比较。人们指责这份概述过于强调"对救赎的确信"这一主题了。只是这里恰恰必须将加尔文神学与**加尔文主义**,将神学体系与照管灵魂区分开来。从"我如何能**确知**我的永福?"这个问题中,产生了**所有**宗教运动,这些宗教运动包含了更广阔的层面。正如已经说过的,这个问题不仅在这里,而且在一般宗教史上,比如同样在印度的宗教史上,扮演了某种核心的角色。不然的话,还能怎么样呢?

2　当然无可否认的是,只是到了**后期**路德宗时代(帕拉托利乌斯、尼古拉、迈斯纳),这个**概念**才得到了**彻底**发展。(在格哈德那里也**有了**这个概念,而且完全是在这里讨论的意义上出现的。)里奇尔在他的《虔敬派史》第四卷中(第二册,第3页起)要求将这个概念引入到路德宗的虔敬性的复兴和接纳。他并不否认(第10页),个人对救赎的确信的问题,在路德那里和在天主教神秘主义者们那里是一样的,但他认为双方给出的解答却恰好是对立的。关于这一点,我确实不能自己下判断。在《一个基督徒的自由》中回荡着的那种气氛,一方面不同于更晚近的文献中动辄说"亲爱的小耶稣"的那种甜蜜戏耍的做法,另一方面也不同于陶勒的宗教心境,这一点当然每个人都感受到了。而且同样地,路德宗圣餐学说中坚持神秘主义—巫术因素的做法,除了"圣伯纳的"那种虔诚性("雅歌心境")之外,还有其他一些宗教动机,里奇尔一再追溯到此,将其作为培育与基督的"新娘式"结合的源泉。但是此外,难道这个圣餐学说不是本该**一同促进**神秘主义的虔敬心境的复兴的吗?此外,这里同样可以发觉这一点,即如果说(同上引,第11页)神秘主义者的自由绝对在**隐遁**于世俗之外去,那绝非实情。特别是陶勒,他在一些在宗教心理学方面非常有趣（**转下页**）

实在在接纳了神性,这种接纳,与德国神秘主义者的沉思所达到的效果相似,而且以其**被动的**,以实现对上帝之中的**宁静**的那种热望为目标的特征,以其纯粹情绪性的内在性为标志。如今,正如在哲学史上众所周知的,一种以神秘主义为导向的虔敬就其自身而言,不仅可能会与在经验的现成事物的领域内的某种明显具有实在论特征的现实感结合在一起,甚至由于它拒绝种种辩证的教义,而成为这种现实感的直接支撑。而且神秘主义甚至恰好也有可能间接地有利于理性的生活方式。毕竟它与世俗的关系还是缺乏对外在活动的积极评价的。此外,在路德宗里,"神秘合一"是与原罪带来的深深的无价值感结合在一起的,后面这种感受应该悉心呵护路德宗信徒的"日日悔改",为的是保持赦罪所必需的谦卑与纯洁。与此相反,特殊的改革派虔敬信仰,则一开始就对帕斯卡尔虔敬派的遁世做法,以及路德的这种纯粹指向内心的虔诚心境持否定的态度。将神性实在地渗入人的灵魂,这种做法是被上帝对一切受造者的绝对超越性所排斥的:"有限不能容纳无限。"上帝与他的恩典对象形成的共同体,毋宁只有在如下情况下才存在,也才能为人所意识到:上帝在他们当中起作用,而且他们自己也意识到这一点,因而他们的**行动**乃出自上帝的恩典所带来的那种信仰,而这种信仰又因那种行动是上帝所带来的,而将自身正当化了。往深了说,为了给实践

(*接上页*)的论述里,认为那种夜间冥思(此外他还推荐失眠的人这么做)的**实际**后果就是带入关于世俗职业劳动的思想中的**秩序**:"只有由此(通过夜间在入睡前与上帝神秘地合一)才能使**理性澄明,而且智力也由此得到了加强**,而人在一整天里都越来越平和与圣洁地被内心的训练所引导,因为他真正与上帝合一了,然后他所有的事工就**井井有条**了。而且这样一来,当人给自己预先警示(准备)他要做的事工,因而也使自己稳立于**德性**之上,当他进入现实,他的事工就会变得**有德性**,变得**神圣**。"(*Predigten*,对开本第318页)人们总会看到,我们也总会返回来看的一点是,神秘主义的冥思和合理的职业观自身并不**相互排斥**。相反的情形只有在虔敬信仰直接带有了歇斯底里的特征时,才会出现,而所有神秘主义者,甚至所有虔敬派信徒,都不曾如此。

中的所有虔诚信仰分类,决定是否合乎救赎条件的种种关键点之间普遍有效的区别表现在这里:[1] 虔敬的能手之所以确信自己的恩典状态,**或者**是因为他觉得自己是上帝力量的容器,**或者**是因为他觉得自己是这个力量的工具。在前一种情况下,他的宗教生活倾向于神秘主义式的感受教养,在后一种情况下则倾向于进行禁欲**行动**。路德离第一种类型更近,加尔文派则属于后一种类型。改革派信徒也希望"因信称义",达乎至福之境。但因为依照加尔文的观点来看,一切单纯的感受与情绪虽说可能看起来还是相当崇高的,实际上都是骗人的,[2] 为了能给"对救赎的确信"提供坚实的基础,信仰必须在其**种种客观作用**中保护自身:它必须成为一种"有效的信仰"[3],通往救赎的那种天召必须是一种"有效的天召"(《萨伏依宣言》中的表达)。要是人们进一步问:"我们能在改革派的**哪些**成果中确定无疑地认出真正的信仰呢?"回答会是这样的:在基督徒服务于光大**上帝**之

---

1 关于这一点,参见随后的《世界宗教的经济伦理学》中的各篇文章,见同名书导论。(此时该书尚未付印。——编注)

2 在这个前提方面,加尔文主义与官方天主教有了共同点。但对于天主教徒们而言,由此产生的是忏悔礼的必要性,对于改革派信徒们而言,由此产生的则是通过在世界上劳作而进行实际**验证**的必要性。

3 比如贝萨就已经说过(Beza, *De praedestinat. doct. Ex praelect.* in Rom. 9. a. Raph. Eglino exc. 1584,第133页):"正如我们从真正的善功攀升到救赎的天赐,我们又从救赎攀升到信仰:于是从这种确定的结果中我们不仅蒙受(神的)召唤,而且是有效的召唤,并且从这种召唤中,我们蒙受拣选,从拣选中我们在基督(原因与结果的最确定的关联)中,获得如此稳固、如同神的宝座一般不可动摇的预定恩赐。"只是在涉及**被神抛弃**的标记时,我们必须谨慎,因为这涉及**终极**状况。(在这个问题上,清教的思考才有所不同了。)关于这个问题,进一步可参见施内肯布格尔前引文献中的一些深入的探讨,当然,他只引用了很有限的一些文献。在整个清教文献中,这个特征一再出现。班杨说:"你不会被问道:你有过信仰吗?而是会被问道:你行动过吗,还是徒逞口舌?"依据巴克斯特(*The saints' everlasting rest*,第十二章),信仰教导的,是那种最温和的预定论,是全心全意地归服于基督,**并付诸行动**。面对一种异议,即意志是不自由的,只有上帝才有不给人圣洁之境的能力,他回答说:"先做你能做的,当**你有了得恩典的理由**,你才能抱怨上帝不给你恩典。"(*Works of the Puritan Divines*, IV,第155页。)富勒(教会史学家)的考察局限于实际(转下页)

名的那种生活方式中。至于什么才算是服务于此的，那可以从他的意志中得出来，这种意志直接体现在《圣经》的启示中，或者间接体现在上帝所创造的、合乎目的的那些世界秩序（自然法）[1]中。特别是通过比较自己的灵魂状态，与依据《圣经》的说法，为选民们（比如犹太民族的那些先祖）所特有的那种状态，人们就可以检验自己的恩典状态了。[2]一个被拣选者由于他的重生，以及由此而来的他的整个生活的圣洁化，只有当他通过真正的，而非伪装的善工，来光大上帝之名，才算真正具有了"有效的信仰"。[3]而由于他知道自己的转变[至少在根本性格和持久的心意（恒定的决心）方面是如此乃是基于他内部光大上帝之名的一种活生生的力量[4]之上，故而不仅仅是上帝所愿的，而

（接上页）验证的问题和在变迁中对恩典状态的自我见证问题之上。在别处已经引用过的文句中，豪的论述也没什么两样。对《清教圣徒著作集》的任何仔细阅读，都会一步步看到这样的例证。并非罕见的是，直接就有一些**天主教的**宣扬禁欲的著作，导致人们"皈依"了**清教**，比如巴克斯特就是因为一本耶稣会的小册子而这么做了。和加尔文自己的学说相反，这些构想并不是一种彻底的革新（参见 *Inst. Christ. C.* I. 初版，1536，第97、112页）。只是在加尔文本人看来，对恩典的这种确信在这条路上也不一定能得到（第147页）。此外，人们还引用《约翰一书》3：5和另一些相近的文句。这里先要说清楚的是，对有效信仰的渴望，并不局限于加尔文派信徒。**浸礼会的**信仰告白在有关预定的信条中也完全如此这般讨论了信仰的种种果实["而它的"（指再生的）"可靠证据出现在忏悔、信仰和**新生活**这样一些圣洁的果实中"。见于布朗所写的《浸礼会指南》中所列的种种告白中的第七个信条]。同样地，受到门诺派影响的小册子《橄榄枝信纲》——1649年哈勒姆宗教会议接受了这一信纲——的第一页也是以这样的问题开头的：人是在哪里**认出**神子？回答是（第10页）：为了让信赖《新约》者的良心可以**确信神的**救恩……只有**果实丰硕的**信仰才真真确确是根本的标志。

1 关于**这种自然法**对于社会伦理的实质内容的意义，上面已经略提过一些了。这里我们关注的不是**内容**，而是促成伦理行动的**动机**。

2 至于这种想法必定促使《旧约》和犹太教的精神渗入清教中，这一点是很明显的。

3 《萨伏依宣言》是这样谈纯正教会的成员的：他们是"受到**有效**天召的圣徒，这**显著地体现**在他们的职业**和行事上**"。

4 查诺克在《清教圣徒著作集》的第175页中所说的"善的原则"。

且首先是上帝的**作用**,[1]所以他才达到这种虔敬信仰所追求的至善:对恩典的确信。[2]《哥林多后书》第13章第5节证实了要达到这种确信。[3]因为被拣选者也是受造者,而他所做的一切都无限地落后于上帝的要求,所以善工绝对不适于达到至福的手段;但在同等的程度上,善工也是被拣选的必不可少的**标志**。[4]它是技术手段,这种手段不是用于换来至福,而是用于解除围绕至福问题引起的那种焦虑。在这个意义上,善工有时直接被称作"达到至福所必不可少的",[5]或者"获得康福"被与它联系在一起。[6]但这实际上根本意味着:上帝救助的是自助者,[7]因而就像人们偶尔也说的那样,加尔文派信徒是在**自己**"**创造**"他的至福(准确的说法必定是:他对至福的**确信**),[8]但这种创造**不可能**像在天主教中那样,在于可嘉奖的个别事功的逐渐积累,而是在于**每一次**面对"被拣选还是被抛弃"之间的选择时,进行**系统的自我检查**。由此我们就达到了我们要考察的非常重要的一点。

众所周知,在改革派教会和教派里越来越清楚地塑造出来的

1　正如西季威克偶尔说到,皈依是一种"对恩典拣选诫令的忠实复制"。还有贝利说道:谁被拣选,谁也就被召唤来服从,**也有才能**。**只是**那些由**上帝**召唤而信仰(这种信仰在变迁中表现出来)的人,是一些实际的信徒,而不仅仅是"暂时的信徒",(浸礼会的)《汉瑟诺里斯信纲》如此教导。

2　这里可以,比如说,与巴克斯特的《基督徒指南》的结尾相比较。

3　比如,查诺克的《自我考察》第183页就是如此,致力于反驳天主教关于"疑惑"的教义。

4　这个论证在霍恩贝克的《实践神学》中反复出现,比如 II,第70、72、182页,I,第160页。

5　"原本就不是善功必有救赎"(*Conf. Helvet.* 16)。

6　关于所有这些论述,参见施内布勒尔,第80页起。

7　据说奥古斯丁已经说过"如果你没有被预定,那就去做出会让你被预定的来"。

8　这让人想起歌德那段本质而言与此同义的箴言:"人如何能认识自己呢?通过观察是永远不能认识的,通过行动却可以。试试履行你的义务吧,你立刻就知道你是谁了。但你的义务是什么呢?是每日的要求。"

那种思路，[1]一再被路德宗阵营指责为"事工神圣"。[2]虽然这里的受攻击者有权利抗议那种将他们和天主教学说的**教义**立场等同起来的做法，然而一旦涉及对于改革派的普通基督徒的日常生活

1　因为虽然在加尔文那里，"圣洁"也必须呈现在**现象**中（*Instit.*, Ⅳ, 1, §2, 7, 9），但圣洁与不圣洁之间的界限，却是人的知识所无法探究的。我们必须相信，凡是上帝之言在一个依他的法则组织和管理的教会中被纯粹地道出之处，被拣选者（包括我们不了解的被拣选者）也在那里了。

2　从某些特定的宗教思想出发而行动，在实际的宗教**态度**方面所产生的一些**逻辑**和**心理**后果，在宗教史上有许多能很好地体现这两种后果之间关系的例子，其中一个就是加尔文派的虔诚性。从**逻辑**上看，宿命论当然可以作为预定论的后果被演绎出来。但由于"考验"思想的涉入，预定论的心理结果却恰好是宿命论的反面。（出于原则上与此相似的理由，众所周知的是，尼采的拥趸们要为永恒轮回思想争取积极的伦理意义。只是这里涉及的问题是对一种并不通过任何意识连贯性与行动者联系起来的来生负责；而在清教徒那里则是，关乎你的事。）霍恩贝克（*Theologia practica*, Vol. Ⅰ, 第159页）已经用他那时的语言漂亮地阐述了恩典拣选与行动之间的关系：被拣选者正因为他们被拣选，才与宿命论隔绝了，恰恰是在他们**驳回**那些命定论的后果之时，**他们证明自己**"因为这拣选而关心和重视职责"。**实践中**利益的纠缠切断了在逻辑上可以推断出来的一些命定论后果（无论如何，这些后果实际上在其他情况下**偶尔**也会出现）。但另一方面，恰恰就像加尔文派表明的，一种宗教的**思想内容**的意义，要远超过詹姆斯所承认的那般（*The varieties of religious experience*, 1902, 第444页起）。恰恰是宗教形而上学中的理性之物的意义，以古典的方式在加尔文派上帝概念的**思想**结构对生活所产生的那些宏大的效果中，表现出来了。当清教徒的上帝就像别的任何先于或后于他的上帝形象在历史上产生影响时，这尤其是**思想**的力量赋予他的那些属性的功劳。（此外，詹姆斯依照宗教观念在生活中的验证这个标准，对这些观念的意义进行的"实用主义"评价，倒的确是这位杰出的学者的清教故乡的思想世界中孕育出的地道的后裔。）如此这般的宗教体验显然就像**任何一种**体验一样是非理性的。在其最高的、神秘主义的形式下，它简直就是**独一**的个性体验，而且正如詹姆斯漂亮地阐明的，是以其绝对的不可交流性而著称的：它具有**特殊的**性质，以**知识**的面目出现，却是借助我们语言与概念装备所无法充分加以复制的。此外还要注意的是：任何一种宗教体验，只要人们试图**理性地**将其表述出来，它在内容上立马就会遭受损失，概念性的表述越深广，这损失就越大。正如十七世纪的再洗礼派已经知道的，所有理性神学的悲剧性冲突的根据都在于此。但那种非理性［它也**绝非宗教**"体验"所特有的，而是（在不同的意义和程度上）**一切**体验都有的］并不妨碍它在实践中恰好是最重要的，不管那可以说将直接的宗教"体验内容"随意没收并纳入自己的轨道内的**思想**体系到底是哪一种；因为在教会对生活产生强烈影响，而教义上的兴趣又在教会内极大地发展起来了的那些时代，大部分在实践上极为重要的差别就产生了许多伦理上的后果，正如世界上的不同宗教之间也存在着差别一样。每个熟悉历（转下页）

造成的**实际**后果，这种指责也是有道理的。[1]因为恐怕历史上从未有过像加尔文派在其信徒中间产生过的，那么强烈地从宗教上评价伦理**行动**的形式。但对于这种"事工神圣"的实际意义而言，具有决定性的首先是认识与其相应的那种生活方式所特有的，并将这种生活方式与一个中世纪普通基督徒的日常生活区别开来的那些**性质**。人们或许可以试着这样来表述之：正常的中世纪天主教平信徒[2]在伦理方面有点生活在"勉强应付"[3]的状态。他首先要认真履行的，是那些传统义务。但正常情况下，他超出这些之外的"善工"就不过是一系列并不必然有什么整体关联的，至少并不必然理性化为一个生活**系统**的**单个**行动，这些

（接上页）史资料的人都知道，以今天的标准来衡量，即便是发生巨大的宗教斗争的时代里的平信徒们，也有着多么难以置信的教义上的巨大兴趣。人们只能拿当今的无产阶级对他们认为"科学"所能完成与证明的事情所抱有的那种在根本上而言同样很迷信的观念，来与此相比。

1　Baxter, *The Saints' Everlasting*, Ⅰ, 第6页，回答了这样一个问题：我们以救赎为目的，这是否不属唯利是图之列，或者是否合法？倘若我们期待它成为我们所做的事工的**酬劳**，那就极可能是唯利是图……否则就只是基督所要求于我们的一种唯利是图了……而如果说追寻基督算是唯利是图的话，我渴望这般唯利是图……此外，许多被当作正统的加尔文派信徒，也难免陷入极为粗鄙的事工得救说。依据Bailey, *Praxis pietatis*, 第262页，施舍是避免**世上的**惩罚的一种手段。其他一些神学家建议**被抛弃者**行善，以期将来得到的诅咒或许会变得容易忍受些，他们建议**被拣选者**行善，却是因为那样的话，上帝爱他们就不是毫无理由的，而是基于理由的了，这样做无论如何也会得到上帝的报偿。有的护教学说还在善工对于能达到多高等级的圣洁的意义方面，作出了些微让步（Schneckenburger，前引文献，第101页）。

2　为了首先突出特有的一些差异，这里也不得不以一种"理想类型"的概念语言来言说，这种语言在某种意义上而言对于历史现实是有强制之嫌的，但如果不用这种语言，一般而言就只能加上一大堆附加条件，而得不到清楚的表述了。至于此处尽量加以尖锐化描述的诸种矛盾，在多大的程度上只是相对的，这个问题要另行讨论。不难理解，天主教的官方**学说**在中世纪的时候，就已经单独提出过**整个生活**的系统圣洁化的理想了。但同样毫无疑问的是，教会的日常实践，正好通过它最有效的那种培育手段，即告解，**弱化**了文本中说到过的"非系统化的"生活方式；加尔文派信徒们那种根本性的严格冷峻的心境内容，和完全建立于自身之上的那种隔绝生活，在中世纪的平信徒天主教中必定是长久缺乏的。

3　原为"勉强糊口"、每天只剩下劳作和糊口之意，这里指马马虎虎过一天算一天。——译注

行动是他偶尔，比如说为了补救一些具体的罪，或者在灵魂安慰的影响之下，或者正当其生命尽头之时当作保险而作出的。天主教的伦理当然是"心意"伦理。但**单个**行动的具体"意向"也决定其价值。而**单个**或好或坏的行动将涉及行动者的好坏，影响他在时间中的以及永恒的命运。教会在此完全以实在论的态度认为，人**绝不是**可以一锤定音地加以规定和评价的整体，而是他的伦理生活（通常）成为受相反动机影响的，常常极为矛盾的一种自我对待方式。教会所要求于他的，一定是一种理想，即生命的**原则性**转变。但正是这种要求，通过教会的一种极端重要的权力与教育手段，（对于普通人来说）又弱化了：通过忏悔礼，后者的功能与天主教虔敬信仰内心深处的特征，深刻地结合在一起。

世界的"祛魅"，即排除作为救赎手段的巫术，[1]在天主教的虔敬中并未导致像清教的（以及之前仅见于犹太教的）虔敬信仰中所导致的那些后果。教会的**圣礼恩典**作为对天主教徒[2]自己的不足的一种弥补手段，而为他们所用：教士就是一个巫师，他来实现转变生命的奇迹，而且他手上握有决定谁能进天堂之门的权力。人们可以在悔罪与悔改中向他求助，而他则施与赎罪、获得恩典的希望、对宽恕的确信，并以此使人减轻生活的巨大的紧张关系——而生活于这种紧张关系中，却恰恰是加尔文派信徒无法摆脱和无以缓和的命运。对于这些加尔文派信徒而言，不存在那些温情脉脉和通达人情的安慰，他也无法希望像天主教徒以及路德宗教徒那样，通过在另一时刻提高善良意志，来弥补此刻的软弱和鲁莽。加尔文派的上帝所要求于他的信众的，

1　我们已经提过一次**这个**环节具有的绝对核心的意义，这种意义只有在《世界宗教的经济伦理》中的那些文章中才会逐渐显露出来。

2　并且在某种程度上**也**包括路德宗信徒。路德并**不愿意**根除圣礼巫术的最后这点残余。

并非个别的"善工"，而是上升为**系统**的某种"事工神圣"。[1]这里涉及的，绝不是天主教徒罪恶、悔罪、赎罪、减罪和新罪之间那种真正具有人性的浮浮沉沉，或者要通过世间的惩罚而赎罪，通过教会的恩典手段而清偿的整个人生之平衡。这样一来，常人的伦理实践就会消除无规划和无系统的状态，并形成整个生活方式之连贯方法。绝非偶然的是，"卫理公会信徒"[2]的名称就铭刻在十八世纪清教思想的最后一次伟大复活的那些承担者的身上，就像依照意义而言具有完全同等价值的"严谨派"这个称呼被用于他们十七世纪的那些先驱身上一样。[3]因为只有在所有时刻和所有行动中发生整个生活之意义的某种根本转变的情况下，[4]恩典的效果，即解除人的自然状态并使之进入恩典状态，才能获得证明。"圣徒"的生活独一无二地追求一种超越的目标，即至福，但**正因此**，他也在此世的过程中完全被那种排外性的视

---

1 比如Sedgwick, *Buß-und Gnadenlehre*（罗切尔1689年德译本）：愿意忏悔者有其准确遵行、并据以布置与调整其整个生活的"**一种牢固的规则**"（第591页）。他依据法则来生活——精明、警惕而谨慎（第596页）。只有不断地改变**整个人**，才能如此，因为这是恩典拣选的结果（第361页）。仅仅"道德上"善的事工，与"opera spiritualia"（圣灵之所为）之间的区别，正如霍恩贝克前引文献，1, IX, c.2）中阐述的那样，正好在于后者是一种重生的**生活**的结果，在于（前引文献, Vol. I, 第160页）那里能感知到一种持续的进步，正如只有通过上帝恩典的超自然作用（前引文献，第150页）才能达到的那样。圣洁性就是通过上帝的恩典造成**整个人**的改变（同上，第190页起），这是所有新教教派共有的思想，自然也是天主教的最高理想之一；**但恰恰只有在系于世间禁欲之上的那些清教教派中**，这思想对于世界造成的后果才能显现出来，而且首先只有在那里才能得到足够强大的心理**奖赏**。

2 Methodisten，字面意思为"方法主义者"，卫理公会信徒多讲究生活中的方法。——译注

3 在荷兰，后一个名称当然是特别从严格依从《圣经》诫命的"善徒"的生活中得来的（比如沃特）。此外，在十七世纪，人们开始零星地以"卫理公会信徒"这个名称来表示清教徒了。

4 因为正如清教的布道者强调的那样（比如Bunyan, *The Pharisee and the Publican, W. of Pur. Div.*, 第126页），**每个**个别的罪都会毁掉在整个生命的过程中能通过"善工"积累起来的**所有**"功绩"，如果说（这是不可思议的）一般而言人能凭着一己之力，完成上帝必定会**算作**功绩的东西，甚或能长久而完满地生活的话。这里恰恰没有天主教里那种余额结算账户——那种景象在古代就已经很常见了，而是在**整个生命**中适用一种严峻的二者择一：或者恩典状态，或者抛弃。

点（在土地上光大上帝之名）理性化了，被它支配了。"一切都为了光大上帝的荣耀"的观点也从来没有如此严格地被认真对待过。[1]但也只有一种由不断的反思所引导的生活，才能克服自然状态：笛卡尔的"我思，故我在"经过这种伦理上的重新解释，被当时的清教徒承接过去了。[2]如今这种理性化赋予改革派的虔敬以其特殊的**禁欲**特征，也同等地既证明了它与天主教的内在亲缘性，[3]也证明了它与后者的特殊的对立。因为类似的事情对于天主教而言，自然并不陌生。

基督教的禁欲无疑包含了从外在现象和从意义来看都最为不同的一些事情。但在西方，它在其最高的显现形式方面，在中世纪就已经完全具备了**理性**特征，而且在古代的一些时候，也显得具备这种特征了。西方僧侣的生活方式与东方僧团（不是他们的全部，而是他们的普遍类型）形成对立，这种生活方式的世界历史性意义也基于此。从原则上来讲，在圣本笃的教规里，这种生活方式已经摆脱了无整体规划的遁世和娴熟的苦行折磨，在克吕尼派那里更是如此，在西笃会那里则更甚，最后在耶稣会修士那里这一点是最坚决的。它已然成为某种经过体系化的全面塑造而形成的，理性生活方式的方法，其目标在于：克服自然状态，使人摆脱不合理的欲望以及对世俗与自然的依赖，服从有

1　这里面还有着与单纯的"合法性"和"礼仪"的区别，"礼仪"在班杨那里被视作居住在城里，被称为"道德"的"世间智者"先生的伙伴。

2　Charnock, *Self-examination*（*Works of the Pur. Div.*，第172页）：对自身的反思和知识是一个**理性**之物的特权。脚注还补充道：我思，故我在，是新哲学的第一个原则。

3　这里还不是讨论司各特的神学（这种神学从未居于支配地位，总是被强忍的对象，有时还遭到诋毁）与禁欲新教的某些思路之间的亲缘性的地方。就像（在某种别的意义上）路德一样，加尔文在有意与天主教对立时（参见 *Inst. Chr.*，II，c. 2，s. 4，IV c. 17，s. 24），也共享了后来虔敬派信徒们对亚里士多德哲学的那种特有的反感。"意志的优先性"（正如卡尔称呼的那样）是所有这些教派所共有的。

计划的意志的最高统治，[1]使人的行动服从持久的自我**控制**以及
对行动之伦理影响的**衡量**，这样在客观上将僧侣培养成为天国服
务的工人，由此也再在主观上确保其灵魂得救。这种**主动的**自我
支配，就像圣伊格内修斯的修行的目标，以及最高形式的那些合
理的一般僧侣德性的目标一样，[2]也是清教关键而实际的生活理
想。[3]在有关清教殉道者的审讯报道中，手足无措地吵吵嚷嚷的
贵族高级教士与官员被保持冷静的清教拥护者们深深鄙视，[4]这
种鄙视中就已经出现了今天还以英国的和英裔美国人中最优秀
的那类"绅士"为代表的，对适当的自我检查的那种敬重。[5]用我
们所熟悉的语言来说：[6]清教的（正如每一种"理性的"）禁欲的

1　天主教的《教会词典》中的"禁欲"词条，比如说，就完全是这样界定这个词的含
　　义的，和禁欲在历史上出现的最高形式是完全一致的。西贝格在《新教神学与
　　教会实用百科全书》中也是这么做的。为了本书的目的，必须允许像我们这里一
　　样使用禁欲概念。我深知人们可以以其他方式（或者更宽泛，或者更狭窄）理解
　　它，而且大部分情况下就是那般理解它的。

2　在《休提布拉斯》中（第一歌，18,19），清教徒被拿来与光脚僧相比。热内亚的使
　　节费耶斯基的一份报道称呼克伦威尔的军队为一群"修道士"。

3　鉴于出世的修道士禁欲与世间的职业禁欲之间为我所主张的这种显而易见的内
　　在相通性，布伦塔诺（前引文献，第134页及其他各处）提出**修道士们**的职业禁欲
　　和他们的劝来反对我，倒让我极为讶异了！他针对我而写的整个"按语"在这
　　个观点上达到高潮。但正如人人都看得到的，那种贯通性恰恰是我的整个立论
　　的根本前提：新教改革将基督教中合理的禁欲与生活方法论，从修道院里带入世
　　俗职业生活中了。参见下面未经改动的论述。

4　在尼尔的《清教徒史》和克罗斯比的《英国浸礼会信徒》中一再给出的，有关对
　　清教异端的审讯的许多报道中，就是如此。

5　桑福德的前引文献（在他之前和之后还有许多别的文献）就已经追溯过"克制"
　　理想产生于清教当中的那个过程了。关于这一理想，也可以比较，比如说，布赖
　　斯在他的《美国》一书第二卷中有关美国学院的那些评论。"自制"这个禁欲原
　　则也使得清教成了现代**军事训练**之父。（关于冯·奥兰宁成为现代军事制度的创
　　始人，参见 Roloff, *Roloff in den Preuß*, 1903, Bd. Ⅲ，第255页上的论述。）克伦威
　　尔的"铁甲军"，手上的枪上膛，却不发射，急速奔驰，冲向敌人，他们不是通过得
　　未使那样的激情，反是通过他们清醒的自制来战胜"保皇党"的，这种自制使
　　得他们总能由指挥官很好地指挥，而保皇党如骑士那般风暴式的功绩每次都使
　　自己的部队瓦解为一些原子。关于这一点的一些论述见 Firth, *Cromwells Army*。

6　关于这一点，尤其可参见 Windelband, *Ueber Willensfreiheit*，第77页起。

工作方向就是，使人能够抵挡住"情感"的影响，坚持那些"恒久的动机"，特别是能"践行"的那些动机，并使这些动机发挥作用——以此就可以将他教养为某种"人格"（在这个词的**这种**形式心理学的意义上）。与一些流行的看法相反，禁欲的目标在于能过一种清醒、有意识而又明澈的生活；其最紧迫的任务在于消除欲望性的生活享受的那种自然形态；其最重要的**手段**则是给拥护这种禁欲的人的生活带来**秩序**。所有这些决定性的观点，在天主教僧团的教规中就像在加尔文派信徒之生活方式的诸原则中[1]一样，都同样鲜明地存在。[2]这两派巨大的克服世俗生活的力量，都基于对整个人的这种有章法的掌握；特别是在与路德宗形成对立的加尔文派那里，其作为"战斗教会"而确保新教的存在的能力，也基于此。

另一方面，加尔文派禁欲与中世纪禁欲之间的**对立**是很明显的，即取消了"福音的劝告"，以此也将禁欲改造成了一种完全**世间**的禁欲。情况并非是，在天主教内部，"有章法

1　依据巴克斯特，**一切**与上帝作为规范为我们创造出来的"理性"相抗衡的东西，都是**有罪的**。这不仅仅，比如说，包括在内容方面有罪的激情，还包括一切无意义或无节制的感情**本身**，因为它们毁掉了"安详"，并且作为纯粹受造物的事情，使我们脱离了一切行动与感情和上帝之间的合理关系，而冒犯了上帝。比如可比较 *Christian Directory*，第二版，1678，Ⅰ，第285页关于恼怒的罪性的论述，该书第287页还引用了陶勒。关于恐惧的罪性，见同书第287页，Sp. 2。当我们的**胃口**是"饮食的规则或尺度"时，就将受造物神圣化了（偶像崇拜），这一点在同书，Ⅰ，第310、316页，Sp. 1中很鲜明地被表达出来了，而且更频繁地得到讨论。在作这些论述的场合，作者除了到处优先引用所罗门箴言和普鲁塔克的《论灵魂的安宁》之外，还常常引用中世纪论禁欲的著作，比如圣伯纳、波纳文图拉等人。与"谁不爱酒、女人和歌唱……"这话的对立，他通过将"偶像崇拜"概念扩展到**一切**感官快乐之上（只要这种快乐不是出于**卫生保健的**理由而成为正当的，比如在这个范围内进行一些游艺和其他一些娱乐活动。关于这一点下面还有进一步论述），再尖锐不过地表现出来了。要注意的是，这里和其他各处所引用的文献既不是教义学的，也不是令人振奋鼓舞的著作，而是从照管灵魂的实践中产生出来的，因而也就很好地表现了这种实践起作用的方向。

2　只是还没这么纯粹。种种冥思有时还夹杂着感情因素，与这些理性的因素产生了多方面的交叉。但因此冥思重又以讲究方法的方式被规整了。

的"生活仅限于修道院的僧房之内。在理论与实践上都绝非如此。我们毋宁已经强调过，尽管天主教有更大的道德满足感，但一种伦理上不系统的生活却**不**足以达到它所设定的最高理想，这个理想也是为世间生活设定的。[1]比如，圣方济的第三修会就是在日常生活中贯彻禁欲的一种有力的尝试，而且众所周知那不是唯一的这类尝试。当然，像《效法基督》这类作品，恰恰是**通过**它的那种强烈的作用方式表明，在作品中被宣扬的生活方式，是如何被当作比得过且过的日常伦理**更高状态**的，这些作品也表明，这种日常伦理恰恰**不是**以清教已经秉持的那种标准来衡量的。而某些教会建制的**实践**，首先是赦罪实践，必定一再扼杀系统的世间禁欲的那些萌芽，因而在宗教改革时代，赦罪也没有被当作次要的滥用，而是完全被当作决定性的根本损害。但决定性的事情在于，在宗教意义上有章法地生活的卓越之人，**却只是僧侣**，并保持僧侣身份，因而个人越是强烈地施行禁欲，禁欲就**越是**将他从日常生活中推**出来**，因为特殊的圣洁生活正在于**超出**世间伦理之上。[2]路德首先克服了这一点（虽然不是作为任何一种"发展趋势"的执行者，而是完全从私人体验出发，顺便提一下，他最初还为这种做法的实践后果而犹豫，后来才因**政治**局势而进一步坚定下来），而加尔文派只是从他那里接过了这一做法。[3]

1　顺便说一下，若是人们从这叙述里读出由这种或那种虔敬性所作出的任何一种**评判**，我会很遗憾。那样的评判与这里完全不搭边。这里仅仅涉及某些特定的，或许对于纯粹的宗教评判而言相对比较边缘化的，但对于实践中的态度而言却很重要的一些特征所产生的**影响**。

2　关于这一点，尤其要参见《新教神学与教会实用百科全书》第三版中由特洛尔奇撰写的"英国道德主义者"词条。

3　**完全具体的**宗教意识内容和宗教处境（它们显得像是"历史的偶然"）起作用的方式，特别清楚地表现为，在产生于改革派之基础上的虔敬派的圈子里，比如说，人们有时会直接对缺少修道院这种建制而**惋惜**，拉瓦迪亚等人的"共产主义"试验不过是修道院生活的一个替代品而已。

当弗兰克发现，宗教改革的意义在于，如今**每一个**基督徒都必须终其一生做一个僧侣时，这事实上触及了这种虔敬信仰的核心。一道大坝被修起来，以拦阻因禁欲而逃出世俗日常生活这种做法形成的潮流；而此前一直将其最优秀的代表贡献给僧侣界的，那些有着狂热而真诚的内心秉性的人，如今被引导到一个方向，即在世俗职业生活**之内**去追寻禁欲的理想。但加尔文派在其发展过程中还加进了某种积极的东西：关于有必要在世俗职业生活中考验信仰的思想。[1]这一派给更广大阶层中的，有宗教信仰秉性的人带来了从事禁欲的**积极动力**，而随着它的伦理系于预定论之上，代替原来僧侣们的那种外在于世俗和超越于世俗之上的宗教贵族阶层的，是由上帝恒久以来已然预定了的那些圣徒**在世俗之内**的贵族阶层，[2]比起外在地与世俗相隔开的中世纪僧侣，这个阶层以其不可抹去的印记，和其余那些恒久以来就被抛弃的人之间，隔着一道原则上更不可跨越的、更深不可测的鸿沟，[3]这道鸿沟冷峻尖锐地刻入**一切**社会感情之中。因为考虑到邻人的罪，与被拣选的因而也圣洁的这些人蒙受上帝恩典的状态相应的，不是在意识到他们自己的软弱的同时准备帮助邻人，而是憎恨与蔑视邻人，将他当作上帝的敌人，身上带着

1　而且早已出现在宗教改革时代的一些忏悔本身中了。即便里奇尔（*Pietismus*，Ⅰ，第258页起），尽管他将改革派思想在后来的发展过程中看作一种退化，却也并不否认，比如，*Conf. Gall.* 25、26，*Conf. Belg.* 29，*Conf. Helv. post.* 17，"以完全经验性的一些标记改写了改革派特有的教会，而且信徒若是**没有了伦理活动这一标记**，就**不能**被计入这种真正的教会之列"（关于这一点，参见第214页，注43）。

2　我们并不属于多数派，为此要赞美神（Th. Adams, *W. of the Pur. Div.*，第138页）。

3　在历史上如此重要的"天赋权利"思想，由此便在英国得到了一种巨大的支撑："长子在天国被记下来……正如长子的继承权无可否认，他被记下的名也永远不会被抹去一样，他们当然应该继承永恒的生命。"（Th. Adams, *W. of the Pur. Div.*，第ⅩⅣ页）

永远被抛弃的标记。[1]这种感受方式可能极为高涨,以致在种种情况下导致形成一些**教派**。当真正的加尔文派信仰,即光大上帝之名需要通过教会使被抛弃者服从于律法,就像在十七世纪的"独立派"那里一样,被下面这种信念压过时,就会发生上面的情形:当一个未重生者混入人群中,参与圣礼,甚或(作为正式受雇的布道者)来掌管圣礼,就会为上帝招来羞辱。[2]因而一言以蔽之,当多纳图斯派的教会概念作为考验思想的结果而浮现出来时,就会出现上述情形,就像在加尔文派中出现浸礼会一样。而当"纯粹"教会的要求,即教会应成为重生的经受住考验者构成的共同体,没有完全实现以至形成一些教派时,教会组织会在进行如下尝试的过程中,发生复杂的组织变形:区分那些重生的基督徒与未重生的、还未成熟到可以参加圣礼的基督徒,将教会治理保留给前者,或者在其他情形下为其保留某种特殊地位,而且只让重生者成为布道者。[3]

---

1 路德宗里愿意忏悔者的那种**悔罪**之感,与按照禁欲的方式发展的加尔文派,这二者虽然在理论上并不陌生,但在实践中,在内心里很陌生:这种感情对于加尔文派而言是没有价值的,对于被抛弃者而言毫无用处,而对于那种确信其被拣选的人而言,比如自己所承认的那些罪,是落后与不够圣洁的征象,对于这种状况,他不是通过为之悔罪,而是通过行动,光大上帝之名,来追求克服和**仇恨**的。(参见Howes, *Cromwells Kaplan*, 1656—1658)在"论人对上帝的敌意,及人与上帝的和解"一文中的论述,收于《清教圣徒著作集》,第237页:"充满私欲的心灵便是**敌对**上帝。因而必须加以更新的,不仅仅是思辨的心灵,还有实践的和活动的心灵。"第246页:"和解……必须开始于对你先前的敌意的一种深深的确信……我被疏离于上帝了……(第251页)对那种敌意的巨大不公与邪恶的……一种清晰而鲜活的理解"。但这里谈的只是对罪的,而不是对罪人的仇恨。在埃斯特公爵夫人(莉奥诺拉的母亲)致加尔文的那封著名的信中就说到,**倘若**她必定确信,父亲和丈夫属于此世被放弃之人,她将对他们心生**恨**意,这封信表明仇恨已经开始转到人身上了,这封信也例证了我们上面关于恩典拣选学说可能导致个人在内心里脱离通过"自然"感情结合起来的共同体的那些纽带的说法。

2 "唯有那些经证明为**重生或圣洁**之人者,才应被接受为或算作可见教会的成员。如果不是这样,**教会的真正本质就失落了**",欧文,属于独立的加尔文派的这位克伦威尔治下的牛津大学副校长,是如此这般表述根本原理的。进一步可参见我接下来要写的一篇文章(指《新教教派与资本主义精神》——译注)。

3 参见我接下来要写的一篇文章(指《新教教派与资本主义精神》——译注)。

这种禁欲的生活方式之所以能不断加以援引,且它也明显需要的那种固定规范,自然是从《圣经》里得到的。加尔文派常被人说成"《圣经》至上",然而在这一点上对我们而言最重要的是,《旧约》因为和《新约》一样被上帝赋予灵感,所以只要在其道德规定方面不是明显只为历史上犹太人的局势而规定,并被基督明确废除了的,就和《新约》具有完全**同等**的庄严。恰恰对于加尔文派的**信徒**而言,律法是理想之物,从来都不可达到,却给出了有效的规范;[1] 而路德在最初则反之,认为摆脱律法的奴役而获得**自由**,是信徒的神圣特权,而加以夸赞。[2] 对于清教徒最常读的那些《圣经》卷章(即《箴言》和《诗篇》)中记录下来的,希伯来人内心亲近上帝所产生的,却又完全保持清醒的那种生活智慧,人们可以在清教徒的整个生活情调中感受到其影响。特别是**理性的**特征:桑福德已经正确地将对虔敬信仰的神秘主义方面,一般而言对其**感情**方面的禁止,追溯到《旧约》的影响上了。[3] 毕竟就其自身而言,这种《旧约》理性主义本质上是一种具有小市民传统主义特征的理性主义,而且与其相伴的不仅有诸先知和许多诗篇的强大激情,还有《旧约》的其他许多部分,它们在中世纪就构成了特殊的情感性虔敬之发展的触发点。[4] 因而,说到底还是加尔文派本身**特有的**,虽说同为禁欲性

1　*Cat. Genev.*,第149页。Bailey, *Praxis pietatis*,第125页:"我们在生活中行事,应该仿佛除了摩西外再没有别人能管辖我们那般。"

2　"律法以理想规范的面目浮现在改革派信徒的心中,而对于路德宗信徒而言,它是不可达到的规范,它便削弱了。"在路德宗的问答手册里,为了唤起必要的**敬畏之心**,律法写在**前面**,而在改革派的问答手册里,通常写在福音的**后面**。改革派信徒指责路德宗信徒说,他们"面对变圣洁的机会,真的害怕了",而路德宗信徒则指责改革派信徒陷入"不自由的律法奴役"了,还自高自大。

3　*Studies and Reflections of the Great Rebellion*,第79页起。

4　其中特别不可忘记,而又被大部分清教徒完全忽略了的是《雅歌》,它的东方情爱色彩也一同影响了,比如说,圣伯纳的那种虔诚类型的发展。

的基本特征,读出了《旧约》虔敬态度中与其意气相投的那些组成部分,并加以吸收了。

如今,对加尔文派新教的禁欲与天主教修会生活的诸种理性形式这二者所共有的那种伦理生活方式的系统化,已经以"精确的"清教基督徒持续不断地**检查**其恩典状态的那种方式,纯粹在外部世界出现了。[1]虽然在宗教日记中持续地或者表格式地写进种种罪恶、诱惑以及恩典所带来的进步的做法,是耶稣会士首创的现代天主教虔敬态度(特别在法国),与在宗教方面最为热心的改革派圈子的虔敬态度[2]所共有的;但在天主教里,宗教日记是为了告解的完整性,或者为"灵魂指导者"给基督徒(大部分时候是女性)以权威指导提供基础,而新教徒则在这日记本身的帮助下,"自己感受"自己的"脉搏"。所有知名的道德神学家都提到了它,富兰克林将他在每一种德性上的进步制成表格与统计报表的那种簿记方法,为此提供了一个范例。[3]而另一方面,古老的中世纪(古代已是如此)流传下来的上帝的簿记的形象,在班杨这里达致罕有匹敌的了无生趣之境,罪人与上帝的关系都可以拿来和顾客与店主的关系相比了:谁一旦欠债,就可能要拿他所挣得的一切收益来偿还日渐增加的利息,却永远不可能偿清本金。[4]就像检查自己的举止一样,后来的清

---

1 关于这种自我检查的必要性,可参见前面已经引用过的查诺克有关《哥林多后书》的文献, *2. Cor. 13, 5, Works of the Pur. Div.*,第161页起。

2 大部分道德神学家都建议这样做。参见Baxter, *Christ. Directory*,Ⅱ,第77页,然而他并不讳言那些"危险"。

3 在其他情况下,伦理簿记当然也得到了十分广泛的应用。但那里没有将**重点**放在成为对恒久以来即已决定的拣选或抛弃的唯一的**认识**手段上,而这样一来,因而也就没有将决定性的心理**奖赏**放在对这种"核算"的操心和重视上了。

4 **这**就是与其他一些在外在方面与此相似的行为方式的决定性区别。

教徒还检查上帝的举止，并在生命的一切安排中，都看到了上帝的力量。而与加尔文本来的学说相反，他由此便知为什么上帝碰巧作出种种安排。这样，对生活的神圣化几乎就具有了一种业务活动的特征。[1]对整个存在的一种渗透极广的基督教化，就是关于伦理生活方式的这种**方法学**的后果，这种方法学是加尔文派强求得来的，这一点与路德宗相反。要是想正确理解加尔文派的作用方式，就千万不要忽视这种**方法学**对于生活产生了关键性的影响这一点。由此产生的结果是，一方面，正是**这个**塑造过程，才能产生那样的影响；但另一方面，其他一些教派，一旦其伦理动力在这个关键点上，即在救赎考验思想上，具有同样的功能，也必定会在同样的方向上起作用。

到此为止，我们一直运行在加尔文派虔敬信仰的基础上，也相应地将预定论预设为清教伦理（在方法上被理性化了的伦理生活方式这个意义上）的教义背景了。之所以如此，乃是因为这个教义事实上也远远超出了那些在一切方面都严格地维持在加尔文所定下的基础之上的宗教派别（长老会信徒）的圈子之外，被确定为改革派学说的基石了：不仅1658年独立派的《萨伏依宣言》，而且1689年浸礼会的《信纲》同样包含了这一学说，而在卫理公会内部，虽说卫斯理（该运动的伟大组织天

---

1 巴克斯特（ Saints' everlasting rest, c. XII ）也通过下面的论述阐明了上帝的**不可见性**：正如人们借助通信，可以与一位未曾谋面的陌生人进行营利的交易，人们也可以通过与不可见的上帝进行一种"圣洁的交易"，赚到"一颗宝贵的珍珠"。这种商业上的比喻，而不是在早前的道德主义者们那里和在路德宗内部常见的法庭比喻，恰恰是清教的特征，后者实际上正是让人自己"买到"他的圣洁性。进一步可比较，比如说，下面这些讲道文句："我们计算某个事物多少价值，要看某位既非不了解它，也没有急迫追求它的智慧之士愿意出价多少。基督，上帝的智慧，交出了自己，交出了他珍贵的血，为的是拯救人的灵魂，而他了解这些灵魂，而且对这些灵魂无所求。"（ Matthew Henry, *The worth of the soul, Works of the Pur. Div.*, 第313页 ）

才）是恩典之普遍性的拥护者，但第一代的卫理公会中的伟大宣传者和该会最坚定不渝的思想家怀特菲尔德，就像围绕亨廷顿夫人所形成的，一时具有相当大影响力的那个圈子，都是"特殊恩典论"的拥护者。这个学说以其巨大的一致性，在最为动荡的那个时代，即十七世纪，在"圣洁生活"的斗士与拥护者们当中，维持了"充当上帝的工具，和他的天意安排的执行者"的想法，[1]也防止了在一个仅仅具有现世导向的，主张纯粹功利主义"事工神圣"的状态下，人心过早地崩溃，那种现世的导向是从来没有能力为了非理性的和理想的目标，而作出如此闻所未闻的牺牲的。而对一些无条件的有效的规范的信仰，与绝对决定论以及超感性事物完全的超越性之间的结合（他们以他们的那种天才的形式确立了这种结合），同时在原则上也超乎寻常地比更偏于感情的那种更温和的学说（这种学说令上帝也服从伦常法则）**"现代"**得多。但正如事情一再表明的那样，首先恰恰在恩典拣选学说及其对于日常生活的意义方面，要极为小心地在"纯净培育"的环境中加以研究的，是对于我们的观察而言极为根本的，成为讲究方法的那种伦理习俗之心理出发点的**救赎考验**思想，以致由于这种思想作为信仰与伦理进行结合的典型图式，在后面要加以观察的那些教派那里极有规律地反复出现，我们就必须从形式上最为连贯一致的这种学说出发进行研究。在新教内部，**该学说**必定对其第一批拥护者往禁欲的方向塑造他们的生活方式造成影响，这些影响形成了路德宗的反题，因为后者在伦理方面（相对）比较无力。路德宗的"可失去的恩典"，总是能通过悔改而被重新赢获，这种恩典**在其自身**显然不能促成在这里作为禁欲新教的产物，对我们而言很重要的

1　与此相反，路德本人就说过："哭泣先于功效，而苦难多于一切行动。"

那种事物：促成对整个伦理生活的某种系统的理性塑造。[1] 相应地，路德宗的虔敬信仰完整保留了欲望式行动和质朴情感的那种自然的生机：这里没有持续进行自我检查，以及一般而言对自己的生活进行合乎**计划**的规整的那种动机，正如加尔文派严峻的学说包含这种动机一样。像路德这样的宗教天才，自然地生活在这种对世俗自由地敞开胸怀的气氛中，只要是他双翅的

---

1 这一点也再清楚不过地表现在路德宗伦理理论的发展过程中了。关于这一点，参见 Hoennicke, *Studien zur altprotestantischen Ethik*, Berlin, 1902, 与此相关的还有特洛尔奇富有教益的评论，发表于 *Gött. Gel. Anz.*, 1902, 第8期。此外，这文本中还常常极为深入地提到，路德宗教义特别与更早的正统加尔文派教义相接近。但宗教导向上的不同，一再地使二者往不同的方向推进了。为了给伦理和信仰的联结提供理由，通过梅兰希顿，**忏悔**概念被置于前台了。由律法引起的忏悔必须成为信仰的先导，善工却是随信仰之后到来的，否则这信仰就不算真正合理的信仰了——这几乎就是清教式的表达了。对于梅兰希顿来说，某种相对的完满性在世间也是可以达到的，他起初甚至教导道：称义的发生，是为了使人能胜任善工，而在完满性逐渐增长的过程中，至少能让此世的圣洁达到信仰所允许的那个程度。而后来的路德宗教义学者对"善工是信仰必然产生的**果实**，信仰产生新的生命"这一思想的论述，与改革派信徒们的论述在表面上是完全类似的。梅兰希顿就是通过越来越多地诉诸律法，来回答"'善工'是什么？"这个问题的，后来的路德宗信徒更是如此。从今往后，只有对待《圣经》至上论，特别是对待以《旧约》中个别规范为导向的那种做法的已经不太认真的态度，才能让人想起路德最初的思想。在本质上，十诫作为**自然**的道德法则的那些最重要原理的汇编，仍然是人类行动的规范。**但是**，从十诫那坚如磐石的有效性要求，跨向**信仰**对于称义的那种一再被提及的、独一无二的意义，这中间没有任何牢固的桥梁作连接，因为（上文中）这种信仰具有和加尔文派的信仰完全不同的另一种心理特征。最初的真正路德宗的观点被抛弃了，而且必定被一个将自身视作救赎机构的教会所抛弃，但也没有另一种信仰被赢获。特别是，人们不能因为害怕失去教义的基础［"唯有信仰"（sola fide）］，便对整个生活进行一种禁欲性的理性化，将这作为个人的伦理任务。因为这里正好缺一种动力，即让**验证**思想发展具有极重大的意义，正如恩典拣选学说在加尔文派中造成的那样。与这个**学说**的衰落相一致的，对圣礼的巫术性解释，特别是将重生——或者重生之开端——置于**洗礼**之中的做法，在采取恩典普遍主义的情况下，也必定会抵制讲究方法的那种伦理的发展，因为它在感觉中削减了自然状态与恩典状态之间的距离，特别是在路德宗强调原罪的情况下。**仅仅以法庭模式**来解释称义行动的做法同样起了这种作用，这种行动的前提是，上帝的决断可能由于皈依的罪人的**具体**忏悔行动而发生改变。但这种可改变性正是梅兰希顿越来越强调的。他的学说越来越重视**忏悔**，这一学说的整个改变过程恰恰也在内心里与他对"意志自由"的信奉挂钩。所有这些，决定了路德宗生活方式的那种**不**讲究方法的特征。在路德宗一般信徒的心目中，由于持续的告解，对罪的**具体**的恩典行动必定构成救赎的内容，而不是发展出一种能创造出对救赎的确信本身的圣徒贵族制。这样一来，就既不能形成某种**摆脱**律法束缚的（转下页）

（转下页）

力量仍然足够飞翔，就不致有深陷"自然状态"之中的危险。而路德宗的一些最典型代表所怀有的那种淳朴、精细而又罕见地富有情趣的虔敬信仰形式，以及他们不受律法束缚的那种伦理，在真正的清教的土壤上很难一见，倒是在，譬如比较温和的英国国教内部能找到胡克、奇林沃思等等这样的相似者。但对于路德宗的一般信众而言，即便是其中的优秀者，能够确知的不过是，他只是偶尔在一些告解或布道的影响之下，出离自然状态一下。众所周知，在同时代人看来极为突出的，是改革派王侯宫廷所秉持的伦理标准和频频沉入酒醉粗鲁之地的路德宗王侯宫廷，[1] 同样的还有路德宗教士在进行纯粹的信仰布道时给人的那种无助感，和浸礼会的禁欲运动之间的那种区别。人们在德国人那里感受到的"随和"和"朴实"，与（这一点甚至表现在人的相貌上）直到今天还受到那种根本消除"自然状态"之自然性的做法影响的，英裔美国人的生活氛围形成对立，德国人在后面这种生活氛围下常常惊讶于其中的拘束和不自由与内在束缚——这些都是生活方式上的对立，这种生活方式在本质上也是由于路德宗**较少**在生活中推行禁欲，这与加尔文派

（接上页）伦理，也不能过一种以律法为导向的合理的**禁欲**生活，律法就成了了无生趣地作为规章与理想要求摆在"信仰"之侧的东西，此外，因为人们害怕严格的《圣经》至上主义成了事工得救，所以律法在细节内容方面完全不确定也不精确，尤其还不成系统。正如特洛尔奇（见前引文献）就伦理理论说的那样，生活却一直是"一些从未完全成功过的单纯起跑活动的大集合"，这个集合"坚持将生活分解为一些个别而又不稳固的指令"，其目的并不在于"在一个关联起来的生活整体中发生作用"，而是遵循路德本人（见上文）采取的那个发展路线，事无巨细地将自己投入到现成的生活情境中去。德国人经常被人抱怨的那种"自己投入"到别的文化中去的做法，他们民族性的快速变换，**除了**可归于民族的某些特定的政治命运之外，在本质上**还**应归于这种在我们当今生活的一切关系中还在持续发生影响的发展过程。人们主观上对文化的吸取一直是比较弱的，**因为**这种吸取本质上走的是一条被动接受"权威"之施与的道路。

1　关于这些事情，可参见漫谈之作 Tholuck, *Vorgeschichte des Rationalismus*。

形成对立。自然的"世俗之子"对禁欲的那种反感，已然表现在上面这些感受中了。路德宗同样缺少（确切地说是由于他们的恩典学说）在他们为方法上的理性化所迫而施行的那种生活方式中，建立某种系统的心理动力。这种动力造就了虔敬信仰的禁欲特征，它在其自身而言**可能**会由各种不同的宗教动机造成，就像我们很快会看到的那样：加尔文派的预定论只是许多可能性中的**一种**而已。但我们当然确信，它以它的那种方式，不仅有着完全独一无二的一贯性，也产生了极大的心理效应。[1]要是纯粹从禁欲的宗教动机这个视角来看，非加尔文派的那些禁欲运动此后不过是作为加尔文派的内在一贯性的某种**缓和形态**出现罢了。

但在现实的历史发展中，事情的进行（虽说不上无一例外，但大部分还是如此）使得改革派的禁欲形式，或者为其他禁欲运动所模仿，或者在其他禁欲运动发展自己的那些偏离或超出此形式的原则时，被援引为比较或补充的对象。有些地方，虽有其他种类的信仰奠基方式，却出现了同样一以贯之的禁欲，这通常是教会**组织**的后果，关于教会组织，我们在其他语境下会再谈。[2]

从历史上来看，恩典拣选思想肯定是通常被称为"**虔敬派**"的那个禁欲教派的出发点。只要这场运动在改革派教会内部得以维持，我们就几乎不可能在虔敬派的和非虔敬派的加尔文派

---

1 关于**伊斯兰教的**预定论（更准确地说应该是命定论）所产生的完全不一样的影响及其根据，参见前面引用过的乌尔里希的（海德堡大学神学）博士论文：Ulrich, *Die Vorherbestimmungslehre im Islam und Christentum*, 1912。关于詹森派信徒的预定论，参见霍尼希斯海姆前引文献。

2 关于这一点，参见本书中下一篇文章。

信徒之间划出一条明确的界限。[1]几乎清教的所有坚定拥护者，都被算作虔敬派，而且有一种观点完全是被容许的，这种观点已

---

1 Ritschl, *Geschichte des Pietismus*, I，第152页。这里试图从如下几个方面探讨拉瓦迪亚之前的时代（顺便提一下，这里的研究仅仅基于荷兰的样本）：虔敬派那里建立了私下集会形式，"受造物之存在的虚无性"这一思想是以一种"与人们对通过福音而得圣洁的兴趣相矛盾的方式"被保育着的，以非改革派的方式，寻求"在与主耶稣的亲切交流中确保恩典"。在这个早期阶段，最后这个判断标志只适用于他所探讨的那些代表人物中的**一个人**；"受造物的虚无性"的思想本身是加尔文派精神真正的产儿，而只有当它发展为实际的遁世时，它才逸出了常规新教的轨道之外。最终，多德雷赫特宗教会议在一定的范围内（特别是为了教义问答的目的）甚至对私下的集会作出了调整。从前面里奇尔的叙述中分析出来的，判断虔敬派之虔诚性的几个标志中，或许要考虑几点：在生活的一切**外在表现**上都强烈地受制于《圣经》文句的那种"严谨派"，沃特有时堪称这一派的代表；那种将称义和与上帝的和解不是当作目的本身，而是仅仅当作同样禁欲的圣洁生活的**手段**的做法，这种做法在罗登斯坦因那里或许可以找到，但梅兰希顿也简单提到了（本书第125页注2）；将"忏悔斗争"高度评价为真正的重生的标志，正如最先由特林克所教导的那样；在有非重生之人参加的场合不举行圣餐礼（关于其他场合也不举行圣餐礼，还会再谈到），以及与此相关联的，不拘于多德雷赫特宗教会议指定的规条的范围之内，却又复兴了"预言"〔亦即让非神学家，甚至让女人（安娜·玛丽亚·舒曼）来解释《圣经》〕的那些私人集会的形成。所有这些，都偏离了（有些甚至极为可观）宗教改革者的学说与实践。但与里奇尔未加叙述的那些教派（特别是英国清教信徒）相反，以上这些，**除了**第三条之外，只是表现了这种虔诚性的整个发展过程中的种种趋势的加强而已。里奇尔的叙述一向坦荡，却由于下面的原因受到了损害：这位大学者将他的一些具有教会政治指向，或者换种更好的说法，具有宗教政治指向的价值偏见掺进来了，而且由于他对所有特别**具有禁欲特征的**虔诚都很反感，就在人们具有这种虔诚的地方，到处都将他们解释成"天主教"。但正如天主教一样，最初的新教也将"所有种类和所有境况下的人"全都吸纳进来，**然而**奉行世间禁欲的严格主义，却连詹森派的天主教**教会**也不接受，就像虔敬派拒绝十七世纪天主教特有的寂静主义一样。对于我们的这些特定的观察而言，只有当对"世俗"越来越强的恐惧导致脱离私人经济的职业生活，因而也导致修道院一共产主义基础上的私人集会的形成（拉瓦迪亚），或者就像同时代人议论个别激进的虔敬派信徒时所说的那样，导致为了冥思之故而有意**荒废**世俗职业劳动的时候，虔敬派才总是骤变为某种和天主教不是只有程度之别，而是有着性质上的不同的事物。这样的后果在下面这种情况下自然会特别频繁地出现，即冥思开始带有了里奇尔称作"伯纳主义"的那种特征，因为这种特征首先出现于圣伯纳对《雅歌》的解释：一种具有神秘主义色彩的虔诚心绪，这种心绪追求的是具有神秘性爱色彩的"神秘合一"。与改革派的虔敬相对立，但**也**与这种虔敬使像沃特这样的人们带有的**禁欲**特征相对立，这种虔诚心绪无疑已经在纯粹宗教心理学的层面上，呈现出一个"异数"的形象。如今里奇尔却处处试图将这种寂静主义与虔敬派的**禁欲**结合起来，因而也让后者遭到同样的诅咒，他还将他在虔敬派文献中找到的所有出自天主教神秘主义或禁欲主义的文献一一指出。只是，即便完全"无可怀疑的"那些英国的和荷兰的道德神学家，也引用了圣伯纳、波（**转下页**）

经将预定与救赎考验思想之间的那些整体关联（正如上面所述的那样，带着成为这些整体关联之基底的，对赢得主观方面"得救的确信"的兴趣），视作真正加尔文学说往虔敬派的方向进行的推进了：在改革派共同体内部种种禁欲复兴现象的产生，特别是在荷兰，完全有规律地与短暂发生而又成为过去的，或者弱化了的恩典拣选学说的某种再次兴盛，结合在一起了。因而在英国，人们大多数情况下根本不用"虔敬派"这个概念。[1]但至少依照着重点来看，大陆的改革派的（荷兰—莱茵河下游地区的）虔敬派和（比如）贝利的那种虔敬信仰完全一样，首先是改革派禁欲的某种简单的强化。"虔敬实践"受到了极强的、决定性的重视，以致在此对正统教义的信奉淡出了舞台的中心，有时干脆显得无所谓了。教义方面的错误就像其他的罪一样，同样不时会侵袭那些预定要得救者，而经验告诉我们，大量对学院神学一无所知的基督徒，却产生了信仰最显而易见的果实；而另一方面我们也知道，单纯的神学知识绝不能在世事变迁中保证自己的信仰经受考验。[2]因而一般的被拣选，也不能凭着神学知识就

（接上页）纳文图拉与托马斯·坎普。所有的宗教改革教会都与过去的天主教有着极为复杂的关系，而且依据人们当下所采用的视角的不同，在这里是这个教会，在那里是那个教会，与天主教及其某些特定的方面很相近。

1 《新教神学与教会实用百科全书》第三版中由米尔布赫特执笔的富有教益的"虔敬派"词条完全忽视虔敬派的改革派前史，而将虔敬派的产生仅仅归结为斯佩纳个人的某种宗教体验，这种做法令人诧异。在虔敬派的导论性读物方面，弗赖塔格在《德国过去的形象》中的描述总是值得一读的。关于同时代文献中反映英国虔敬派之开端的部分，可参见 W. Whitaker, *Prima institutio disciplinaque pietatis*（1570）。

2 众所周知，这种观点使得虔敬派成为**宽容**思想的主要担当者之一。借此机会，我们就这一点再说一说。从历史上看，撇开人文主义—启蒙的**漠不关心**不谈（因为它从未产生什么**巨大的**实际影响），宽容思想在西方的源头主要是如下几个：纯粹政治上的国家理由（原型为奥兰治的威廉，即英国国王威廉三世——译注）；重商主义（比如特别清楚地表现在阿姆斯特丹和其他大量的城市、地主和权贵那里，他们将教派人士当作经济进步的宝贵担当者加以接受）；具有加尔文派虔诚性的一些激进派别。预定论在根本上排除了国家由于不宽容而在实际上促进宗教的可 （转下页）

经受住考验。[1]由此，虔敬派由于对神学家的教会深深地不信任

（接上页）能性。国家确实无法借此拯救任何灵魂，但是关于**荣耀上帝**的思想使得教会能利用国家的帮助来镇压异端了。但越是强调讲道者和圣餐礼参与者都必须是受拣选者，就越是无法忍受国家干涉牧师职位的分派，以及将受俸的教区牧师的职位派给或许没有重生的大学毕业生（仅仅因为他们受过神学教育）的做法，一般而言，也就越是无法忍受经常变换而饱受争议的当权者们对团契事务的任何干涉。属于改革派的虔敬派，通过贬低教义的正确性，以及逐渐瓦解"教会之外无救赎"这一命题，而加强了这个观点。**加尔文**认为，被抛弃者**服从**教会的神圣制度，这本身就是与上帝之名相融洽的；在新英格兰，人们试图将教会建构成经过考验的圣徒们的等级机构；激进的独立派却早已拒绝了市民的以及所有等级制强权对仅仅在**个别团契内部才可能的"验证"试炼**的任何干涉。认为光大上帝之名就要求将被舍弃者也置于教会管教之下的思想，受到另一种思想的排挤，那种思想一开始就同样存在了，只是逐渐才被人极力强调，那就是，与一个被上帝抛弃者共享圣餐，会损害上帝之名。这必然导致唯意志论，因为它导致了"信仰者的教会"，只将重生者包括在内的宗教共同体。加尔文派的浸礼会（比如"圣徒国会"的领导者巴本就属于该会）就最坚决地将这个思想序列推进到了极致，引出了它的种种推论。克伦威尔的部队是为了良心自由，而"圣徒"国会甚至是为了政教分离而出现的，**因为**后者的成员都是虔诚的虔敬派信徒，因而是基于**积极的**宗教理由。后面要讨论的**再洗礼派**，以及最激烈、在内心也最为一贯的诸派别，他们从存在之初就一直坚守这样的原则：只有重生的个人才能被吸纳到教会共同体中去，因而教会的任何"机构"特征以及世俗权力的任何干预都被断然拒绝了。因而这里导致倡导无条件宽容的，也是一种**积极的**宗教理由。第一个出于这种理由而主张无条件的宽容和政教分离的是布朗，他几乎比浸礼会信徒们早一代，比威廉姆斯早两代。在这个意义上首次解释教会共同体的，应是英国浸礼会信徒们于1612年或1613年在阿姆斯特丹作出的决议："地方官不应干涉宗教或良心事务……因为基督是教会和良心的王和立法者。"第一个通过国家**法律**来要求对良心自由进行**积极**保护的，由某个教会共同体制定的官方文献，大概就是1644年由（特别）浸礼会信徒制定的信纲的第44条。需要再次着重提醒的是：时常为人所主张的一种观点，即**如此这般的**宽容有利于资本主义，自然是完全错误的。宗教宽容并非现代或西方所特有的。它在中国、印度、希腊化时代的近东诸帝国、罗马帝国和伊斯兰教的诸帝国，在一些长长的时间段里，除了仅仅受到国家理由方面的限制（国家理由迄今依然构成限制！）之外，都在极为广大的范围内兴盛过，这正如它在十六和十七世纪时从未在世界上兴盛过一样，而在清教**占支配地位**的那些地方则尤甚（比如政治和经济兴盛时期的荷兰和泽兰，或者在清教的英国和新英格兰）。正如，比如说，波斯的萨珊王朝一样，西方（无论是在宗教改革之前，还是在那之后）恰恰是以**宗教认信上的不宽容**为特征的，就像这种不宽容也支配了中国、日本和印度的一些时期一样，但那大部分是由于政治上的原因。结果，**这种**宽容就与资本主义一点关系也没有。问题取决于：**宽容对谁有利？**关于建立"信徒的"教会这一要求所产生的后果，本书中的下一篇文章会进一步讨论。

1 在实际运用中，这一思想出现于，比如说，克伦威尔的"查验员"那里，即审查牧师职位候选者们的考试官那里。他们所在意的，并不是查明候选者的神学专业修养，而是他们主观上的恩典状态。也可参见本书中的下一篇文章。

（尽管这一派在表面上还属于这个教会，这是它的标志），[1]就开始将与世俗分离的、"虔敬实践"的那些拥护者们聚集到"宗教集会"中来。[2]虔敬派希望以可见的方式，将圣徒的那种不可见的教会拉到世间来，并且在还不至于另立教派的前提下，在这个共同体中隐蔽地推行一种不受世俗影响，在一切细节方面都以上帝的意志为导向的生活，并由此在生活方式的那些日常的外在特征中，也确信自己的重生。这样一来，真正的皈依者构成的这种"小教会"想通过越来越严格的禁欲，在世间就体会到与上帝合一的至福——这同样是虔敬派的所有分支所共有的特点。后面这种努力，与路德宗的"神秘的合一"有某种内在的亲缘性，而且比起普通的改革派基督徒的常规情形，常常导致更强烈地顾及宗教的**感情**方面。考虑到**我们的**观点，**这一点**就应在改革派教会的基础上，被当作"虔敬派"的决定性标志。因为那种感情要素对于加尔文派的虔敬信仰而言，最初完全是陌生的，反倒与中世纪虔敬信仰的某些形式有着内在亲缘性，该要素引领实际的虔敬信仰走上在世间享受至福的道路，而不是为了确保来世的未来的至福，而进行禁欲的斗争。而这样一来，这种感情就**可能**体验到某种攀升，以致虔敬信仰直接具有了某种歇斯底里的特征，并通过那种由于无数的例子而广为人知的、在神经学上已被证明的、宗教迷醉的半昏迷状态与间歇性神经衰弱（这

1　虔敬派特有的，对亚里士多德和古典哲学的完全不信任，在加尔文那里就已经初步成形了（参见 *Instit.*，Ⅱ c. 2，第4页；Ⅲ c.23，第5页；Ⅳ c. 17，第24页）。众所周知，在路德那里，它的端倪为数不少，但由于人文主义者的影响（首先是梅兰希顿的），以及训练与护教方面的紧迫需求，它又被击退了。为圣洁所**必需的一切**，即便在非学者看来，也足够清楚地记载在《圣经》中，这一点自然也是《威斯敏斯特信纲》（c. I, 7）所教导的，在这一点上，信纲与新教的传统是一致的。

2　官方教会对此提出抗议，比如1648年苏格兰长老会教会的（较简短的）教义问答第Ⅶ页还这样规定：禁止**不**属于同一个家庭的人违反**教会职位**的权限，一同参与家庭祷告。虔敬派也像所有禁欲的团契组织一样，将个人从与教会职位的威望发生利益交叉的家长制的束缚中解放出来了。

种衰弱被感知为"神远去了")二者的交替出现,**实际**上得到的正好是清醒严格的培育(在这种培育中,人们过的是清教徒式被系统化了的圣洁生活)的反面:对加尔文派信徒的理性人格针对世俗"影响"所形成的那些"抑制"的一种弱化。[1]同样,加尔文派有关受造物被抛弃的思想,如果依照**感情**方面(比如在所谓的"虫的感情"的形式下)来理解的话,也**可能**导致扼杀职业生活中的活力。[2]而预定思想要是(与加尔文派理性的虔敬这一真正的趋势相反)成了情绪与**感情**性理解的对象,也**可能**变成宿命论。[3]最后,促使圣徒孤立于世界之外的那种欲望,可能由于强烈的**感情**强化,而促使某种半共产主义性质的修道院共同体组织的建立,就像在虔敬派那里一再发生,在改革派教会那里也时有发生的那样。[4]但只要这种极端的,同样由对**感情**方式的那种顾及导致的后果没有出现,因而改革派中的虔敬派就力求在世俗**职业**生活内部去保障他们的至福,那么虔敬派诸原则所产生的实际后果,比起"规矩的"虔敬派视作二等基督教的、

---

1 我们在此处有意不探讨这些宗教意识内容之间的"心理"(在这个词的**专业科学**意义上)关系,是有很充分的理由的,我们甚至还尽可能避免使用相应的术语。要想卓有成效地直接在我们的问题领域内进行历史研究,而又在对历史的判断方面保持纯而不杂,我们手头牢靠地掌握的心理学乃至**精神病学的**概念储备,目前而言是不能胜任这一目的的。运用心理学的术语,只会诱使大家因为浅薄地卖弄外语词汇,而将一些直接就可以理解的,乃至经常显得很琐细的事实情况弄得云山雾罩,这样一来就在表面上显得提高了概念上的准确性,可惜这种情况在兰普雷希特那里就已经是很典型的了。需要更严肃对待的,是为了解释历史上的某些群体现象而运用精神病理学概念的做法的一些萌芽形态,参见 W. Hellpach, *Grundlinien zu einer Psychologie der Hysterie*, 第十二章, 以及他的"神经症与文化"一文。我在这里还不能尝试阐明,在我看来,兰普雷希特的一些理论所产生的影响,也损害了这位极为博学的作者。每位读者只要稍稍一瞥市面上的常见文献,就深知兰普雷希特有关虔敬派的图式化评论(*Deutsche Geschichte*, Bd. 7)与他之前的文献相比,是完全没有价值的。

2 肖廷胡斯的《真挚的基督教》的拥趸们就是如此。在宗教史的意义上,这一点可以回溯到第二以赛亚书中关于神的仆人的段落和《诗篇》第22章。

3 这一点零星出现在荷兰虔敬派,以及受**斯宾诺莎**影响的人身上。

4 比如拉瓦迪亚、特尔斯特根等人。

一般改革派基督徒的那种单纯世俗的"名声"所能做到的对这些原则的发展，就**还**是更严格地在职业中按照禁欲的方式来检视生活方式，也还更牢固地将职业伦理系于宗教上。改革派的所有禁欲规则越是得到严肃的持守，圣徒的宗教贵族制就越是牢牢地出现，正如在荷兰发生的那样，这种贵族制随后就在教会内部组织成了私下集会的形式，而在英国，它部分地促成了教会**组织**内主动的基督徒和被动的基督徒之间的正式区分，部分地（与前面已经说过的相应）促成了教派的形成。

现在我们要离开预定论的地盘来谈与斯佩纳、弗兰克、钦岑多夫这些名字关联在一起的，在路德宗的基础上产生的**德国虔敬派**。但这绝非必然要离开他们构成其坚定不渝的顶峰的那些思想进程的领域；这一点特别通过斯佩纳证明自己受到了英国—荷兰虔敬派的影响，以及，比如在其最早的那些私下集会中朗读贝利的作品，即可知晓。[1]对于**我们的**特殊观点而言，虔敬派无论如何也只意味着在方法上照料得更好，也检查得更

1　当他（人们想到的是斯佩纳）反对当局有权控制私下集会时（除非是在失序和滥用的情况下），这一点或许就最清楚地显现出来了，因为这里涉及的是由使徒秩序加以保障的、基督徒的**基本权利**（*Theologische Bedenken*, Ⅱ, 第81页起）。原则上说，这正是清教在讨论个人的那些依据神法而来的，因而不可让渡的权利的状况与有效性范围时的立场。无论是这个异端（*Pietismus*, Ⅱ, 第157页），还是在这里的文本中进一步提到的那个异端（同上书，第115页），都没有被里奇尔忽略。无论他加之于"基本权利"思想（我们最终几乎要将今天那些"最反动者"视作最低限度的个体自由领域的**一切**，都归功于这一思想）的那种实证主义的（更不用说庸俗的了）批判有多么不合乎历史，还是要完全赞同他的一个看法，即在这两种情形下，斯佩纳的路德宗立场都缺乏一种有机的关联。

　　私下的集会本身，由斯佩纳著名的"虔敬欲望"在理论上加以奠基，也被他实际地引入生活之中了，这种集会在本质上与英国的"圣经集会"完全相呼应，后者最初是在拉斯科的伦敦《圣经》研究班（1547），自那以后，就成为因为反抗教会权威而受迫害的那些清教虔敬形式的常备之物了。众所周知，最终他把下面这一点当作拒绝日内瓦教会仪轨的理由，即他们找来承担这仪轨的"第三等级"（基督教平信徒），在路德宗里**不**是他们的教会的一部分。另一方面，在讨论开除教籍的问题时，承认领主委派到教会监理会的世俗成员为"第三等级"的代表的做法，只带有很弱的路德宗色彩。

好，因而也**更具有禁欲特征的生活方式**，也袭入非加尔文派的虔敬信仰的领地。[1]但路德宗必定会觉得这种理性的禁欲是异物，而德国虔敬派的教义之所以缺乏一贯性，乃是因为由此产生的种种困难。为了在教义上给系统的宗教生活方式奠基，斯佩纳就将路德宗的思想进程与改革派特有的，如其本然的善工标记（这善工是"为了上帝之名"而从事的）结合起来了，[2]也与那同样流露出改革派特色的、对"重生者可能达到某种相对而言的基督教完善性"这一点的信仰结合起来了。[3]只是这里恰恰缺少理论的一贯性：尽管基督教生活方式的系统特征对于斯佩纳的虔敬派也是很本质的，深受神秘主义者影响的，[4]他试图以一种相当不确定，但本质上属于路德宗的方式，更多地去描绘这种特征，而不是为它奠基，他不是从神圣化中推导出"对救赎的确信"，而是选择通过上面提到过的路德宗那种松散的与信仰发生关联的方式，来获得这种确信，以代替考验思想。[5]但只要理性禁欲的因素在虔敬派中对感情的方面占了上风，对于我

1　在路德宗的地盘里首先出现的"虔敬派"这个**名称**表明，依据同时代人对这个名称的特点的理解，这里从"虔敬"中将产生出一种讲究方法的**经营**。

2　当然得承认，这个动机虽然主要是加尔文派的，但并不**只是**这一派所独有的。甚至在**最早**的路德宗教会秩序中，也能特别频繁地发现它。

3　意义来自《希伯来书》5：13，14。参见 Spener, *Theol. Bedenken*, Ⅰ，第306页。

4　除了贝利和巴克斯特（参见 *Consilia theologica*, Ⅲ，6，1，摘要，1，47，同一摘要，3，6）之外，斯佩纳还特别重视托马斯·坎佩，尤其重视陶勒（他并不完全理解陶勒，见 *Consilia theologica*, Ⅲ，6，1，摘要，1，1）。对后者的深入探讨特别可参见 *Consilia theologica*, Ⅰ，1，1，第7页。对于他而言，路德就来源于陶勒。

5　参见里奇尔前引文献，Ⅱ，第113页。他不承认后来的虔敬派信徒们（和路德）的"忏悔斗争"是真正的皈依的**唯一判准**（*Theol. Bedenken*, Ⅲ，第476页）。关于作为产生于和解信仰的感恩之果实——路德宗特有的表述的神圣化，参见里奇尔前引文献，第115页注2中引用的文句。关于对救赎的确信，一方面可参见 *Theol. Bedenken*, Ⅰ，第324页：真正的信仰与其说是**合乎感情地被感受到**，不如说是凭其**果实**（对上帝的爱与服从）而被认识到。另一方面参见 *Theol. Bedenken*, Ⅰ，第335页起："关于人们所忧虑的那个问题，即他们应该如何确信自己的救赎与恩典状态"，相比起通过"英国那些糟糕的作家"来，"更保险的办法是通过我们的"（路德宗的）"书籍来找寻答案"。关于神圣化的本质，他赞同英国人的观点。

们的视点而言具有决定性的那些视角就会一再居先，也就是说，
（1）在方法上，将自己的圣洁发展至越来越高的，依**律法**而自行
检查的那种巩固和完满程度，成了恩典状态的**标志**，[1]（2）上帝
的天意即是在如此这般完善者那里**起作用**者，因为他是在他们
耐心地期待和在方法上获得优势时，向他们示意的。[2]对于弗兰
克而言，职业劳动也是卓越的禁欲手段；[3]上帝本身就是通过劳
动的成果来赐福于他的子民的，弗兰克对这一点深信不疑，正如
我们后面会在清教徒那里看到的情形一样。而作为上帝"双重
法令"的替代品，虔敬派自己创造了一些观念，这些观念以本质
上和上述学说同样的，但更虚弱的方式，确立了基于上帝的特
殊恩典之上的一种重生者贵族制，[4]而这种贵族制则产生了上面
由加尔文派描述过的所有那些心理后果。属于此列的有，例如
反对派一般归之于虔敬派身上（尽管没有道理）的所谓"限期

1　弗兰克推荐的那些宗教日记在这里也可视作这一点的外在征象。神圣化的那种
　　讲究方法的训练与**习惯**，会造成圣洁程度的增加和善恶的**分辨**：这或许就是弗兰
　　克的《论基督徒的完满》一书的基本主题。

2　这种理性的虔敬派天意信仰对正统解释的背离，以特有的方式表现在哈勒虔敬
　　派信徒与路德宗正统信仰的拥护者**罗舍尔**之间的那场著名的争论中。罗舍尔在
　　他的 "Timotheus Verinus" 中走得很远，他将一切通过**人**的行为达到的东西都与
　　天意的安排对立起来。**弗兰克**越来越顽固的观点则与此相反：将要发生的事情
　　清楚地灵光乍现，是静心**等待**上帝决断的结果，他将它看作"上帝的暗示"。这
　　与贵格会的心理，以及下面这种与之相应的一般禁欲观相类似，即理性的**方法论**
　　是亲近上帝的道路。钦岑多夫在一份最关键的决议中将他的团契的命运交付给
　　抽签的运气，这自然与弗兰克那种形式的天意信仰相去甚远。斯佩纳在《神学
　　思考》，Ⅰ，第314页中，在基督徒的"泰然任之"的特点的问题上，援引了**陶勒**，
　　在这种状态下，人们应该将自己交付给上帝的安排，而不应一任自己草率的行为
　　干扰之——这在根本上也是弗兰克的观点。虔敬派出于虔诚信仰的那种与清
　　教相比在本质上有所缓和的、寻求（世间的）和平的活动，到处都清楚地显现出
　　来。与此相对立，一个领头的浸礼会信徒在1904年还如此这般表述他的教派的
　　伦理规划："要和平，先得正直。"（怀特的演讲，后面会进一步引用）（*Baptist
　　Handbook*，1904，第107页）

3　*Lect. paraenet.* Ⅳ，第271页。

4　里奇尔的批判尤其针对的就是这种反复出现的观点。

悔罪论",[1]亦即这样的假定：虽然恩典一般是会被提供的,但对于每个人而言,或者只在生命中某个完全确定的时刻发生一次,或者不定时地只发生最后一次。[2]谁要是错过了这个时刻,普遍恩典论就再也帮不了他了：他就处在加尔文派学说中所说的被上帝忽略的境况中了。实际上,非常接近这一理论的,比如弗兰克从他的个人体验中总结出,又在虔敬派中得到极为广泛的传播的(人们大致可以说：居于支配地位的)那种假定：恩典只有在特殊的、只发生一次的和独一无二的一些现象中,也就是说只有在先前经过"忏悔斗争"之后达到"突破"之时才能获得。[3]因为照虔敬派信徒自己的看法,并非每个人都易于产生那种体验,那么在重生者眼里,虽然依照虔敬派的指导,运用了禁欲方法,以期得到这种体验,但并没有亲身经历过这种体验的人,就是某种消极的基督徒。另一方面,通过创造能引起"忏悔斗争"的某种**方法**,也得到神的恩典,这实际上就是人的**理性**活动的目标。还有,那并非为所有人所喜欢(比如弗兰克就不喜欢),但为许多虔敬派信徒所喜欢,特别是(就像斯佩纳的一再质疑所表明的)正好为虔敬派**牧师**所喜欢的,反对个人告解的那些考虑(这些考虑促使个人告解在路德宗那里失去根基),便是从这种恩典贵族中产生的：通过忏悔而获得的恩典,对于人圣洁的**转变**所发挥

1　这一学说也出现在英国的那些**不**信奉预定论的虔敬派信徒那里,比如古德温。关于他们,参见 Heppe, *Gesch. des Pietismus in der reformierten Kirche*, Leiden, 1879。这部书即便在里奇尔的标准著作出现之后,就英国以及荷兰的某些地方的情形而言,仍然是不可或缺的。直到十九世纪,科勒(依据本书中下一篇文章要引用到的他那本书的说法)在荷兰还常常被问及他重生的**时刻**。

2　人们试图以此来抵制路德宗关于恩典重复可得学说(特别是很常见的那种临终"皈依")所引起的那些松懈的后果。

3　Spener, *Theol. Bed.*, Ⅱ, 6, 1, 第197页反对将与此相关联的、确知"皈依"之时日的必要性,作为判断信仰之真实性的**无条件的**标志。他恰恰不知道"忏悔斗争",正如梅兰希顿不知道路德的"良心的恐怖"一样。

的**影响**，必定会决定赦罪是否被认可，因而光凭"痛悔"就想得到赎罪，那是不可能的。[1]

虽然在面对正统派的攻击时已有所犹豫，但**钦岑多夫**的那种宗教上的**自我**评估，总是会汇入"工具"观念中去。但是，除此之外，这个值得注意的"宗教业余爱好者"（就像里奇尔称呼的那样）的一些思想立场，在我们认为很重要的一些关键点上几乎不能清晰地把握住。[2]他一再称自己是"保罗—路德宗形象"的拥护者，**反对**那抱着**律法**不放的"虔敬派—雅各式形象"。但弟兄会本身及其实践（钦岑多夫虽然总是强调自己的路德宗身份，[3]却也允许并促进这种实践），在该会1729年8月12日的公证记录中已经站在一种在许多方面已经与加尔文派的圣徒贵族制相符合的立场了。[4]1741年11月12日定下来的那种将长老职务归给基督的观点，虽然受到人们很多的议论，却也是与此相近的某种立场的外在表现。此外，在弟兄会

1　除此之外，一切禁欲所固有的，对"普遍祭司职分论"（即"信徒皆祭司"学说——译注）的那种反权威的解释，也一同起作用了。有时人们建议教区牧师将赎罪延期到真正的忏悔得到"验证"为止，里奇尔正确地指出，这原则上是加尔文派的做法。

2　对于我们而言很本质的一些要点，*Plitt, Zinzendorfs Theologie*（3 Bände, Gotha 1869f.）Bd. Ⅰ，第325、345、381、412、429、433及其后、444、448诸页，卷Ⅱ，第372、381、385、409及其后诸页，卷Ⅲ，第131、167、176诸页找到。也可参见Bernh. Becker, *Zinzendorf und sein Christentum*（Leipzig, 1900），3. Buch，Kap. Ⅲ。

3　当然，他仅仅在一种情况下才将《奥格斯堡信纲》当作路德宗的基督教信仰生活的合适证明，那就是当人们（正如他以令人恶心的术语表达的那样）将"伤口流出的脓汁"洒到那上面的时候。阅读他就是一种赎罪了，因为他的语言穿行于他那绵软而又糊成一团的思想中，要比菲舍尔（在他与慕尼黑的"基督的松脂树"派的争论中）那可怕的"基督的松节油"还更糟糕。

4　"我们不承认任何宗教中的那些未经基督的宝血沐浴，且在圣灵的圣洁化过程中**不断彻底更新**的、人为造作出来的弟兄。我们不承认任何公开的（可见的）基督团契，除非上帝的话语纯净不杂地被教导，他们**也**作为上帝的孩子**据此而圣洁地生活**。"虽然最后这个句子取自路德的小教义问答，但正如里奇尔已经强调过的，在**那里**是用来回答如何使**上帝**之名圣洁的问题，在**这里**却反过来致力于为圣徒的教会**划界**。

的三种"形象"中,加尔文派和摩拉维亚派从一开始就在本质上以改革派的职业伦理为导向了。钦岑多夫也完全依照清教的方式,针对卫斯理说出了如下观点:即使称义者本人并非总是看出自己称义了,**其他人**也能在他的转变方式上**看出**他称义。[1]但另一方面,在赫恩胡特派特有的虔敬信仰中,感情因素强势地走到了前台,特别是钦岑多夫个人在他的共同体中一再直截了当地消除了清教意义上的那种禁欲神圣化趋势,[2]并将事工神圣扭转到路德宗的方向上去。[3]一种本质上按照路德宗的路子设想出来的,束缚于圣礼这一救赎中介之上的做法,也发展起来了,这是受到了抛弃私下集会并保留告解实践的做法的影响。然后,钦岑多夫所特有的原则,即宗教感受的**天真状态**正是它的真诚性的标志,以及,比如说,将**占卜**用作接受上帝意志之启示的手段这一做法,却与生活方式上的理性主义形成强烈对立,以致整体而言,只要在这位伯爵的影响所及之处,[4]在虔敬派的内部,虔敬信仰中反理性的、**感情性**的因素在

1　参见 *Plitt*，Ⅰ，第346页。普利特在第381页中引用过的,对"善工对圣洁是否必要?"这个问题的回答更为坚决:"对于获得圣洁而言是不必要且有害的,对于已获得的圣洁而言却极为必要,以至于谁不做善工,谁也就不圣洁了。"因而这里的状况也是:并非实在的根据,而是(**独一无二的**)认识的根据。

2　比如通过"基督徒的自由"方面的那些漫画,里奇尔在前引文献,Ⅲ,第381页中抨击过这些漫画。

3　首先是在救赎学说中更加强调通过惩罚而得救的思想,当他想通过传教来接近的尝试遭到美国诸教派的拒绝后,他就使这一思想成了圣洁化之方法的基础。自那时起,他就将纯真以及谦卑自足的美德的获得显著地树立为赫恩胡特派禁欲的目标了,这与团契中那些和清教禁欲彻底类似的趋势形成了尖锐的对立。

4　但这种影响恰恰是有界限的。正因此,如果想像兰普雷希特那样,将钦岑多夫的虔敬信仰硬塞进某个"社会心理的"发展阶段中,那就错了。但是,除此之外,他的整个虔敬信仰所受到的影响中,没有比下面这种状况产生的影响更强的了:他是一位**伯爵**,在根本上具有封建的本能。此外,在"**社会心理学**"上来看,这种虔敬信仰的感情方面正好适合于骑士阶层感情颓废的时代,完全像它适合于"多愁善感"的时代一样。如果在一般"社会心理学"的意义上,这种虔敬信仰与西欧理性主义的对立,借助于德国东部家长制的束缚来看,是最容易理解的。

赫恩胡特派那里远比在其他人那里更占优势。[1] 在斯潘恩贝格的《弟兄信仰理念》里，就像在一般路德宗当中一样，伦理与赎罪之间的关联是相当松散的。[2] 钦岑多夫对卫理公会追求完满的做法的拒绝，符合（他到处都如此）他根本的幸福论理想，即允许人们在**当下**[3] 就在**感情**方面感受到至福（他称为"幸运至福"），而不是引导他们通过理性的劳动来使自己确信会抵达**天堂**。[4] 另一方面，下述思想在此也保持了活力：弟兄会之不同于其他教会的决定性价值，在于基督徒生活中的主动性，在于传道和（由此而关联在一起的）职业劳动。[5] 此外，在**有用性**视角下对生活进行实际的理性化，这种做法也是钦岑多夫生活

1　钦岑多夫与迪佩尔的争论也产生了这一结果，正如在他死后，1764年宗教会议的种种表述清楚地带有了赫恩胡特派团契的救赎**机构**特征一样。参见里奇尔对此的批判，前引文献，Ⅲ，第443页起。

2　比如可参见该书第151、153、160页。**尽管**有真心的忏悔和赎罪，圣洁化的过程还是可能中止，这一点在第311页的几条注释中特别清楚地表现出来，它也与路德宗的救赎学说相符合，正如与加尔文派（和卫理公会）的相对立一样。

3　参见 Plitt，Ⅱ，第345页所引用的钦岑多夫的表述。同样的表述可参见 Spangenberg, *Idea fidei*，第325页。

4　比如可参见 Plitt，Ⅲ，第131页引用的钦岑多夫论《马太福音》20：28的表述："当我看见一个人，上帝给了他精良的禀赋，我就很高兴，并乐于善用这禀赋。但当我注意到，他不满足于他所有的，而是希望索得更精细的禀赋，我便认为这个人开始堕落了。"钦岑多夫恰恰否认（特别是在1743年他与卫斯理的对话中）圣洁化有个**进步**的过程，因为他把圣洁化与称义相等同了，并且**只**在以**感情**的方式赢得的那种与基督之关系中看到圣洁化。见 Plitt，Ⅰ，第413页。代替"工具"之感的，是对神圣之物的"拥有"：神秘主义，而不是禁欲（在本书中下一篇文章的导论部分即将探讨的那个意义上）。当然，就像也在上面所说的那个地方要讨论的那样，对于清教信徒而言，当前的、**此世的**特征就是他**实际**追求的。但被解释成对救赎的确信的这种特征，在他那里就是主动的**工具之感**。

5　但正因为是这样推导的结果，所以并未在伦理上被连贯地奠基。钦岑多夫否定了路德关于在职业中侍奉上帝是判断人们是否忠于职分的**标准**视角的看法。在他看来，忠于职分毋宁是对"救世主忠于其手艺"（意指上帝拯救人——译注）的**报偿**。（见 Plitt，Ⅱ，第411页。）

观的一个本质的组成部分。[1]对于他而言（正如对虔敬派的其他拥护者而言），这种理性化一方面源自对威胁信仰的哲学思辨的明确反感，以及相应的对经验性的个别知识的偏好，[2]另一方面则由于职业传教士善于处世。弟兄会作为传教的核心，也是运营企业的人，并这样引导它的成员走上世间禁欲的道路，这种禁欲在生活中到处要探询的，首先是"使命"，并依此使命来冷静地、有计划地塑造生活。唯一的障碍是，从使徒的传教生活这一典范中又引出了对在上帝通过"恩典拣选"而选中的"门徒"当中，使徒身无**分文**的形象所产生的个人魅力的颂

1　他的一句格言很著名："一个有理性的人不应该没有信仰，而一个有信仰的人不应该没有理性。"见 Sokrates, *d. i. Aufrichtige Anzeige verschiedener nicht sowohl unbekannter als vielmehr in Abfall geratener Hauptwahrheiten*（1725），进一步还表现在他对贝尔这样的作者的偏爱中。

2　清教的禁欲对于通过数学奠基而理性化了的经验主义的明显偏爱是众所周知的，这里还不能进一步探讨这一点。关于将科学用于数学—理性化的"精确"研究这种做法的哲学动机，以及它与培根的视点的对立，参见 Windelband, *Gesch. d. Philos.*，第305—307页，特别是第305页下面的注释，那里很中肯地驳斥了那种认为现代自然科学是物质—技术兴趣之**产物**的思想。最重要的那些关系当然是现成存在的，但远远更复杂。可进一步参见 Windelband, *Neuere Philos.*，第40页起。对于新教禁欲采取何种立场具有决定性的那个**观点**，最清楚地出现于 Spener, *Theol. Bedenken*，Ⅰ，第232页，Ⅲ，第260页，那个观点就是：正如人们是在基督徒信仰的**果实**方面认识基督徒一样，我们也只能从对上帝的**事工**的认识中来推动对上帝及其意图的认识。与此相应地，所有清教的、再洗礼派的和虔敬派的基督教所喜爱的学科就是物理学，然后是其他各种以同样的方法运行的数学—自然科学学科。人们恰恰相信，从对自然中的神圣规律的经验性把握，可以攀升到对世界之"意义"的认识，这意义在概念思辨的道路上是永远把握不了的，因为上帝的启示具有片段性——这是加尔文派的思想。对于禁欲而言，十七世纪的经验主义是追寻"自然中的上帝"的手段。经验主义似乎将人引向上帝**之中**，而哲学思辨则似乎将人引离上帝之外。特别是亚里士多德哲学，依据斯佩纳的看法，就成了对基督教的根本伤害。据说其他的任何哲学都更好，特别是"**柏拉图的**"哲学：见 *Cons. Theol.* Ⅲ, 6, 1, Dist. 2, Nr. 13。进一步可参见接下来这个有特色的文句：因此，我没有什么要为笛卡尔说的（他没读过笛卡尔），我过去和现在都一直希望，上帝唤醒人们，且将真正的哲学最终呈现在人们眼前，**其中绝不涉及任何人类权威**，而只涉及健全的、**忽视大师的理智**，见 Spener, *Cons. Theol.* Ⅱ, 5, Nr. 2。禁欲新教的那种观点对于**教育**的发展，尤其是对于**实用课程教育**的发展有什么意义，是众所周知的。与对"信仰的默示"的立场结合起来，这种观点产生出禁欲新教的教育学纲领。

扬，[1]这种个人魅力实际上正意味着"福音的劝告"的某种部分复活。这毕竟妨碍了依照加尔文派的方式创造某种理性的职业伦理，不过就像浸礼会运动的转变这个例子所表明的，这种创造并非已经被排除了，反而通过只"为了天职"而劳动的思想，人们为之作了强劲的内在准备。

总而言之，当我们在此处进入**我们**的考虑之中的那些观点之下，对德国虔敬派进行考察的时候，我们必定会察觉到，这一派的禁欲活动在宗教的落脚点方面，存在着某种摇摆和某种不稳定性，后者在加尔文派坚韧的一贯性的对照之下，大为逊色，它部分是由于路德的影响，部分是由这一派的虔敬信仰的**感情**特征造成的。因为将这种感情性的因素作为虔敬派在与路德宗的对立之下所特有的东西，虽然是一种巨大的偏颇；[2]但与**加尔文派**相较之下，对生活的理性化的强度，当然就必定更少些，因为有关"必须不断重新加以考验的那种允诺了永恒**未来**的恩典状态"的思想的内在驱动力，以感情的方式被转移到**当前**了，而且以人的谦逊和克制，[3]取代了那些被预定得救者力争在不间

1　"有那么一类人，他们大约通过如下四种方式来求取他们的至福：变得卑微，被鄙视，被侮辱……忽略一切不能用来侍奉他们的主的意义……不是一无所有，就是将他们获得的东西再扔掉……**以做临时工的方式**劳作，这不是为了什么丰功伟绩，**而是为了天职**，为了主的事情和他们的邻人……"（*Rel. Reden*，Ⅱ，第180页，*Plitt*，Ⅰ，第445页）**并非所有人**都能和都可以变成"门徒"，而只有主所召唤的那些人才可以，但依据钦岑多夫自己的告白（*Plitt*，Ⅰ，第449页），还是有许多难点，因为登山宝训就形式上而言是面向**所有人**的。这种"爱的自由无等差"与老式再洗礼派的理想之间的亲缘关系是很明显的。

2　因为虔敬信仰在感情上内化到心中，这无论对于路德宗，还是对于后来的模仿时代（指无创造而只习惯于模仿先辈的时代——译注），都绝非完全陌生的。**禁欲之事**，在路德宗信徒眼里看来有"事工得救"之嫌疑的对生活的规整，在这里毋宁是起建构作用的差异之处。

3　参见Spener，*Theol. Bedenken*，Ⅰ，第324页中认为，"真诚的忧虑"比起"稳靠"来，是恩典的一种更好的标识。在清教作家们那里，我们当然也看到了对"虚伪的稳靠"的着重警示，但只要预定论对照顾灵魂发挥影响，就至少总有这一学说在相反的方向起作用。

歇的和成绩斐然的职业劳动中不断重新获得的那种自我确信，这种态度部分地是纯粹以内在体验为导向的那种感情激动的结果，部分地是虔敬派虽然经常带着满腹疑惑加以追求，却在大多数情况下加以容忍的路德宗告解机制的结果。[1]那么在所有这些当中，都显示出路德宗特有的那种寻求救赎的方式，对于这种方式而言，决定性的因素是"赦罪"，而不是实践中的"圣洁化"。这里代替有计划而理性地追求获得并巩固有关未来（来世）之至福的可靠**知识**的，是当下（此世）**感觉**到与上帝的和解与合一的需求。但正如在经济生活中，寻求当下满足的倾向与理性地塑造"经济"的做法（这种做法恰恰取决于对未来的关照）发生争执一样，在某种意义上，在宗教生活领域内的情形也是如此。因而十分明显的是，使宗教需求以当前的某种内在**感情**偏好为转移的做法，是**没有太多**动力去将世间的**行动**加以理性化的，这与改革派"圣徒"的那种仅仅以来世为导向的、对救赎考验的需求相反；当然，上述做法也与正统路德宗信徒按照传统主义的方式坚守圣言与圣礼的信仰方式不同，毕竟它还比较适于在**合于方法地**将宗教渗透到生活方式中去这件事情上，在此多下点功夫。整体而言，从弗兰克和斯佩纳到钦岑多夫的虔敬派的活动，是**越来越**强调感情特征了。但这里表现出来的，并不是这一派的任何一种内在"发展趋势"。那些差异反而来自引领它们的那些拥护者所源出的宗教（以及社会）环境方面的种种对立。在此无法探讨同样也无法谈及的是：德国虔敬派的那种特征，是如何在其社会与地理方面的**传播**中表现出来的。[2]在

---

1 因为坚持告解后所产生的**心理**作用，到处都在为主体**减轻**他独自一人对他的变迁负有的责任（因而人们寻求告解），与此一道，也减轻了从禁欲的种种要求中得出的严格主义推论。

2 关于纯政治因素一同在此起了多大的作用（包括对虔敬派的**那种**虔敬信仰），里奇尔在他讲述符腾堡虔敬派时（上面经常引用的著作的第Ⅲ卷），有所讲解。

此,我们必须再次回想一下,讲究感情的虔敬派,是如何与清教圣徒们的生活方式相对立,在逐步过渡的过程中实现这种层次差异的。在至少应该暂时性地描绘一下这种差异之实际后果的时候,人们可以将虔敬派培养出来的那些德性,更多地描绘成一方面由"忠于职守的"官员、雇员、工人和家庭手工业者,[1]另一方面由摆出一副上帝所中意的**屈尊俯就**姿态(依照钦岑多夫的方式)的那些普遍带有家长做派的雇主所能展现出来的样子。相形之下,加尔文派显然与市民资本主义企业家的那种生硬正派而又积极的意识比较接近。[2]就像里奇尔[3]已经强调过的,终究而言,**纯粹**感情性的虔敬派不过是"有闲阶级"的一种宗教游戏罢了。尽管这番特征描述还很不足,但直到今天,在那些处于这两个禁欲教派之一种的影响之下的民族,其经济特征中还有某些区别与此相应。

感情性的,此外还带有禁欲性的虔敬信仰,与对加尔文派禁欲之教义基础的日渐增加的淡漠态度或者否定,这二者之间的结合如今也成了欧陆虔敬派在英美的教派分支,即**卫理公会**的特征。[4]这一派的名字就表明,同时代人是如何看待它的信徒

---

1 参见第118页注36中引用的钦岑多夫的格言。

2 不言而喻,真正的加尔文派也是"家长制的"。而巴克斯特的活动产生的后果与基德明斯特中小型企业带有的家庭工业特征之间的整体关联,清楚地显现在他的自传里。参见在《清教圣徒著作集》,第XXXVIII页引用的那个文句:"这个镇子靠织造基德明斯特布料过活,而当人们站在织布机前时,他们放一本书在前面读,或者相互教导⋯⋯"在此期间,家长制在改革派,特别是在再洗礼派伦理的基础上,比起在虔敬派的基础上,得到了不一样的塑造。我们只能在别处再讨论这个问题了。

3 *Lehre von der Rechtfertigung und Versöhnung*,第3版,I,第598页。腓特烈一世完全将虔敬派称作**有年金收入者**特有的一件事,这话当然更适合于这位国王,而不是斯佩纳与弗兰克的那种虔敬派,国王也非常清楚,他为什么要通过他的宗教宽容诏书令他的国家接受虔敬派。

4 鲁福斯为《新教神学与教会实用百科全书》第三版撰写的"卫理公会"词条特别适于作为认识卫理公会的指南性导引。雅可比(特别是《卫理公会手册》)、克尔德、云斯特、索锡的著作也可采用。关于卫斯理,(转下页)

们的特征的了：为了达到对救赎的确信这个目的，而"合乎方法地"将生活方式系统地组织起来，因为在这里，问题的关键一开始就是**对救赎的这种确信**，而且它一直是宗教追求的核心。尽管有许多区别，这一派毫无疑问与德国虔敬派的某些派别还是有亲缘性的，[1]这首先体现在，这种方法论也特别有助于造成**感情性**的"皈依"行动。而虽然因为卫理公会一开始就以在大众中传教为使命，卫斯理因受赫恩胡特—路德的影响而被唤起的那种感情性在这里就带有了一种强烈的**情绪**特征，特别是在美国土地上。在各种情况下一直都引起剧烈迷醉的那种忏悔斗争，在美国往往容易在"焦虑长椅"上进行，这种斗争导致这样的信仰，即虽然受之有愧，但仍然可以得到上帝的恩典，以此也直接导致称义与和解的意识。现在，在许多巨大的内在困难之下，这种情绪性的虔敬信仰，还是要与由清教一劳永逸地打上了**理性**印记的那种禁欲伦理学，发生某种特有的结合。首先与认为一切单纯感情之物都有错觉的嫌疑的加尔文派相反，原则上而言，得恩典者的一种纯粹**被感觉到的**、产生于直接的精神性见证的、绝对的确信（至少通常到了一定时候就被确定下来），被视为救赎之确信的唯一毫无疑问的基础。卫斯理的学说将圣洁化教义一以贯之地加以扩展，但又表现出对关于这一教义的正

（接上页）见 Tyerman, *life and times of John W.*, London, 1870 f. 沃森的《卫斯理生平》也很流行，有德文译本。关于卫理公会的历史，芝加哥伊文斯顿的西北大学的藏书最佳。宗教诗人沃茨在古典清教到卫理公会之间建立了某种联结，他是克伦威尔的随军神甫豪的朋友，也是克伦威尔之子理德查德的朋友，怀特菲尔德曾寻求过他的建议（参见 Skeats，第254页起）。

1　撇开卫斯理的个人影响不谈，这种亲缘性在历史上一方面是由于预定论教义的萎缩，另一方面是由于卫理公会奠基者们那里"因信称义"的有力回归引起的，但首先是由卫理公会所特有的**传教**特征推动的，这种特征引起了"觉醒"布道的某些中世纪方法（经过重塑后）的复兴，而且将这种布道与虔敬派的种种形式结合起来了。这种现象就此看来不仅落后于虔敬派，甚至还落后于中世纪圣伯纳的虔敬信仰，它当然不属于通往"主体主义"的那条**普遍的**发展线索。

统理解的坚决背离,一个这样的重生者如今可以依照他的学说,借助恩典的作用,通过一种次一级的、有规律地单独出现的、常常也很突然的内在进程,即"圣洁化",在此生中就达到免罪意义上的**完满**意识。达到这个目标的过程越是艰难(大多数情况下直到生命终了时才达到),就越是要无条件地追求它(因为最终确保了对救赎的确信,一种快乐的安稳之感代替了加尔文派信徒"闷闷不乐的"操心),[1]而且这个实在的皈依者无论如何都必须由此对自己也对他人证明,至少罪恶"不再影响他了"。尽管**感情**上的自我证明具有决定性的意义,这种以**律法**为导向的圣洁转变,由此却自然固定下来了。当卫斯理与他时代的事工称义现象斗争时,他不过是复兴了旧的清教思想,即事工不是恩典状态的实在根据,而只是其认识根据,而且即便后者,也只是当它唯一只为呈现上帝的名誉时才成立。正如他自己经历过的,**单纯的**事工是无法达到正确的转变的,为此还需要与恩典状态相应的**感情**。他本人有时称事工是恩典的"条件",也在1771年8月9日的宣言中强调,[2]谁要是不做任何善工,谁就不是真正的信徒。而一直为卫理公会信徒所强调的一点是,他们不是在学说上,而是在虔敬信仰的方式上,与官方教会区别开来的。通常对信仰"果实"的意义的论证都以《新约·约翰福音》第三章第九节为依据,而转变也被视作重生的清楚**标志**。尽管如此,还是产生了许多难题。[3]对于那些拥护预定论的卫理公会

1　卫斯理本人有时也明言卫理公会信仰的效果。与钦岑多夫的"至福"说的亲缘性是显而易见的。

2　同样可参见 Watson, *Leben Wesleys*(德译本),第331页。

3　Schneckenburger, *Vorlesungen über die Lehrbegriffe der kleinen protestantischen Kirchenparteien*, Hrsg. Hundeshagen, Frankfurt, 1863, 第147页。

信徒而言，对救赎的确信在于直接的恩典和完善的**感情**中[1]（因为在这里，**一次性的**忏悔斗争就与"坚韧不拔"的确信联系在一起了），而不在于因为在不断更新的救赎考验之中坚持禁欲生活方式，而得到的那种恩典意识；这意味着如下两者之一，即或者在软弱的人那里对"基督教的自由"进行反律法主义的阐释，因而讲究方法的那种生活方式就崩塌了，或者在这个推论被否定的地方，圣徒的自我意识攀升到一种令人眩晕的高度[2]——一种清教类型的**感情**式攀升。一方面，考虑到对手的攻击，人们试图通过越来越强调《圣经》具有规范的适用性，强调救赎考验不可少，来抵制这些后果，[3]但另一方面，在这场运动内部，这些后果进而又导致了卫斯理的反加尔文派的、教导恩典可失去的教派的巩固。经过弟兄会的介入，而使卫斯理遭受的路德宗种种强劲的影响，[4]强化了这个发展趋势，并增加了卫理公会伦理的宗教导向的**不确定性**。[5]结果，最终在本质上就只有"重生"概念，被一以贯之地坚持下来了，这种重生就是直接作为**信仰**的果实而出现的、对拯

1　怀特菲尔德，预定论团体的领导人（这个团体在他死后因为无组织而瓦解了），在本质上否定卫斯理的"完满性"学说。事实上，这个学说只是加尔文派信徒们的验证思想的一个**替代品**。

2　参见 Schneckenburger，前引文献，第145页。鲁福斯的前引文献与此有些不同。这两种推论对于一切相类似的虔诚信仰而言，都是很典型的。

3　1770年的会议就是如此。1744年的第一次会议已经承认，《圣经》的话语一方面在加尔文派那里，另一方面在反律法主义那里"仅有毫厘之差"。会议认为，在这些话语的晦涩之处，只要《圣经》还能被确立为**实践中的**规范，人们就不应为了教义上的差异，而相互分裂。

4　卫理公会信徒由于主张无恶的完满状态的可能性而与赫恩胡特派**区别**开来，钦岑多夫也特别驳斥这种主张；而另一方面，卫斯理感觉赫恩胡特派虔诚信仰中的**感情**因素是"神秘主义"，还将路德关于"律法"的观点视作"渎神"。在这里，一切**理性的**宗教生活方式，与路德宗之间无可避免地持续存在的那种界限，就显现出来了。

5　卫斯理有时强调，无论在什么地方，贵格会、长老会和高教会派皆是如此，人们都必须信奉**教义**，唯独卫理公会信徒不是如此。关于这里提到的情况，也可参见斯科特的当然很简约的叙述：Skeats, *History of the free churches of England*, 1688—1851。

救的感情式确信，是必不可少的基础，是会导致（至少潜在地导致）摆脱罪恶的权力之控制的一种神圣化，是从神圣化中得到的对恩典状态的证明；而恩典之外部手段，尤其是圣礼，其意义也相应地被贬低了。而无论如何，随着卫理公会而来的"普遍觉醒"，到处都（比如在新英格兰）意味着恩典和拣选学说之地位的一种提升。[1]

依此而言，对于**我们的**观察来说，卫理公会显得就像虔敬派一样，是一派在伦理上根基不稳的形象。但对于这一派而言，对"更高生活"和"第二次赐福"的追求，也充当了预定论的某种替代物，而由于源自英国的土地，它的伦理实践完全以那里的改革派基督教的伦理为指向，它希望"复兴"改革派基督教。**如果方法井井有条**，就会产生情绪性的皈依行动。而在达到这种行动后，并未开始对钦岑多夫式的感情性虔敬派的那种对与上帝结成的共同体的虔诚享受，而是马上会将被唤醒的感情引上理性地追求完美的道路。因而，虔敬信仰的那种情绪特征，并未导致德国虔敬派式的那种内在的感情基督教。这与**罪恶**感的较少发展（这部分是由皈依的情绪性过程引起的）有关联，这一点已经由施内肯布格尔指出过了，而且一直是对卫理公会的批判中一个常见的要点。在这里，宗教感受具有的**改革派**基本特征一直都是一种标尺。激起感情的方式，带有了一种只是偶尔出现，却"昂扬激越的"热情，这种热情在其他方面绝没有损害生活方式的理性特征。[2]这样，卫理公会的"重生"不过构成了对纯粹事工得救的一种补

1　可参见 Dexter, *Congregationalism*，第455页起。

2　但自然是**可能**有所妨害的，正如今天的美国黑人的情形一样。此外，与虔敬派那种相对温和的感情特征形成对立的卫理公会的感情具有的那种通常极为分明的病态特征，除了与事情之经过的纯历史理由和知名度有关之外，**或许**与卫理公会传播的那些地域中更强劲地在生活中推进**禁欲**有着更紧密的关联。但只有神经病学家才能确定这一点。

充：在放弃了预定论之后，它在宗教方面系于禁欲生活方式之上。转变的标记作为对真正皈依的验证，或者如卫斯理偶尔说过的，作为这种皈依的"条件"，是必不可少的，这些标记事实上和加尔文派的完全相同。由于卫理公会是比较晚出的一个教派，[1]那么我们在下文中讨论职业观（改革派对这种理念的展开没有贡献什么新东西）[2]时，本质上就将它撇开不谈了。

欧洲大陆的虔敬派和盎格鲁—撒克逊民族的卫理公会无论依照它们的思想内容，还是依照它们的历史发展来看，都是次级现象。[3]与此相反，在加尔文派之外，还有**再洗礼派**，以及从这一派而来的，在十六世纪和十七世纪直接产生或通过接受该派的一些宗教思想形式而产生的一些[4]浸礼会分支、**门诺派**，特别

1　参见前引文献。第750页着重强调，卫理公会与其他禁欲运动的区别在于，它处在英国启蒙时代之**后**；他还拿这一派与我们这个世纪的前三分之一时间里虔敬派的复兴（当然相对而言减弱了很多）相比。但遵照里奇尔的《称义与和解学说》，Bd. Ⅰ，第568页起的看法，与钦岑多夫的那种虔敬派（这种虔敬派与斯佩纳和弗兰克形成对立，**也**已经是对启蒙的反动了）进行类比，毕竟还是允许的。只是正如我们看到的，卫理公会内部的这种反动恰恰走向了和赫恩胡特派内部不同的一种方向，至少在这一派受到钦岑多夫影响的时候是如此。

2　正如后面引用的卫斯理的文句表明的，卫理公会正如其他禁欲教派一样，也完全同样地发展出职业观，并产生了完全相同的影响。

3　而且正如事情表明的那样，是对清教的那种一以贯之的禁欲伦理的**弱化**：当人们想以自己喜欢的方式，将这类宗教构想仅仅解释为资本主义发展过程的"指数"或"反映"，**完全相反的情形**必定会出现。

4　浸礼会中，只有所谓的"普救浸礼会信徒"，才追溯到旧式的再洗礼派。正如早先说过的，"特选浸礼会信徒"是一些加尔文派信徒，后者限定只有重生者，甚或只有**亲自**作告解者才属于教会，因此原则上而言只有唯意志论者和一切国家教会的反对者们才属于教会——当然，在克伦威尔治下，实际的情形并非总是这样一以贯之的。这些特选浸礼会信徒（然而普救浸礼会信徒也是如此）作为再洗礼派传统的承担者，在历史上极为重要，然而我们没有任何理由要在教义上对他们作什么特别的分析。贵格会从形式上看是福克斯和他的同伴们新创设的机构，在其基本思想上却不过是再洗礼派传统的延续，这样说是没什么问题的。巴克利的《联邦宗教团体的内在生活》（1876）一书是对这一派的历史的最佳导论，也直观地叙述了浸礼会信徒和门诺派信徒之间的关系。关于浸礼会的历史，还可以参见 H. M. Dexter, *The true story of John Smith* （转下页）

还有**贵格会**，[1]则成了新教禁欲的第二批**独立**承担者。与它们一道，我们见到了一些宗教共同体，这些共同体的伦理乃是基于一种原则上与改革派学说异质的基础之上的。下面的概述只着意突出对**我们**而言重要的东西，无法对这场运动的多种形态给

（接上页）the Se-Baptist, as told by himself and his Contemporaries, Boston, 1881; J. Murch, *A hist. of the Presb. and Gen. Bapt. Ch. in the W. of Engl.*, London, 1835; A. H. Newman, New York, 1894 *Am. Church Hist. Ser.*, Vol. 2); Vedder, *A short hist. of the Baptists*, London, 1897; E. B. Bax, *Rise and fall of the Arabaptists*, New York, 1902; G. Lorimer, *Baptists in history*, 1902; J. A. Seiss, *Baptist system examined*, Luth. Publ. S., 1902。进一步的材料可参见 *Baptist Handbook*, London, 1896; *Baptist Manuals*, Paris, 1891/1893; *der Baptist Quart. Review*; *Bibliotheca Sacra*, Oberlin, 1900。最好的浸礼会藏书可以在纽约市高露洁学院找到。贵格会的历史见伦敦得文郡家的藏书（我无法利用）。正统派的现代机关报是琼斯教授主编的《美国之友》，最好的贵格会历史则是由朗特里撰写的。此外还有 B. Jones, *George Fox, an autobiography*, Phil., 1903; Alton C. Thomas, *A Hist. of the S. of Friends in American*, Phil., 1895; Eduard Grubb, *Social Aspects of Quaker Faith*, London, 1899。就此还可参看大量非常出色的**传记**文献。

1　缪勒的《教会史》的许多功绩之一，就是在他的叙述中给予虽然并不显眼，但极为辉煌的再洗礼派运动以应有的地位。没有别的教派像这一派一样遭受了**所有**教会毫不留情的迫害，盖因这一派**想**成为特殊意义上的教派。由于从这一派中产生的明斯特末世派的灾难，这一派在五代人之后还在整个世界（比如英国）遭到诽谤。这一派反复被压迫，被驱赶到各个角落，在其产生之后很久，才在宗教的**思想**内容方面达到一种完整而连贯的表述。这样，这一派所产生的"神学"，要比能与他们的原则相容的神学**还少**，而他们的原则本身就与将对上帝的信仰作为一种"科学"进行专业的经营的做法是敌对的。这很难让老式的专业神学产生同情之心，留下什么好印象——在他们自己的时代就已经如此了。但一些较晚近者也是如此。参见 Ritschl, *Pietismus*，Ⅰ，第22页起，对"再洗礼派"就很有成见，甚至以一种轻蔑的态度来讨论：人们忍不住要说，这是从一种神学的"资产阶级立场"（或译"布尔乔亚立场"）出发在说话。此外还有科纳留斯数十年前的漂亮著作《明斯特叛乱史》。里奇尔从他的立场出发，在这一点上到处想到了陷入"天主教"，并且嗅到了圣灵论者和圣方济各会严守戒律者的直接影响。若是这些都可以个别查实，那线索也未免太细了。而历史上的事态首先在于，官方天主教对平信徒的世**间**禁欲（天主教总是迫使人们形成私下集会）极不信任，而且试图把这禁欲往形成教团（因而**出离世俗**）的路上引，甚或将其作为次一级的禁欲归入整个教团之中，并置于教团的监管之下。若是这种做法没有成功，他们也完全嗅到了对主观内部禁欲伦理的照料有导致否定权威、走向异端的危险，正如伊丽莎白时代的教会同样有理地应对"《圣经》集会"，即半虔敬派的《圣经》解读集会（即便这些集会在"国教主义"方面完全没问题）那样，也正如斯图亚特王朝在其《游艺条例》里表达的那样——关于这一点，后面会再谈。无数异端运动[甚至包括，比如说，（转下页）

出任何概念。我们自然再次将重点放在老派资本主义国家的发展上。这些共同体对于文化发展的影响程度，自然只有在另一种语境下才能得到完全明晰的展示，至于所有这些共同体在历史和原则方面最为重要的那个思想，我们已对其萌芽形态有所了解了："信徒的教会"。这意味着，宗教共同体，以改革派教会的用语来说就是"可见的教会"，[1] 不再被理解成为超越世俗的目的而结成的某种财产信托机构，一种必然包括义人与不义之人在内的**教育机构**了，不管它是为了光大上帝之名（加尔文派的），还是为了传递救赎之物给人（天主教和路德宗的）；而是以排外的方式，被理解成一个由亲身信仰和重生者构成的共同体，而且只理解成这种共同体。换句话说，不是理解成一个"教会"，而是理解成一个"教派"。[2] 据说只有这样，才能体现那本身纯粹外在的一个原则，即只给那些亲身在内心获得并告白信

（接上页）谦卑派与贝居安女修会］的历史，还有圣方济各的命运，就是明证。托钵僧（尤其是圣方济各会）的布道，实际是从各个方面帮助改革派—再洗礼派新教的平信徒禁欲伦理打下了基础。但西方僧团内部的禁欲与新教内部的禁欲生活方式之间存在着大量的亲缘关系（我们在本书的语境下会反复强调，这些亲缘关系极有教益），其最终的根据乃在于，**任何一种**基于崇尚《圣经》的基督教之上的禁欲，都**必然**会具有某些重要而共通的特征；它们的根据还在于，一般而言，任何一个教派的任何一种禁欲，都急需某些"消灭"肉欲的有效手段。关于下面的概述，还需注意的是，它之所以很简短，乃是因为，对于在**本书**中专门探讨的那个问题（即"资产阶级"**职业观**的宗教基础的发展）而言，再洗礼派的伦理只具有极为有限的意义。它对于这种理念并未添加任何全新的东西。但这里暂时要将这场运动的更为重要的社会一面撇开不论。由于我们提出问题的那种方式，关于**旧式的**再洗礼派运动的历史内容，也只能择取此后对我们最突出地看到的几个教派［浸礼会、贵格会和（附带一提）门诺派］的特性造成过影响的东西谈一谈。

1 关于其起源与变化，参见 Ritschl, *Gesammelte Aufsätze*，第 69 页起。

2 再洗礼派信徒自然总是拒绝"教派"这一称呼。他们是《以弗所书》5：27 **那种**意义上的教会。但用**我们的**术语来说，他们之所以还是"教派"，**不仅仅**是因为他们与国家没有任何关系。早期基督教的那种教会与国家的关系当然是他们的理想［在贵格会那里（巴克利）还是如此］，因为就像许多虔敬派信徒［特尔 （ 转下页

仰的成年人施洗礼。[1] **通过这种信仰而**"称义"的情形，在再洗礼派信徒那里就像在所有宗教语言中都一直反复出现的那样，是与"经判别"而将基督之功绩**归给**人们的思想（该思想支配了老派新教的正统教义）极为不同的。[2] 这种称义毋宁在于**内在地占有**他的拯救事工。但这种占有是通过个体性的**启示**而产生的：通过圣灵在个人当中的作用，而且**只**通过这种作用。每个人都可以进行这种占有，而且只要坚守这个圣灵，不要像罪人那样坚执世俗之物，抵抗它的到来，就够了。结果，与此相反，在了解教会学说，但也愿意通过悔改而抓住上帝的恩典的意义上的信仰，其重要性完全消退了，而且出现了原始基督教圣灵—宗教思想的一种复兴，这种复兴当然具有极强的改造力。比如西蒙在其《基督教原理》（1539）一书中首次创造出一套初具规模的学说的教派，就像其他再洗礼派一样，希望成

（接上页）斯提根]一样，在他们看来，**只有**十字架下教会的纯净性才是无可怀疑的。但在一个**无信仰**的国家，甚或在十字架下，即便加尔文派信徒，就像类似情况下天主教教会的做法一样，也必定赞同政教分离，将这作为不得已求其次的做法。他们之所以不是一个"教派"，也**不是**因为接纳某人进入教会，实际上是通过团契与求道者之间的接纳契约而实现的。因为依据旧式的教会建制来看，**就形式上而言**，这也正是，比如说，荷兰改革派团契（作为最初的政治形势的后果）的情形。关于这一点，参见 Hoffmann, *Kirchenverfassungsrecht der niederl. Reformierten*, Leipzig, 1902。他们是一个教派，乃是因为他们不应包含未重生者，因而偏离原始基督教的典范，后者又是因为，宗教共同体一般而言只是唯意志论的：他们**要**作为教派，而不是以机构性的方式作为教会被组织起来。在再洗礼派共同体那里，这一点体现在"教会"**概念**里，而在改革派信徒那里，这是历史上的事实。当然在**这些**改革派信徒这里，有一些特定的宗教动机把他们推向了"信徒的教会"，这一点我们已经阐述过了。关于"教会"与"教派"的进一步情况，参见本书中的下一篇文章。这里使用的"教派"概念，卡腾布施也大约和我同时，并且（我这么假定）不受我的影响，就在《新教神学与教会实用百科全书》（"教派"词条）中使用了。特洛尔奇在他的《基督教教会的社会学说》中接受了这个概念，并且深入地研讨过了。也可参见我接下来的"世界宗教的经济伦理"一文的导论。（本书未收入。——德文编注）

1 关于这个象征在历史上对于维持教会共同体有多么重要（因为它创造了一种清清楚楚、无从混淆的标志），科纳留斯的前引文献中已清楚地论述过了。

2 与此相近的还有门诺派称义学说中的一些因素，但这里不能考察了。

为基督的**唯一**真正无罪的教会：正如原始团契是以排外的方式，由那些**亲身**被上帝唤醒，受上帝呼召的人构成的一样。重生者，而且只有重生者，是基督的弟兄，因为正如基督一样，他们是由上帝以灵性的方式直接产生的。[1]严格**回避**"世俗"，亦即回避与世俗之人的一切并非绝对必需的交往，结合了以初代基督徒的生活为榜样的最严格的《圣经》至上论，便是由此对于最初的一些再洗礼派共同体所造成的后果，而且只要古老的精神仍在，这个回避世俗的原理就绝不会完全消失。[2]再洗礼派的诸教派将其视为不可分离的永久财产，而从支配了它们的开宗立派时期的这些动机中留下的那个原则，我们（这一点被以稍稍不同的方式证明过）已经在加尔文派那里见识过了，而且这个原则的根本重要性也一再凸显出来：无条件地**抛弃一切"将受造者神圣化的做法"**，因为那就使唯有上帝才配受的敬畏贬值了。[3]《圣经》中的生活方式在第一代瑞士—南德地

---

1 宗教上对于探讨下面这个问题的兴趣，或许就是基于这一思想，这个问题就是，基督的道成肉身和他与童贞女玛丽亚的关系该如何设想？这个问题常常作为**唯一纯粹的教义成分**，在最古老的再洗礼派文献中（比如在科纳留斯前引文献第 II 卷的附录中刊印的"忏悔录"），就已经极不寻常地凸显出来了（关于这一点和其他相关之点，参见 Müller, *K. G.*, II, 1, 第 330 页）。改革派和路德宗的基督论（之间的差异（在关于所谓的属性相通的学说中）也是类似的宗教兴趣的基础。

2 这一点尤其表现在，最初即便在市民交往中，也严格避开被革除教籍者。在这一点上，即便加尔文派信徒原本主张市民关系根本上不应被教会审查机关关涉，他们也作出了很大的妥协。参见本书下一篇文章。

3 至于这个原则是如何在贵格会的那些看似不重要的外在小节上（拒绝脱帽、下跪、鞠躬以及使用复数形式的正式称呼）表现出来，则是众所周知的。但这**基本思想本身**，则是**每一种**因此而在其**真正的**形态上一贯"敌视权威"的禁欲形态在某种程度上都具有的。在加尔文派里，它表现为如下原则：应该只有**基督**统领**教会**。就虔敬派而言，只用想想斯佩纳如何费力地从《圣经》中为**称呼头衔**寻求辩护，就明白了。**天主教**的禁欲，只要关乎**教会**当局，就通过**服从**的誓言来打破这种特征，因为它恰恰将服从解释成禁欲。新教禁欲中对该原则的那种"翻转"，在历史上还构成了以下两种特性的基础：受清教影响的那些民族在当今的民主制局面，以及它们与那些具有"拉丁精神"的民族相区别。那种翻转在历史上也构成了美国人那种"失礼"举动的基础，以上两种民族中，一种对美国人这种习性反感，另一种则对其颇有好感。

区的再洗礼派信徒那里，是以和圣法兰西斯类似的那种极端方式被设想的：设想为与一切世俗欢乐的断然决裂，一种严格依照圣徒榜样来过的生活。而这种方式的许多最初的拥护者所过的生活让人想起的，实际上是圣吉尔斯。但这种最严格遵守《圣经》的做法，[1]在和虔敬信仰的圣灵特征相形之下，并不稳固。上帝向先知们和圣徒们所启示的东西，并非他能启示和愿意启示的一切。相反：圣言并非一种被写下来的证明文件，而是在信徒的日常生活中起作用的圣灵力量（圣灵直接对愿意倾听的个人说话），正如施文克费尔德针对路德，以及后来福克斯针对长老会信徒而教导的那样，依照原始团契的见证来看，这种圣言的延续才是真正教会的唯一标志。从这种持续性启示的思想产生的，是众所周知的，后来在贵格会那里得到了连贯发展的，关于居于理性与**良心**中的圣灵的内在见证所具有的决定性意义才是最高裁决机构的学说。在此所抵制的，并非《圣经》的效用，而是它的独一支配权，同时也导入了一个激进地清除教会救赎学说，最终到达贵格会信徒那里，甚至清除掉洗礼与圣餐的进程。[2]除了预定论信徒，特别是严格的加尔文派信徒之外，再洗礼的诸教派完成了对一切作为救赎手段之圣礼的最激进的贬抑，因而也将对世界的宗教性"祛魅"推到了极端。只有持续的启示的"内在的光"，一般而言

1　在再洗礼派信徒们那里，这一点当然从一开始就在本质上只适用于《**新约**》，而不在同样程度上适用于《旧约》。特别是登山宝训，受到所有教派的珍视和欢迎，被当作社会伦理纲领了。

2　施文克费尔德将圣礼的外部执行当作无关大体的，而"普救浸礼会信徒"和门诺派信徒则严守洗礼与圣餐礼，门诺派信徒除此之外还严守洗脚礼。但是对于除了圣餐礼之外的几乎所有圣礼的贬值，甚至可以说**怀疑**，都是极强的，正如对预定论信奉者的态度一样。

也才能真正理解上帝在《圣经》中的启示。[1]另一方面,它的影响(至少依据在这一点上走得最彻底的贵格会的学说是如此)可以达到从未见识过《圣经》中那种形式的启示的人那里。"教会之外无救赎"的原理只对圣灵照见的那些人构成的这个**不可**见的教会才有效。若是**没有**内在的光,自然的(也由自然理性引导的[2])人就只能是纯粹的受造物,对于后者与上帝的距离,再洗礼派,以及贵格会,几乎比加尔文派感觉更明显。另一方面,当我们**坚守着圣灵**,并将我们全身心交付给它的时候,这圣灵所

1　为此,再洗礼的诸派,尤其是贵格会(Barclay, *Apology for the true Christian Divinity*,第4版,London,1701。由于伯恩斯坦的热心帮助,我才得到这部书),援引了加尔文在《基督教要义》,Ⅲ,第2页中的话,那里事实上可以发现与再洗礼派学说的显而易见的亲近性。在"上帝的话语"(作为上帝对族长、先知和使徒们的启示)的庄严,与"圣经"(作为他们**记下来的**东西)的庄严之间更古老的那种**区分**,虽说在历史上与再洗礼派信徒对启示之本质的看法并没有什么联系,但在内心方面实与之有所接触。同样只有如此,加尔文派那里机械的灵感学说和与此相连的严格的《圣经》至上主义,才能看作十六世纪出现的某个发展方向的结果,这正如贵格会的基于再洗礼派之上的那种学说中有关"内在之光"的说法,乃是一种与此正相反的发展过程的结果一样。这种鲜明的区分在这里部分地也是不断争执的后果。

2　强调这一点,是明确针对索齐尼派信徒的某些倾向。"自然"理性**根本不了解**上帝(Barclay,前引文献,第102页)。由此,"自然法"原本在新教中占有的地位,重又失去了。原则上而言,根本没有任何"一般法则",没有任何道德**法典**存在,因为每个人都有、且对于每个人而言都很**个别**的"天职",乃是由上帝通过**良心**向人显示的。我们应该履行的,并非"自然理性"的那种一般化概念中的"善",而是**上帝的意志**,正如上帝被写到我们心中新的盟约里,也在良心中表现出来一样(Barclay,第73页起,第76页)。从神与造物之间日益高涨的对立中产生的,伦理事物的**不合理性**,表现在贵格会伦理中很基本的一些命题中:但他违背他的信仰做的事情,无论如何对上帝而言都是不可接受的,**尽管一个人的信仰可能是错的**,……**尽管那件事情对另一个人而言可能是合法的**(Barclay,第487页)。这种不合理性在实践当中当然无法坚持到底。"所有基督徒都承认的道德法令与永恒法令"就是,比如说,贝克莱那里**宽容**的极限。实际上,同时代人觉得他们的伦理学(除了一些特殊之处外)与改革派的虔敬派的伦理学是同类的。斯佩纳反复强调,"教会里一切好的事物都被怀疑是贵格会"。由此,据说斯佩纳就是在妒忌贵格会的这种好名声。见 *Cas. Theol.* Ⅲ, 6, 1, Dist. 2(N. 64)。人们因为《圣经》中的一句话就拒绝发誓,这已经表明了人们实际上根本没有从《圣经》的话中解放出来。我们这里无暇讨论一些贵格会信徒当作**整个**基督教伦理之总纲的那个句子的**社会**伦理学意义了:"你们希望别人对你们做什么,你们就只对他们做什么。"

带来的再生，由于上帝的作用，便**能**极为彻底地克服罪恶的力量，[1] 以致再次堕落甚或失去恩典状态事实上再不可能了，尽管就像后来一样，在卫理公会内部，达到那种状态并不被列为教规，而个人完满性的程度毋宁要服从于发展。但**所有**再洗礼派的共同体都想成为它的成员们完美转变中的"**纯粹**"团契。在内心与世俗及其种种利益相分离，并无条件地服从那位在良心中对我们谈话的上帝的支配，是真正的重生的唯一可靠的标志，而相应而来的转变，也就是达到至福的要求了。至福不可能是理所应得的，而是上帝的恩典礼物，但只有依照自己的良心而生活的人，才可以将自己视作重生者。在这个意义上的"善工"就是"不可或缺的原因"。人们看到：我们所考察的后面这个巴克利的思想系列，与改革派的学说实际上是相同的，而且还在加尔文派禁欲的影响之下得到了确实的发展；在流行于英国和荷兰的再洗礼派中，加尔文派的禁欲得以发展了，而福克斯整个初期的传教活动都用来倡导认真而全身心地采取这种禁欲了。

但因为预定论的思想被抛弃了，在心理学上而言，再洗礼派具有的那种特别**有条理**的特征，首先就基于"**坚守**"圣灵的作用这一思想上，这种思想至今还给贵格会的"聚会"打上了它特有的印记，而且巴克利对其有精彩的分析：这样默默坚守的目的，就是克服本能和非理性的因素，克服"自然"之人的种种情欲和主体性——上帝只在灵魂深处保持平静时才对他说话，为了达到这种平静，**他**应该沉默。当然，这种"坚守"的后果**可能**是歇斯底里的状态和做出预言，而只要对终末论的盼望存在，它

---

1 巴克利认为之所以有必要假定这种**可能性**，是因为要是没了这种可能性，"圣徒们就不知道还有任何一个地方可以使他们免于怀疑与绝望，而这……是最荒谬的"。人们看到：对救赎的确信取决于此。这一点见巴克利前引文献，第20页。

甚至在某些情况下会产生狂热的千禧年主义的某种爆发，就像在具有相似基础的所有虔敬信仰中都可能发生那样，在明斯特被消灭的那个教派也已出现这样的情况。但随着再洗礼派汇入惯常的世俗职业生活，"上帝只在受造物静默的时候说话"的思想，明显就意味着培育下面这种品性：对行动进行冷静**衡量**，并且悉心考察个体的**良心**，以便为行动提供方向。[1]后来在再洗礼派共同体中奉行的那种生活实践，特别是贵格会信徒的生活实践，也有了冷静、清醒、极**讲良心**的特征。对于对政治权力及其行使完全不感兴趣的那些共同体而言，由此在外在方面产生的一个后果就是这些禁欲的德性汇入职业劳动之中了。当最早的再洗礼派运动的领导者在其自绝于世的状态下义无反顾地走向极端时，在第一代人中，严格的使徒生活方式自然还**没有**无条件地在**所有**人那里都被确定为证明重生所必须的条件。在这第一代人那里，已经有了欣欣向荣的市民生活因素了，而在完全立足于世间职业道德和私有制秩序基础之上的门诺之前，再洗礼派信徒在伦理上的认真严肃，实际上就已经转向改革派伦理已经开辟好的那个场地了，[2]这恰恰**因为**从路德以来，禁欲朝**遁**世的、僧侣的形式的那个发展方向，被视作违反《圣经》的和倚赖事工得救的做法，而被排除掉了。撇开早期的那些半共产主义性质的共同体（这里不打算讨论了）不谈，毕竟到现在为止，不仅有一个再洗礼派（所谓的"浸体派"）坚持抛弃教化，抛弃超出维

---

1 因而加尔文派与贵格会在将生活理性化方面的调子有些差异。但当巴克斯特如下这般表述这种差异时，**这**种对立在他的时代实际上是行不通的：在贵格会信徒那里，"圣灵"对灵魂的作用就像对死尸的作用，而改革派的原理则是（这是他特有的表述）"理性和精神是一体的原则"（*Christ. Dir.*，II，第76页）。

2 参见克拉默在《新教神学与教会实用百科全书》中极为细心的"门诺"和"门诺派"词条，尤其是第604页。刚刚提到的这两个词条非常好，而"浸礼会"词条则极少深入探讨，有些部分甚至不准确。比如说，该词条的作者不了解对于浸礼会历史而言必不可少的"汉瑟诺里斯读物"。

146

持生活所必需之范围的一切财物，而且，比如在巴克利那里，对职业的忠诚，不仅以加尔文派或路德宗的方式，而且毋宁以托马斯主义的方式，被理解成"自然理性"，是信徒投入世俗之中所不可避免的**后果**。[1] 在这些看法中存在着对加尔文派职业构想的某种类似的弱化，就像在斯佩纳和德国虔敬派的许多说法中一样；但另一方面，在一些再洗礼派那里，经济方面对职业的兴趣的强度却由于各种因素而在本质上得到了**提高**。促成这个局面的一种做法是，最初被理解为由遁世而来的宗教义务的即对接受国家官职的那种做法的拒绝，这种拒斥从使命和原则上来看，至少在门诺派信徒与贵格会信徒那里实际上一直存在，因为他们严格拒绝使用武器，也拒绝宣誓，而这就会使他们丧失担任公职的资格。与这个做法并行的是另一个做法，即在所有再洗礼派那里对一切贵族生活方式的那种无以遏制的敌对，这种敌对部分是（如在加尔文派信徒那里）由于禁止颂扬受造物产生的结果，部分也是那些非政治的，甚或反政治的原理产生的后果。由此，再洗礼派生活方式的那种完全清醒、完全讲究良心的方法论，就会被逼上非政治的职业生活的道路。由此，再洗礼派救赎学说赋予通过良心（上帝对个人的启示）进行的检查的巨大意义，如今就给他们在职业生活中的举止带来了某种特征，这种特征使得资本主义精神的一些重要方面的展开所具有的巨大意义，我们慢慢才能探明，而且需要一个条件：无须讨论新教

1　巴克利在前引文献第404页就阐述过，吃、喝和**营利**都是一些**自然性**行为，而不是精神性行为，这些行为若是**没有**上帝的特别呼召，也能被作出。这一论述就是对如下（特有的）反驳的回答：正如贵格会教导的，倘若人们不可在没有特别的"圣灵的运动"的情况下作祷告，那么人们也不可在没有上帝给予的这种特别动力的情况下耕作。在现代贵格会宗教会议中也常有某种建议被提出来，即在赚取足够多的财富之后从营利生活中退出，以便不理会尘世的喧嚣，能宁静地全身心投入到上帝的天国中去；这种建议当然也是贵格会所特有的，然而也偶尔会在其他一些教派，甚至包括加尔文派那里出现。这里面表现出来的一点是，市民的职业伦理被其担当者采纳，乃是一种原本**遁**世的禁欲向世俗内部转向后的结果。

禁欲中的整个政治与社会伦理，就可以在此认清这种巨大意义。那么为了至少先做到这一点，我们就会看到，按照十七世纪人们的判断，那种世间禁欲在再洗礼派信徒，特别是贵格会信徒那里所采取的特殊形式，[1] 已经表现在对资本主义"伦理"的一个重要原则的实际证明中了，人们将这个原则表述成"诚实就是上策"，[2] 这个原则的经典文献是前面引用过的富兰克林的短文。与此相反，我们将更多地在激发私人经济的盈利能力这个方向上推测加尔文派的影响：因为撇开"圣徒"的一切正式合法性不谈，歌德的那句话对于加尔文派信徒常常也是足够有效的，即"行动者常常没有良心，没人像观察者那样有良心"。[3]

促进再洗礼派在世间禁欲之强度的另一个重要因素，其全部的意义同样只有在其他的语境下才能加以讨论。无论如何，也应该就此预作一些说明，这也可以为此处选用的叙说方式作一辩护。这里我们完全有意地暂时**不**从旧式新教教会的客观社会建制及其伦理方面的影响出发，特别是不从极为重要的**教会纪律**出发，而是从**个人**方面**主观上**养成禁欲的虔敬信仰方式的过程，对于生活方式产生的影响出发。这不仅仅是因为事情的

1　这里要重点提出的是伯恩斯坦前引文献中卓越的论述。关于考茨基对再洗礼派运动最为模式化的叙述，以及他关于"异端共产主义"的一般理论（在同书的第一卷），我们在其他地方还会再次探讨。

2　维布伦（芝加哥）在他激动人心的书《企业机构理论》中认为，这只是"早期资本主义"的口号。只有那些像当今的"工业巨头"一样超越善恶之外的经济"超人"，才是一直都有的，而在居于这之下的资本主义经营阶层中，这句话至今依然有效。

3　比如亚当斯就认为，在市民行为方面最好**如多数人那样**，在宗教方面最好如善人那样（*Works of the Pur. Div.*，第138页）。这句话的弦外之音要比它字面的意思更广泛。它的意思是，清教徒的那种正派乃是**形式主义的**合法性，这就像曾受清教影响的诸民族喜欢作为民族美德加以采纳的那种"真诚"或"正直"，是经过形式主义与反思改造后形成的东西，它和与此形成对立的德国人的那种"诚实"，是**两回事**。从一个教育学家的角度出发对这一点的优秀评论，见 *Preuß. Jahrb.*，Bd. 112（1903），第226页。清教伦理的形式主义在它那方面来看，乃是坚持**律法**的相应结果。

这个方面迄今为止较少受到关注,还是因为,教会培育造成的影响从来都不是在同一个方向上的。教会对个人生活的检查在加尔文派国家教会的管辖范围内,被推展到几近宗教法庭的地步,这种检查毋宁**可能**对个人力量的解放(因为追求讲究方法的救赎占有状态而导致这种解放)恰好起了**反**作用,而且在一些情况下事实就是如此。正如重商主义的国家管制活动虽然可能培育出工业来,但至少为了它本身,不会培育出资本主义"精神"来一样(在这种规整活动具有监管—独裁的特征的情况下,它毋宁经常直接使这种精神瘫痪),教会在禁欲方面的管制若是以压倒性的监管方式得到发展,也可能产生同样的作用:那样它就强迫产生某种特定的外在态度,却在许多情况下削减了主观上追求讲究方法的那种生活方式的动力。对这一点的任何讨论,[1]都必须重视国家**教会**独裁性的伦理监管产生的作用,与**教派**基于自愿服从之上的那种伦常监管。再洗礼运动在它的所有派别中创造出来的,基本上都是"教派",而不是"教会",这一点无论如何都有利于增加禁欲的强度,这正如在各不相同的强烈程度上,在加尔文派、虔敬派、卫理公会的那些共同体内发生的情形一样,那些共同体**事实上**被逼到唯意志论的共同体建构的轨道上去了。[2]

在尝试过前述对清教职业观的宗教奠基方式的概述之后,从现在开始,我们必须追踪这种职业观对**营利**生活的影响了。在个人的一切偏离现象那里,在各种不同的禁欲性宗教共同体对我们认为极关键的那些观点的不同程度的强调那里,但后面

---

1 关于这一点,本书中下一篇文章有所论述。

2 (禁欲)新教的**少数派**(但不是天主教的少数派)造成的深切的经济影响,其根据盖在于**此**。

这些关键性观点在所有共同体那里都存在并起作用了。[1]简言之,对于我们的考察而言,决定性的总是所有教派那里都一再出现的,将宗教上的"恩典状态"正好理解成某种职分所特有之物的做法;这种职分使人脱离受造者的被抛弃状态,脱离"世俗",[2]但要获得这种职分(跟通常的情形一样,它是相关的教派的教义所要求的),**不能通过任何一种巫术—圣礼的手段**,或者通过告解时减轻罪责,抑或通过个人虔诚的事功来求取保障,唯一一种求取保障的办法,只能是在某种特定举止下的,与"自然"之人的生活方式清楚地区别开来的转变中经受**考验**。这样一来,对于个人而言,就得到了在生活进程中**有计划地检查**自己的恩典状态,以及使**禁欲**渗透到生活进程中去的**动力**。但正如我们已经看到的,这种禁欲的生活方式,恰恰意味着对整个生活进行一种以上帝的意志为指向的**理性**塑造。而这种禁欲**不再是**一种"超出义务的工作",而是对每一个想要确信自己的至福的人的一种苛求。圣徒的那种有着宗教方面要求的,与"自然"生活相区别的特殊生活,不再(这是决定性的因素)在世俗之外的僧侣共同体中,而是在世俗及其秩序**之内**存在。着眼于来世,而在世俗之内对生活进程进行的这种**理性化**,是禁欲新教的**职业构想**的后果。

基督教的禁欲起初出离世俗,逃入孤寂之中,那时它便已经从修道院里(因为它否弃世俗)往外,通过教会来支配世俗事务。但整体而言,在此它仍使世俗的日常生活保持其自然无拘的特征。如今它跨出修道院的门,踏入了熙熙攘攘的生活世界,

---

1 教义奠基方面的差异,与引入决定性的"考验"兴趣的做法可以协调起来,这一点的**最终**根据在这里还无法讨论,这根据在于基督教的一般宗教史特征。

2 "既然上帝将我们聚集成一个民族",……比如巴克利在前引文献,第357页中就这样说过,而我本人还在哈佛福特学院听过一次贵格会讲道,这次讲道将整个的重点放在了关于"圣徒"就是选民的解释上。

并且着手将其方法学渗透到世俗的**日常**生活中去，将它改造成世俗**之中**的理性生活，而这种改造也**不是属于**这个世俗，或者**为了**这个世俗的。至于这样做会产生什么结果，我们进一步的阐述就尝试显明这一点。

第二节　禁欲与资本主义精神

为了探明禁欲新教的基本宗教观念和日常经济生活准则共同构成的种种整体关联，首先要考虑被认为产生于灵魂疗愈实践的那些神学著作。因为在来世就是一切，基督徒的社会地位取决于是否被允许参加圣餐礼，教会在灵魂安慰、教会纪律和布道中发挥重要影响（正如纵览《规劝集》、《良心个案》即可知晓的，对于这种影响，我们现代人**再也**无法产生任何观念了）的时代，在**这种实践**中有效的种种宗教力量，就成了"民族特征"的决定性塑造者。

现在，为了**这一节**的讨论起见，与后面的讨论相反，我们可以将禁欲新教作为**一个**整体来看待。但因为产生于加尔文派的英国清教一贯成为职业观的奠基，我们依照自己的原则，以它的一个代表作为焦点。**巴克斯特**由于他那种在实践上很突出的和平的立场，也由于他的著作一再被人重读和翻译，得到普遍的认可，而突出于清教伦理的许多其他的文学代表之上。他是长老会信徒和威斯敏斯特宗教会议的辩护士，但就像同时代的许多最优秀的才智之士一样，因此也逐渐在教义方面超过了盛期加尔文派，他在内心里反对克伦威尔篡权，因为他反对一切革命，反对教派分裂，特别是反对"圣徒"的狂热，但对于外在的分歧却极为宽容，对于对手们也持客观中正的立场；本质而言，他是在实际地促进教会伦理生活的方向上确定他的工作领域的，而且他自己（作为历史上最卓有成效的灵魂安慰者之一）为了完成这个工作，服从于国会统治、克伦威尔以及复辟政权，[1]直到复辟政权时代，临近圣巴特罗缪节时才弃官而去。他的《基督徒指南》是清教道德神学最为丰富的纲要，而且全部以自身在灵魂安慰方面的实际经验为导向。比较起见，我们也引用德国虔敬派代表斯佩纳的《神学思考》，贵格会代表巴克利的《辩解书》，以及其他一些禁欲伦理的拥护者，[2]但为了节省篇幅起见，尽可能地放在注释中。[3]

如今人们只要拿过巴克斯特的《圣徒的永恒安息》和他的《基督徒指南》，或者其他人的一些相关著作读读，[4]第一眼

1　参见道登前引文献中漂亮的刻画。关于巴克斯特在逐渐脱离对"双重法令"的严格信仰之后的神学，詹金为收于《清教圣徒著作集》中所刊印的他的各篇著作所写的导论还算过得去。没有人对他将"普遍救赎"和"个人拣选"相结合的尝试感到满意。对于我们而言，本质之处仅仅在于，他那时也还坚持**个人拣选**，亦即坚持预定论的那个在伦理方面具有决定性的要点。另一方面，他将**法庭式**称义观加以缓和的做法也很重要，很接近于再洗礼派。

2　亚当斯、豪、亨利、詹韦、圣查诺克、巴克斯特和班杨的小册子与讲道集，收集在十卷本的《清教圣徒著作集》（London, 1845—1848）中，在选择上经常比较随意。贝利、西季威克和霍恩贝克的著作集已经在首次引用的时候注明了。

3　沃特或欧洲大陆的其他一些世间禁欲拥护者也可以作为很好的参照。布伦塔诺的观点完全是错误的，他认为这个发展过程"仅仅是盎格鲁—撒克逊国家的"。我的选择基于一种愿望：虽然并非仅仅，然而要尽可能地揭示十七世纪下半叶的禁欲运动，直到它突变为功利主义为止。从传记文献中直观地整理出禁欲新教的生活方式（这里特别要采用的是贵格会的文献，我们对这些文献还相对比较陌生），是一项很有吸引力的任务，但在这本概述之书的框架下，也必须放弃，很是可惜。

4　因为人们也尽可参照沃特的著作，胡格诺派宗教会议的商谈情形，或者荷兰的浸礼会文献。松巴特和布伦塔诺以最糟糕的方式，恰恰将我本人特加强调的"伊比奥尼派"部分从巴克斯特那里突出出来，为的是将他的**学说**中（在资本主义问题上）据说很"落后"的成分拿来反驳我。但人们必须踏实而彻底地**熟悉**全部的文献，以便正确利用之，不要忽略了，我恰恰致力于证明，这种禁欲**虔诚信仰的**精神**尽管**持一种"**反拜金主义的**"学说，却也完全像在修道院经济中那样，诞生了经济理性主义，因为它褒奖（受禁欲限制的）理性的**驱动力**这一关键因素。问题完全只取决于这一点，而这一点也证实我这里阐述的要点。

152

就可以发现, 在它们有关财富[1]以及如何获得财富的那些判断中, 极为突出地强调的恰恰是《新约》所宣示的那种伊比奥尼派因素。[2]财富本身是一种巨大的危险, 财富的诱惑是不会间断的, 而对财富的追求,[3]不仅在和天国卓越的意义比起来是无意义的, 在伦理上也是值得怀疑的。这里的禁欲似乎远比加尔文更尖锐地**反对**追求获取世俗财货; 加尔文并不觉得教士们的财富会妨碍他们的活动, 相反倒很希望这些财富会增加他们的声望, 他允许他们利用其才能营利, 只是要避免惹麻烦。在清教徒的著作中, 我们看到, 咒骂追求金钱与财货之举的例子比比皆是, 这与在这方面无甚拘束的晚期中世纪伦理

1　加尔文也是如此, 他绝非市民财富的爱好者 (参见 *Jes. Opp.* Ⅲ 140a、308a 中对威尼斯和安特卫普的猛烈抨击)。

2　*Saints' everlasting rest*, cap. Ⅹ、Ⅻ. 参见 Bailey, *Praxis pietatis*, 第182页。或者 Henry, *The worth of the soul, works of Pur. Div.*, 第319页: "那些热切追求世俗财富的人是在轻视他们的灵魂, 这不仅仅是因为灵魂被忽视了, 身体的位置被排在灵魂之前, 而且因为它被用于这样的追求 (*Psalm* 127: 2)。" (在**同一**页上却也有后面会引用的那个有关一切种类的浪费时间都有罪的评论, 特别是通过消遣打发时间。) 在英国—荷兰清教的全部宗教文献中, 情况也是如此。比如可参见 Hoornbecks, 前引文献, 1, Ⅹ c. 18 u. 18 *Philippika gegen die avaritia*。(除此之外, 这位作者那里还有一种感情性的虔敬派因素在起作用: 参见对相比于这个世界的 "操劳", 而为上帝所喜的灵魂的安宁的颂扬。) 贝利也引用《圣经》中一个著名的句子说, "一个富人不易得至福" (前引文献, 第182页)。**卫理公会的**教义问答也警告信徒们, 不要 "在地上积攒财富"。在虔敬派那里, 这一点完全是不言自明的。而在贵格会, 情况也别无二致。参见 Barclay, 第517页: "……因此要警惕这样的诱惑, 就是利用天职和这类资源**发财**。"

3　因为不仅财富, 而且**冲动性的营利追求** (或为此之用的相关事物) 都会受到类似的尖锐谴责。在荷兰, 1574年在南部荷兰举行的宗教会议是这样答复一项质询的: "伦巴第人" (放贷者) 不允许参加圣餐礼, 尽管他们的业务合法而被许可。1598年代芬特尔的地方宗教会议 (第24条) 将这一点扩大到了 "伦巴第人" 的雇员; 1606年格里西姆的宗教会议规定了严厉而带有侮辱性的条件, 在这些条件下, "高利贷者" 的**妻子**方可参加; 直到1644年和1657年, 还在讨论伦巴第人是否允许参加圣餐礼 (这一点尤其与布伦塔诺形成了对比, 他喜欢援引他的天主教前辈们——尽管在整个欧亚世界的几千年里, 都有外来的商人和银行家存在), 而沃特 (*Disp. theol.* Ⅳ Anst. 1667, de usuris, 第665页) 还想将 "货币兑换商" (伦巴第人、皮蒙特人) 从圣餐仪式中排除出去。在胡格诺派宗教会议上的情况也是如此。资本主义的**这些**面向, 都完全不是这里涉及的那种思想与生活方式的典型承担者。与古代和中世纪相比, 它们也不算什么**新鲜事物**。

文献恰成对照。而人们对财富的这种顾虑完全是认真的,只是如果想看出这些疑虑具有的决定性的伦理意义和所在的整体关联,就还需要进一步作一点考察。在伦理上真正受鄙视的行为,是**安歇**于财产之上,**享用**财富,结果导致无所事事,沉溺肉欲,特别是远离对"圣洁"生活的追求。[1]而**只是因为**财产带有这种懈怠的危险,它才成为可疑的。因为"圣徒的永恒安息"在彼岸,但在这片土地上,人为了确保他的恩典状态,还是必须"趁着白日,做那差我来者的工"。根据上帝的那种明白无误地表明出来的意志,并光大他的名誉的,不是闲适与享受,而**只有行动**。[2]因而浪费时间是所有的罪当中第一位的,也是原则上最重的。要将自己的天召"确定下来",生命的时日就显得无限地短,也无限地宝贵了。因为社交、"慵懒的闲聊"、[3]奢

---

1 《圣徒的永恒安息》第10章里有深入的阐述:谁若是想在上帝留下财物的那个旅店长久安歇,上帝在此生就会打击他。在赚得的财富上饱足逸乐,几乎总是衰颓的征兆。若是我们拥有了我们在世界上**能**拥有的一切,难道这就已经是我们希望拥有的一切了吗? 在世上是无法让人心满意足的,因为它依上帝的意志就不**该**如此。

2 参见 *Christ. Dir.*,Ⅰ,第35—36页:"上帝维护我们和我们的活动,是为了让我们**行动**:事工是**权力**的道德**目的**,也是它的自然**目的**……行动是对上帝最好的服侍和尊崇……**公共福利或多数人的利益**在价值上要高于我们自己的福利。"从上帝的意志到后来的自由主义理论中纯功利主义视角的突变,在这里已然可见其雏形了。关于功利主义的宗教来源,可以进一步参见下面的文本。

3 关于要保持**静默**的诫命(源自《圣经》中对"所有无用之语"的惩罚威胁)特别从克吕尼派修道士以来就是自我检查教育的一种有效的禁欲手段。巴克斯特也广泛而深入地讨论了无用言谈之罪。桑福德在前引文献第90页起评价过它在性格学上的意义。清教徒的那种给同时代人留下极深印象的"犹豫"和"阴郁"正是打破了"自然状态"之**淳朴**的结果,而为了达到这个目的,无思想的言谈也是要被唾弃的。当欧文(*Bracebridge Hall*)一方面在资本主义的"算计精神"中,另一方面在政治自由(这导致了责任自负)的后果中寻找根据时,在这个问题上就要说,对于罗曼语系诸民族而言,同样的效果不存在了,而对于英国而言,事情大概是这样的:清教使得它的信仰者能创造自由的制度,还能成为一种世俗权力;清教使得实际上对于资本主义具有建构性的那种"计算性"(松巴特就是这样称呼那种"精神"的),从一种经济手段变为整个**生活方式**的一种**原则**。

侈[1]而浪费时间,甚至因为睡觉时间超过健康所需(6小时,最多8小时)而如此,[2]这些在伦理上都绝对是可鄙的。[3]情况并不是像富兰克林说的那样,"时间就是金钱",但这个句子的确在某种精神的意义上是对的:时间的价值无穷,因为失去的每个钟头,都没有以劳动服务上帝之名。[4]因而,无所事事的沉思,也是无价值的,可能直接就是可鄙的,至少当它以不从事职业劳动为代价时是如此。[5]因为比起上帝的意志直接活动于职业中来,上帝**不太**属意于沉思。[6]此外,礼拜日是用来沉思的,而依据巴克

---

1 前引文献,Ⅰ,第111页。

2 前引文献,Ⅰ,第383页起。

3 关于时间的宝贵,类似的论述见巴克利前引文献,第14页。

4 巴克斯特前引文献,第79页:"保持对时间的重视,每一天都越发注意不要浪费任何时间,那么你就不会浪费你的任何财物。而如果空虚的娱乐、打扮、宴饮、闲聊、无用的交游或酣睡这些诱惑夺去了你的任何时间,你就得加倍当心了。"亨利说过"那些挥霍时间的人是不尊重他们自己的灵魂"(*Worth of the soul*,*W. of Pur. Div.*,第315页)。这里在久经考验的那些道路上,清教禁欲也在起作用。我们习惯于将现代职业人"没有时间"看作他的特征,而且如下这般来衡量资本主义发展的程度(歌德在《威廉·迈斯特的漫游年代》中已经这样做了):**时钟**每一刻钟敲击一次(松巴特在他的《资本主义》一书中也是这样来衡量的)。但我们不要忘记,(在中世纪)按照**分段的时间**来生活的第一个人是**僧侣**,教堂的钟也服务于**僧侣**划分时间的需要。

5 参见巴克斯特对职业的讨论,前引文献,Ⅰ,第108页起。那里有如下文句:"问题:我是否可以抛弃世俗,专心思考我的救赎?回答:你可以将这些过多的世俗操劳或业务作为阻碍你的精神事务的东西加以抛弃。但你不可抛弃一切身体工作和脑力劳作,因为**你可以此服务于公共利益**。作为教会或联邦的一员,每个人都必须极尽所能地致力于教会和联邦的利益。否定这一点,并口口声声说要去祷告和沉思,这种做法就仿佛是你的仆人拒绝为你做**最重要的**工作,而去忙于一些鸡毛蒜皮和轻而易举的部分。况且**上帝也曾命令你**,要通过这样那样的途径**为你每日的面包劳作,而不要做个依赖别人的汗水生活的懒汉**。"上帝给亚当的命令是:"你要汗流满面"……而保罗的指示则是,"不劳动者不得食",这些在此都被引用了。在贵格会信徒中众所周知的是,他们当中最富足的那部分人,也督促他们的儿子去学习职业技能[这是出于伦理上的,而不是出于(像阿尔贝蒂主张的那样)功利主义的理由]。

6 在这里的一些问题上,虔敬派由于带有**感情**特征,发生了偏离。对于斯佩纳而言,虽然他完全在路德宗的意义上强调,职业劳动就是**服侍上帝**,但确定无疑的一点(这一点也有路德宗的做派)是,职业事务的**喧嚣不宁**使人远离了上帝。这形成了对抗清教观点的一个最富有特征的反题。

斯特的看法,总是那些在职业上懒散的人,在该礼拜上帝的时刻却没有时间。[1]

与此相应,贯穿巴克斯特主要著作的,是对坚毅而持久的身体或精神方面**劳动**的一种反复重申的,有时甚至近乎狂热的宣扬。[2]这里有两个动机共同起作用。[3]劳动首先是久经考验的**禁欲手段**,不仅与东方,而且与全世界的几乎所有僧侣教规形成尖锐对立的是,[4]在西方教会中,劳动一向被如此评价。[5]尤其是,它是特殊的预防措施,防止清教概括为"不洁的生活"这个概念的所有诱惑,而它的角色十分重要。清教在性方面的禁欲与僧侣们的只有程度上的区别,没有根本原则上的区别,而由于这种禁

---

1 前引文献,第242页:"在职业方面懒散的那些人,是没有任何时间履行神圣义务的。"由此产生一种观点,即从事理性营利的市民阶层群居而形成的那些**城市**,就是禁欲德性出现之地。巴克斯特在他的自传里谈到基德明斯特的手工织布工时说道:"而他们**与伦敦的不断交往与贸易**,很有利于促进商人们的礼貌和虔诚"(*W. of the Pur. Div.*,第XXXVIII页)。靠近首都者更有德性,这会令当今的(至少德国的)神职人员大吃一惊。但虔敬派也表达了类似的一些观点。斯佩纳偶尔给一位年轻的神职弟兄这样写道:"至少情况表明,在城市里为数众多的人当中,虽然大部分人完全是堕落的,但总还能发现少数善良的灵魂,在他们身上可以发现一些善事;至于在农村,有时令人担忧的是,在整个村子里都很难找到什么纯正善良之人。"(*Theol. Bed.*,I,66,第303页)农民恰恰很少能过那种禁欲的理性生活。对他们进行伦理的颂扬,是很晚近才有的事情。我们在此还不能深入探讨这种或类似的言论对于禁欲的**阶级**局限性问题的意义。

2 比如可以看下面这些文句(前引文献,第336页起):"当你们不能在更直接服侍上帝的活动中得到锻炼时,就全身心地投入到你的合法职业的勤勉工作中去";"在你们的职业中辛苦劳作";"看一看,你们有一个需要时时刻刻投入的职业,只有直接服侍上帝的人方能免除这职业"。

3 对劳动及其"尊严"的特殊的伦理评价,并不是基督教**最初**本有的思想,甚或它所特有的思想,这一点被哈纳克再次尖锐而简短地强调了(*Mitt. Des Ev.-Soz. Kongr.* 14,1905,Nr. 3/4,第48页)。

4 只有经过更广泛的观察,才能明白为什么会有自本笃会修士规则以来就有目共睹的**这种**重要的对立。

5 在虔敬派中也是如此(斯佩纳前引文献,III,第429、430页)。虔敬派特有的说法是:作为对原罪之惩罚而应为我们遵守的忠于职守,便有助于**克制**我们自己的**意志**。职业劳动作为对邻人的效劳,乃是一种义务,即对上帝恩典的概念(这是路德宗的观念!),因此若是我们不情不愿、满怀恼怒地从事这一工作,那就不是上帝所喜的了(前引文献,III,第272页)。因而基督徒会"显得就像一个俗人一样勤于工作"(III,第278页)。这显然落在了清教的看法后面。

欲也遍及婚姻生活，因而要比僧侣们的更广泛。因为性交在婚姻内，也只有当符应"要生养众多"这个命令，作为上帝所喜的光大其名誉的手段时，才是允许的。[1]正如针对宗教上的疑虑和无所顾忌的自我折磨一样，针对一切性方面的诱惑，除了规定清淡饮食、禁绝肉食和洗冷水澡之外，还规定了"依你的职分，辛

---

[1] 依据巴克斯特的看法，婚姻的目的是"冷静地生育"。斯佩纳也与此类似，与此同时他对粗野的路德宗观点作出了让步，根据这种观点避免不道德之举也是一个附带的目的，否则就无以压制这种举动了。强烈的欲望作为性交的伴随现象，即便在婚姻中也是有罪的，而依据斯佩纳的观点，才成了原罪的**后果**，一件自然而为上帝所喜的事情，变成了某种不可避免地与罪恶感绑在一起的东西，因而也变成了某种羞耻。依据某些虔敬派中人的观点，基督徒婚姻的最高形式是保持贞洁，次一级的形式是性交仅仅为生育服务，等而下之的便是那些出于纯粹爱欲或纯粹外在的理由而结合的现象，后者在伦理上被视作姘居。在此，在这些低等的层次上，出于纯粹外在的理由而结合的婚姻（因为毕竟产生于**理性的**盘算）要优于由爱欲而来的婚姻。赫恩胡特派的理论与实践在此就撇开不谈了。（沃尔夫的）理性主义哲学在如下措辞中接受了禁欲理论：强烈欲望及其消除被规定为达到别的目的的手段，它们不可被当作目的**本身**。在富兰克林那里，就已经完成了纯粹以卫生保健为导向的功利主义的巨变，他大约是站在现代医生的伦理立场上，并将"贞洁"理解为将性交限制于追求**健康**上，并且众所周知地在理论上告诉人们该怎么做。一旦这样的事情完成了纯粹理性的盘算的对象，这种发展就到处发生了。清教和卫生学上的理性主义者在性的问题上走上了极为不同的道路，只有在这里"他们惺惺相惜"：在一次演讲中，"卫生的卖淫"——这涉及妓院与规整的组织——的一位热切的拥护者，通过参照他对**浮士德与甘泪卿**的诗性美化，来为伦理上许可"婚姻外性交"（将这种行为当作在卫生上有益的事情）辩护。将甘泪卿当作妓女，以及出于健康方面的理由，将性交等同于人对激情的强有力的辖制——这两者都**完全**符合清教的立场。有时由一些非常优秀的医生所主张的真正出自专业人士的观点，比如说，也是如此：像"节制性欲的意义"这样深入到人格与文化的最精微之处的问题，"只应"交付给医生论坛（作为**专业人士**的论坛）。在清教徒那里，"专业人士"是道德主义者，在医学界则是卫生理论家，虽然有这种不同，我们普通人都能接受的解决事情的"胜任"原则在这两种情形下则是相同的——当然称号是相反的。清教的观点在性的问题上古板拘谨，其强大的理想主义在种族延续的和纯粹"卫生"的观点下来看，还是有积极成果的；而现代的性卫生由于不可避免地要标榜自己"毫无偏见"，就会陷入自断命脉的危险。在受清教影响的诸民族对性关系进行合理的解释时，婚姻关系的精致化，以及精神—伦理事物对这种关系的渗透，还有婚姻中骑士风度的鼎盛，是如何纷纷发生了的（这与我们这里在极为明显的一些落后情形下，在精神贵族的圈子里还能见到的那种家长制的迷雾是相反的），这里自然不是我们要讨论的。（再洗礼派的影响，也有助于妇女的"解放"；对妇女**良心自由**的保护，和将"普遍祭司职分论"思想扩展到她们之上，是对家长制进行突破的第一个切口。）

勤劳动"。[1]

但劳动还不止于此，而首先是上帝所规定的一般生活的目的**本身**。[2]圣保罗的下面这句话无条件有效，且对每一个人都有效："若有人不肯作工，就不可吃饭。"[3]不为劳动感到快乐，就昭示着没有进入恩典状态。[4]

很清楚，这里表现出与中世纪姿态的分歧。阿奎那也解释过这个句子。但依据他的看法，[5]劳动只有在维持个人和群体的生活方面，依照自然理性是必要的。这个目的一达到，那诫命也就失效了。它只涉及类群，而不涉及单个人。谁要是不用劳动就可以依靠他的财产过活，这诫命也就不适用于他，那么沉思作为天国中的一种精神性的作用形式，同样要高于这个命令的字面解释。对于通俗神学而言，僧侣"生产力"的最高形式，便是通过祷告与唱诗，为"教会的宝库"添砖加瓦。但在巴克斯特那里很明显的，不仅仅是对劳动的伦理义务的这些违反被取消了，而且他最重视而又再三叮嘱的一个原则是，财富也不能免受那个无条件

1　巴克斯特一再重复这一点。《圣经》中的文本证据通常如果不是我们从富兰克林那里得知的《箴言》22：29，就是《箴言》31：16中赋予劳动的美名。参见前引文献，Ⅰ，第382、377页等处。

2　即便钦岑多夫也偶尔这么说："人们劳动，不仅仅是因为要活着，人们活着却是为了劳动，而当人们不再劳动时，他们痛苦不堪或者长眠不起。"（*Plitt*，Ⅰ，第428页）。

3　摩门教的一个信条也以下面这些话作结（依据引文）："但一个逸乐或懒散之人不能成为一个基督徒，不能变得圣洁。他注定要被蜇杀，并被丢出蜂箱之外。"在此凸显出来的，却是巍然耸立于修道院与工厂之间的**纪律**，这纪律将个体之人置于"劳动，还是淘汰"的抉择之前，而且（这自然是与宗教热情**关联在一起**的，而且**只有通过这种热情**才成为可能）导致了这些教派惊人的经济业绩。

4　由此，前引文献，Ⅰ，第380页就其诸种征候进行了分析。因而，"懒惰"和"闲散"就是极重的罪，因为它们有连续的特征。巴克斯特甚至将它们视同"恩典状态的毁坏者"（前引文献，Ⅰ，第279—280页）。它们正是**讲究方法的**那种生活的反题。

5　参见前文第131页注58。

有效的诫命的束缚。[1]有财产的人,也不应该光吃不劳动,因为即便在他不必为了满足自己的需求而劳动的情况下,上帝的那个命令还是成立的,他和穷人一样要遵守。[2]因为上帝的天意随时为每个人准备好一种职分,无一例外,每个人都应该认清这个职分,并在其中劳动,而这个职分并不像在路德宗那里[3]一样是一种人应顺从并满足的命运,而是上帝对每个人的一种命令:要荣耀上帝。这种表面看来无关紧要的细微差别,产生了深远的心理上的后果,而且与**依照天意**进一步解释世界经济秩序的做法关联起来——这种解释方式在经院哲学那里就已经很流行了。

就像其他人一样,阿奎那(我们再次引用他,这是最方便的)已经将社会的劳动分工和职业分化现象理解成上帝对世界规划的结果。但人在这个世界秩序中各就各位,却是出于自然的原因,也是偶然的。正如我们曾见到的,对于路德而言,出于客观历史秩序的、人在现成的各种身份和职业中的各就各位,成了上帝意志的直接后果,因而个人**坚守**上帝为其指派的地位和范围,就成了宗教义务。[4]由于路德宗的虔敬信仰与"世俗"之

---

1 巴克斯特前引文献,Ⅰ,第108页起。尤其引人注目的是如下文句:"问题:但是,难道财富不会使我免罪吗?回答:财富使你对他人更有用,因而可能使你免于某些脏污劳动,但你比起最穷的人来……丝毫也没有更多地免于劳动的服侍。"与此相关的还有前引文献,Ⅰ,第376页:"尽管他们(富人)没有任何外在的需求鞭策他们,他们在服从上帝方面却有同样大的必要性……上帝严格地命令所有人(劳动)。"

2 斯佩纳同样如此(见前引文献,Ⅲ,第338、425页),他出于这里的理由,尤其认为人们对于过早退休的那种兴趣在伦理上是可疑的,而与之针锋相对,而且在维护一种反对收息之合法性的意见(那种意见认为坐享利息会导致懒惰)时强调,那些能靠利息过活的人,依照上帝的命令却还是**有义务**劳动的。

3 包括虔敬派。在涉及职业**变换**的问题时,斯佩纳总是这样认为的:一旦从事某个特定的职业**之后**,留守这个职业,并将自己投入到服从上帝的义务中去,就是天意。

4 关于**印度的**救赎论是以怎样一种统领全部生活方式的最高的庄重,将职业上的传统主义与重生的机会关联起来的,这个问题在"世界宗教的经济伦理"一文中有所论述。恰恰在这里,人们可以看到,单纯的伦理**教导**概念与通过宗教创造某种特定的心理**动机**的做法的区别何在。虔诚的印度教徒可以**仅仅通**(转下页)

间的关系一般从一开始就不稳定,而且一直如此,那么上述情况就越发明显了。路德从未彻底摆脱保罗对世俗的那种淡漠态度,我们从他的思想范围内,得不到塑造世俗所需的诸种伦理原则,因而人们必须容纳世俗,并仅仅将**此**视为宗教义务。另外,私有经济方面的利益相互影响时所带有的那种天意特征,在清教的观点看来也有些许差别。依照清教的实用性解释模式,人们在职业分化产生的**成果**上,来评判职业分化的天意目的。现在,巴克斯特在论述中涉及了这种解释,他的这些论述在许多地方都让人想起斯密对劳动分工的神圣化。[1] 由于职业的专业化锻炼了劳动者的技能,所以导致劳动业绩在量和质上的提高,因而促进了普遍的福利,也是尽可能多的人们的福利。如果说到现在为止,我们对其动机的说明还纯粹是功利主义的,也与那个时代世俗文学中已很常见的一些观点完全相似,[2] 那么当巴克斯特在其论辩伊始提出下述动机时,清教所特有的那种气质马上就浮现出来了:"在固定职业之外,一个人的劳动业绩不过

(**接上页**)过严格**依照传统**履行他出生时所属的种姓的那些义务,得到很好的重生机会:这可谓在宗教上最坚实地将传统主义固定下来的做法。在这一点上,印度的伦理实际上是清教伦理的最一贯的反题,这正如它在其他方面(等级传统主义)是犹太教的最一贯的反题一样。

1　巴克斯特前引文献,I,第377页。

2　但也不能因此就说,它在历史上是从世俗文学中推导出来的。毋宁说是下面这种完全纯正的加尔文派观点起作用了,即"世俗"世界是为上帝之名,是为他的自我颂扬服务的。功利主义的那种说法,即经济世界应该为维持所有人的生活(多数人的利益,公共利益,等等)这一目的服务,乃是如下思想的推论结果:所有别的解释都会导致(贵族制)将受造物神圣化,或者不导致光大上帝之名,而是为受造物的"文化目的"服务。但上帝的意志就像它(见前面第211页注35)在对经济世界的那种完全合目的性的塑造中表现出来的那样,只要涉及一般的**此**世目的,就恰恰只能是"全体"的福利,是**非**人格性的"有用性"。因而正如前面说过的,功利主义就是以**非**人格的方式塑造"对邻人之爱"的结果,也是通过独一无二地尊奉清教的"增耀上帝之荣光"而拒斥一切赞颂世俗之举的结果。因为,关于"任何赞颂受造物的做法都毁坏了上帝之名,因而无限可鄙"的思想极其强烈地清楚表现在,未经"民主"洗礼的斯佩纳纳费了极大的踌躇与辛劳,面对无数的质问,才认为称号是无伤大雅的。他聊以自慰的是,即便在《圣经》里,也以"大人"称呼总督非斯都。这里不讨论这个问题的**政治**面向了。

是不稳定的临时工作而已,而且他把更多的时间浪费在懒散度日上,而不是用在工作上";当他如下这般下结论时,也是如此:"而他(职业劳动者)将**在秩序中**完成他的劳动,而别的人则永远处于混乱状态,没有地方,也没有时间做成什么事,[1]……因而一个固定的职业("确定的职业",在另外一处叫作"明确的职业")对于所有人都是最好的。"普通打短工的人被迫去做的那种不稳定的工作,是一种常常无法避免的、但绝非他所愿的中间状态。"无职业者"的生活所缺少的,正如我们已看到的,是世间的禁欲所渴盼的那种系统的—有条理的特征。依照贵格会伦理学来看,人的职业生活应该是一以贯之地实行一种禁欲德性,在他遵从**良心**的过程中验证他的恩典状态,对良心的这种遵从影响到了他从事其职业时的小心谨慎[2]与所采用的方法。上帝所要求的,并非劳动本身,而是理性的职业劳动。在清教的职业观中,重点总是在于职业禁欲具有的这种有条理的特征,而不在于,比如在路德那里,满足于上帝一度分派的命运。[3]由此,"一个人是否可以将多份天职联合起来?"这个问题得到了绝对肯定的回答——只要这有助于普遍的福利或他自己的福利,[4]并且不对任何别的人产生害处,只要这不会导致人们在被联合起来的某个工作中变得没良心("不诚实");不仅如此,职业的**变换**本身,也绝不被视作可鄙的事,只要他这样做不是草率行事,而

1　亚当斯也说过,**没有长性的**人即便在自己家里也形同路人。*Works of the Pur. Div.*,第77页)

2　特别可参见Fox, *Aeu Perungen in The Friends' Library* (ed. W. Th. Evans, *Philadelphia* 1837ff.). Vol. I,第130页。

3　当然,宗教伦理学中的这种措辞完全可以不被看作实际的经济局势的反映。中世纪意大利在职业方面的专门化当然很可能比那个时期英国的更先进。

4　因为正如在清教文献中经常被强调的那样,上帝从未命令人爱邻人要**胜过**于爱他自己,而是命令要**如**爱他自己**那般**爱邻人。因而人也有爱自己的**义务**。比如说,谁若是知道,他自己比邻人更能合乎目的地利用他的财产,也更能以此光大上帝之名,那么他并不因为对邻人的爱而有义务放弃这样做。

是为了把握住一份更令上帝喜悦的，[1]亦即在符合普遍原则的情形下更有益的职业。而特别要注意的是：一份职业是否有益，以及它相应地是否令上帝喜悦，决定这一点的标准虽然首先是伦理，其次乃是在此为"全体"所产生的财富之重要程度，但随后而来的是第三个，而且在实际生活中自然也很重要的视角：私有经济的"**获利性**"。[2]因为当清教徒认为在对生活的一切安排中起作用的上帝，向他的信徒显明了某个盈利的机会时，以此他也表明了他的意图。而那位虔信的基督徒因此就必须遵行这种天召，以此他要好好利用这个机会。[3]"当上帝向你们指明一条路，在这条路上，你们**可以**通过正当手段比在别的路上**盈利更多**，而又不损害你们的或别人的灵魂，而你们却加以回绝，并走上盈利更少的路，那么**你们就违背了你们天职的目的，你们拒绝为上帝当管理人**，在上帝要求你们运用他给予你们的

1　斯佩纳也很接近于这个立场了。但当问题涉及从（伦理上极为危险的）商人职业转向神学时，他就极为谨慎，甚至可以说极为警觉（Ⅲ，第435、443页；Ⅰ，第524页）。我们顺便可以注意到，在斯佩纳详加斟酌的意见中，恰恰对**这个**问题（关于是否允许变换职业）的回答经常重现，这表明了对《哥林多前书》第7章的各类不同的解释**实际上**在日常生活中占有多么突出的地位。

2　这类看法至少在大陆的那些领头的虔敬派信徒的著作中是找不到的。斯佩纳对于"营利"的态度，摇摆于路德宗（"维持生计"的立场）和重商主义关于"商业繁荣"的有用性的论证之间（前引文献，Ⅲ，第330、332页，可参见Ⅰ，第418页：烟草种植给国家带来金钱，所以是有用的，因而就无罪了！）（参照Ⅲ，第426、427、429、434页），他的态度却指出了，贵格会和门诺派信徒是如何表明，人可以既赚取利润，又保持虔诚，特别高的利润甚至（我们后面必须谈谈这一点）可能是虔诚正派的直接产物（前引文献，第435页）。

3　这些看法在巴克斯特那里并**不**是他生活于其中的经济环境的某种反映。**相反**，他的自传强调，他在国内的传教工作富有成果，这取决于那些定居于基德明斯特的商人**并不很富有**，只是做到了"衣食无忧"而已，手工作坊的师傅们并不比他们的工人们好多少，只是勉强"糊口"而已。"是**穷人**得到了福音那令人欢欣的消息。"关于对营利的追求，亚当斯注意到："他（博学的人）知道……金钱可能使一个人更富有，却不会使一个人更好，基于此，他宁愿选择良心无愧地安睡，也不要钱包鼓鼓，……因而他希求的财富，并不**比一个老实人可能获得的**更多"——但一个老实人可能获得的**那么多，他还是希望得到的**（Th. Adams, *Works of Pur. Div.*, LI）。而这就意味着：所有在形式上正派可靠的收入也都是**正当的**。

赠礼时，**你们拒绝了这份赠礼**。你们可以劳动，**以变得富有**，这当然不是为了肉欲和各种罪，而是为了上帝。"[1] 财富唯有在引诱人懒散怠惰，罪恶地享受生活的情况下，才令人心生疑虑；而对财富的追求也只有在以今后无忧无虑、享乐人生为目标的情形下，才会如此。作为对职业义务的履行，这种追求在伦理上不仅被许可，而且简直成为必需的了。[2] 有个仆人，没有用被托付给他的钱放高贷生利而被遗弃这个比喻似乎正好直接说出了这一点。[3] 正如经常被论证的，**希望贫穷意味着与希望生病是一**

---

1 巴克斯特就是如此，前引文献，Ⅰ ch. X tit. 1 Dis. 9（§24），Vol. Ⅰ，第378页，第2栏。《箴言》23：4所说的"不要劳碌求富"的意思只不过被解释成"最终不要为了我们肉体的目的而追求财富"。财产**本身**并不可恶，在封建领主的形式下来利用财产才是可恶的（参见前引文献，Ⅰ，第380页关于浪荡子或贵族的评论）。弥尔顿在第一部《为英国人民申辩》里有一种著名的理论，即只有"中产阶层"才能成为**德性**的承载者——在这里，"中产阶层"被设想为与"贵族"对立的"市民阶级"，原因在于，"奢侈"与"穷困"都有碍于德性的训练。

2 这正是关键所在。关于这一点，还可以作一些一般性的评论：对于我们而言，这里的要点并不是神学上的伦理理论在概念上发展出什么来，而是在信徒的实际生活中什么样的道德是**有效的**，职业伦理的宗教导向因此是如何实际**起作用**的。人们至少可以偶尔在天主教的（尤其是耶稣会的）决疑论文献中读到一些讨论，这些讨论（比如关于是否允许收息的讨论，我们在此不深入探讨这个问题了）与许多新教决疑论者的讨论很类似，甚至在"被允许的"或"大有可能的"事情上似乎就此还有更进一步的指示（后来人们常常将耶稣会伦理作为根本上与清教伦理完全同类的事物，拿来批评清教徒们）。正如加尔文派信徒惯于引用天主教的道德神学家（不仅包括阿奎那、圣伯纳、波纳文图拉，也包括同时代人），天主教的决疑论者常常有规律地摘记异教伦理学——这里不能进一步讨论了。即便完全撇开对平信徒过禁欲生活的宗教**奖赏**这一决定性的状况不谈，双方之间在理论上的巨大区别恰恰是：天主教中这些自由放任的观点是一些特殊的**松散**伦理理论的产物，没有得到教会权威的认可，教会的那些最严肃与最严格的拥护者也远离这些理论；而新教职业观则反过来，恰恰是禁欲生活的那些**最严肃的**拥护者们，为了最终服务于资本主义营利生活而建立起来的。在那里能有条件地**被允许**的事情，在这里则成了积极的伦理之**善**。对于詹森派之争与"克雷蒙谕令"（教皇克雷蒙十一世发布的谴责詹森主义的谕令——译注）以来的近代而言，双方在伦理上的那些实际上极为重要的根本差异最终被确立下来了。

3 "你可以按照最容易成功和获得合法收入的那种方式劳作。你**定要**提高你全部的才干……"接下去的就是我们正文里翻译过来的那个文句：将在天国追求财富与在地上的职业方面追求成效这二者直接相类比，比如在詹韦的《地上的天国》（*Works of the Pur. Div.*，第275页往下）中就是这样做的。

样的，[1]这种做法因为被视作希望事工得救，而且有损于上帝的名誉，而受到鄙视。此外，一个有劳动能力的人若是乞讨，便不仅因为其懒散而有罪，依照使徒的话来看，这样做还违反了对邻人的爱。[2]

正如对固定职业的禁欲意义的再三强调，在伦理上将现代**专业人性**美化了一样，依照天意阐释获利机会，也将**企业家**美化了。[3]领主们那种狂妄的轻浮，和富豪们那种暴发户式的炫耀，对于禁欲者来说同样是令人讨厌的。与此相反，头脑冷静而白手起家的市民却得到了伦理上的满堂喝彩：[4]对于那些卓有成效

---

1 提交特伦特宗教会议的符腾堡克里斯托夫公爵的（路德宗）信纲里，就针对贫穷的**宣誓**道出下面的话："谁若是出身贫寒，就应该忍受，但如果他发誓要**一直**贫寒**下去**，那就如同发誓要一直**生病**或背负**恶名**。"

2 巴克斯特和克里斯托夫公爵的信纲就是这样认为的。可以进一步参见下面这类文句："……流浪的混混，他们的人生不过是非分之旅：大部分都在乞讨"，如此等等（ Th. Adams, *W. of Pur. Div.*，第259页）。加尔文就已严格禁止乞讨行为，而荷兰的各次宗教会议也竭力反对乞讨信和为乞讨颁发证书。在斯图亚特时代，特别是在查理一世治下的劳役政权，系统地发展了政府支持穷人和为无业者分配工作的原则，与此同时清教则发出了旷野里的呼告："施舍穷人绝非慈善"（这是笛福后来那有名的著作的标题），并在十七世纪末开启了为无业者开办"贫民习艺所"的威慑系统（参见 Leonard: Early History of England poor relief, Cambridge, 1900, 以 及 Levy, *Die Grundlagen des ökonomischen Lieberalismus in der Gesch. d. engl. Volksw.*, Jena, 1912，第69页起）。

3 英国与爱尔兰浸礼会同盟主席怀特在1903年伦敦大会上的就职演讲上强调指出："我们清教教会的名册里上好的人是**实业家**，他们相信宗教应该渗透整个生活。"（ *Baptist Handbook*, 1904，第104页）

4 **这里**正好可以看到与一切封建观点的那种特有的对立。依据这种观点，（政治或社会上的）暴发户，只有他们的**子孙**才能受益于他们的成就和血统上的尊贵。[这一点特别体现在西班牙语中的"Hidalgo"（小贵族）中，后者等于hijo d'algo-filius de aliquo（某人之子），在这里"aliquid"正是从祖宗那里继承来的一种**财富**。]这种区别如今在美国"国民性格"的迅速转变与欧洲化的过程中变得模糊了，而与此**正相反的**、市民所特有的那种观点，将实业上的**成就**与**收入**作为精神上的**功绩**加以赞颂，而对单纯（继承来的）**财产**没有一丝尊敬，时至今日，在美国仍偶有这类现象出现。而在欧洲（正如布赖斯某一次已经注意到的），事实上几乎每一种社会荣誉都可以用金钱买到，只是财主本人并不站在柜台后面，而是运作他的财产的一些必要的变体形式（遗产信托基金）。关于**反对血统**之荣誉的观点，参见 Th. Adams, *Works of the Pur. Div.*，第216页。

地追随上帝安排的圣徒们而言,[1]"上帝保佑他的买卖"是个常用语;而《旧约》中的上帝恰恰在他的信徒的**此生**中补偿其虔诚,[2]对于清教徒(依照巴克斯特的劝告,他们通过与《圣经》中英雄的灵魂状态相比较而检查自己的恩典状态,[3]并以此将《圣经》中的箴言解释得"像一部法典中的条款")而言,这位神的压力也在同样的方向上起作用。但是《旧约》中的箴言并不绝对是含义明确的。我们已经看到,在语言方面,路德最初是在翻译《便西拉智训》的文句时,在世俗的含义上使用"职业"概念的。但《便西拉智训》虽说受到希腊化时期的影响,依据书中活跃着的整个情调来看,却属于(经过扩展的)《旧约》中以传统主义方式起作用的那些组成部分之列。一种独特的情形是,信

1　比如对于家庭教派创始者尼克莱斯,一位商人,就是如此。(Barclay, *Inner Life of the religious communities of the Commonwealth*,第34页。)

2　比如对于霍恩贝克而言,这一点就完全是确定的,因为《马太福音》5∶5和《提摩太前书》4∶8已对圣徒们作了纯粹世间的允诺(前引文献,卷Ⅰ,第193页)。一切都是上帝天意的产物,但他照顾他的子民,见前引文献,第192页:但是,比起其他人,**信仰者的周围**,神的旨意带着最大关怀、以最特别的方式在运转着。接下来讨论的是,人们可以在那里认识到,幸运不是来自"一般的神意",而是来自那特殊的照顾。贝利(前引文献,第191页)在说明职业劳动的成果时也指向上帝的天意。事业兴隆"常常"是虔信生活的报酬,这一在**贵格会**的著作中贯彻始终的说法。我们后面还会回过来讨论与贵格会伦理的整体关联。

3　这种以先祖为导向的做法(这也是清教生活观的特征)的一个例子,就是亚当斯对雅各与以扫之争的分析(*Works of the Pur. Div.*,第235页):"他的(以扫的)愚蠢,从他对长子家长权的低估中可见一斑"(这一处对于长子家长权思想的发展很重要,后面会论及这一点),"他如此轻易就将这权利抛弃了,而且是在一碗肉汤**这样轻贱的条件**下"。他后来因为吃亏而想取消这买卖,那便是**不忠**。他正是一个"狡猾的猎人,一个旷野之人",非理性地生活着的一个蛮人,而雅各,"住在帐篷里的一个平常人",代表了"受了恩典的人"。在罗斯福著名的书写中表现出来的那种与犹太民族的某种内在亲近之感,科勒(前引文献)也发现在荷兰的农人那里广泛流传开来了。但另一方面,清教又十分清楚其与犹太教实践教条中蕴藏的那种伦理学之间的**对立**,正如普林(借克伦威尔的宽容令草案推出之机)针对犹太人而写的著作清楚地表明的那样。

奉路德宗的德国农民似乎至今仍特别偏好这部书，[1]正如德国虔敬派里带有路德宗特征的广大流派也惯于表达他们对《便西拉智训》的偏爱一样。[2]清教徒们认为次经没有受到圣灵启示的灌注，加以拒斥，这与他们在属上帝的事物和属受造者的事物之间冷峻的区分是相符的。[3]在《圣经》正经中，《约伯记》的影响之所以如此巨大，乃是因为它结合了两个方面：一是对神的绝对至高的、超出人的一切尺度的庄严的一种出色的赞美，这与加尔文派的观点最大程度地吻合了，一是某种虽经质疑，但终究还是屹立不倒的确信，这种确信对加尔文而言是次要的，对清教而言却很重要，那就是确信上帝终归也会，并正好会（在《约伯记》中是"只会"）在此世，在物质方面的考量中赐福于他的信徒。[4]在《诗篇》和《箴言》中最动人的一些诗句里浮现出来的那种东方式的寂静主义，便也在解释中被抹掉了，正如巴克斯特对待《哥林多前书》中对于职业概念具有建构意义的文句中带有的传统主义色彩时所做的那样。与此恰成对照的是，人们越发强调《旧约》中有称颂**形式的合法性**的那些文句了，那里将这种合法性当作神所喜悦之转变的标志。有一种理论认为摩西律法被《新约》废除的那部分是仪式上或历史上对犹太民族的那些有

1　*Zur bäuerlichen Glaubens-und Sittenlehre. Von einem thüringischen Landpfarrer*，第2版，Gotha，1890，第16页。这里描述的农民，乃是**路德宗**教会特有的产儿。在这位优秀的作者猜测为普遍的"农人型"虔敬信仰的地方，我一再在页边上标注"路德宗的"。

2　比如可参见Ritschl，*Pietismus*，Ⅱ，第158页上的引文。斯佩纳反对变换职业和营利的那些思考，其根据也**附带地**以西拉书中的格言为依据。见*Theol.*，Bd. Ⅲ，第426页。

3　虽然如此，比如说，贝利自然还是推荐这部读物，至少在各处都能见到一些来自次经的引文，但自然不是很多罢了。我想不起来有任何一处引用西拉书的（或许偶尔也有）。

4　看到一些明显被抛弃的人被赐予外在的成就，加尔文派信徒（比如霍恩贝克就是如此）就依据"顽固论"，以对下面这一点的确信使自己内心平衡：上帝之所以让那些人得到那般成就，是为了使他们冥顽不灵，因而愈发确定是要败坏的了。

局限的规定，而其余部分则因为表现了"自然法"，自来就有效，因而也保持了这种有效性；[1] 这种理论一方面使得人们能撤销那些绝对不能适应现代生活的规定，也使得以《旧约》伦理中大量相近的特征而对自负而冷静的合法性精神（这种精神是清教的世间禁欲所特有的）进行极大的强化的那种做法畅行无阻了。[2] 因而同时代作家，以及更晚近的一些作者，一再将英国清教所特有的根本伦理心境称为"英国希伯来主义"，[3] 这种做法如果正确地加以理解的话，完全是合适的。只是在此我们不可想到《旧约》诞生的那个时代的巴勒斯坦犹太教，而是要想到在许多世纪拘泥形式的律法教育和《塔木德》教育之下逐渐成形的犹太教，而且在进行对比的时候也必须极为小心。古犹太教整体而言天然地珍视生命本身的那种心境，离清教所特有的那种特征是相当远的。离清教同样远的（这一点也是不可忽视的），还有中世纪与近代的犹太教经济伦理，这体现在一些能决定双方在资本主义**风气**的发展过程中的地位的特征上。犹太教站在以政治或投机为指向的"冒险家"资本主义一边：一言以蔽之，它的风气是**贱民**资本主义的；而清教则带有理性的市民**企业**与理性的**劳动**组织的风气。清教从犹太教伦理中采用的，不过是适应这一框架的东西而已。

阐明《旧约》中的种种规范渗透到生活之后，在性格上产生的后果（这项任务很吸引人，但迄今为止还没有人对犹太教本

1　在这里的语境下，我们不深入讨论这一点了。这里只关注"合法性"的形式主义特征。关于《旧约》伦理学对于自然法的意义，特洛尔奇的《社会学说》一书中多有论及。

2　依据巴克斯特的看法《圣经》中伦理规范的约束力是有条件的（*Christian Directory*，Ⅲ，第137页起），即（1）仅当它们是自然法的一种"转写"或者（2）它们本身就带有"普遍性和永恒性的明显特征"时。

3　比如道登（联系班杨），前引文献，第39页。

身作过这种探讨），[1] 在这里的概述的框架下是不可能的。除了上面简述的关系之外，我们首先要考虑的，还有清教徒内在的整体特质，即对成为上帝选民的信仰，在他们当中又极大地复兴起

1　关于这一点，我关于"世界宗教的经济伦理"的多篇文章有进一步的讨论。关于尤其是**第二诫**（"不可为自己雕刻偶像"等）对于犹太教在性格学方面的发展，对于它那种理性的、远离感官文化的特征产生的巨大影响，这里不作分析了。或许无论如何都因其特别而应该提及的一件事是，美国"教育联盟"（这个组织富有成效与技巧地推动了犹太移民的美国化）的一个领导人对我说，他们通过所有的艺术课程与交际课程来追求的目标，就是培育出"脱离第二诫"的文化人来。在清教中，与以色列人对将上帝人化的一切做法的鄙弃相对应的（看看，反之亦然！）东西与此有些不同，却是在一个相关的方向上起作用的，对于将受造物神圣化的做法的禁止。就塔木德所教导的犹太教而言，清教伦理的主要特色的确与之相类似。比如在塔木德中（见 Wünsche, *Babyl. Talmud* Ⅱ，第34页）强调的是，如果人们出于**义务**而行善，比起人们**并未**因律法规定而负有义务的某种善举来要更好，也会得到上帝更多的报酬，换句话说，冷酷地履行义务，在伦理上要高于感情性的博爱主义，这一点清教伦理在本质上是可以接受的。这就像**康德**这个身为苏格兰人后裔、并在教育方面深受虔敬派影响的人，在结果方面与这个原理走得很近（正如他的一些表述直接与禁欲新教的思想相关联，这里无法讨论这一点了）。但塔木德伦理学曾深深浸润了东方传统主义："人千万不要改变习俗"（*Gemara zu Mischna* Ⅶ，1 Fol. 86b, Nr. 93，在温舍那里是这样说的：这里涉及的是按日付酬的工人的生计问题），只有对外邦人才不必受这约束。但清教的那种将"合法性"当作考验的观点，比起犹太人纯粹只为履行律法的做法来，显然产生了强烈得多的积极**行动**的动机。关于成功表示上帝的祝福的思想，对于犹太教自然并不陌生。但由于犹太教持双重的（内在的与外在的）伦理，这一思想获得的那种根本偏离了的宗教—伦理意义，排除了一切效果上的亲缘性，甚至在这个关键点上也是如此。面对"弟兄"时被**禁止**的事情，在面对"外邦人"时是**许可**的。就是因为这一点，在这个并非"被禁止"，而是"被允许"的领域里取得的成功，就不可能在那个意义上成为**宗教**考验的标志，也不可能成为讲究方法的那种生活形态的推动力，正如在清教徒那里的情形一样。**松巴特**在他的《犹太人与经济生活》一书中往往并未正确地探讨这个问题，关于这整个问题，参见前面引用的多篇论文。细节问题不属于这里讨论的范围。犹太人的伦理，乍听之下极为陌生，它一直都是极具传统主义的。这里同样不会深入讨论的，是由于基督教的那种以其特有的方式总是在自身内蕴藏着种种**新的**发展可能性的种子在内的，对"恩典"和"拯救"这两种思想的理解，因而内心对世俗的态度经历了巨大的变迁。关于《旧约》里的"合法性"，也可参见 Ritschl, *Rechtf. und Vers*，Ⅱ，第265页。对于英国清教徒而言，他们那个时代的犹太人恰是那种以战争、国家供应、国家垄断、集资投机和公侯的建筑与金融规划为导向的资本主义的代表，而他们本身对这种资本主义是深恶痛绝的。实际上，整体而言，这种对立很可以这样来表述（当然总是不可避免地要附加一些保留条件）：犹太人的资本主义是**贱民**资本主义，而清教的资本主义则是市民的劳动组织。

来了。[1]甚至连性情温和的巴克斯特也感谢上帝让他降生在英国,在真正的教会中,而不是在别处,同样地,对于自己因蒙受上帝的恩典而无可指摘的这种感激之情,渗透到清教市民阶层的生活情调中,[2]也造成了资本主义英雄时代的那些代表人物所特有的那种拘泥形式的、正派而又生硬的性格。

现在,我们还要特别尝试弄清楚,清教天职观和对禁欲生活方式的要求,在哪些地方必定**直接**影响了资本主义生活方式的发展。正如我们已经看到的,禁欲活动全力加以抵制的,首先是对世间事物及其引起欢乐的东西的**自然享用**。这种特征大概最鲜明地体现在围绕《体育运动之书》展开的那场斗争中了,[3]为了达到压制清教这一明白宣示的目的,詹姆士一世和查理一世将这些条例提升为法令,并命令清教教会布道台上必须宣读此条例。当清教徒暴怒地反对国王的指令,即应当在法律上允许礼拜天在教会活动时间之外进行某些有民族风味的娱乐活动

1　对于巴克斯特而言,《圣经》的**真理**终究而言源自"圣洁者与非圣洁者之间奇妙的差异",源自"重生的人"与其他人之间绝对的不同,以及上帝对他的子民的灵魂救赎的那种明显完全特殊的关照(这种关照自然也**可能**在"**试炼**"中表现出来)。见 *Christ. Dir.*,Ⅰ,第165页。

2　作为这一点的特征,人们只需读读班杨,看他是如何经历迂回曲折,才接受关于法利赛人和税吏的寓言的(见"法利赛人与税吏"讲道,前引文献,第100页起)。在班杨那里,毕竟偶尔还可以发现对路德的《基督徒的自由》中的那种情调的某种接近(比如 *Of the Law and a Christian, W. of Pur. Div.*,第254页以下)。为什么法利赛人遭到抵制? 他实质上没有遵守上帝的命令,因为他明显是一个**宗派主义者**,只专注于一些外在的细节和仪式(第107页)。但首先,他把功绩归于他自己了,却还"像贵格会信徒所做的那样",滥用上帝之名,为了自己的美德而感谢上帝,他以罪恶的方式仰仗这美德的价值(第126页),因此暗暗地否定了**上帝的恩典拣选**(第139页)。这样一来,他的祷告就是对受造物的神圣化,而这正是此事的罪恶之处。与此相反,那个税吏,正如他坦率的忏悔所表明的,在内心里已经重生了,因为正如清教将路德宗的罪感加以特有的弱化的过程中所说的,"对于罪的正当与真诚的信念,必定有对于上帝极有可能施予慈爱的某种信念与之相配"(第209页)。

3　比如在加德纳的《宪法文件》中发表的那样。针对(反权威的)禁欲的这种斗争大概可与路易十四对波尔·罗亚尔修道院和詹森派的迫害相比。

时，此时激怒他们的，**不仅仅**是对安息日的搅扰，而是完全有意地偏离圣徒有秩序的生活方式。而当国王威胁要对任何攻击那种娱乐活动之合法性的行为施以重罚时，其目的恰好就是要打破那种因为**反对当局**、**奉行禁欲**，而威胁国家的特征。封建君主制社会保护"愿意娱乐的人"，而反对正在产生的市民道德，以及那种敌视当局而奉行禁欲的私下集会，这正如今天的资本主义社会往往保护"愿意劳动的人"，而反对工人阶级道德，以及那种敌视当局的工会一样。与此相反，清教徒维护的是他们最关键的特征：禁欲生活方式的原则。因为在其他情况下，清教绝非彻底反感体育运动，甚至贵格会也是如此。只是这些体育运动游艺必须服务于一种理性的目的，即服务于对于维持身体活动能力而言必不可少的休养恢复。相反，若是体育运动成了淳朴地任意发展那种无拘无束的欲求的工具，他就对其很狐疑，而只要它成了纯粹为了享受的工具，甚或为了争竞而唤起那种好斗的虚荣心、粗野的本能或非理性的欢愉，那么很明显，它完全就是可鄙的了。满脑子**欲望**地去享受生活，是为职业劳动和虔敬信仰同样所不齿的，正是这种享受本身成了理性禁欲的敌人，它便想将自己装扮成"名流们的"体育活动，或者普通人出席舞会与酒会的情形。[1]

与此相应地，对于宗教上没有直接价值的文化财富，他们往往也采取怀疑的，常常还很敌对的态度。这并不是说，清教的生活理想中包含了一种阴郁而鄙视文化的庸俗性。至少对

1　在此**加尔文**的立场在本质上还算温和，至少在涉及贵族生活享受的那些更精细的形式时是如此。只有《圣经》构成了其界限；谁若是坚守《圣经》，并维持了好的良心，就没有必要胆战心惊地对内心中任何向往生活享受的躁动都惊疑不已。《基督教要义》第X章中与此相关的论述（比如："我们不能逃避那些被视作多于必需的愉悦之物"），可能已经为一种十分松散的实践打开了大门。在这里，追随者们的动力，除了围绕对救赎的确信而来的恐惧之外，还有我们在别处会加以评论的一点，即在"战斗的教会"的领域里，**小市民**是加尔文派伦理发展的担当者。

于科学,情况恰好相反——除了讨厌的经院哲学之外。而且清教运动的那些最著名的代表,还深深浸润了文艺复兴的教养:清教运动中的长老会一派所做的布道中满是古典的譬喻,[1]即便那些激进人士,虽说很厌恶,但也并不拒斥神学争论中的那种博学。或许没有哪个国家像刚成立的新英格兰的第一代人那样,有那么多的"大学毕业生"了。对手们的讽刺作品,比如布特勒的《修提布拉斯》,针对的也正是清教徒的这种闭门造车式的学究气和熟练的辩证法:这种情形**部分**地与宗教上对知识的珍视有关,而那种珍视又来自对天主教"信仰的默示"采取的态度。而一旦人们踏入非科学性文献,[2]以及感性艺术的领地,情形就不一样了。在这里,禁欲当然就像寒霜一样,落在了老英格兰欢乐的生活上。而由此涉及的,还不仅仅是一些世俗的节日。清教徒对一切散发着"迷信"味道的东西,对以巫术或庆典的方式施与恩典的做法的一切残余,都心怀愤恨,甚至还迫害基督徒的圣诞庆典,连同五朔节[3]和教堂里朴素地运用艺术的做法。在荷兰,一种伟大的,常常带有粗犷现实主义

1　比如亚当斯(*Works of the Pur. Div.*, 第3页)就是以下面这一点暗示作为一次有关"三位圣洁的姐妹"的讲道(名为"但爱是其中最大的"): 连帕里斯都把金苹果给了阿芙洛狄特!

2　小说一类是"浪费时间",是不应该读的(Baxter, *Christ. Dir.*, Ⅰ, 第51页, Sp. 2)。在英国,伊丽莎白时代之后,不仅戏剧,而且抒情诗与民歌都枯竭了,这是众所周知的。在造型艺术上,清教或许没有发现有太多可以压制的。但引人注目的是,原先看起来极佳的音乐天赋(英国在音乐史上的地位绝非无足轻重的)竟会崩塌为绝对的空无,后面这种状态我们在后来的盎格鲁—撒克逊民族,直到今天,都可以在这方面看到。在美国,除了在黑人教会之外[以及如今教会作为"噱头"加以支持的职业歌手(波士顿的三一教会在1904年即花费了8000美元给这些歌手)]人们大都只能听到一种德国人的耳朵无法忍受的刺耳尖叫,那是"团契颂歌"(与荷兰的情形**部分**地相似)。

3　在荷兰也完全如此,正如各次宗教会议的协商所表明的。(参见 *Die Reitsma'sche Sammlung*, Ⅵ, 78、139等处关于五月树的决议。)

的艺术还有其发展空间，[1]这仅仅表明，当加尔文派短暂的神权统治瓦解为一种平淡的国家教会，加尔文派在禁欲方面的号召力同时也引人注目地低落之后，那里由当局在这些方向上实施的伦常规整是多么无力抵挡宫廷与皇家阶层（一个**领年金者**的阶层）的影响，以及富裕起来的小市民们的生活享受。[2]

1　《旧约》的复兴，以及虔敬派以基督教在艺术中的某些敌视美的感情为导向（这些感情最终可以回溯到第二以赛亚和《诗篇》第22章的那种），这必定大大助长了将**丑陋之物**作为艺术对象的趋势，与此相similarly地，清教拒绝将受造物神圣化的做法也有助于这一趋势。但所有细节似乎都还不确定。在罗马教会，完全别样的（煽动性）动机也在外部导致了类似的现象，但在艺术上当然产生了完全不一样的结果。谁站在伦勃朗的《扫罗与大卫》（收于海牙莫里斯皇家绘画陈列馆）前，都会认为直接感受到了清教感情的强大影响。诺依曼的《伦勃朗》对荷兰文化影响的极有见识的分析，给迄今为止人们就如下问题所**能**得到的知识树立了一个标杆，即禁欲宗教产生了多大的积极的、促进艺术成就的影响。

2　关于荷兰在十七世纪前期即已出现的情形，即加尔文派伦理相对较少渗入生活实践中，禁欲的精神有所弱化（在1608年逃到荷兰的英国公理派信徒看来，荷兰人不太遵守安息日休息的规定乃是有伤风化），在腓特烈·亨利总督治下更是如此，对于荷兰清教普遍扩张乏力，其原因是多方面的，这里不可能讨论了。一部分原因是政治状况（地方主义的城市与区域联邦）与极为弱小的军事防卫[独立战争很快就靠阿姆斯特丹来的**资金**，靠雇佣军展开了：英国布道者通过荷兰军队的例子，来说明巴比伦的语言混杂状况（指巴别塔故事——译注）]。这样一来，信仰斗争的严酷在很大程度上推给了别人，但因此也就丧失了政治**权力**。与此相反，克伦威尔的军队觉得自己是**市民**军——尽管有一部分是被强迫来的。（当然在此更特别的是，**正是这支**军队，在其纲领中列入了废除兵役**义务**这一条，因为人们正是抱着光大上帝之名的想法，为了一件在良心中认之为善的事情，而不是为了王侯们变幻无常的情绪作战的。依照传统的德国概念来看"不道德的"英国军队状况，**从历史上看**，起初有着非常"道德的"动机，并且要求士兵们成为长胜之军，直到复辟之后，才是为了王室的利益服务的。）人们从哈尔斯的画作中看到，荷兰的国民军，大战时期加尔文派的担当者，在多德雷赫特诸次宗教会议的半代人的时间之后，就很少有什么"禁欲的"表情了。那些宗教会议一再对他们的生活方式进行抗议。荷兰语中的"Deftigkeit"（高贵）概念是市民的理性的"正派"与城市新贵的等级意识的某种混合。荷兰教会中座席的等级分层，至今还显示出教会的贵族制特征。城市经济的延续阻碍了工业发展。工业的繁荣几乎全是通过逃难至此的人而形成的，因此总是暂时的。但在荷兰，加尔文派和虔敬派的世间禁欲也在和别处完全相同的方向上起作用了。（正如普林斯特勒在本书中引用的话中表明的，在下面马上要提及的"禁欲的强制节约"的意义上也是如此。优美文学在加尔文派的荷兰几乎完全消失，这当然并非偶然。关于荷兰，比如可参（转下页）

剧院是清教徒所不齿的，[1]而由于将色情和裸体的场面严格排除于可能出现在人们面前的作品之外，在文学中，犹如在艺术中一样，更激进的观点就无从立足了。"闲谈"、"奢侈"、[2]"虚饰"概念（所有这些称呼指的都是一种非理性、无目标，因而也不是禁欲，此外还不是为了荣耀上帝，而是服务于人的举止）很快就可以顺手用来反对人们运用艺术题材的一切做法，果断地支持冷静的目的性。在涉及个人的直接装饰的地方，比如涉及服装的地方，[3]这一点完全有效。将生活方式齐一化的那种强大的趋势（当今资本主义对生产的"标准化"的那种兴趣与此是一致的[4]）

（接上页）见 Busken-Huët, *Het land van Rembrandt*, 罗普也有德文本。）表现为禁欲的强制节约的，荷兰人的虔敬信仰的意义，在十八世纪，比如在哈勒的笔下还清楚地显示出来。关于荷兰的艺术评价的特殊之处及其动机，可参见惠更斯写于1629—1630年的自传性文字，收入 *Oud Holland*, 1891。[关于**我们的**问题，上面引用过的普林斯特勒的著作 *La Hollande et l'influence de Calvin*（1864）并未提供什么关键性的东西。]美国的新尼德兰殖民地，在社会方面是由"资助保护人"（提供资本的商人）构成的一种半封建的统治，而且与新英格兰相反的是，很难吸引"小民"移民到那里。

1 此处令人想起：清教的城市当局在莎士比亚生前，就关闭了埃文河畔的斯特拉特福的剧院，即便在他生命的最后阶段居留于此时也是如此。（莎士比亚总是不失时机地表现出他对清教徒的憎恨和鄙夷。）还在1777年时，伯明翰市就以助长"懒惰"而不利于商业为由，拒绝批准一座剧院的建造。

2 这里的关键还在于，对于清教徒而言，**只**存在着"非此即彼"：或者是上帝的意志，或者是受造物的自负。因而对于他而言，不可能有任何"无伤大雅"的事情存在。正如已经说过的，加尔文在这种关系方面的看法有所不同：人的衣食之类如何，只要不使灵魂受欲望之权力奴役，都是无所谓的。正如在耶稣会信徒那里一样，脱离"世俗"的那种自由在对大地所提供的物品的漠不关心中，但在加尔文那里就意味着在对这些物品的无所谓的、无欲求的利用中，表现出来了（*Institutio Christianae Relig.*, 初版，第409页起）。很明显，这样的立场实际上要比后来追随者们的严谨派离路德宗的立场更近。

3 贵格会在这方面的态度是人所共知的。但在十七世纪初，阿姆斯特丹的流亡者团契便因为一位牧师的妻子穿戴入时，而陷入十年之久的震荡。（德克斯特的《近三百年的公理会》中很有趣地描绘了这件事。）桑福德的前引文献已经就此指出，当今男人们的"发型"就是深受嘲笑的"圆颅党"的发型，而清教徒的那种同样受到嘲笑的男性**服饰**，和当今服饰的根本**原则**肯定在本质上是类似的。

4 关于这一点，可再次参见前面引用过的维布伦的《企业机构理论》一书。

在对"将受造物神圣化"的拒斥中就已经获得了其精神基础。[1]
当然,在此不可忘记的是,清教自身中包含了一个由各种对立构成的世界,清教领袖们对于艺术中永恒的伟大的直觉感受,当然要高于"保皇党"的生活氛围中形成的那种感受,[2]而且像伦勃朗这样一位无与伦比的天才,虽说其"转变"在清教的上帝看来根本都配不上什么恩典,然而在创作方向上,却受到他的教派环境的极为根本的影响。[3]但只要人格方面的那种有力的内在化(它可以导致清教生活氛围的进一步深化,而事实上也影响了这种深化),主要是有利于文学,而且直到后来的世代才产生这种利好,那么上述情形对于整体局面就没有任何改变。

在此我们无法进一步深入探讨清教在所有这些方面的影响,只能思及一点,即在纯粹服务于审美方面或者娱乐方面的享受的那些文化财富上所允许的快乐,无论如何总是受到**某种**特有的限制的:**不可花费分毫**。人的确只是上帝的恩典给予他的

---

1 我们会不时回到这个视角上来。从这个视角出发,才能说清楚下面这类格言:"在你自己、你的子女和朋友身上花掉每一分钱,都要像是由上帝自己指定的一样,且要服侍他,使他欢喜。要看紧了,否则窃贼一般的肉欲就会什么都不给上帝留下。"(Baxter,前引文献,Ⅰ,第108页右下。)这正是关键之处:用于人们的**私人**目的的东西,就**不能**为上帝之名服务了。

2 在此人们往往不无道理地想起(道登的前引文献就是如此),克伦威尔挽救了拉斐尔的画作和曼特尼亚的《恺撒的胜利》,使之免于毁坏,而查理二世则试图卖掉它们。众所周知,复辟时期的社会,对待英国的民族文学,要不就是完全冷酷的,要不就是直接拒绝。同样,凡尔赛对于各处宫廷的影响,到处都是很巨大的。具体分析离弃日常生活中质朴的享乐的做法,对最高类型的清教及经过这派训练的人们的精神所产生的影响,这是在我们目前的这个短论的框架内无论如何不可能解决的一个任务。欧文(*Bracebridge Hall*,同前引)以英语中的日常话语表达了这当中的影响:"它(他指的是政治自由,我们说是清教)不是引起了更少的幻想游戏,而是想象力。"人们只需想想苏格兰人在科学、文学、技术发明和英国经济生活中的地位,就能感觉到,他的这个评语虽说太过狭窄,却也中肯。我们这里就不讨论它对技术与经验科学之发展的意义了。这种关系本身在日常生活中也普遍出现了。比如对贵格会而言,可允许的"消遣"就是(依据巴克利的观点):访友、历史读物、**数学和物理学试验**、园艺、闲谈商业和世上其他事情,如此等等。至于其理由,前面已经讨论过了。

3 诺依曼的《伦勃朗》里有极为漂亮的分析,可以和上面的评论相比较。

那些财富的掌管者,正如《圣经》里的仆人一样,他必须就托付给他的每一芬尼作出汇报,[1]而从这笔财富中拿出一部分花掉,不是为了上帝之名,而是为了自己的享受,这样做至少是很可疑的。[2]明眼人谁不会认为,至今仍可预见这个观点的代表人物呢?[3]关于人对托付给他的财产(他作为进行服务的管理者或径直作为"赚钱机器"隶属于这财产)**负有义务**的思想,成了生活中冰冷的重负。只要禁欲的生活心境经得住考验,那么财产越多,对于如下这一点的责任感就越重:为了光大上帝之名誉,不要让财产减少,反而要通过无休止的劳动来增加财产。在个别根源上,这种生活方式的产生,就像现代资本主义精神的许多组成部分一样,一直要回溯到中世纪去,[4]但只有在禁欲新教的伦理中,这种生活方式才获得它在伦理方面连贯一致的基础。它对于资本主义发展的意义是显而易见的。[5]

因而,新教在世间的禁欲(我们可以借此对此前所说的作

1　参见Baxter,前引文献,Ⅰ,第108页下。

2　比如可参见哈奇森的遗孀为他撰写的传记中的著名描述(经常被引用,比如Sanford,前引文献,第57页)。在叙说了他骑士般的美德和他那热烈地爱好生活的天性后,是这样说的:"他极为整洁,爱干净,又有教养,而且非常乐在其中;但**他很早就抛弃了一切昂贵的**穿着。"……这与巴克斯特在玛丽·哈默的葬礼演说(*Works of the Pur. Div.*,第533页)上描绘的那种开明而有精致教养的清教女士的理想十分相似,后者唯独对两件事十分悭吝:时间和"奢华"与娱乐的花费。

3　除了别的**许多**例子,我特别想起一位在商业生涯获得异乎寻常的成功、在他那个年龄算是极富裕的工厂主,因他患有严重的消化不良,医生建议他每日服用几颗牡蛎,但这对他是极困难的。他在生前就为了慈善的目的创立了一些巨大的基金会,他还"出手大方",这些又都表明,上面的现象**只是**那种"禁欲"感的遗存,这种感觉认为**享受**自己的财产在伦理上是可疑的,这根本与"吝啬"无关。

4　厂址、商铺,以及一般而言的"业务",与私人住所之间的**分离**,商号与姓名的**分离**,营业资本与私人财产的**分离**,使"业务"(首先至少是社会财产)成为一个"神秘团体"的趋势,所有这些都处在这个方向上。关于这一点,参见我的"中世纪的商业协会"。

5　松巴特在他的《资本主义》(第1版)中偶尔很中肯地指明了这种特有的现象。需要注意的仅仅是,财富积累是从两种极为不同的心理来源出发的。其一在其效用方面可以回溯到最渺茫的远古时期,同样表现为各种基金、祖产、遗赠一类,甚至比起下面这种类似的努力,表现得远远更为纯粹、更为清楚:(转下页)

很好的总结了）就全力抵制自然地享用财产，它约束消费，尤其是奢侈性消费。与此相反，在心理的影响方面，它将**财富的赚取**从传统主义伦理中**解放**出来，它突破了盈利欲的种种束缚，因为它不仅使这种欲求合法化了，还直接（在上述意义上）将后者视为上帝所喜的。就像清教徒们，以及贵格会的护教士巴克利明确证实的那样，对肉欲以及迷恋外在财富的做法的斗争，**绝非对理性营利**的斗争，而是对为了财产而利令智昏的现象的斗争。但这种利令智昏首先在于对因为将受造物神圣化而受谴责的、**招摇过市的**那些奢侈形式的珍视，[1] 非常接近于封建的感受，而不是依照上帝所喜欢的方式，为了个人和群体的生活目的，而理性地和合乎功利地对财产善加利用。这种禁欲并**不想迫使**有财产者**进行苦修**，[2] 而是要将他们的财产用于必要的、**实际上有用的**那些事情上去。"舒适"概念以特有的方式约束住达到伦理上所许可的财产运用所需的花费，而人们恰恰在这个整体生活观的最为一以贯之的拥护者们，即贵格会信徒那里，看到了遵循这一概念的生活方式最早也最清晰的发展情形，这绝非偶然。

（接上页）有朝一日带着极高的物质财富死去，而且首先要保证"业务"的持续存在，不管这会不会损害到继承财产的大部分子孙的个人利益。在**这些**情况下，除了来世也在自己创造出的东西中过一种理想生活之外，问题还涉及维持"光耀门庭"，这样一来可以说涉及事业开创者声名远播而带来的虚荣，总而言之，根本上都是为了自我中心主义的目标。**我们**在这里涉及的那种"市民"动机的情形并非如此，在那里，禁欲的命题"你应戒绝、戒绝"转向了积极资本主义的"你应盈利、盈利"，以其非理性状态，质朴而纯粹地作为一种绝对命令出现在我们面前。只有上帝之名与自己的义务，而不是人的虚荣，成了清教徒这里的动机，而**今天**则**只是**对"职业"的义务。谁若是喜欢展示某种思想最极端的后果，不妨想想美国的一些亿万富翁的那个理论，即凭自己努力挣得亿万财富者，**不应该**将财产遗留给孩子们，这样一来，孩子们就不会将"必须自食其力"这一伦理上的善举毁掉：这在**今天**当然只是一个"理论上的"泡影罢了。

1 正如需要一再强调的，除了消灭肉体的种种纯粹禁欲的视角之外，**这**就是最终的关键性宗教动机，这一点在贵格会那里再清楚不过地凸显出来了。

2 巴克斯特否定这一点（*Saints' everl. rest*，第12页），其动机与耶稣会信徒完全相同：要将身体需要的东西给它，否则人就成了身体的奴隶。

与骑士排场的华丽饰品和外貌相反（这排场的经济基础并不稳固，相比于平凡朴实，更偏爱悭吝优雅），他们以小市民"家庭"正派而又稳固的安逸为理想。[1]

在私有经济财富的**生产方面**，禁欲针对不正当现象，犹如针对纯粹的**欲望**贪婪展开了斗争，因为这正是他们当作"贪心"，作为"拜金主义"等而抛弃的东西：追求财富的终极目的，就是为了**成为**富人。因为财产本身就是诱惑。但在这里，禁欲如今成为一种力量，这种力量"总是希望求善，而又创造恶"——在他们那个意义上的恶：财产及其诱惑。因为与《旧约》的观点一道，也与伦理上对"善工"的评价相类似地，它虽然在对财富的追求中，将极可鄙之物看作**目的**，却也在财富的获得中，将上帝的赐福看作职业劳动的**成果**了。而且更重要的是：宗教上将无休止的、坚持不懈的、系统的世俗职业劳动作为绝对最高的禁欲手段，以及对重生之人及其信仰真诚性的最稳靠，也最可见的考验的这种评价，一定是使我们这里称作资本主义"精神"的那种生活观得以扩展开来的、可设想的最有力的杠杆。[2]而我们要是将对消费的那种束缚，与营利本能的这种解放放在**一起来**看，那就很容易看到其外在后果了：通过禁欲性的**强制节约**而

1　这种理想，尤其在贵格会里，在其最早的发展阶段就已经清楚地存在了，正如魏因加藤在他的《英国革命教会》中在一些要点上展开论述过的那样。在巴克利前引文献，第519页起以及第533页起的深入探讨中也最为清晰地阐明了这一点。需要避免的是：受造物的虚荣，因而包括了一切夸耀、浮华和使用那些毫无**实际**目的或仅仅因为稀少而被珍视（因而是出于虚荣）的事物；轻率地使用财产，比如**超出**生活必需的和对未来的先行操心的限度**之外**，而将财产花费在不那么必要的一些需求上，因而可以说，这在贵格会信徒看来就是不断变换着的"边际效应规律"。"温和地使用受造物"是完全允许的，**尤其是**人们可以将重点放在这类物质的质量和坚实上，只要这不令人"虚荣"即可。关于所有这一切，可参见：*Morgenblatt für gebildete Leser*，1846，第216号起（特别是关于贵格会信徒对物质的舒适与坚实的看法，可参见施内肯布格尔的讲演，第96页起）。

2　前面已经说过，我们**这里**不深入讨论宗教运动的阶级条件问题了（关于这一点，参见我有关"经济伦理与世界宗教"的诸篇论文）。但为了看清楚我（**转下页**）

形成资本。[1]对大事消耗所赚之资的阻止,必定有利于它被用于生产,成为**设备投资**。这种效果有多大,自然无法通过数字来精确算出。在新英格兰,这种关联极为明显,以致已经无法逃脱像多伊勒这样卓越的历史学家的眼睛了。[2]但在实际上只被严格的加尔文派支配了七年的荷兰,在宗教上更为严肃的圈子里占支配地位的那种更为简朴的生活,在暴富的一批人当中却也产

（接上页）们这里着重加以引用的巴克斯特并非透过那个时代的"资产阶级"的眼镜在看问题,只需牢记下面这一点就够了:在他看来,若是给上帝所喜的职业排序,那么在有学识的职业后面,首先是农夫,**然后**是船员、衣商、书商、裁缝等一大堆的职业。这里(当然足够特别的)提到的"海员"或许至少不仅仅指水手,也指渔夫。在这方面,塔木德里的一些箴言有所不同。比如可参见 Wünsche, *babyl. Talmud*,Ⅱ,1,第20、21页。以利亚撒拉比的那些当然并非毫无争议的箴言蕴含着这样的意思:商业往来比农耕更好。(Ⅱ,2,第68页起了调和的作用。但如下资本投资分配方式值得推荐:三分之一放在土地上,三分之一放在商品上,三分之一留作现金。)对于那些得不到因果方面的("唯物主义的",很遗憾,人们总是这么说)解释,就无法使他们那习惯于因果性的良心得到安宁的人来说,需要注意的是:我认为经济发展对宗教思想之形成的历程产生的影响是极大的,并且在后面会尝试阐明,在我们这里的情况下,双方之间相互适应的过程和关系是如何成形的。只是那些宗教思想的内容是绝**不**可能"从经济中"**演绎**出来的,无可置疑的是,它们本身正是"民族特征"中最有力的、可塑的一些因素,而且纯粹在其自身就带有了它们自己的规律和强制力。而除此之外,路德宗和加尔文派之间**最重要的**那些差异,还受到政治的**突出**影响——只要宗教以外的因素在此共同起作用。

1　伯恩斯坦在他的前引文章(第681、625页)中说下面这番话时,想到了这个问题:"禁欲是一种市民德性。"他的前引文献中的论述,**是**一般性地阐明了这些重要的整体关联的**最早的论述**。只是这整体关联却远比他所设想的更广泛。因为决定性的问题并非单纯的资本积累,而是对整个职业生活进行禁欲理性化。关于美国殖民地那里清教的北方人(他们因为奉行"禁欲的强制节约"而总有需要投资的资本)与南方人的情形之间形成对比,多伊勒已经清楚地强调过了。

2　Doyle, *The English in America*, Vol. Ⅱ,第1章。在新英格兰,在殖民地创立后一代人的时间里,就有钢铁公司(1643)、织布厂(1659)存在了(此外,手工业也达到了鼎盛时期),从纯粹经济的角度来看,这对于市场来说,是时代的倒错,这与南方的局面,也与那虽然并不信奉加尔文派,却也享受着彻底的良心自由的罗德岛,形成了最鲜明的对立。在罗德岛,虽然有出色的港口,但在1686年,地方长官和地方议会的报告还说:"贸易上最大的障碍就是,在我们当中缺少商人,也缺少大地主"(Arnold, *Hist. of the State of R. I.*,第490页)。实际上几乎毋庸怀疑的是,因为清教限制消费,而迫使人们不得不将节省下来的资本进行再投资,这种情形也对此起了作用。这里出现了我们尚不准备探讨的教会纪律的角色问题。

生了过度的积累资本的狂热。[1]此外,在一切时代都处处可见、今天在我们这里也在起作用的,市民财富的那种"贵族化"趋势,必定由于清教对封建生活形式的那种反感,而得到了遏制,这一点也是显而易见的。十七世纪英国重商主义作家把荷兰资本力量对于英国的优势归结为,在荷兰不像在英国这样,通过添置田产,以及(因为不光涉及土地买卖)转变为封建的生活风尚,而把新获得的财富定期进行贵族化,由此也避开了资本主义式的投资利用。[2]在清教徒那里也不鲜见的、将**农业**视作一种特别重要的、对虔敬信仰也特别有益的营利分支的做法,在(比如说)巴克斯特看来,并不适用于地主,而适用于自耕农与佃农,在十八世纪则不适用于贵族地主,而适用于"理性的"**农场主**。[3]有一种分裂贯穿了十七世纪以来的英国社会,那就是"老地主阶级",即"古老快乐的英国"的化身,与社会权力不稳定的清教徒圈子之间的分裂。[4]两种特征,一种是百折不挠地享受生活,另一种是严格规整与节制之下的克己并接受习俗与伦理

---

1 这个圈子在荷兰当然在急剧缩小,比斯肯一许埃特的叙述表明了这一点(前引文献,Bd. Ⅱ,K,Ⅲ,Ⅳ)。普林斯特勒毕竟说过(*Handb. d. Gesch. v. h. V.*,第3版,第303节注,第254页):"荷兰人挣得多,花得少",在威斯特伐里亚条约**之后**的时代还是如此。

2 关于英国,参见 Ranke, *Englische Geschichte*, Ⅳ,第197页,一位贵族保皇党在查理二世进入伦敦之后递交的一封陈情书,就赞成从法律上禁止以市民资本来购入地产,由此便可迫使市民资本仅仅用于商业。荷兰的"城市贵族"阶层,正是**通过**购买古老的骑士领地,而区别于市民新贵的"阶层"的。(关于这一点,参见 Fruin, *Tien jaren uit den tachtigjarigen oorlog*,其控诉书中说城市贵族已成不劳而获者,再也不是商人了。)这个圈子当然从未在内心里真诚信奉过加尔文派。而十七世纪下半叶荷兰市民阶层内部各个广泛的圈子里盛行的那种声名狼藉的对贵族地位与头衔的喜好,就足以表明,至少就**这个**时期而言,英国与荷兰的局面之间的那种对立只能小心谨慎地加以接受。继承来的货币财产太强大,在这里令禁欲精神遭受了挫折。

3 随着英国市民资本大举购买地产,英国农业经济大兴盛的时期到来了。

4 国教派的地主直到二十世纪还常有拒绝非国教派信徒作其佃农的现象。(如今教会中的这两派在数量上几乎一样强,而在之前非国教派信徒总是少数。)

的约束，二者直到今天还在英国的"民族特征"的图景中并行不悖。[1] 在更古老的北美殖民史中，同样贯穿着那些希图凭雇工的劳动力建立种植园，并过上领主生活的"冒险者"，与清教徒特有的市民意识之间的对立。[2]

在清教生活观的力量所及之处，它无论如何都对选择市民的、理性经济的生活方式的趋势有利——这自然要远比单纯地促进资本的形成来得重要；对于这种趋势而言，它是其最本质的，而且首先独一无二而又一以贯之的承担者。它庇护着现代"经济人"的策源地。固然，清教徒的这种生活理想，若是其面对的那种试炼，即清教徒本身十分熟知的财富"诱惑"的试炼太过强大，便也有发生动摇的时候。我们往往可以很有规律地在那些刚处于上升阶段的小市民与自耕农中，[3] 发现清教精神的那些真正

---

1 利维（在正好发表于《社会科学文汇》第46卷的那篇文章中）正确地提醒人们，依据那从无数的特征中推断出来的英国民族"禀性"，这个民族并**不**像其他民族那样倾向于某种禁欲伦理和那些市民德性：粗鲁野性的生活享受曾是（或如今还是）它的本质的一个基本特征。清教的禁欲在其占支配地位的那个时代所具有的权力在多大程度上表现出来，这种性格特征就恰恰在多大的程度上由其拥护者们加以缓和了，这不免令人惊讶。

2 多伊勒的叙述也一再提到这一点。在清教徒的立场方面，宗教的动机总是在起着决定性的作用（当然并不总是唯一起决定性作用的）。对于绅士移民到马萨诸塞（即便他是世袭贵族的名门望族）的现象，在温思罗普领导下的殖民地倾向于仅当这些绅士加入教会的时候，才加以批准。为了教会纪律起见，殖民地严守排他性的移民政策。（新罕布什尔和缅因的殖民是由国教派的大商人实现的，他们建立了一些大型的畜牧农场。这里与清教只有极少的社会关联。）关于新英格兰人强烈的"逐利欲"，1632 年就已经有人抱怨过了（比如可参见 Weeden, *Economic and social history of New England*，Ⅰ，第 125 页）。

3 佩蒂的前引文献已经强调过这一点，而且所有同时代的材料无一例外地都在特别谈到清教中**各派信徒**（浸礼会信徒、贵格会信徒、门诺派信徒）时，都说他们部分是无产者，部分是**小资产阶层**，而且将他们与大商人一贵族，也与金融冒险者进行对比。但正是从这个小资产阶层中，而不是从，比如说，大金融家（垄断者、国家供应商、国家资助者、殖民地企业家、公司创建者等）的手中，产生了西方资本主义**特有**的现象：工业劳动的那种市民—私人经济的组织。（比如可参见 Unwin, *Industrial Organization in the 16th and 17th centuries*, London, 1914, 第 196 页起。）同时代人就已熟知这种对比了，关于这一点，参见 Parker, *Discourse concerning Puritan*, 1641, 那里同样还强调了与规划者和廷臣之间的对立。

的拥护者,而"有财产的人有福"(即便在贵格会中也是如此)
却往往准备否弃旧时的理想。[1]世间禁欲的先驱者,即中世纪修
道院内的禁欲,一再遭遇同样的命运:当理性的经济运行方式
在这个严格规制生活并阻止消费的地方,完全发挥其作用时,正
如在教会分裂前那样,所获得的财富不是直接堕落为贵族化,
就是险些使修道院的纪律崩溃,于是不得不一再开始"宗教改
革"。整个教团教规史,在某种意义上都不过是与财产的世俗
化作用这个问题一再进行搏斗的过程。在更大的规模上,清教
的世间禁欲同样如此。卫理公会有力的"复兴"先于英国工业
在十八世纪末的繁荣时期,恰恰可以与这种修道院宗教改革进
行很好的对比。这里可以引用卫斯理本人的一处文句,[2]正好用
来概括前此所说的一切。因为这处文句表明,禁欲教派的首领
们,对于这里阐述的那些貌似很矛盾的整体关联不仅了然于胸,
而且完全是在这里所阐述的意义上了然于胸的。[3]他描述道:

> 我担心的是,财富不断增长,宗教的内容也相应地减

1　关于这一点在十八世纪的宾夕法尼亚政治中,尤其也在独立战争中表现出来的
　　方式,参见 Sharpless, *A Quaker experiment in Government Philadelphia*, 1902。

2　见 Southey, *Leben Wesleys*, 第29章。我本不知道这处文句,是阿什利教授的一封
　　信(1913)提示我注意的。特洛尔奇(为此目的,我告知他此处文句)已经偶尔引
　　用过。

3　我推荐所有那些在当今希望比那场运动的领导人和同时代人**本身**更广泛与明智
　　地了解这些事情的人读读这段话,正如人们看到的,那些人完全知道他们在做什
　　么和遭受了什么危险。实际上事情本不至于发展到对那些完全没有争议、迄今
　　为止也没有被任何人反驳过的事实加以反驳,而我只是对其内在动力稍多加探讨的事实加
　　以反驳,正如我的批评者中的个别人所做的那样,但很可惜这事却发生了。十
　　七世纪没人怀疑过这些整体关联(还可比较 Manley: *Usurry of 6% examined*, 1669,
　　第137页)。除了先前已经引用过的现代作者之外,像海涅和济慈这样的诗人也
　　都完全像麦考利、坎宁安、罗杰斯这些科学倡导者,或者像阿诺德这样的作者一
　　样,将它们当作不言自明的。在最近的文献中,参见 Ashley, *Birmingham Industry
　　und Commerce*, 1913, 作者当时也在书信中说他完全赞同我。关于整个问题,如
　　今可参见利维的文章。

少了。故而,虽说照事理而言不应如此,我却不觉得真正的宗教信仰的任何复兴可以持久。因为宗教**势必**既产生勤勉,又产生节俭,而这两者只能带来财富。但财富一增加,它无论如何也会令人自负、狂热并迷恋世俗。这样一来,卫理公会,一个心灵的宗教,如果说如今还像一株郁郁葱葱的树木开花结果了,如何能坚守这样的状态呢?卫理公会的信徒们普遍都勤快节约,于是他们的财物也增多了。因此,他们也相应地多了自负、狂躁、肉欲、俗欲和生活中的傲慢。这样一来,宗教的形式虽然保留住了,精神却也慢慢消逝了。是否有办法阻挡纯粹宗教的这种不断堕落呢?我们不可以阻止人们勤快节俭。**我们必须劝勉所有基督徒,努力赢获他们所能赢获的,节省他们所能节省的,结果这就意味着,变得富有。**

(接下来一段劝勉之语说的是:那些"赢获他们所能赢获的,节省他们所能节省的"的人,也应该"给予他们所能给予的",为的是在恩典中成长,并在天国积攒财宝。)人们看到,我们所阐释的那种整体关联,在这里得到了巨细靡遗的展现。[1]

正如卫斯理在此说的,那些强大的宗教运动**在经济上的**影响的充分展开(这些运动对于经济发展的意义首先在于它们在禁欲**教育**方面的影响),往往是在**纯**宗教的热情已经达到其顶点之后,在寻求天国的忙乱骚动开始慢慢消散为冷静的职业德

---

1 正是同样的一些整体关联,对于古典时代的清教徒而言已经是不言自明的了,这一点或许经由下面这一事实得到了最清楚的证明,即在班杨笔下,"财迷先生"直截了当地如此证明:"**为了富有**,比如说为了增加顾客,人们应该信教",如此一来,究竟**为了什么**而信教,那就是无所谓的了(参见第114页,陶赫尼茨编本)。

性,宗教根基逐渐枯萎,而立足于功利主义的此世生活之时——用道登的话来说,即在普通人想象中,《鲁滨孙漂流记》里那个兼负传教之责的**孤立的经济人**,[1]代替了班杨那里内心孤独、穿过"虚荣集市"而奋力追求天国的"朝圣者"之时。此外,当"同时善待**两个世界**"这个原则居于支配地位时,正如道登也注意到的,良心最终必定被编入舒适的市民生活的手段之列,就像德国谚语"良心是软枕头"俏皮地表达的那个意思一样。但十七世纪那个宗教活跃的时代留给它的功利主义继承人的,恰恰首先是挣钱时保持一种极好的(我们可以大胆地说:法利赛人那样好的)良心,只要挣钱是以合法形式进行的。"并非上帝所喜"这句话的一切残余,都消失了。[2]一种特有的**市民职业风气**产生了。带着"生活于上帝充分的恩典之中"和"以可见的方式被上帝赐福"的意识,当市民企业主维持在形式的正确性这一界限之内时,他在伦理方面的变化就是无可指责的,而他对其财富的运用就绝不会有失体统,他就能够放胆营利,而且**应该**这样做。此外,宗教禁欲的力量也就使得他能支配那些冷静的、有条理的、极有工作能力且将劳动作为上帝所喜欢的生活目的

---

1 笛福是热心的非国教派信徒。

2 斯佩纳(*Theol. Bedenken*,见前引,第226页起,第429、432页起)虽然认为商人这个职业充满了诱惑和陷阱,但他也在回答某次质问时澄清道:"我很高兴看到身为商人的亲爱的朋友毫无顾虑,而是将这身份如其所是地那般当作一种生活方式,由此就可以给人类带来很多好处,也遵照上帝的意志在**习用**爱。"在许多别的文句中,通过重商主义的论证,这一点得到了进一步的说明。斯佩纳偶尔完全以路德宗的方式,依据《提摩太前书》6:8,并援引西拉书(上文)而将对富裕的欲求称作最大的陷阱,说应该无条件地摆脱它,并采取了"维持生计的立场"(*Theol. Bedenken*, Ⅲ,第435页上),另一方面它却又通过暗示各宗派过着繁荣却依然虔诚的生活(第175页注4),弱化了这一点。对于他而言,作为辛勤工作的**结果**的那种财富,也没什么可怀疑的。由于有路德宗观点的掺入,他的立场不如巴克斯特的那么连贯。

而忠于职守的劳动者了。[1]对此，禁欲主义安抚他，向他保证：世间财货不平等的分配，完全是上帝天意特意所为，上帝以这种分别，以及只给个别人的恩典，来谋求他秘密的、不为我们所知的目标。[2]加尔文就说过一句常为人所引用的格言：只有当"人民"，即劳动者和手工业劳动者收获甚微时，他们才会一直顺从上帝。[3]荷兰人（彼得库尔和其他一些人）在此将这句格言"世俗化"了：人民大众只有为形势所迫时，才会**劳动**；而资本主义经济之动机的这个表达式，此后还汇入到关于低工资的"生产力"的理论中去了。在这里，功利主义的转向，完全依照我们一再考察过的那种发展模式，随着其宗教根基的萎缩，也不知不觉地潜入进来了。中世纪伦理不仅容忍了乞讨，而且在托钵修会里使乞讨行为变得荣耀。世俗的乞讨者由于给有钱人创造了通过施舍完成善工的机会，有时甚至被称呼和评价为"阶层"。斯图亚特王朝时期英国圣公会的社会伦理甚至很接近这种姿态。清教的禁欲还保有了参与规定冷峻的英国济贫法的权力，这部法

---

1 巴克斯特前引文献，Ⅱ，第16页警告人们不要雇用"阴沉、冷淡、迟钝、耽于声色、懒惰的人"做"仆人"，而建议人们优先考虑"虔诚的"仆人，这不仅仅是因为"不虔诚的"仆人会"趁机偷懒"，而且首先是因为"一个真诚信教的仆人将会为了服侍**上帝**而做完你所有的工，**似乎上帝本人吩咐他们那样做一样**"。而其他人则相反，他们往往"认为那不是什么**良心上的大事**"。而相反地，在劳动者这一边，不是外在行为上对宗教的信奉，而是"履行责任的良心"构成了圣洁的标志。人们看到，上帝的利益和雇主的利益在这里发生了令人生疑的相互转化：即便斯佩纳（*Theol. Bed.*，Ⅲ，第272页）在其他事情上急切地敦促人们花**时间**思索上帝，却也认为下面这一点是不言自明的，即劳动者必须满足于最低限度的自由时间（甚至礼拜天）。英国的作者们正确地将新教移民称作"有教养的劳动的先驱"。也可参见 Levy, *Die Grundl. des ökonom. Liberalismus*，第53页。

2 依照人的标准来看"不公正的"、那种认为只有一部分人被预定得救的观点，和同样不公正，但也同样是上帝所希望的财物分配，这二者之间的类似再怎么说也不为过，比如可参见霍恩贝克前引文献，卷Ⅰ，第153页。此外正如巴克斯特前引文献，Ⅰ，第380页所说的，极为常见的是，贫穷背后是有罪的懒惰。

3 上帝之所以特意让［亚当斯也有这个意思（*Works of the Pur. Div.*，第158页）］许多人保持贫穷，或许是因为照他看来，他们因为禁不住财富带来的诱惑，而没能成长起来，因为财富太容易使人离开宗教。

使得这个问题的局面有了根本改变。而清教的禁欲之所以能做到这一点,乃是因为新教诸教派和严格奉持清教的那些共同体在其自身内部实际上根本**不了解**乞讨。[1]

因为另一方面,从劳动者的角度来看,比如钦岑多夫的那种虔敬派,就荣耀了忠于职守的劳动者,他们并不追求营利,而是追求仿效门徒的榜样来生活,因而追求具有门徒们的个人魅力。[2]更激进的,还有起初在再洗礼派信徒当中传布开来的那种类似的观点。当然,现在几乎**所有教派**的全部禁欲文献都渗透了这样一个观点:领低工资,而生活又没有任何别的出路的人若是忠于工作,也是最为上帝所喜的了。**在这一点上**,新教禁欲本身并未带来任何革新。但它不仅最有力地深化了这个观点,也使得那个规范能否起作用这一点最终**仅仅取决于**:通过将这工作理解为**天职**,理解为首要之事,最终甚至常常理解为确定恩典状态的**独一无二的手段**,所产生的心理驱动力。[3]另一方面,它还使得对这种特有的劳动意愿的剥削合法化了,因为它也将企业主挣钱的活动阐释成"天职"了。[4]很明显,对通过将劳

---

1 参见第258页注239,以及那里引用的利维的著作。从所有的表述中凸显出来的,完全是相同的现象(曼利对胡格诺派信徒的描述就是如此)。

2 在英国也不乏类似的情况。比如有个虔敬派就属于此列,这个派别联系劳的《严肃的天召》(1728),宣扬**贫穷**、贞洁和(最初是如此)与世隔绝。

3 巴克斯特初抵基德明斯特时,那里的团契已经堕落不堪,他的活动产生的成效在灵魂关照方面几乎史无前例,他的活动也典型地表明了禁欲是**如何培养群众去劳动**,用马克思主义的话说,培养群众去生产"剩余价值"的,而这样一来才**使得**他们有可能被用于资本主义劳动关系(家庭手工业、纺织业)。到处都可以见到这样的因果关系。从巴克斯特的角度来看,他的信徒加入资本主义机构中,乃是服务于他在宗教—伦理方面的兴趣。从资本主义发展的角度来看,这种现象是服务于资本主义"精神"的发展的。

4 还有一点:人们很可以怀疑,中世纪手工业者对"自己的创造"感到的"欢乐"(凭此欢乐,创造不断),作为心理动力,究竟有多大的作用。毫无疑问,这里面必定有什么事情。但如论如何,禁欲如今**解除了**劳动的这种此世的诱惑力,现在通过资本主义更是彻底毁灭了这种诱惑力,并使劳动指向彼岸。职业劳动**本身**是上帝所希望的。如今的劳动的这种非人格性,它的那种从个人角度来(**转下页**)

动义务作为天职来履行,而**心无旁骛地**追求上帝之国的做法,以及必然将教会纪律强加于无产阶级之上的那种严格的禁欲,必定极为有力地促进了资本主义意义上的劳动"生产力"。将劳动作为"天职"的做法,是现代劳动者所特有的,同样也是持有相应的营利观的企业主所特有的。当像佩蒂爵士这样一位敏锐的英国圣公会观察家,将十七世纪荷兰的经济力量归结为如下这一点时,可算是对在当时还很新鲜的这种事态的描述了:那里为数众多的"非国教派"(加尔文派信徒和浸礼会信徒),是一些视"**劳动与勤奋工作为他们对上帝之义务**"的人。针对禁欲在斯图亚特时代的英国圣公会里,特别是在劳德的那些构想中采取的国有垄断主义转向中所体现出来的"有机"社会体制,针对国家、教会与"垄断资本家"在一种基督教的社会基础之上进行的结盟,清教(其代表人物无一例外地属于**这种**由国家特许的商业、经销与殖民的资本主义的反对者之列)提出了凭借自身的能干与创发性,而获取理性的合法收入的个人主义**驱动力**来与之对抗;当国家特许的垄断工业在英国很快又全部消失之时,这些驱动力决定性地参与了在没有、部分地甚至抵抗和反对当局权力的情况下产生出来的那些工业的建立。[1]清教徒们(普林和帕克)拒绝与具有庞大的资本主义特征的"朝臣

(接上页)看兴味索然而没有意义的特点,在这里还得到了宗教上的美化。在资本主义产生的时期需要的是那些为了**良心**而愿意接受经济压榨的工人。如今当它地位稳固之后,可以在没有彼岸奖赏的情况下强求工人们的劳动意愿。

1　关于这些对比与发展,参见利维的前引著作。在英国特有的而且极为强大的那种公共意见敌视垄断的态度,产生于**政治上**反对王室的那种权力之争(长期国会将垄断者排除在国会之外),与清教的伦理动机,以及与市民的小资本主义和中等资本主义在十七世纪针对金融寡头建立起来的经济利益这三者之间的联合。1652年8月2日的军队宣言和1653年1月28日的平均派请愿书,除了要求废除消费税、海关税、间接税和引进一种基于田产的单一税制之外,尤其要求"自由贸易",亦即对贸易的一切垄断性限制,无论是对内还是对外的,作为对人权的侵害加以废除。"陈情书"已经很接近于这种做法了。

与设计者"结成任何共同体，认为他们在伦理上很可疑，同时又以他们自己优越的市民实业道德为傲，这种道德是致使清教徒们被排除于那些圈子之外的种种迫害的真正缘由。笛福还提出，通过封锁银行汇票和撤回存款的方式，来赢得涉及对非国教派的斗争。新教的两种态度之间的对立，广泛地与宗教上的对立携手并行。非国教派的对手们在十八世纪都一再将他们讥讽为"小店主精神"的化身，将他们作为败坏古老英国理想的人而加以迫害。清教与犹太教的经济风气之间的对立也系于**此**，而且同时代的人（普林）就已经知道，前者，而非后者，是**市民**经济风气。[1]

现代资本主义精神的建设性成分之一（而且它不仅是这种精神的成分，也是现代文化的成分），基于**职业观**之上的那种理性生活方式，产生于基督教禁欲的精神——我们的这些阐述应该证明的就是这一点。人们只消再读一读本书开始部分引用的富兰克林的语段，就会看到，那里被称为"资本主义精神"的那种态度的本质性因素，就是我们前面确定为清教职业禁欲之内容者，[2]只是在富兰克林那里，宗教上的奠基已经萎缩了。关于现代职业劳动具有某种**禁欲**特征的想法，也不是什么新思想。将劳动限于专业分工之上，以及随之而来放弃浮士德式的、对

1　就此可参见 Levy, *Ockon. Liberal*，第51页起。

2　这里还没有追溯到其宗教根源的那个部分，亦即"诚实就是上策"这个命题（富兰克林关于**信用**的讨论），其根源在于清教，我们会在另外的整体关联下讨论这个问题。（就此可参见下一篇文章。）这里我只复述一下朗特里的下述评论（*Quakerism, past and present*，第95、96页）（是伯恩斯坦提醒我注意这个评论的）："教友们有着高贵灵性的职业，却与世俗交易中的机灵与圆滑携手，这仅仅是**巧合**，还是一种**必然后果**？真心的虔诚，通过确保商人的表里一致，并培育审慎小心和未雨绸缪的习惯，而有利于他的成功：这是令人在商业世界里获得身份与信用的一些要件，而身份与信用又是持久的财富积累的必要条件。""像一位胡格诺派信徒一样正派"在十七世纪既是一句谚语，也表现了坦普尔爵士所钦佩的那种荷兰人的正直，而且在一个世纪以后，与那些并未经历这种伦理训练的大陆人相比，也表现了英国人的正直。

人性之全面性的追求，这在当今世界完全成了有价值的行动的预设，因而"行动"与"弃绝"在今天必不可免地会相互成为对方的条件：**歌德**在其生命智慧达到顶峰之时，在《威廉·迈斯特的漫游年代》中，以及他给他的浮士德写就的生命结局中想教导我们的，正是市民生活方式（如果还想成为一种方式，而非一文不名的话）的这种禁欲性的基本动机。[1]对于他而言，这种认识意味着弃绝一个具有丰富而完美人性的时代，这个时代就像古代雅典的全盛时代一样，在我们的文化发展过程中不会重现了。清教徒**希望**成为职业人，我们则**必须**成为这种人。因为当禁欲从僧房被转入职业生活之中，开始支配世间的伦理时，它就全面协助这种伦理建立起由现代的、束缚于机械—机器生产之诸种技术与经济前提之上的那种经济秩序所构成的强大世界，这个世界如今以一种压倒性的驱迫之力，规定了生活于这种机械传动装置之中的所有人（**不仅仅是那些直接从事经济工作的人**），也许还会一直规定下去，直到地球上最后一公担化石燃料被耗尽为止。依据巴克斯特的看法，对身外之物的操劳，只应像"一件人们随时可以扔掉的斗篷"一样，被披在他心目中的圣徒的肩上。[2]但厄运却使这件斗篷变成了一间牢不可破的铁屋子罩在人们身上。因为禁欲要改造世界，并在世界上产生影响，这个世界上的身外之物就获得了历史上从未有过的，对人的一种权力，这种权力日渐增长，以至于到最后都无法摆脱了。如今，禁欲的精神已经逃出了这铁屋之外——这是不是最终的定局？谁又知道呢？无论如何，得胜的资本主义，自从它盘踞在机

1　参见 Bielschowsky, *Goethe*, Bd. Ⅱ, 第18章。此文很好地分析了这一点。关于科学的"宇宙秩序"的发展，例如，文德尔班在他的"德国哲学的鼎盛时期"的结尾也表达过一种类似的思想（*Gesch. d. neueren Philosophie*, Bd. Ⅱ）。

2　*Saints' everlasting rest.*, 第Ⅻ章。

器之上后，便再也不需要这种支持了。即便这种禁欲的开明继承人——启蒙，其玫瑰红一般美好的心境，似乎也在消退了，而"职业义务"思想，只是作为从前的宗教信仰内容留下的一个幽灵，萦绕在我们的生活之中。在"天职的履行"不能直接与最高的精神文化价值发生关系的情况下，或者反过来，在这种履行并不必然在主观方面完全被人认为是经济上的束缚的情况下，个人在今天大都根本放弃了对它进行阐释的努力。在营利的追求最无拘束的地方，即美国，褪去了其宗教——伦理方面的意义，如今往往和纯粹争斗的狂热结合起来，后者很多时候甚至使它具有娱乐的特征。[1] 已经没人知道，谁将来会住在那铁屋里，这种巨大的发展趋势走到最后，是会产生一些全新的先知，还是古老思想与理想的某种有力的重生，**或者**是（如果两者都不是的话）以拼命装扮出来的某种自视甚高的姿态出现的机械僵化。这样一来，下面这句话对于这种文化发展的"最终之人"而言，当然可能会成真了："没有精神的专家，没有心灵的享乐者：这种人空空如也，居然骄傲地认为自己达到了人类从未达到的某个高度。"

　　这样写来，我们未免跨入我们的这份纯粹历史性的叙述不应负载的价值与信仰判断的领地了。我们的任务毋宁是：指明禁欲理性主义对于**社会政治**伦理，因而对于从私下集会到国家这些社会共同体的组织与功能的意义，这种意义在前面的这份概述中只是稍稍涉及罢了。随后必须加以分析的，

1　"难道老人不能满足于他75000美元的年金吗？不！商铺的店面必须扩大到400英尺。为什么呢？他认为这胜过一切。每当夜晚，妻女一同读书的时候，他却渴望钻被窝；到了星期天，他每五分钟看一下钟表，看这一天什么时候结束。就是这么无趣的一种生活！"俄亥俄州某市的一个主要干货商的那位从德国移民来的女婿是这样概括他对其岳父的判断的。这样一种判断从那位"老人"的角度来看，无疑是完全不可理解的，并且显得德国人没有活力。

是这种理性主义与人文主义的理性主义[1]及其生活理想、文化影响之间的关系，进而与哲学和科学上的经验主义之发展的关系，与技术发展以及与精神文化财富的关系。最后要追溯它在历史上从中世纪世间禁欲之萌芽形态中生长出来的过程，还要**按照历史学方式**，且通过考察散布禁欲虔敬信仰的那些个别领域，来追溯它变为纯粹功利主义的过程。如此一来，禁欲新教相较于现代文化的其他那些可塑的因素，其文化意义之**范围**方可显现出来。这里方可尝试在某个（也很重要的）点上将它产生影响的事实与**方式**，回溯到这种影响的动机上去。但进一步还必须阐明的，是新教的禁欲在生成过程与特征上，受到了整个社会文化条件（特别是**经济**条件）的哪种影响。[2]因为尽管现代人本身整体而言无论如何也无法如事实所是的那般，想象出宗教意识的内容对于生活方式、文化和民族性的意义有**多么**大，故而我们的目标当然不是以一种同样片面的文化与历史方面的因果解释，来代替片面的"唯物主义"的这方面解释。**两种解释在可行性上是相同的**，[3]但它们

1　这个评语（这里一直没有改动过）就应该可以向布伦塔诺（前引文献）表明，我从未怀疑过人文主义的理性主义的**独立**意义。人文主义也不是纯粹的"理性主义"，这一点博林斯基最近又重点强调过了，见 *Abhandl. der Münchener Ak. der Wiss.*, 1919。

2　贝洛的学术演讲关注的不是这个问题，而是一般宗教改革的问题，尤其是路德的宗教改革的问题：Below, *Die Ursachen der Reformation*（Freiburg, 1916）。关于这里讨论的主题，尤其是与这项研究相关的一些争论，最后可参见 Hermelink, *Reformation und Gegenreformation*，当然这部书首先是在处理其他一些问题。

3　因为这份短论只思考了这样一些关系，在这些关系中，宗教的意识内容对"物质的"文化生活实际上无疑产生了某种影响。从这里出发进展到一种形式性的"建构"，即从逻辑上将**一切**现代文化"特有的东西"从新教的理性主义中**演绎**出来，是很容易的。但最好还是将这项工作留给那样一类半吊子的业余爱好者，那类人相信"社会心灵"的"统一性"，也相信这种统一性可以还原为**一个**公式。只是还需注意，**在我们所观察的那个发展过程之前**的那个资本主义发展时期，基督教的影响**到处都在共同**起作用，不管这作用是阻碍**还是促进**。至于究竟是哪一种影响，那是我们在下一章要讨论的问题。除此之外，在前面（转下页）

如果声称自己不是研究的准备工作,而是研究的最终结论,那么二者都不符合历史真相。[1]

(接上页)勾勒的那些进一步的问题中,是否这一个或那一个能在**这份**期刊(指最初发表本书的期刊——译注)的框架下得到讨论,就该期刊的任务领域来看,这个问题还没法确定。但对于写大部头的著作——大到像这里可以成为的那样,那大部头就必须倚重别人的(神学和历史学方面的)著作了——对此,我可没什么兴趣。关于在宗教改革**之前**的"早期资本主义"时代生活理想与现实之间的**张力**,如今可参见 Strieder, *Studien zur Geschichte der kapitalist. Organisationsformen*(1914), Buch II,此书也与先前引用过,被松巴特利用过的凯勒的著作形成对立。

1 我认为这句话加上前面紧挨着的评论与注释,应该足以排除在本书**想**完成什么任务这个问题上的任何误解了,我觉得**没有任何必要再附加任何的话**。我原本打算在更前面的那个计划的意义上直接续写下去,但部分出于偶然的理由,特别是因为特洛尔奇的《基督教教会的社会学说》的发表(我要讨论的一些问题已经由他以作为非神学家的我所做不到的某种方式完成了),部分却是为了使本书不至于孤立,为了使之纳入文化发展的大背景中去,于是我当时就决定,首先要将有关宗教与社会之**通史性**整体关联的比较研究的成果写出来。这就是随后要写的内容。读者所见的只是一个短篇的应景之作,目的在于澄清上面使用过的"教派"概念,也是为了阐明清教关于**教会**的构想对于近代资本主义精神的意义。

第二部分

新教教派与资本主义精神[1]

（1920年稿本的重印）

1　本文是发表在《法兰克福报》复活节号上，将1906年的版本大幅改写后形成的版本，后来又经过扩展，发表于《基督教世界》，1906，第558、577页起，标题是"教会与教派"，我一再引用后面这个版本，来增补前一个。改写的起因是，我所发展出来的教派概念（作为"教会"概念的对立面）在那之后曾被特洛尔奇接受，并在他的《基督教教会的社会学说》中采用并深入探讨了这个概念，令我十分高兴，这样一来，由于前一章中已经将必要的话说过了，这里就可以略过概念方面的探讨了。本章只包含一些必要的资料，作为对前一个版本的补充。

美国很久以来就有"政教分离"的原则。这一原则执行得极为彻底,乃至于不存在任何官方的宗教认信统计数字,因为哪怕国家仅仅询问一下市民的认信状况,都是非法的。这里不讨论这个原则对于教会共同体对国家采取何种立场所具有的实际意义。[1]我们感兴趣的首先是这样一种情形,即大约在二十五年前,尽管国家完全忽视人们的认信状况,尽管缺乏像大多数欧洲国家对于国民归属于某些特权教会所给予的所有那些最有效的奖赏,(那时)在美国尽管移民的数量极大,"无认信者"的人数大约只占百分之六。[2]但在那里,归属于某个教会共同体,比起我们这里的任何地方来,都意味着高得完全不对等的负担,特别是对于不那么有钱的人来说更是如此。公开出版的家庭预算证明了这一点,除此之外,我个人还知道伊利湖边的一个城市里有一个几乎全部来自德国的非技术性伐木工移民的团契,在这个团契中,一个年均工资1000美元的工人,就要定期为教会交出80美元,而大家都知道,这个金额中的一点点,在我们这里都会造成大规模脱离教会的结果。但撇开这点完全不论,任何一个在十五到二十年前,美国开始急遽欧洲化之前造访这个国家的人,都不会嗅不到那时还极为强烈的笃信宗教的气息,这种气息弥漫在所有还没有直接被欧洲移民淹没的地区。[3]正如所有旅

1　就这方面来看,这个命题常常只是纸面上的空谈,理由在于天主教徒有选民的意思(有补助教派学校的事情发生)。

2　一切进一步的问题都并非此处关心的。这方面应可参照《美国教会史》系列中的单册(当然各册良莠不齐)。

3　不仅美国最高法院每一次的开庭,而且每一次的党"大会",都以祷告开场,这当然长久以来就已成为令人厌烦的俗套。

行报道所说的,比起最近这几十年来,这种气息在更早的时候还更强,也更理所当然。在此令我们感兴趣的首先是事实的进程。即便在布鲁克林,纽约的姊妹城,直到不久前都还可以感觉到那里维持着更强的古老传统,特别是在其他一些更少受到移民影响的地方,更是如此,那就是在不到一代人的时间之前,初进职场的商人在建立社会关系时,总会被不经意且看似附带为之,但明显绝非偶然地问到一个问题:"你属于哪个教会?"这就像二十五年前,在某个典型的苏格兰食堂里,欧洲大陆来的人在礼拜天几乎总是会碰到一位女士提出这样的问题:"今天你参加了什么礼拜式?"[1]而细察之下,人们可以很容易确知,虽说美国当局就像上面说过的那样,**从未**提出过认信归属的问题,但私人的社交活动,以及以持久关系和**信用保证**为基础的商业交往(人们差不多可以这么说)**总是**在提出这一问题。为什么呢?一系列小型的、私人的观察(1904)有望使人对这一问题有个直观的了解。

笔者曾在(那时的)印第安领地上,与一位"殡葬五金器具"(铁制墓志铭)的商务代表一道,进行过一次长途列车旅行,当这个人(附带地)提到那显然还很强的笃信宗教的气息时,笔者听到他这样评论:"先生,在我看来每个人都可以信仰或者不信仰适合于他的宗教;但当我见到一个农夫或者商人,他不属于任何教会,那么我连把五十分钱交给他也是不放心的,**要是他什么也不信仰,那还有什么会让他还钱给我呢**?"这个动机毕竟还有那么点含糊。更清楚的例子是有关一位德

---

1 或者当他偶然成了到餐桌上位就座的年长客人时,侍者端汤上桌时就会恳求他:"先生,请祷告。"面对正文中提到的典型问题,我在苏格兰斯凯岛波特里的一个美妙的礼拜天,除了作出如下说明,真不知道该如何解困了:"我是巴登州地方教会的成员,在波特里找不到这个教会的礼拜堂。"这个说法被女士们真诚而善意地接受了。("噢,他除了在他自己的派别,不参加任何礼拜式!")

国出生的鼻咽专家讲述的事情，他在俄亥俄州某个大城市安家，讲到了他的第一位病人来求医的情形。当医生为了用鼻腔镜检查而要求他躺在沙发上时，这个病人再度坐了起来，大义凛然地强调："先生，我是……街上的……浸礼会的成员。"医生对这事实究竟与鼻部疾病及其治疗有何相干感到迷惑不解，他（医生）私底下问一位他所熟知的美国同行，后者笑一笑，答复说，这不过意味着："您不必担心诊费。"但为什么那正好意味着这一点呢？通过第三件事情，这个问题或许会更清楚些。

在十月初一个美丽晴朗的礼拜天下午，我和一些亲戚［他们都是距离北卡罗来纳州的M（某县的县府）几英里外的丛林农人］来一个小池塘旁出席一场浸礼会洗礼，有一条小溪从远处就可以望见的蓝岭山中流出，穿过这个池塘。天气有点冷，晚上还结过冰。四周的山坡上站着很多农民家庭的人，他们坐着轻便双轮车从附近赶来，有些还从更远的地方赶来。讲道者穿着黑色衣服，站在齐腹深的池水中。大约有十个人，男女都有，经过各种准备活动后，穿着团体的服饰，依次蹚进池水中，为信仰起誓，然后全身没入水中，妇女们由传道者协助，大家发出扑哧扑哧的声音，带着湿淋淋乱糟糟的衣服从池水里钻出来，发着抖，接受了全体的"祝福"，此时又快速披上厚厚的毛毯，从那儿走进屋里。[1]站在我旁边的一个亲戚，照德国的传统来看不算虔诚，越过肩膀轻蔑地吐着口水观礼。[2]当他看见一个年轻人行浸礼时倒是集中起注意力，说道："看看他——我在对你说呢！"（在仪式结束后）我问他："如你所说的，你为什么预料到他会

1　一个亲戚说，"信仰"绝对能防得了感冒。

2　他对一位受洗者说："哈罗，比尔，水不是很冷吗？"他得到很真诚的回答："杰夫，我心中想着一个很热的地方（地狱），这样我就不在乎冷水了。"

来？"他回答说："因为他想在 M 开个银行。"我问："这个地区有那么多浸礼会信徒，可以让他靠这个过活吗？"回答是："当然不是，不过一旦受了洗礼，他就能吸引附近的所有顾客，打败别的所有人。"我反问他为什么，又是如何做到这一点的，他答道，要被接受进入该地仍然严守宗教传统的浸礼会团契，就得经过最小心的"检验"，以及最严密的、一直追溯到儿童时代的、对"经历"的调查（是否有"不良行为"？去过酒馆？跳过舞？进过剧院？玩过牌？不按时付账？其他放荡举止？），这就成了一位绅士的伦理品性的保证，首先成了商业品性的保证，这就使得当事人能吸引到整个周边地区的储蓄，他的信用无限大，无人可敌。他是一个"已完成的人"。进一步的观察表明，这些或者非常类似的一些现象，在不同的地区以类似的方式一再出现。在商业上地位很高的那些人（而且一般来说**只有**那些人如此），乃是属于卫理公会或浸礼会这些**教派**（或者具有教派性质的私下集会）的。当一个教派成员迁移到另一个地方或者成为商务代表，他就把他所属的团契的证明带上，这不仅仅是用于结识教派同仁，而且首先是用于得到到处都认可的信用。倘若他（无辜地）陷入经济困境，教派就会出手安排他的事情，保护这位信徒，并竭尽全力帮助他，通常还是依据《圣经》里的那个原则，即"借给人而什么也不指望"。但最终对这个信徒的成功起决定作用的，并非他的这种期待，即教派为了自身的威望而救他于水火之中，而是如下事实：一个但凡有些名望的教派，都只会接受这样一类人加入，他的"经历"使他显得在伦理上无可指摘，完全**合格**。因而与一个"教会"的成员资格（人们"生来"就在教会中，而且教会的恩典普照义人与不义之人）形成对照的是，教派的成员资格意味着对**人格**给出了一种伦理资格证明书，尤其是一种商业上的资格证明书。一个"教会"正是一个恩典**机构**，这个机构就像一个财产委托基金一样，掌管了宗教上的救赎之物，而且对于这个机构的归属（照理念来看）是种义务，因此没有任何东西能证明归属教会者的资格；与此相反，一个"教派"则是由具有排他性的（照理念来看）在宗教—伦理上合格的人结成的、一种只看意志的社团，当人们出于宗教考验的目的，自愿被这个社团接受时，人们就自愿加入它。[1]因为伦理不端而被逐出这个教派，就意味着在经济上失去了值得信赖的依据，也失去了社会地位。在接下来几个月的多方观察，不仅证实了笃信宗教的风气本身虽然在表面上正迅速失去其意义，但（那时）其意义依然相当重要，[2]而且恰恰还证实了这种风气的这个特别重要的特征。如今看来，信仰哪个教派几乎是无所谓的。[3]共济会

1　当然，一个不争的事实是，诸教派在俘获人们的灵魂方面互相争斗，而且受到讲道者物质利益的强烈影响，这种甄选成员的活动常常遭到**极**强的抵制，在美国正是如此。因此，为了限制这种类型的灵魂俘获战，相互竞争的派别常常联合起来（比如为了排除一个依照宗教原理来看没有充足的理由就离婚了的人轻率地再结婚，这事毕竟是很有吸引力的）。在这一点上，据说一些浸礼会共同体有时是很宽松的，而无论天主教的，还是（密苏里的）路德宗教会都以准确而严格为人所称道，但这却使得两个教会的成员数（据说）减少了。

2　有好几次在大都会区有人（自发地）告诉我，一个房地产投机者通常会先盖起一座（通常最简朴的）"教堂"，然后以500至600美元的工资雇用五花八门的神学院中的一个学生，并许诺他会有讲道者的光辉前程，若是他在自身周围聚集起一个团契，并在教堂那里"完满地讲道"的话。人们指出一些破败的教堂式建筑，那些就是失败的标记。但在大部分情况下还是成功的。邻里交往、主日学校等在那儿的新移民当中是不可或缺的，尤其是跟"伦理上"可信赖的邻居交往。

3　各教派间尽管竞争激烈（甚至在团契晚间的茶会上，通过物质与精神上的奉献的种类，在高端教会还通过献唱的种类相竞争，波士顿的三一教会中的男高音歌手，据说**仅仅**在礼拜天献唱，当即就可以得到8000美元），彼此间却常常维持着相当好的关系。比如在我列席的礼拜仪式上，前面说过的浸礼会洗礼场景，还在四个卫理公会教会中被列为使人人都振奋的场景。各团契大部分都完全拒绝倾听"教派分别学说"，一般来说都拒绝倾听教义学。**只有**伦理学可以被带到说教中。在我听到的为中产阶级所作的那些讲道中，这类伦理就是典型的宣扬市民正直与才干的道德，当然属于最平淡无味的那一类，但却是带着明显的内心确信，常常还是在一种被圣灵激动的状态下讲出的。

也好，[1]基督教科学派也罢，耶稣再临派、贵格会或者别的什么也成，全都一个样。倘若关键仅仅在于，在奖赏新教的世间禁欲，因而奖赏古老的清教传统的那些美德的意义上进行**检验**和伦理**考验**之后，仅仅通过"投票"来决定是否接受某人加入教派，那么可以观察到，这会起同样的作用。接下来通过进一步的观察，就发现了现代的那些源自宗教构想的现象全都落入进去的那个特有的"世俗化"过程在持续进行着。**不仅仅**有更多的宗教社团，亦即教派，展现了这个后果。毋宁说，这些教派的分量在持续减少。稍加注意就会发现（那还是在十五年前），在美国的中产阶级中（他们总是在完全现代的大都市和移民中心之外生活），许多人很显眼地在纽扣眼上别上一个小标记（颜色各有不同），那标记马上让人想到法国荣誉勋章的玫瑰花饰。若是被问到那是什么，人们通常提到一个带着偶尔颇为怪诞的奇幻名称的社团。而关于这个社团的意义和目的，人们会说它具有生命保险的功能，此外还有其他各种功效，然而恰恰在最少为现代的瓦解效应所触及的那些区域，它还（在伦理上）给予他的成员一项权利，即当他在无辜遭受经济危害的情况下要求每一个有钱的社团弟兄给予弟兄般的紧急协助，而且在我那时熟知的更多情形下，甚至还依据"借人而什么也不指望"的原理，甚或只收取一点很微薄的利息。社团的弟兄们看起来也很乐于接受这样的要求。但除此之外，这里头等重要的事情还在于，社团成员的资格也取决于在事先调查并确定伦理方面的考验情况之后进行的投票。

1　一所东部大学的闪语"助教"告诉我，他很遗憾没有当上"共济会分会长"，因为那样的话他会重回商业生活中去。我反问他，那对他能有什么好处，他回答说，他要是在当商务代表或售货员的时候能向人出示这般身份，人尽皆知他是诚实之人，他就会经受住所有竞争而不倒，也就身价万金了。

因而纽扣眼上的玫瑰花饰就意味着，"我是一个经过调查和考验之后被赋予权利的、由于我的社团成员资格而得到保障的绅士"，这首先还意味着，在商业上经过考验，**值得信赖**。这里还可以确定的是，商业上是否成功，常常受到这种正当化过程的决定性影响。

　　似乎正在急遽衰落的所有这些现象（至少是宗教上的现象），[1]在本质上局限于中产阶级的范围内。它们尤其成了在中产的市民企业家圈子里得以繁荣的典型手段，也成了在这个中产阶级的广泛圈子（包括农民）内部扩展和维持市民的资本主义商业风气的典型手段。众所周知的是，不少（在老一辈人当中可以说是大多数）美国的"创业者"、"产业龙头"、大富豪和信托巨头，在形式上都属于某些教派，特别是浸礼会。然而这些人自然常常只是照惯例行事，就像在我们这里一样，而且只是为了在私人—社交方面，而不是为了在商业方面取得正当性。因为正如在清教时代的情形一样，这些"经济超人"自然不需要那种拐杖，而且**他们的**"虔敬信仰"自然通常超出了令人起疑的诚信。中产阶级，首先是在他们当中和出自他们之中的那些阶层，就像在十七世纪和十八世纪一样成了那种特殊的宗教导向的担当者，人们必须十分小心，不要认为在他们那里，这种导向**仅仅**取决于一种机会主义。[2]但恰恰不容忽视的是，

1　一些有学识的美国人常常带着愠怒的鄙夷，将这一事实当作"欺骗"或落后，冷淡地弃置一旁，或者干脆全盘否定；正如詹姆斯向我证实的，他们实际上对许多这类事情完全不了解。但在许多地区，这些遗迹还很有活力，以偶尔显得很滑稽的形式在起作用。

2　"伪善"和习俗性的机会主义在那里的这些事情方面，比起我们这里来，很难说得到了更强的发展，在我们这里，对于"无教派认信的"军官或者公职人员毕竟是不可能的，而一个柏林的（"雅利安的"）市长没有得到认可，是因为他没有让他的一个孩子受洗。只是这种习俗性的"伪善"所追求的方向有所不同：我们这里是晋升，那里则是商业上成功的机会。

若是没有讲究方法的生活方式中的那些性质与原则的普遍扩展（这种扩展得到这些宗教共同体的支持），资本主义到今天，甚至在美国，都还不是目前这个样子。在世界的任何一个经济区的历史上，在任何一个不完全受到严格的封建或者世袭方式束缚的时期都不缺乏像摩根、洛克菲勒、古尔德一类资本主义的人物，只是他们所使用的营利技术**手段**已经改变了。**他们**无论过去和现在都站在"善恶的彼岸"，人们对他们在经济巨变方面的意义评价极高，但他们任何时候都没有决定，是哪一种经济**精神**在某个时期和某个区域起**支配**作用。尤其是，他们并非西方特有的那种**市民**"精神"的创造者，也没有成为那种精神的担当者。

这里不应深入讨论美国的这种社团以及大量类似的以更具排他性的方式，通过投票充实自身的团体和俱乐部所具有的政治与社会意义了。从中学的青少年俱乐部到田径俱乐部、希腊字母社团，或者到某个别的无论何种大学生俱乐部，进而到为数众多的商人和市民阶层名流俱乐部中的某一个，或者最后到大都市的财阀统治，直到最近这一代的典型美国佬在其一生中都遍历了一系列的这种排他性的协会。得以加入这些协会，就等于拿到了晋升的门票，首先是在**他自己**的感情法庭上有了书面证明：自己通过了"考验"。一个在大学里**没能**加入任何种类的俱乐部（或俱乐部一类的协会）的大学生，通常就是某种被遗弃者（据我所知，有因为不被接受加入协会而自杀的情形）；一位商人、伙计、技术员、医生，若是遭遇了同样的命运，其服务能力多半是成问题的。如今，大量的这类俱乐部成了等级的贵族化趋势的担当者，这种趋势与成为当前美国发展之特征的那种赤裸裸的金权统治相并列，并且部分还与之相**对立**。但从过去直到当前，美国所独有的那种**民主制**的一个标志恰恰是：[1]它**不**是诸多个体如沙堆般乱糟糟的堆积，而是一些严格排他的，但又只注重意志的**社团**的聚集。直到不久之前，这种民主制根本不承认或者只在极小的程度上承认身世与**继承所得的**财富、官职与学历的威望，而这些因素在过去或现在的世界其他地方极少出现，但它还远没有达到张开怀抱同等接受所有人的地步。当然，就在十五年前，一个美国农民带着他的客人穿过他的田地，从一位正在耕作的（土著）劳工旁边走过时，不会在没有先正式介绍的情况下让客人和这位劳工"握手"。当然，在一个典型的美国俱乐部里，以往绝对不会有人想到，（比如说）有两个在打台球的成员是老板与伙计的关系，这里流行的是绅士之间的平等。[2]当然，美国工人的妻子在陪同工会成员与其他人共进午餐时，其打扮、举止与资产阶级女士完全合拍——只是稍稍有些简朴和笨拙。但不管身处何种地位，凡是想要在这种民主制中获得完全的价值的人，就必须不仅适应市民社会的种种习惯，包括极为严格的男士时装，而且通常也**必须**证明自己能被选举到一个**无论**什么种类的，以足够正当的方式获得人们认可的

1　单纯的"金钱"在美国本身虽然也可以买到权力，却买不到社会荣誉。当然它是获得社会荣誉的一种手段。在我们这里和其他地方，也都如此。只是在我们这里获得社会荣誉的道路是这样的：购入一块骑士领地，建立遗产信托基金，获得名目爵位，然后以此爵位令**子孙**得以进入贵族"社会"。在那里，老的传统尊重**凭一己之力**有所收获的人，高过于尊重靠遗产过活的人，而且获得社会荣誉的道路是：在高端的大学加入高端的社团，过去是加入高端的教派（比如长老会，在纽约的该派教会里，人们在座席上能找到柔软坐垫和扇子），如今首先是加入高端**俱乐部**。此外还有住处（在中等城市几乎都有的"大街"上）、服饰和游艺的种类。直到最近才显耀起来的，还有早期清教徒们的、波卡洪塔斯或其他印第安女士等的后裔。这里不能深入探讨更进一步的问题了。有众多忙于探究金权制之谱系的各种翻译局及其代理机构。所有这些常常显得最滑稽不过的现象，都属于美国"社会"欧洲化的广泛领域。

2　德裔美国人俱乐部里并非总是如此。若是问一个纽约年轻德裔商人（有着汉撒同盟中最好的姓氏），他们为什么全都追求加入一个美国人的俱乐部，而不是布置得极其美妙的德国人俱乐部，他会回答说，虽然他们的（德裔美国）老板有时也与他们一块玩桌球，但人们还是难免感觉到，老板们从内心里感觉这样做"很亲切"。

教派、俱乐部或者协会中去，而且在这些社团中通过**证明**自己是绅士，来维持自己的社团成员身份。[1]谁若是没有做到这一点，就不是绅士，谁若是对此表示不屑，就像大部分德国人会做的那样，[2]他的生活道路就会很艰难，尤其是商业道路。

然而，我们说过，这里不会研究这些如今已陷入深刻变革之中的状况的社会意义。我们感兴趣的首先是，那些世俗的，通过投票充实自身的俱乐部和协会在现代的地位，乃是这些唯意志论的社团的原型（诸**教派**）从前所具有的远远更为独占的那种意义**世俗化**之后形成的某种广泛的产物。而且这正好发生在真正的美国精神的诞生地，在北大西洋沿岸的各州。然而我们首先想到的是，在美国民主制内部，普遍平等的选举权（有色人种不算！因为对于黑人和所有混血人种，如今事实上是没有选举权的）和"政教分离"是不久之前才产生的成果，本质上始于十九世纪初，而在殖民时代新英格兰的中心区域，特别是在马萨诸塞，国家内部的完全市民权的前提，（除了必须具备其他一些条件之外，首先得具备的）是**教会团契**内部完全的市民权，教会团契掌握着允许或不允许人加入的权利。[3]然而团契掌握这种权利，乃是基于通过**经历**来考验人的宗教品性，正

---

1 我们这里与此相类似的现象是：大学社团与预备役军官头衔对于交往与通婚具有的意义，以及"决斗资格"所要求的高度等级含义。事情是一样的，只不过在**方向**和物质**影响**方面各有千秋。

2 参见前面的评论。加入一个美国人的俱乐部（在中学或往后），往往就是失去德国人特征的关键时刻。

3 在新英格兰移民中，教会团契的形成往往早于政治社会化（按照清教移民前辈们著名的协定方式）。1619年的多切斯特移民最初在动身移民**之前**，就结成了**教会团契**，而且选出了牧师和教师。在马萨诸塞殖民地，教会在形式上完全是一个自足的团体，它当然只接受市民为成员，而另一方面，教会成员资格又是获得市民权的前提。同样地，最初在纽黑文（在由于反抗不成功而被并入康乃迪克州之前），教会成员资格和良好的经历（这等于被允许参加圣餐礼）乃是获得市民权的前提条件。在康乃迪克州则相反，1650年，城镇有义务维持教会（背离严格的独立派原则，成了长老会原则）。这马上就意味着更松弛些的实践：在（转下页）

如所有清教教派（在这个词的广义上而言）一样。在宾夕法尼亚，直到独立战争之前一段时间，贵格会信徒还是该州的主人，尽管**在形式上而言**，并非只有他们才是政治上的完全市民（只是因为一次大规模的选区划分，他们才如此）。允许充分享受教派团契权利，尤其是允许参加**圣餐礼**，所产生的巨大社会意义，在培育禁欲的职业伦理的方向上对这些教派起作用了，这种伦理很适合于发源时期的现代资本主义。因为正如上面那些美国的个人经历所展示的那样，禁欲教派的虔敬信仰在几个世纪之久的时间里，到处都产生了确凿的影响，在欧洲也是如此。

换句话说，如果我们回溯一下这些新教教派的教会前史，[1]

（接上页）合并纽黑文之后，那里的教会的作用仅限于颁发证书，证明相关人士在宗教上正派且足够富有。马萨诸塞州必定在十七世纪就已借着合并缅因和新罕布什尔的机会，脱离了政治权利必须以宗教上的资格为前提的死板规定。并且在教会成员资格的问题上，是必定要作出妥协的，其中最著名的就是1657年的妥协契约。那些并非有据可查的重生者也被允许具有成员资格了，**但直到十八世纪初，都还不被允许领圣餐**。

1　一些在德国不太知名的古老文献尚可引入为证。关于**浸礼会**历史的一份纲要是由维德给出的：Vedder, *A short history of the Baptists*, London, 1897, 第2版）；关于汉瑟·诺里斯，见Culross, *H. Kn.* Vol. II，浸礼会手册，古尔德编（London, 1891）。关于再洗礼派的历史，见Bax, *Rise and fall of the Anabaptists*, New York, 1902。关于史密斯，见Dexter, *The true story of John Smith*, Boston, 1881。汉瑟·诺里斯协会的重要出版物（由哈登为该协会印行，Castle Street, Finsbury, 1846—1854）已经引用过了。进一步的官方文献收于《再洗礼派教会手册》，布朗编，D. D. Philadelphia, 美国再洗礼派出版协会，S. 30 Arch Street。关于贵格会，除了前面引用过的夏普利斯的著作之外，还有Applegarth, *The Quakers in Pennsylvania*, X Ser. Vol. VIII、IX, 霍普金斯大学历史学与政治科学研究系列。Lorimer, *Baptists in history*, New York, 1902。Seiss, *Baptist System examined*, Lutheran Public., 1902。关于新英格兰，除了多伊勒的著作之外，还有*Die Massachusetts Historical Collections*，进一步的还有Weeden, *Economic and social history of New England*（2 Bd.）；Howe, *The Puritan Republic*（Indianapolis, Bowen Merrill Cy Publ.）。关于旧式长老会中"契约"观念的发展，该派的教会纪律，及其与官方教会的关系，另一方面与公理会和宗派主义者的关系，见Burrage, *The Church Covenant Idea*, 1904, 还有同作者的*The early English Dissenters*, 1912；进一步的还可参见Macphail, *The Presbyterian Church*, 1918；Brown, *The English Puritans*, 1910；重要的文件收于Usher, *The Presbyterian movements 1584—1589*, Com. Soc., 1905。这里只提供了对**我们**具有本质重要性的一些极暂时的发现。

我们就会发现在他们的文件里，尤其是在贵格会和浸礼会那里，直到整个十七世纪（而且正是那时候），都一再出现这样的欢呼，即有罪的"世俗之子"相互之间在商业上不信任，他们相反地却相信虔信者以虔诚信仰为条件，是正直的。[1]因此，人们信赖并存钱储蓄的对象就是他们，而且只有他们，人们在他们的铺子里买东西，因为人们在那里，而且只有在那里，才能得到实实在在的、**定价**的服务——众所周知，浸礼会信徒向来声称是他们将定价提升为原则的。[2]无论通过献祭，还是通过生活方式，使得诸神将财富惠赐予为他们所喜的人，这一观念如今当然已扩展到整个世界了。然而依照早期资本主义的"诚实就是上策"的原则，有意地将这一点与这**种**宗教生活方式结合起来，却绝非独占的现象，在其连续性和一贯性上来看**只**是这些新教教派的现象。[3]但并非只有这种伦理（前一篇文章中已经更切近地讨论过这种伦理了），而且首先是新教教派组织的社会奖赏、教育手段及一般的总体组织基础，带着其全部的影响，都可以回溯到禁

1　在十七世纪时这一点是如此地被视作理所当然，以致（正如前面已经提到过的）班杨（*Pilgrims Progress*，陶赫尼茨本，第114页）直接让财迷先生论证说，人可以**为了**变得富有，特别是为了增加顾客而变得虔诚；因为究竟人是为了什么而变虔诚，那一定是无所谓的。

2　除了他们之外，还有贵格会，正如当初为我所注意的伯恩斯坦指出的如下文句所证明的："但问题不仅仅涉及与国法有关的那些事情，在这个国家，最初的成员们严守他们的话语和承诺。这个特征在他们对商业的关切上明白昭彰。当他们初次作为一个社团出现时，他们作为商人深受苦难，因为其他人对他们的种种方式感到不悦，所以不光顾他们的商店。但不久之后，人们针对他们大声疾呼，说他们将整个国家的商业都掌握在手中了。这种大声疾呼部分是由于他们从来不与他人签订商业合同，也是**因为他们对所售的商品，从来没有一物要二价**。" Clarkson, *A Portraiture of the Christian Profession and Practice of the Society of Friends*，第3版，London，1867，第276页。（初版发表于1830年左右）

3　在所有禁欲的教派和私下的集会那里，整个具有典型市民特征的伦理学从一开始就是共通的，而且与这些教派在美国迄今为止都爱好的伦理是相同的。比如在卫理公会那里，下列行为是被禁止的：在做买卖的时候喋喋不休（"讨价还价"），拿还没有完税的商品来交易，收取高于国家法律规定的利息，"积聚地上的财宝"（等于将资本转化成**"财富"**），在不确定能还债的情况下就借债，任何浪费。

欲的教派建立之初的时候。当今美国的那些残迹，不过是以往教会规整生活的某种极具渗透力的组织的一些末端罢了。我们简要阐明一下它们的种类、作用方式和作用方向。

在新教内部，首先是在1523—1524年间苏黎世的再洗礼派中，清楚地产生了"信徒的教会"的原则，[1]即建立一个真正圣洁的民族结成一个仅限于"真正的"基督徒范围内的，因而实行唯意志论的，与世俗相隔离的共同体。这共同体导致闵采尔（此人抛弃了幼儿洗礼，但并没有走到极端，要求儿时曾受洗的成年人再受一次洗礼，即再洗礼）要求成年人受洗（偶尔包括再洗礼）。流动作业的工匠是再洗礼运动的主要担当者，他们在每一次镇压之后，总又将它带到新的地区。这里就不个别地深入讨论这种唯意志论的世间禁欲产生的各种形态（旧式再洗礼派、门诺派、浸礼会、贵格会）了，也不重复说明，每一种禁欲的教派（包括加尔文派[2]和卫理公会）是如何一再被逼入同一个轨道的：或者是教会内堪称典范的基督徒们的私下集会（虔敬派），

1　资料来源是茨温利的陈述（Füßli，Ⅰ，第228页，另参见第253、263页）和他的《驳反对婴儿受洗者》（*Werke*，Ⅲ，第357、362页）。茨温利在他自己的团契中就特别为那些反对幼儿洗礼的人而烦恼，后面这些人在再洗礼派的"分离"，因而在唯意志论中看到了依据《圣经》而言**当受鄙弃**的因素。布朗派1603年在递交给国王詹姆斯一世的一份请愿书中要求，将所有"邪恶的撒谎者"从教会逐出，而且只允许"忠诚者"及其子女加入教会。但（极可能写于）1584年的（长老会的）《教会治理指南》（原文见首次出版于皮尔森1912年的海德堡大学博士论文）第37条要求只接受这样一些人参加圣餐礼：他们服从纪律，或者"出示别处的资格证书"。

2　在现代，在凯珀（后来的著名首相）那里，从"纯粹教会"的要求中合乎逻辑地推演出来的各教派唯意志论原则，对于改革派（加尔文派的）、拒绝教派原则的教会而言的成问题之处特别清楚地从教义上呈现出来了。特别是他总结性的纲领之作：*Separatie en doleantie*（Amsterdam，1890）。在他看来，问题之所以产生，是因为在非天主教的基督教界缺乏不容争议的**教义职位**，这就导致可见的教会的"肉体"不可能是旧式改革派意义上的"基督的肉体"，因而必然会在必要时依时空而被分划，而且必定会带上人的缺点。一个可见的教会仅仅通过信徒的**意志行动**，并借助基督赋予他们的权利而产生，因此教会的权能既不在基督本身那里，也不在牧师那里，而是仅仅在信徒的团契那里（转下页）

或者是由那些被证明为无可指摘的、虔诚的完全市民，作为一些**君临**教会**之上**的主人，所结成的共同体，其他信徒仅仅作为被动的、受纪律管束的寒微基督徒阶层隶属于教会（独立派）。作为恩典机构的"教会"，和作为虔诚的合格者结成的社团的"教派"，这两种结构原则之间外在的与内在的冲突，在新教内部从茨温利到凯珀再到斯特克，延续了几个世纪之久。但这里我们只想展示一下从那个唯意志论的原则得出的一些**推论**，这些推论实际上对生活方式产生了重大的影响。我们只需要再回想一下，那种主张排除不圣洁者，纯化**圣餐礼**的关键性思想（它对

（接上页）（该观点承自沃特）。通过诸团契间合法而自愿的会议（但这种会议却是一种**宗教义务**），产生出更大的共同体。罗马有个原则，即一个人只要是教会的成员，这本身就意味着他是他的居住地的团契成员，这个原则是要被拒绝的。洗礼只能使人成为消极的"不完全的成员"，而没有赋予任何权利。并非洗礼，而是"信仰的告白与主动意志的告白"才使人成为法权意义上的积极的团契成员，而团契成员资格（而且只有此资格）则等于服从教会的纪律（这一点也承自沃特）。教会法处理的正是由**人**所创造的，虽然与上帝的秩序有关，却并不表现这秩序本身的，**可见**教会的条令（参见 Voët, *Politica ecclesiastica*, Vol. Ⅰ，第1、11页）。所有这些都是独立派在如下意义上对真正的改革派教会根本法所作的改变（正如瑞克极好地描绘的那样）：团契，因而平信徒，在接受新人加入时就积极地协同参与进来。在新英格兰，整个团契的协同参与，最初是布朗派的独立派的一个纲领，他们在反复而持久地与成功侵袭的"詹森派的"、主张由"统治的长老"来支配教会的那个方向进行斗争的过程中仍然坚持这一纲领。不言自明的是，只有"重生者"才应被接受入会（依据贝利的说法，"40个当中才有一个合格"）。类似地，在十九世纪苏格兰独立派信徒们（见扎克前引文献）的教会理论也要求订立特别的入会资格决议。此外要说明的是，凯珀的教会理论本身当然**不是**"公理派的。"由他确定下来的个别团契的宗教义务，即它们有义务加入并从属于大教会，这种义务的废除，和"分离"义务的出现（因为一个地方只能有**一个合法教会**），只是在抗议，即通过积极的抵抗和消极的阻止来改善已趋腐败的大教会的尝试（"抗议"意义上的"doleeren"作为一个术语，在十七世纪就已出现了），最终穷尽了一切手段亦属徒劳，而不得不诉诸武力的时候。那时建立独立的团体当然就是一种义务了，因为在教会中没有了"臣下"，而是信徒本身在掌管上帝授予的职位。那么，革命就**可能**成为对上帝的义务（Kuyper, *De conflict gekomen*，第30—31页）。凯珀也（像沃特一样）站在旧式的独立派立场上：只有获准参加**圣餐礼**的人才是教会完全的成员，也唯有他们才能在子女受洗时为子女作保证；在**精神**的意义上，在内心皈依者是有信仰的，在**正当性**的意义上，只有**获准**参加圣餐礼者才是有信仰的。

于基督教共同体的核心的社会意义在这里显现出来了），虽然在那些还没有导致产生教派的派别中，尤其是在预定论的清教信徒当中，也导致对待教会纪律的某种方式，这种方式实质上已相当接近教派纪律了；[1]但这一思想在诸教派产生之初，也直接

---

1 对于凯珀而言（*Dreigend conflict*, 1886），根本前提同样是：没有将无信仰者排除在圣餐礼之外，保持其纯洁，乃是一种**罪**（第41页；引证《哥林多前书》11：26、27、29；《提摩太前书》5：22；《启示录》18：4）。虽说与拉瓦迪亚派（激进的虔敬派）相反，教会从未就在"上帝面前"的恩典状态作出判决，但对于是否准予参加圣餐礼，只有信仰和**经历**才是决定因素。十六世纪和十七世纪荷兰宗教会议的协商中，满是关于准予参加圣餐礼的前提条件的讨论，比如1574年的南荷兰宗教会议就认为，但凡没有任何有组织的**团契**存在，没有团契的长老和执事操心不让不配当者参加圣餐礼的地方，就不提供圣餐；1575年的鹿特丹宗教会议认为，不能允许一切过着明显不检点的生活的人参加圣餐礼（批准参加的权利掌握在团契的**长老们**手中，而非片面掌握在讲道者手中，而且反对讲道者的那些更为松散的处理方式，并提出这些顾虑的，几乎总是**团契**，比如可参见Reitsma，Ⅱ，第231页）；关于一个娶了再洗礼派信徒为妻的人是否可以获准参加圣餐礼，见1619年莱顿市宗教会议的第114条；关于一个"伦巴第人"（指放贷者）的仆人是否可以获准参加，见1595年代芬特尔宗教会议第24条；关于"银行破产者"（1599年阿尔克马尔宗教会议的第11条，1605年会议的第28条）和那些达成和议者（1618年北荷兰的恩克森宗教会议，Grav. Amstel. Nr. 16）是否被准许。最后这个问题在下面这种情况下可得到肯定的回答：教会监理会认为财产目录充足，而且此中被保留给债务人本身及其家庭的衣食的那部分也很合适，尤其是当**信徒**宣布对和议感到满意，而且债务人作出罪的告白的情况下，更是如此。关于"伦巴第人"不获准许，参见前文。关于夫妻吵架的情况下将配偶排除在外，参见Reitsma，Ⅲ，第91页，在获准参加之前要求诉讼的双方达成和解，只要争吵继续就应远离圣餐礼，在诽谤罪诉讼中败诉而已提出上诉者，被有条件地获准参加，见同上，Ⅲ，第176页。在资格考核中没有得到满意结果的人（但那是由**牧师**，而不是由团契来考核）应排除在圣餐礼之外的措施，加尔文当初就在斯特拉堡的法国移民团契中加以实施了。依据他真正的学说，真正来说只应对被神抛弃的人合法地判以革除教籍的惩罚（*Jnst. Chr. Rel.*，Ⅳ，c. 12，第4页，这一惩罚在那里被称为**上帝**的判决的宣告），这一点（见同上书，第5页）却也被用作促使人"改善"的手段。在美国，如今正式的革除教籍在浸礼会中已经很少见了，至少在大都会里是如此，而且实际上被"除名"取代了，即只是默默地从名册上将名字抹去。在各教派和独立派那里，**平信徒**总是教会纪律的典型担当者，而最初加尔文派长老会的教会纪律则明白昭彰而有计划地寻求支配国家和教会。至少1584年的英国长老会的"指南"（见第220页，注1）里就已吸纳和神职人员相同数量的平信徒长老加入职班和教会统治机构的上层机关了。但与此同时，长老与团契之间的关系偶尔也作出各种调整。正如（长老会的）长期国会将从圣餐礼排除出去的权利交给（俗人）长老一样，1647年新英格兰的《剑桥纲领》也这样规定了。但苏格兰的（**转下页**）

起了决定作用。[1]第一位一以贯之的唯意志论者布朗，就在他的《实时宗教改革论》（约1582年）中就指出，之所以要拒绝主教主义和长老主义，主要是因为那会迫使人们与"邪恶之人"共行圣餐礼。[2]在长老会教会中，人们努力解决这个问题，却也枉然。在伊丽莎白治下（旺兹沃思会议），这就已经成为一个关键问题了。[3]关于可以把**谁**排除在圣餐礼之外的问题，在英国的革命议会里一再产生某种作用。最初（1645）牧师和长老们（平信徒也如此）可以自由解决这个问题。国会试图着手确定允许将人排除在外的情况，并使其他所有事情都取决于国会的准许，这是一种国家至上主义，威斯敏斯特集会激烈反对这种现象。独立派之所以很出众，乃是因为他们除了本地的、被公认为完全虔诚的团契成员之外，只接受带着证明书（入场券）的人加入圣餐；外来的人当中，只有经过合格者推荐，其入场券才得以交付。为

（接上页）独立派在十九世纪中期还习惯于将关于生活不检点的人们的报告递交给一个委员会，然后整个**团契**基于这个委员会的报告而作出排除的决议，而这是与关于所有个别成员都要一体地负责任的观点相应的。这还与上面引用过的布朗派于1603年递交给詹姆斯一世的信条（德克斯特前引文献，第308页）完全一致，而"詹森派"则认为（被选举出来的）长老的最高统治权是符合《圣经》的，这些长老即便违背团契决议，也能诉诸开除教籍的做法（这引起了安斯沃思的分离）。关于早期英国长老会的相应情形，参见第297页注19中引用的文献，以及第298页注23中引用的皮尔森的博士论文。

1　此外，尼德兰**虔敬派**也主张这样的原则。比如罗登斯坦所持的立场就是，人们不可与非重生者（在他看来很明显的是，非重生者就是那些不带有重生的**印记**的人）共享圣餐，他甚至还阻止人们与**孩子们**共唱**主祷文**，因为他们还没有成为"上帝的孩子"。科勒还发现，在荷兰，人们偶尔还主张这样的观点：重生者根本无罪。加尔文派的正统观点以及对《圣经》的牢固得惊人的坚持，恰恰就是在小市民群众中被主张的。这里恰恰也是正统派人士不信任神学教育，针对1852年的教会规则，除了指出它缺乏足够严格的"风纪审查"之外，还抱怨宗教会议中的**平信徒**代表太少了——那时德国路德宗的所有正统教会派别一定都还没有想到这一点。

2　引自 Dexter, *Congregat. of the last three hundred years as seen in its litt*（New York, 1880），第97页。

3　伊丽莎白治下的英国长老会愿意承认英国国教的第39条（但对第34—36条有所保留，这一点在这里无关宏旨）。

迁居与旅行签发资格证书(推荐信)的现象,在十七世纪也可以见到了。[1]在官方教会内部,巴克斯特的私下集会(协会)在1657年被引入到16个郡,这一集会试图将自身建立成自察的检查机关,这个机关在确定资格的时候愿意站在牧师一边,也想将"不体面的人"从圣餐礼排除出去。[2]类似地,威斯敏斯特集会上的"五个持异见的弟兄"(曾避难到荷兰的上层阶级人士)提出建议的目的在于,接受教区以外的唯意志论的宗教团体,也赋予他们选举宗教会议参加者的权利。在新英格兰,整个教会史都围绕这样的问题在进行斗争:允许谁参加圣礼仪式(也包括,比如作为见证人),未被允许参加者的孩子是否可以受洗,[3]而如果可以的话,要在哪些保留条件下完成受洗?困难在于,不但配当者**可以**接受圣餐,这样的人还**必须**接受圣餐,[4]人们在怀疑自己是否配当的情况下避而不参加圣餐礼,但这并不能使人无罪,[5]而另一方面,团契**有责任**保持圣餐的纯洁,将不配当者,尤其是

1　在十七世纪,如果不是本地浸礼会团契的成员,那些外来的浸礼会信徒要想参加圣餐礼,这类推荐信就是必不可少的;非浸礼会成员只有在参加了该团契的考验,并经过决议之后,才被允许参加(《汉瑟诺里斯信纲》1689年版本附录,West Church Pa., 1817)。对于合格者而言,参加圣餐礼在这一派中乃是一种教义上的**强制**:若是不参加在他居住的地区经公认而建立的团契,就被目为分离派。关于与其他团契结成义务性的共同体,这一派的立场虽然与凯珀的类似(参见第298页注24);然而**超出**单个教会**之上的任何**管辖权都被拒绝了。关于契约者与早期英国长老会那里的资格证书,参见前面第220页注1,以及第218页注1中引用的文献。

2　Shaw, *Church Hist. under the Commonwealth* Ⅱ,第152—165页;Gardiner, *Commonwealth* Ⅲ,第231页。

3　布朗派于1603年递交给詹姆斯一世国王的请愿书已经就此提出了抗议。

4　例如:这一原理已经在1585年艾登宗教会议的决议中说出了(见济慈玛的文集第139页)。

5　参见Baxter, *Eccles. Dir.* Ⅱ,第108页深入讨论了因为怀疑自身而对参加圣餐礼感到羞怯的团契成员(根据英国国教第25条)。

为上帝所弃的人[1]排斥在外。因而团契首先有责任让一位配当的,以及处在恩典中的牧师来分发圣餐。这样一来,原初的教会建制问题就再度浮现出来。巴克斯特希望通过如下这种妥协的建议来调解,却是白费功夫:至少在紧急情况下,应该允许由一位不配当的,亦即在经历方面有些争议的牧师来主持仪式。[2]旧式的多纳图派个人魅力原则,与天主教中通过牧师的不可抹除的个性而激进地建立起来,但也统领着改革派的官方教会的那种机构恩典原则,这两者之间发生了激烈冲突,[3]正如早期基督教时代一样。这样一来,独立派思想世界中那种毫不妥协的激进主义,就是基于**团契**对于牧师以及圣餐同伴之配当性的责任的。而且这一点在原则上保留下来了。众所周知,在最近几十年,荷兰的凯珀分离派的成立,之所以产生了广泛的政治后果,是因为:与荷兰改革派教会的教会治理会议提出的要求相反,阿姆斯特丹的某个教会里的团契长老们(**平信徒**),在后来的首相凯珀(那时也不过是一个平信徒长老)的带领下,拒绝承认从他们的角度来看不配当或者无信仰的外来讲道者

1　关于下面这个问题的激烈争论,再清楚不过地表明了预定论即便在这里,也表现了最纯粹的类型,表明人们一再怀疑它的实际意义的做法极不公正:为神所弃者的孩童,业经证明其生活经历后,是否可以被允许受洗? 阿姆斯特丹的四个避难团契中就有三个(在十七世纪初)是持赞成态度的;但在新英格兰,直到1657年的"妥协契约",才在这一点上有所妥协。关于荷兰的情形,也参见第299页注25。

2　前引文献,Ⅱ,第110页。

3　在十七世纪初的荷兰,对私下集会的禁令就引起了一场普遍的文化斗争。伊丽莎白以可怕的严酷手腕(1593年曾以死刑相威胁)来对付私下集会:其理由就是禁欲的虔信具有**反权威**特征,或者在这种情况下可以更准确地说成,神职人员对**世俗**权威形成的竞争关系(卡特莱特就明确要求允许对君主们革除教籍)。实际上,**苏格兰的**例子(苏格兰是长老会的教会纪律和教会统治**对抗**国王的典型基地)必定起了震慑作用。

所颁发的坚信礼证书为通往圣餐礼的凭证。[1]在本质上，这恰恰是十六世纪时长老会与独立派之间的对立。因为从团契的那种责任中，产生出了关键性的重要后果。在唯意志论原则（自由地接纳配当者，而且只接受这种配当者为团契成员）之外，就是个别**地方**圣餐**团契**的主权原则。只有这种团契才能根据对个人的熟悉和考察来判断一个成员是否合格，而一个跨地区性共同体构成的教会治理机构是做不到这一点的，尽管这机构可能也是如此这般自由地选举出来的。而这样的地方团契也只有当成员人数有限的情况下才能做到这一点：只有相对较小的团契，才适合上述原则。[2]倘若共同体的人数太多，结果不是像在虔敬派中那样形成私下集会，就是像在卫理公会中那样将成员

1　行事自由的阿姆斯特丹市民们为了避开正统讲道者的信仰压力，就将他们的孩子送到临近团契中的自由派讲道者那里去学习坚信礼课程。相关的阿姆斯特丹团契组成的教会委员会就拒绝承认由这样的神职人员颁发的关于圣餐礼参与者之伦理品性的证明书，并将这些人排除在圣餐礼之外，因为圣餐礼必须保持纯净，人必须服从上帝胜过于服从人。当对这种脱离现象的指责为宗教会议委员会所接受时，教区委员会在拒绝服从之余，还采取了一个新规则，那就是在宗教会议休会时，只由常设的教区委员会来支配会众，这样就拒绝了共同体；而尽管有官方的监视，此时被停职的（俗人）长老吕特赫斯和凯珀还是通过诡计诡计控制了新教会（参见 Hogerfeil, *De kerkelijke strijd te Amsterdam*, 1886, 以及凯珀所引用的著作）。在十九世纪二十年代，预定论运动就在比尔德迪克及其弟子科斯塔和卡帕多斯（两个受洗的犹太人）的领导下展开了（**由此**，这些人拒绝废除黑奴制度，认为那是"干涉天意"，他们同样也拒绝疫苗接种！），猛烈抨击教会缺乏纪律，并让不配当者参加礼拜仪式，这场运动导向了分离。1890 年，阿姆斯特丹的"分离的改革派教会"在接受《多尔德信条》的前提下，拒绝任何一种"在教会中或超出教会之外的"支配。普林斯特勒也是比尔德迪克的弟子。

2　1611 年《阿姆斯特丹信纲》（见 *Publ. of the Hanserd Knollys Society*, Vol. 10）第 16 条中已有很经典的表述：每一个教会和集会的成员都**应该相互了解**……因而一个教会不应该由一群无法实际地相互了解的人组成。因而任何宗教会议统治和任何中央教会当局的建立最终都已经是对这一原则的一种背离了。因而在马萨诸塞，同样在克伦威尔治下的英国也是如此，在后者那里，1641 年的国会制定规章，允许每个团契都配备一名正统牧师并讲道，这显示出浸礼会信徒和激进的独立派涌入的信号。**单个的**团契（那时还是以单**个神职人员**的方式存在的）作为教会纪律的担当者，这一点也是在亚瑟刊行的早期长老会戴德海姆会议记录里预设为前提的。关于允许参加圣餐礼的**投票**，1582 年 10 月 22 日的会议记录是这样写的："若是没有全体的普遍同意，无人应被带入这样的群体活动。"但在 1586 年，这些清教徒就表明了他们反对布朗派的态度，后者得出了公理派的结论。

聚拢成为一些团体, 这些团体成为**教会纪律**的担当者。[1]那么这种超乎寻常的严厉的道德纪律,[2]通过团契的**自我治理**, 就成了第三条原则, 这条原则是不可避免的, 是由人们对纯化圣餐共同体(或者在贵格会那里的祷告共同体)的兴趣而来的。诸

1　卫理公会的"班"作为他们协作的灵魂安慰活动的基础, 乃是整个组织的脊梁。每十二个人就应该组成一个"班", 班长应每周探视每个成员, 或者在家里, 或者在班会上, 在班会上, 通常首先会进行一般性的罪过告解。他必须对成员的经历作簿记。当成员要迁居时, 这簿记和其他东西一道, 构成开具证明书的基础。如今在所有地区, 包括在美国, 这样的组织大概早已瓦解了。关于教会纪律在更早期的新教是以何种方式起作用的, 人们可以在前面引用过的戴德海姆会议记录中的评论里加以评估, 依据这一记录, 在私下集会里是应该予以"警告"的:"如果被弟兄观察**或窥探到**任何事的话。"

2　在路德宗的地区, 特别是在德国, 教会纪律要不就是出了名的不发达, 要不就是早早便完全衰落了。在这样的环境影响下, **以及**到处都存在, 但在德国却尤为有力的那种**国家**强力对自主的神职力量构成的竞争的妒忌心之下, 教会纪律除了在尤力希—克利夫和其他些莱茵地区之外, 在改革派的德国教会中也都很少起作用(毕竟到十九世纪还是有一些纪律的踪影: 普法尔茨的最后一次开除教籍发生在1855年——当然在这里, 1563年的教会规则早就在实际上被人以国家至上主义的方式在加以利用)。只有门诺派和后来的虔敬派创造出有效的纪律手段和纪律组织。(对于门诺派而言, 一个可见的教会**只**存在于有教会纪律的地方, 而在恶劣的经历和异教婚姻的情形下, 开除教籍不言而喻就是这纪律的一部分: 莱茵斯堡的公众派完全没有教义, 只有"经历"在起作用。)胡格诺派那里, 教会纪律本身是极为严格的, 然而之所以一再瘫痪, 是因为不可避免地要顾及在那里的政治上不可或缺的贵族。清教教会纪律的拥护者在英国首先是市民—资本主义的中产阶级, 比如伦敦就是如此。这个城市并不畏惧教士的统治, 反而想要把教会纪律作为大众规驯的一种手段。但手工业阶层也十分热衷于教会纪律。这样的贵族与农民自然相对较少。他们的对手是**政治上的**强权, 因而在英国也包括国会。但在这个问题上**主要**起作用的, 并非"**阶级利益**", 而是(就像随便一瞥文献就可以得知的)宗教和政治上的, 以及其他的利益与信念。新英格兰的, 也包括欧洲真正信奉清教的地区的教会纪律之严格, 是出了名的。在克伦威尔的主教和委员会委员当中(这些人是他用以推行教会纪律的重要机关), 一再出现将所有"怠惰者、堕落者和亵渎者"处以**流放**的提议。在卫理公会中, 见习的新人在试用期内一旦被发现恶劣的经历就可以直接除名, 具有完全资格的成员若有此类现象, 则需要经过委员会调查一下, 再加以除名。关于**胡格诺派的**教会纪律(这纪律实际上在长时间内导致了一个"教派"的存在), 那些宗教会议记录和审查可以显示一二: 针对商品造假和不诚实的有第6次会议(*Avert. Gén.* XIV); 关于整肃妆容的规定很常见; **可以允许**蓄奴和交易, 见第27次会议; 针对国库的要求, 在实践中态度相当宽松(国库是暴君), 见第6次会议, (*cas de conc. déc.* XIV); 关于高利贷, 见第 XV(可比较第2次会议, *Gen.* 17, II. *Syn. Gen.* 42)。在十六世纪末期, 早期英国长老会在官方通信中都被称为"厉行纪律的人"(引文见皮尔森前引文献)。

禁欲教派的纪律实际上（修道院纪律在这一点上与此相似）远比任何教会的严格。这种纪律确立了见习期的原则。[1]与新教的官方教会的原则相反，这种纪律通常不同意因为伦理上不检点而被开除者与团契成员的任何交往，因而在这种情况下对他进行完全的制裁（包括商业上的），有时还避免与非弟兄发生任何关系，除非是在不得已的情况下。[2]而且他将纪律的重点交到了**平信徒**手里。没有任何宗教权威能减少团契在上帝面前共同的责任。在长老会中，平信徒长老的分量是很重的。但独立派，尤其是浸礼会，正好意味着针对神学统领团契这一现象的一种斗争，[3]当然，与此正好相应的是，还意味着平信徒阶层的教权化，这个阶层通过自我管理、劝诫，甚至可能通过革除教籍，而发挥伦理检查的功能。[4]平信徒在教会内的

---

1 大概在所有教派里都有一段见习期，比如在卫理公会里就是六个月。

2 在威斯敏斯特宗教会议上，由5个（独立派的）（不信奉国教的弟兄）提交的"抗辩书"中，与"随意的和流于形式的基督徒"决裂的问题就被推到了台面上。这最初仅仅意味着唯意志论的分离主义，而不是拒绝交往。但罗宾逊这位严格的加尔文派和多德雷赫特宗教会议的捍卫者起初的意见（这意见后来有所缓和）（参见Dexter, *Congregationalism*，第402页），当然是这样的：独立派的分离主义者不可与他人交往，即便当后者是被拣选者（这被认为是可以设想的）的情况下，也是如此。当然，大部分教派都避免公开拥护这个原理，有些还明确拒绝它——至少拒绝将其当作原理。巴克斯特（*Chr. Dir.*，Ⅱ，第100页，Sp. 2及其下）甚至认为，如果责任在于家长或牧师，而不在于自身，人们可以接受那种不得不与一个不敬神的人一同祷告的情形。然而这不符合清教的原则。在十七世纪荷兰的一些激进的再洗礼教派里，"回避者"扮演了极为重要的角色。

3 在十七世纪初期阿姆斯特丹的避难者团契内部的种种讨论与斗争中，这一点就以最尖锐的形式出现了。同样地，在兰开夏郡，拒绝**神职人员**执掌教会纪律，要求平信徒在教会和教会纪律中进行治理，通过平信徒的努力，对于在克伦威尔时代教会内部斗争中采取何种立场，产生着决定性的作用。

4 长老的聘请在独立派和浸礼会共同体内部，是长期争论的议题，在这里对我们而言则无关大体。

统领地位部分地表现在对平信徒布道的自由[1]（传教的自由）的要求，这种要求不仅对于路德宗的职务概念，而且对于长老会的上帝秩序概念而言，是最有失体统的，为此这种要求援引原始基督教的情形为依据。这种统领地位部分地还表现在对神学家职业布道的根本反对，应该得到承认的，只有个人魅力，而不是训练和职务。[2]其他教派当然没有得出像贵格会那样激进的推论，或者即使得出，也没有持之以恒，贵格会的原理是：在服侍上帝的集会中，每个人都可以发言，但也**只有**"圣灵"灌注的人才应该发言，因而根本没有什么职业神职人员存在。[3]但神职人员要么根本不是"雇员"，[4]而是荣誉职位，或为自愿的荣誉捐款

---

1 1646 年 12 月 31 日长期国会的命令正好与此相反，想给独立派一击。另一方面，布道自由的原理已由罗宾逊著书加以辩护了。从主教统治主义的立场出发，泰勒在其著作（*The liberty of prophesying*, 1647）中作出了妥协。克伦威尔的"查验员"要求，如果想被允许布道，就要 6 个被准许参加圣餐礼的团契成员（其中有 4 个是平信徒）开具证明。在英国宗教改革的早期，"礼拜练习"与布道常常不仅被热心的圣公会主教们容忍，而且还被鼓励。在苏格兰，它们成了教会活动中合乎制度的组成部分（1560），1571 年被引入北安普敦，很快其他地方也在这个问题上加以引入。但因为 1573 年他们针对卡特怀特而作的宣告，伊丽莎白坚持对他们加以压制。

2 史密斯在阿姆斯特丹已经要求，再生者在讲道的场合甚至不可将《圣经》摆在前面。

3 当然，如今恐怕没有任何地方更激进地推行这一点了。官方的"传说"是：那些依团契的经验特别容易接通圣灵的成员，在做礼拜的时候被安排坐在面对团契成员的一张特别的长椅上，人们在深深的静默中等待圣灵降临到他们中的某一个身上（或者降临到团契中的另一个成员的身上）。但在宾夕法尼亚大学的一次礼拜上，圣灵很可惜并未像我所希望的那样，降临到就座于特别长椅上一位穿戴漂亮简单的老妇人身上，她的个人魅力是极受称颂的，而是很可疑地在默契之下，降临到一位勇敢的大学图书馆馆员身上，他就"圣徒"概念作了一场极有学识的演讲。

4 在团契中（像福克斯和相似的那类人一样的）宗派主义者的个人魅力革命，总是以这样的斗争开始：反对作为"受雇者"的领薪俸的神职人员，主张受圣灵驱动者作不领薪酬的自由讲道这一使徒原则。在国会里爆发了公理派的古德温和指责他的普林之间的激烈争论，后者说前者违背自己所谓的原则，领取了"圣禄"，而古德温辩解说，他只领取了人们自愿捐献的东西。只有为了维持讲道者的生计而作的**自愿**捐献才是被允许的，这个原理见于布朗派于 1603 年递交给詹姆斯一世的请愿书（第 71 点：由此才有了针对"朝廷圣禄"和"犹太什一税"的抗议）。

服务，[1]或只是兼职，并为了补偿成本而活动；[2]要么他随时是可以解聘的，或者由一种传教组织来统领，正如在卫理公会中一样，[3]这种组织只有在同一个"巡回路线"上工作的流动传道者。[4]在职位（在流传下来的意义上）、因而神学家的资格被保持下来的地方，[5]这种资格也只被视作一种专业技术条件，但被视作真正关键的资格的，却只有处在恩典状态的个人魅力：像克伦威尔的查验员（当地为签发资格证书而建立的团体）和驱逐员（宗教纪律机关[6]）这样的一些机关必须检验神职人员的才能，它们的调查是为了确定个人魅力。人们看到，权威人士的魅力特征就像团契成员本身的魅力特征一样得到维护。正如克伦威尔的圣徒军队只让宗教上合格的人来进行圣餐礼一样，克伦威尔的士兵若是与某位军官不同属于有资格者组成的圣餐礼共同体

1　后者在1649年5月1日的《人民协议》里是要求于所有讲道者的。

2　卫理公会的地方讲道者就是如此。

3　1793年卫理公会废除了被授予圣职的和未被授予圣职的讲道者之间的一切差别，因此那被授予圣职的**巡回**讲道者，即传教士（卫理公会特有的担当者），与被英国国教授予圣职的讲道者之间，就没有什么区别了。但巡回讲道者也垄断了整个巡回路线上讲道的权利，而且圣餐的分发也被保留给了他们（自行举行的圣餐分配在当时原则上是在被实行的，但总是要和官方教会的活动错开来，人们一如既往地要装作在进行隶属于官方教会的活动）。因为自1768年开始，他们就被禁止从事其他市民副业，因而由此产生了一种新的"教士"。自1836年开始，就正式授予圣职了。和他们形成对照的，是从平信徒中招募的、兼职的地方讲道者，后者没有分配圣餐的权利，并且只在地方具有职权。这两类人都不穿着圣职袍服。

4　事实上，至少在英国，大部分"巡回讲道区"都变成了小教区，而讲道者的巡回活动则变成了一种虚构。然而迄今为止依然坚持下来的一点是，同一个牧师在同一个巡回讲道区履职不应超过三年。他们是**职业**讲道人。巡回讲道者是从"地方讲道者"中招募来的，与前者相反，后者有市民职业，每次任期（最初）只有一年的许可。由于礼拜仪式与礼拜堂太多，他们的存在是有必要的。但他们首先是"班"组及其灵魂安慰活动的脊梁，因而是教会纪律真正的核心机关。

5　克伦威尔与"圣徒国会"的对立除了在其他问题上之外，也在大学问题上尖锐化了（大学可能会因为激进地取消所有什一税与俸禄而崩溃）。克伦威尔无法下决心消灭这些文化场所——依照其意义来看，这些场所要优于所有的预备性神学教育的场所。

6　依据1652年的议案，而且在本质上依据1654年的教会章程，就是如此。

的话,就可以拒绝与他一同参加战斗。[1]

在内部,在教派成员间,按照要求来看,是流行着原始基督教的弟兄精神的,至少在再洗礼派及其衍生派别中是如此。[2]在他们当中的一些人看来,求助于国家法庭乃是禁忌,[3]而在他们中间,有在紧急情况下互相帮助的义务。[4]虽说与非弟兄进行**商业**往来当然是不被禁止的(除非有些彻底激进的共同体偶尔禁止),但很明显,人们更优待弟兄。[5]为外地迁居来的弟兄开具(归属和**经历**方面)[6]的书面证明的体系,从一开始就有了。贵格会的支援制度极为发达,以致正是因此而产生的负担,使得传道的兴趣最终瘫痪了。诸团契之间的凝聚力是如此之强,以致它很可以成为移居新英格兰的一个动机,这次移居完全是封闭的,而且从一开始就带有强烈的城市特征[7]——这与南方恰成对比。正如人们看到的,所有这些要点都表明,在这份概述的一开始通

1　例子见 Gardiner, *Fall of the Monarchy*, I, 第380页。

2　《威斯敏斯特纲》(XXVI, 1)也确立了内部**和外部**之间相互协助的义务。在所有教派中相应的规定是极多的。

3　卫理公会曾多方寻求,通过开除来惩罚那些向世俗法官上诉者。另一方面,他们在很多情况下设立自己的法庭,可以让人们对拖欠不还的欠债者提起上诉。

4　在老派的卫理公会中,每当无力偿债时,就由弟兄们组成的一个委员会加以调查。如果没有确信未来会清偿债务就举债的话,就会被开除,由此才形成了信用。弟兄之间紧急协助的义务,比如,在浸礼会的《汉瑟诺里斯信纲》(c. 28)中是有特别的保留条件的:不可因此产生对财产之圣洁性的损害。有时则更加尖锐(见 *Cambridge Platform*, 1653年版本, 6, 第VI号),坚决规定长老们有义务制裁那些"**游手好闲**"或"**玩忽职守**"的成员。

5　在卫理公会也是这样明确规定的。

6　在卫理公会,最初是每三个月要更新一次。正如前面说过的,老派的独立派只将圣餐给予证书持有者。在浸礼会,新加入团契者要被准许参加圣餐礼,就必须持有一封先前所在的团契开具的推荐信:参见1689年那个版本的《汉瑟诺里斯信纲》的附录。阿姆斯特丹的三个再洗礼派团契在十六世纪初就已经有了此后到处都反复出现的同一种制度。在马萨诸塞,自1669年以来,由讲道者或选民对正统性和**经历**方面开具的证明书(代替起初对人们加入圣餐礼的允许),来充当获得政治上的市民权的资格证明。

7　经常被引用的多伊勒的著作就是这样说的,这部著作将新英格兰与农业殖民地相比之下具有的强烈工商业特征归**于此**。

过例证加以展示的美国教派与教派性社团的现代功能，乃是那些曾经支配所有禁欲教派和私下集会，而如今又归于衰落的局面的延伸末端、残留和剩余。教派成员巨大的排他性"种姓傲慢"从一开始就被证实了。[1]

在这整个发展过程中，在过去和现在，对于我们的问题而言具有决定性的因素究竟是什么呢？在中世纪，革除教籍的做法也曾产生政治和市民生活方面的种种后果，这些后果在形式上甚至比有教派自由存在的地方更尖锐。在中世纪，也只有基督徒能成为完全的市民。在中世纪，正如舒尔特很漂亮地指出的，人们可以用教会的纪律手段来对付一位欠债不还的主教，这使得主教的信用高于世俗王侯。同样，普鲁士的少尉若是欠债，就处在被解职的压力下了，这也提高了他的信用度。德国的社团大学生的情形与此完全相同。最后，在中世纪，告解和教会刑事权力也能有效地实施教会纪律，事实也的确如此。首先，那时的人们充分利用宣誓所产生的一种可能性，即将欠债者革除教籍，以此来确保债权。

的确如此。只是在所有这些情形下，通过种种情况与手段来鼓励或禁绝的那类生活态度，与新教的禁欲所培育或压制的那类生活态度，是完全不同的。比如在少尉、社团大学生甚或主教那里，信用度的提升一定不是基于**商业上的**个人品质的培育。还有，紧接着上面的评论说下去，即便照意图来看作用方向相同的地方，作用**方式**也必定是根本不同的。中世纪和路德宗的教会纪律都握在神职人员手中，只要这纪律起作用，都是通过权威手段起作用的，而且它惩罚或奖赏**个别的**具体行动。清教和诸教派的教会纪律则至少附带地、常常还完全地握在平信徒手中，

---

1 比如可参见多伊勒关于新英格兰的阶层关系的评论，在那里，具有旧式宗教典籍传统的家庭，而不是有产阶级，构成了"贵族"。

它是通过信徒有必要**自证清白**这一手段起作用的，而且它培育**品质**，或者人们愿意这么说的话，挑选品质。最后的这一点最重要。为了步入共同体的圈子，教派（或私下集会）的成员必须具有特定种类的**品质**，正如在本书第一部分阐明的，拥有这些品质对于合理的现代资本主义的发展至关重要。而且为了在这个圈子里**证明**自身，就必须持续**考验**自己是否拥有这些品质：它将不断地、连续地在这个人身上得到培育。因为依据前一篇文章论述的，正如他彼岸的至福一样，他此世的整个社会存在的沉浮，也取决于对这些品质的"考验"。[1] 在同道的圈子里，就一切经验来看，比这种在社会上自我证明的必要性更强的培育手段是不存在的，而这样一来，教派连续而不引人注目的伦理纪律对权威的教会纪律的态度，就像理性的培育和挑选对命令和查禁的态度了。在这方面，就像在几乎所有的方面一样，清教教派作为世间禁欲的特殊担当者，成了普遍主义的天主教恩典机构最坚定的、在某种意义上唯一坚定的反题。**个人**对于在社会中维持自尊的那种最强的兴趣，被清教教派用于培育，因而**个人的**这种动机和人自己的兴趣也被用于维持和宣传"市民的"清教伦理及其后果。对于效果的渗透力和冲击力，这绝对是关键因素。因为，再说一次，[2] 并非某种宗教的伦理**学说**，而是那种通过救赎之物被设立了**奖赏**的伦理态度，在这个词的社会学意义上成了"这宗教的"特殊"风气"。那种态度在清教中是一种特定的

1　再重复一下，天主教的告解与此相反，是**解除**内心的强大压力的一种手段，教派成员在他的生活方式中始终处在这种压力下。关于中世纪的宗教共同体，不管是正统的还是异端的，在多大的程度上成了新教的禁欲教派的先驱，这里还不能讨论这个问题。

2　在此要强调的是，本书前两篇文章中的第一篇指向的正是这个极为关键的问题。我的批判者的根本错误，正是没有注意到这一点。我们将在讨论古以色列伦理与在**学说**方面极为类似的埃及、腓尼基、巴比伦伦理的关系时，碰到某种完全类似的事态。

讲究方法而又理性的生活方式，这种生活方式在现有的条件下为现代资本主义"精神"铺平了道路；在**所有**清教派别中，奖赏针对的是在上帝面前"考验"自身的行为（在确保救赎的意义上），而在清教**教派**内部，针对的是在人面前的这种行为（在于社会中自证清白的意义上）。两类奖赏在同一个作用方向上相互补充：它们协助了现代资本主义"精神"，它特别的**风气**（亦即现代**市民阶层**的风气）的产生。禁欲的私下集会与教派的形成，以其对家长制的和权威的束缚[1]的激进冲破，以**其**表述"人必须服从上帝胜过于服从人"这个原理的那种措辞方式，构成了现代"个人主义"的最重要的历史基础之一。

因为要理解这种伦理作用的种类，最后还需要加一点比较性的评论。在中世纪**行会**中，对成员的普通伦理标准进行某种检查的做法并不罕见，就像在禁欲的新教教派中检查教会纪律一样。[2]但在对个人的经济态度产生的影响方面，不可避免地会有差异，这是显而易见的。行会将同业人员，因而将**竞争对手**联合到自身之中，而且是为了**限制**竞争，以及在竞争中起作用的合理的逐利行为。它培育出"市民"德性，而且在某种特定的（这里不进一步讨论了）意义上成了市民"理性主义"的担当者。但那是在"生计策略"和传统主义的意义上（其实际的后果众所周知），只要它的经济调节起作用了，就是如此。但诸教派通过挑选和培育在自身中聚合、检验了那些并非通过课程或家庭教育引进的，在技术上合格的职业伙伴，而是在伦理上合格的**信**

1　就此可参见第190页的论述，以及其他一些地方。古犹太教的，以及原始基督教的团契的形成，是以不同的方式在同一个方向上起作用的（正如我们将会看到的，在犹太人那里，**氏族**的社会意义的消失受此影响，而基督教在早期中世纪也起了类似的作用）。

2　别的例子不提，这里可参见1268年的*Pariser Livre des métiers des Prévôt Étienne de Boileau*（éd. Lespinasse und Bonnardot in der Hist. générale de Paris）。

仰伙伴,并**仅仅**在形式的**合法性**与讲究方法的禁欲的意义上规整他们的生活方式,而没有阻碍理性逐利现象之扩张的那种物质性的生计策略方面的目的。正如在英国和法国发生的那样,一个行会伙伴的资本主义成就败坏了行会精神,而且遭到抵制。一个教派弟兄的资本主义成就,如果是合法地取得的,就证明他通过了考验并得到了恩典,提高了教派的威望和传教成功的机会,因而正如多次被引用的那些表述所证明的那样,人们是很乐见这种事情发生的。西方中世纪形式下各行会中自由劳动的组织当然(与其意图相反)不仅仅是一种阻碍,而是也成了资本主义劳动组织的预备阶段,这个预备阶段或许不可或缺。[1]但行会自然是不可能从自身中产生出现代市民—资本主义**风气**的。因为这种风气中经济上的"个人主义的"动力,是不可能由行会,而只能由禁欲教派的生活方法来加以正当化和美化的。

1　关于这个相当复杂的因果关系的分析,这里不附带处理了。

第三部分

"教会"与"教派"

（1906年稿本的重印）

教会共同体生活在**美国**的强劲发展，是每一个到这个国家认真参访的人必定会注意到的现象。诚然，如今迅速的欧洲化到处都遏制了教会对整个生活的渗透，而这种渗透曾是真正的"美国风"所特有的。比如说，人们可以在芝加哥的两所大学之一看到，从如下这些牢固的规定中产生了令人惊奇的妥协，上述现象就表现在这些妥协之中：以开除学籍的惩戒相威胁的、参加"礼拜堂"活动的义务，可以通过证明自己参加了某些超过了所规定的最少人数的大课而予以"免除"，但对于任何一个有案可查**确实**超过了，或者因为学习期间免除此义务而超过了"礼拜堂记录"的人而言，这样积累下来的**"多余善功"**就被计入后面的一些时期了！在与欧洲人谈话时，如果说到国家带有的教会特征，"摩登"的或希望显得摩登的美国人渐渐地就很尴尬了。但对于真正的美国佬而言，这还是个新现象，而且就英裔美国人圈子而言，生活的这种世俗化还不算很深入。一方面，他们具有排他性；另一方面，这里应该指出的是，他们在生存斗争中的一部分优越感，都是基于这种"落后状况"的。而实质上在涉及整个生活方式中的某种还非常强大的组成部分时，说那是"落后状况"都有些夸张了。

一些德裔美国家庭在超过一代人的时间以来，居住在与"纽约本市"有所不同，且以虔诚著称的布鲁克林区，他们难于和那些悠久而土生土长的圈子结成更密切的关系，迄今为止还是不得不在面对"你属于哪个教会"这样不可避免会被问到的问题时，给出一个令提问者满意且不仅仅是"走形式的"回答。

直到今天，一种完全规范的做法还是，一个地产投机商要是希望他的地块住满人，首先就得在那块地的中央建起一座"教堂"，也就是一个带门的木头棚子，就像我们的玩具盒子里取出来的那种玩具一样，随后就花500美元随便从哪个"**派别**"中雇用一个出身于神学院的候选人，或公开或私下地向这个人允诺说，只要他能及时在这个地块上"完满"地讲道的话，这个岗位就会发展成一个终生职位。而大多数情况下，受雇者的确做到了这一点。我们手头掌握的私人统计调查表明，迄今为止只有远远不到十分之一（大约十三分之一）的居民正式承认为"无信仰的"；这还是在一个依照宪法禁止由官方认可任何教会的国家里的情况，这个国家将这个禁令解释得极宽泛，使得我们无法得到任何官方的认信统计资料，因为在我们这里任何一个被传唤的证人都必须回答的那个问题，即官方对于认信情况的**询问**，在那里恰恰已经违反宪法了。而且此外，在"'归属'于某个教会共同体"的意思与我们这里完全不同的地方，这一点在纯物质方面就意味着：比如在布法罗某个地区的福音派团契中非技术性的伐木工和码头工人，需要他们的教会每年为每个成员花费超过80马克的固定税费，这里还不谈数目极大的、对于留住牧师和维持教会都必不可少的"募捐"。关于成为官方之禁忌，然而正如前面说过的，在非官方场合又极其重要的那种对教会归属的询问，多么类似于荷马那里对家乡在何方、父母是何人的考究，一位德裔鼻科专家颇为惊讶地体会到了这一点。他在辛辛那提开业，当他询问他的第一位病人的病情时，那个人却**首先**郑重其事地告知他："**我来自第十街的第二个浸礼会教堂。**"这情形让医生目瞪口呆，这在病理学上当然与鼻子疼痛没什么关系，他应该是在说别的意思，那对他很重要，也就是："别为你的**酬金**担心！"

归属于一个"正派的"教会共同体，这就保证了个人的正派，不仅是社会生活方面的正派，而且还是，也首先是业务上的正派。一个已经很年长的绅士，在进行"殡葬五金器具"（铁制墓志铭）的商务旅行，我和他一起在俄克拉荷马度过了一些时光，他对我说："先生，在我看来，每个人都可以信仰他所中意的宗教，但如果我听说一个客户不参加他的教会活动，那么我连把五十分钱交给他也是不放心的，**要是他什么也不信仰，那他为什么会还钱给我呢**？"在这个如此地广人稀，人口又不断流动的国家，那时法庭的诉讼程序还停留在英国诺曼王朝时期形式主义的阶段，法律的执行权很松散，而且由于西部的大批农场主具有**田产**方面的特权，已形同废除，那么**个人信誉**首先就只能借助教会对信用的保障这根拐杖了。这样，众所周知的是，中世纪的主教就最适合于成为具有完全信用的债务人，因为如果随便拒不还债，教皇就可以开除教籍。而在我的大学时代为了海德堡的一个社团大学生的生计，就几乎将自己"储备现金"的必要性加以废除的那个巨大的借贷体系（那时只要某个一年级学生"加入关系"，债权人就退回他所抵押的户口簿——抵押户口簿的做法是当时的法律所许可的），或者德国的少尉所享有的那种可疑的信用（因为他的上校可能会对他采取措施），它们都基于社会担保的那种（实际的或假想的）意义：举债者整个的社会生计都基于一点，即他归属于那个由此保证了他的信用的共同体。美国教会共同体成员的情形就是如此，而且发展到了极致：与社会上为了特定目的结成的协会组织尚未十分细化的情形相应地，在美国这个各种旧的格局还在起作用的国家，最原始与最普遍的共同体，即宗教团契，几乎涵括了所有"社会"利益，这些利益将个人完全带出了自家门槛之外。教会团契不仅提供那些劝导性的演讲、晚间的茶会、主日学校和一切可设想出来的机构，而且还进行种类最繁多的"**竞技运动**"、橄榄球训练和这一类的活动，并且在礼拜仪式结束时预告这些活动的时间：一个人要是因为做过**不光彩的事**，被团契（就像过去发生的那样）公开除名，或者（像如今也还在发生的那样）秘密地被从名册上划掉，由此就落入社会制裁的境地了，立于团契之外的人，是没有任何社会"**关系**"的。我们完全撇开现代的发展不论，虽说因为各教派之间激烈的竞争而造成灵魂关照的工作有所削弱，然而教会成员资格给**业务**质量带来的那种保证，还是相当重要的。

种类各异的、大量的"**团体**"和俱乐部，如今开始部分地接受宗教共同体的这种功能了：几乎每个留意自己外表的小商人，无论如何都会在纽扣眼上别上一枚"**徽章**"。这副一切都致力于保障个人"**正直性**"形象的原型，正是教会共同体。但将这种功能发展得最完备的（这里也应该在这一点上略说几句，以为指引），是那些特殊意义上的"**教派**"——这个词在此处同样要加以讨论。当我在寒冷的十月的一个礼拜天，在北卡罗来纳州蓝岭山的山麓出席一场浸礼会洗礼仪式时，这一点对我个人而言显得尤为清楚：大约10个人，有男有女，穿着"**盛装**"，依次蹚进山间小溪冰冷的水中（在整个程序中，黑衣教士都将半截身体没入水中），听完冗长的宣誓套话之后靠在教士的胳膊上，屈膝向后，直到脸没入水中为止，再带着扑哧扑哧的水声立起，浑身发抖走出来，获得周围那些骑马的和坐在马车车厢中的大群农夫的"**祝贺**"，然后快速（但有一部分人要经过数小时的路程）走到房子里（据说"**信心**"保护他们不受冻）。我的一个远亲陪我从他的农场一同前来，并且（他一直不加入教会，那成了表明他的德国出身的标记）一边轻蔑地越过肩膀往后啐唾沫，一边观看这个过程,当一个看起来很聪慧的年轻人**经受**这个程序的时候,他倒提起兴趣来了:"噢,看看×先生!我跟你说过的嘛!"当我问他的时候,他首先只是回答:×先生想在艾里山开一家银行,需要大量的贷款。接下来进一步的讨论表明,在此接受某人加入浸礼会团契首先不是因为要得到浸礼会的顾客,而毋宁对于**非浸礼会**的顾客也必定有极为关键的价值,因为关于伦理和业务方面生活方式的深入调查是接受入会的前提(我不由自主地想到了我们这里对预备役军官候选人的调查),适用于最严格和最可信赖的那些人:任何还债不及时的行为,轻率的支出,逛酒馆,简而言之,一切可能令人怀疑当事人业务资格的因素,都会导致被当地的团契拒绝入会。一旦他被投票决定接受入会,教派就会终生伴随着他的所有行动:倘若他迁居到另一个地方去,教派就会给他开具一份证明,没有这份证明,他所在的"派别"在那里的团契就不会接受他入会。若是他无辜地陷入了难于还债的困境,那么(这种精神如今在各教派中正在衰落,但在许多的"团体"中依然存在)这个团契就会想法使他"恢复还债能力"。

要了解所有在"忏悔"的基础上发展起来的教派,尤其包括**贵格会**,对于其成员之生活方式,特别是对于他们**在业务上的**正派性进行的检查有多么冷酷和尖锐,我们可以追溯一下这种检查的整个历史过程:清教的世间禁欲在其成员身上,完全在其"教会纪律"特别运用到如下这个方面的过程中达到了顶峰,即无条件的正派,由此而来的是,比如说,零售贸易中的定价体系,严格而牢固的信用簿记,避免一切"世俗的"挥霍和一切种类的"放荡",简言之,在整个一生的"职业"中都清醒而勤勉,就显得成了人们能在其中证明其作为基督徒的资格,并借此证明其归属于该教派在道德上为正当的那种特有的形式，乃至在根本上简直成了人们能在其中做到这一点的**唯一**形式。在美国，在讲道中触及教义一类的事物，特别是触及所谓"区分学说"，完全是禁忌，而频繁的"讲道台交流"（教派间受欢迎的讲道者短期交换），以及结束派别间联合起来消除招募成员过程中"不正当竞争"的做法的倾向，目前差不多都能感受到了，这在今天部分地象征着与欧洲化一道增长的冷淡主义。但在过去，也有这类特别反教义的时期，而对教义的（相对）漠不关心完全是"虔敬派"（在这个词最宽泛的意义上）基督教的标志。"禁欲的"新教的**所有**变种（激进的浸礼会、门诺派、贵格会、卫理公会，以及大陆虔敬派中奉行禁欲的分支）的基本论题是：只有在生活中，特别是在职业生活中经受住**考验**，才能确保重生和称义。这个论题总是回到这样的思路上来："经受住考验的"基督徒就是经受住考验的"职业人"，特别是从资本主义观点来看有才干的**商人**。带有这种印记的基督教，乃是"资本主义"之人的主要培育者，而在十七世纪的时候，贵格会的作者们就已经为上帝在伦理方面的赐福而欢呼雀跃了，说这种赐福也将"世俗之子"作为顾客带到了他们（贵格会的）业务中来，因为他们在这里一定能找到最可信赖的服务、固定的价格等。而过去和（正如前面说过的）在某种程度上至今还在促成这种"教育学上的"功绩的，正是作为"**教派**"（在这个词的特殊意义上）的这些宗教共同体的制度。

那么这个词的特殊意义是什么呢？还有，在西方基督教的土壤中，与一个"教会"形成对照的"教派"是什么呢？信仰者人数上的限制（卫理公会和浸礼会是所有清教派别中在这方面最强的），以及在国家教会法中带有缺乏"承认"（即通过国家而被赋予特权——在美国是为一切派别所共有的）的标记，这些因素本身都不是关键。然而我们知道，一个社会组织的**范围**，往往对它的内部结构产生最为关键的影响。而将合乎教会法的单位——**团契**——的大小限于一个很小的范围，使得所有成员**相互之间**全都**亲自**认识，因而可以相互判断与检查其是否能经受住"考验"，这种限制向来就属于再洗礼派的基本原则，而且在所谓的"班会"的构成形式方面，真正的卫理公会，同样的还有虔敬派，都是如此。在这种班会上，成员们（最初是每周一次）相互检查对方的告解。只要看看柏林大教堂，就可以知道，无论如何也不是在这个融恺撒与教皇之威权于一身的辉煌大厅里，而毋宁是在贵格会与浸礼会的那些狭小的、没有任何神秘装饰的告解室里，新教"精神"最一贯而又活生生地表现出来了。另一方面，卫理公会在其各种表现形式中，表现出"教会"性原则与"教派"性原则特有的混合，这一派的拥护者在人数上的急剧扩张则明显促进了教会性原则确定无疑占上风的地位。只是单纯的人数较少这一事实本身虽则与教派现象的内在"本质"密切相关，但还不等于这一本质本身。但就与国家的关系而论，"教会"自然与"教派"共享了**事实上缺乏国家的"承认"这一点。这里双方的区别也在于，对于"教会"（无论是路德宗的、改革派的，还是天主教的都如此）而言是"偶发事件"，依照它的整个法权结构来看**违反**原则**的事情**，对于"教派"而言反而是某种宗教思想产生的后果。对于产生于再洗礼派出色的大众运动的教派而言，"政教分离"都是教义上的原理，在激进的虔敬派共同体（加尔文派的独立派和激进的卫理公会）那里则至少是一个结构性原则。

　　一个**"教会"**希望成为一个机构，成为上帝在拯救个人灵魂方面的某个遗产信托基金会，这些人**生于斯长于斯**，而且对于它而言在原则上乃是它那与"职位"关联在一起的功绩的**对象**。

一个"**教派**"（用这里临时发明的术语来说，这术语当然不会被各教派使用）则与此相反，是由一些**单就**宗教上而言**合格**的个体组成的一个自由的共同体，个人基于他与共同体双方的自由决定而被**接纳**加入。正如一向常见的情形一样，在这里，宗教共同体生活在历史上已有的那些鲜明的表现形式，完全不是简单地作为样本来符合概念上的对立的。人们总是只需问一问下面这个问题就可以发现这一点了：一个具体的派别，在哪个方面是与一个或另一个"类型"相符合或相接近的？但人们总是可以感受到基本思想上的原则性对立。仅仅基于**成年**信徒的自由决断之上的那种洗礼，是再洗礼派带有的那种特殊的"教派"特征的合适的象征。而比如在我们这里，"坚信礼"在内心的不诚实（众所周知，**斯特克**也赞成将坚信礼延伸到孩童时代）产生了这种只在形式上"自发的"忏悔与我们"教会"的结构之间的内在矛盾；我们的教会如其所是的那般，一直未能在原则上跨出那从未如此"淳朴"的、农人的观念之外，依照这种观念，牧师作为上帝的那个信托遗产的管理者，是必须比团契成员**更富于信**仰的，而且因为特别富有恩典，也有能力做到这一点。"教会"的"普遍主义"向义人和不义之人都投去了光：只有公开对抗它的权威（即便在它罪恶昭彰且顽固不化的情况下），才会导致"开除出教会"。由"少数选民"构成的共同体，作为"不可见的教会"，在其存在方面和上帝观方面，都是很有名的，而且一直都如此。与此相反，对于真正的"教派"而言，其全体成员的"纯净性"才是性命攸关的大问题：在虔敬派教派形成的时期，其动力总是对与一个"为神所弃之人"共行圣餐礼，或者对从一个为神所弃之人（一个位居神职的"雇员"，其"经历"中没有得到"拣选"的迹象）手里得到圣餐的深深的恐惧。"教派"希望成为宗教"精英"，希望看到在经过"考验"的成员所构成的共同体中体现"不可见的教会"。对于他们而言，他们内心的生活中混入了**在宗教上**不合格的因素，一般而言与世间掌权者的任何关系，必定都是不可忍受的："人必须服从上帝胜于服从人"这个原理（在某种意义上，整个文化传教和西欧基督教都属于这个原理的各种鲜明表现和影射）在这里完全赢得了它特有的反权威特色。**仅仅**依照一个人在其生活方式中合乎道德地经受过考验的宗教性质来评断这个人，必然会从根上切断一切朝代的浪漫想象。对任何一种"将受造物神圣化"的做法的厌恶，虽说不限于我们当今那种技术意义上的"教派"，倒不是**所有**按照教派的方式建立的共同体立即就具有的。这种厌恶毋宁是所有本质上**禁欲的**虔敬信仰的特征，在加尔文派清教徒们那里却是预定论思想的直接后果；面对这种思想极度严峻的态度，世间各种机关当局所得到的一切"上帝恩典"就成了渎神的诡计，消弭于无形了。但这一思想在教派的那个依其本性而言反权威的基础上，才最充分地明确表现出来。当贵格会为了严格拒绝一切宫廷里的，抑或产生于宫廷生活的崇敬形式，不仅接受了殉道者头衔，还担起了日常生活中的嘲弄所造成的更大的重负时，这是出于对下面这一点的确信：只有上帝才配得上那种敬畏的表达，而将这种表达献给一个人，就成了对上帝之威严的冒犯。对国家的所有这类"违背良心"的要求的无条件拒绝，并要求"良心自由"成为个人**对抗**国家时绝对有效的权利，这些现象只有在教派一以贯之地成为一种积极的**宗教**要求的基础上才是可能的。它们最合乎逻辑的基础就是贵格会伦理，这种伦理的基本原理之一就是，如果对于一个人而言，做某事合乎他那经过细心考察的**精神**的声音，而对于另一个人而言，忽略此事才合乎他内心里的声音，那么对于这个人而言，做该事情是义务，对于另一个人而言，那可能是不允许的。

这样，个人的自主就不是在冷淡主义中，而是在宗教立场中，找到了系泊之地，而针对一切种类的"权威"专断的斗争，就上升到宗教义务的高度了。这样一来，个人主义在其英勇的青年时代，也就获得了一种非常可观的、能建构起共同体的力量。与"教会"的那种在伦理上略带知足的普遍主义形成对立的，是在教派那里的一种完全别样的，与伦理上的严格主义相偕而行的普遍主义。在贵格会的伦理中，后面这种普遍主义又是最合乎逻辑地在下面这种思想中发展起来的，即上帝也能将他"内心里的光"传递到连福音都从未渗透到的那些人心中：不是客体化了的证明文件和个人，而是宗教上有资格的个人充当了那永远在继续，永远没有完结的启示的承担者。因而，在这里"不可见的"教会要比"可见的"教派**更伟大**，而且需要将它的信徒们聚集起来：新教的**传教**依其重心来看，并不来自由那些合乎惯例的，系于教区中固定"圣职"之上的"教会"构成的圈子，而是被虔敬派与各教派接纳了。在本文开头引用的那些例子表明了教派式的共同体在形成的过程中，在他们的礼拜式中，承担了哪些重大的经济利益。教派本身是一种依其本性而言"地方主义的"组织，但教派的虔敬信仰，乃是现存的虔敬信仰中最具地方主义特征的一种形式，而不仅仅是传统的"民族"虔敬信仰。诸教派单独就完成了将积极的虔敬信仰与政治上的激进主义相结合的步骤，它们单独就做到了在新教虔敬信仰的基础上，以某种极强的教会利益充斥广大群众，特别是现代工人的内心——就像在它们之外，仅仅在落后的农人的那种狂热幻想的形式下存在的那么强烈的利益。而在这一点上，它们的意义就超出宗教的领域之外了。只有它们，才赋予**美国民主**以它所特有的那种富有弹性的组织形式，以及它的个人主义印迹。一方面，是下面这些思想使得个人在对他最重要的事情上绝对只能依靠他自己：只有上帝赋予个人的那些宗教资格才能决定他的灵魂救赎，在这一点上任何圣礼巫术都是无益的，只有他在"考验"的过程中采取的实际态度，对他而言才**代表**他走在了救赎之路上；另一方面，唯有个人的这种"经受考验的"资格，才成为团契在社会上团结一致的基础。而社会组织的巨大潮流，就是依据"教派"模式建构起来的，这股潮流渗透了美国生活的一切角落。

谁如果是像我们的浪漫派喜爱做的那样，在"民主"这个概念下想象分化成了一堆原子的一群人，那么至少在美国的民主这个问题上，他就大错特错了：往往遭遇"原子化"的这种后果的，是官僚理性主义[1]，而不是民主，这种后果通过自上而下的那种为上级所喜爱而又强制责成执行的"分划"是无法得到克服的。真正的美国社会（这里谈的也正是居民中的"中间"阶层或"下等"阶层）从来就不曾是这样的一盘散沙，也从来不曾是那样的一幢大建筑，使得任何来此的人都能无分别地得其门而入：它过去和如今都贯彻了所有种类的"排他性"。在旧的局面还存在的地方，个人如果没能成功地被投票接纳进某个**社会团体**（过去几乎全是教会团体，如今也有某些别的团体了），并在其中证明自身的能力的话，那么他无论在大学里，还是在商业生活中，都是不可能立稳脚跟的。而在这些团体的内在特征方面，旧式的毫不留情而又严格执行的"教派精神"起了统领作用。它们总是一些"人为产物"，用滕尼斯的术语来说就是：它们是"社会"而不是"共同体"。这就是说，它们既不基于"情感"需求，也不追求"情感价值"；个人因为加入了社会组织，就得**自己证明自己**的能力；没有无差别的那种乡土气—植物性的

1　亦可照通行做法译作"科层制理性主义"。——译注

"惬意"，德国人认为，要是没有了这种惬意，是不能建立起任何共同体的；结成社会时的那种冷峻的**实事求是**，促进了将个人准确地安排到团体合乎目的的活动中去的做法（不管这个团体是橄榄球俱乐部，还是政党），但这绝不意味着减弱了个人在不断设法证明自己的能力方面的那种必要性；相反，恰恰是在群体**内部**，在伙伴构成的圈子里，这项"**考验**"自己的任务才特别紧迫地对他出现了。而且个人所属的这个社会团体，对于他而言从来都不是某种"组织"，某种神秘地悬在他头上，又将他囊括进去了的集合体，而毋宁**总是**无意中充当了为他自己的物质或精神方面的**目的**服务的某种机制。而最高的社会主体也是如此（与它们相比，现代美国人的那种典型的"失礼"极为明显地表现出来了）：贴现汇票是一桩"业务"，而将各种指示写入国家法令中也是一桩"业务"，而且后者无法通过任何"庄重仪式"与前者区分开来。而当淳朴的德国公职人员们看到美国公务员完成出色的业绩，而在我们这里却要在大城市的腐败、政党喧嚣和"恫吓"的重重压力下悄悄地才能完成时，通常总是大为讶异地承认："原来还可以这样的啊！"的确，北美的民主特征是由其文化带有的**殖民地**特征造成的，因而表现出与后面这种特征一同减弱的倾向。此外，这里谈到的美国人所独有的那些特点，是受到对人和人造物的"冷静的"悲观主义评判（这评判是清教的所有表现形式，包括"教会方面的"表现形式所特有的）影响的一个部分。但个人内心的隔绝（那意味着他向外展现活力是有限度的），与他建构最牢固地团结起来的社会群体和设立外冲之力的极限，这两方面的结合，完完全全是在教派建构的基础上才出现的。

我们这些现代的，在宗教上"没有修养的"人很难设想，甚至仅仅**相信**，在那些带有了现代文明国家之特征的时期，这些宗教因素扮演了多么重大的角色，因为对于"彼岸"的关心对人们而言是最实在的事情，所以这些因素在那时使得一切存在的东西相形见绌。我们的命运是且一直是：由于众多的历史原因，那时的宗教革命对于我们德国人而言意味着某种发展，这种发展有利于提高"圣职"的威望，而不是个人的活力；而且随此产生了一种情形，由于宗教共同体一如既往地作为"教会"，作为机构而存在的，这种情形**必定**会将个人从"权威"那里解放出来的努力，将所有"自由主义"（在这个词最广泛的意义上），驱赶到**敌视**宗教共同体的道路上，而又不教它们训练那种能形成共同体的力量的本领，这种本领（和其他历史因素一道）给那个在所有这些关系方面都与我们完全不同的盎格鲁－撒克逊世界，提供了"教派"的训练。**如今**，在宗教共同体生活的领域很显然不会"补回"这种发展，即便那是某些人之所愿，也是如此。现今的"自由教会"不会希望，也不会有能力成为任何"教派"。以**歌德**为指导的一种"教育宗教"也是与真正的教派彻底对立的，正如任何一种（甚至包括自由主义的）**神学**一样。的确，诸教派也没有忽略发展出某种自己的神学。但真正而一贯的"教派"反对对宗教事务的博学分析，强过于反对任何别的东西。**人格**上的宗教资格，而不是任何广博的知识，才能使得建立团契成为正当的——特殊的新教教派的所有变种形式，都为这一原理声张；因而，比如说，克伦威尔的"圣徒军队"的战斗，最后直接激化为针对神学、针对"圣职"、针对圣职带来的"什一税"，由此也针对政治和理智方面有修养的有闲阶级，特别是各大学的经济和思想方面的基础的一场战斗。克伦威尔一生工作中悲剧性的内在断裂之处在于，在这个时候他作为"现实政治家"，必须与拥护他的人分离。因为这就意味着，他以**宗教之外的**政治和理智方面的**文化价值**来衡量宗教上的要求了。由此才有了他临终之前的那句格言：他曾**一度**"在恩典中"。但没人允许任何欺骗一再出现：即便我们今天从最优秀、最现代、在教义上也没有偏见的那些拥护普遍主义的福音"教会"的人那里听来的所有那些针对教派的"狭隘"与"混乱"的论证，也全都意味着，**文化价值**，而不是真正的宗教需求，对他们而言是决定性的。

　　如今，这里绝不会有对"教派"的虔敬信仰进行"价值判断"的事情了。正如人们都会同意的，开头提到的那些例子之被选中，绝非因为它们在其本身，且为了其本身必定能博得人们的同情。它们毋宁会强化通行于德国全境的、针对清教的那种信念，即在根本上清教过去是，如今依然是虚荣的"伪善"。现在，我的意图并不是在这种情况下与这种愚蠢的掩饰作斗争，我个人的观点是，关于在过去和现在，强劲的宗教意识内容**在哪里**和**如何**找到其外在的社会形态，而且如今（不管是否有明确的意识和意愿）与政治、经济和"社会"方面的种种利益联系起来，这个问题在这个方面是一个被"以水煮"的问题，而**不仅仅**是（这一点如今常常被忘记）放在水中的问题。若是涉及"评价"的问题，那么很可能会产生这样的问题：对于那种不会将"宗教"**内容**与这类审美上的黄昏情调具有的形式之物（那种情调一样可以通过音乐和光学上的神秘化手段来抒发）混为一谈的人而言，是否贵格会"清醒的"会议（这种会议将宗教共同生活的"所作"和"所想"削减至最少，而且常常以深深的静默与沉思来进行）并不一定是"服侍上帝"的最合适的形式？一定不是！因为普遍为人们认可的一点是，即便"现代"人在具体的情况下实际上（或者偶尔只是臆想的）有了宗教的"辨别力"，他至少绝非任何"宗教共同体之人"，**因而**通常注定了会支持"教会"（如果他不想的话，他不会注意到教会的任何东西），但不会支持任何种类的"教派"。在这一点上，他不应该陷入一种错觉之中，即正是与绝对冷淡主义的关系中的这个因素，因而正是宗教动机方面的这个**弱点**，在可预见的整个将来都有利于"各地的基督教教会"，以及一般的"教会"。

第四部分

韦伯的"反批判"

一　对上述"批判文章"的批判性评论
（1907）[1]

我要感谢我的两位共同负责编辑出版的先生，是他们允许这里重印上述这些论述。因为一种批判很可能还是一种误解（而且我相信，上述论述就可能是如此的），然而它总是能表明，在被批判的论述中的哪些地方**可能**产生误解，作者（可能有意，也可能无意）没能充分预防哪些问题。

当然，对于批判我的这位先生作出的几乎所有的指责，我都必须否认责任在我，对于其中的某一些，我甚至要否认它们在一位细心的读者那里引起误解的任何可能性。当我（《社会科学与社会政策文汇》XX [2]，第15页）刚一讨论在我的批判者所援引的富格尔的格言与富兰克林的格言中所表现出来的"精神"之间的**对立**，他就硬是让我在**双方**那里发现同一种"精神"。[3]当我将富兰克林（《社会科学与社会政策文汇》XX，第26页）作为各种不同的例子中的一个[4]举出来，以表明我临时

1　初版于:《社会科学与社会政策文汇》XXV（1907），第243—249页。文中所说的上述"批判文章"指的是：菲舍尔，"针对韦伯教授'新教伦理与资本主义精神'一文的批判性论文"，同上书，第232—242页。

2　指《社会科学与社会政策文汇》第二十卷，下面类此。——译注

3　而且还**只**在这两处格言里。不可否认的是，在上述文献第18—35页上还有另外几处阐述这个概念的文字（当然只是暂时性的）。

4　关于与此正相反的情形，可以参见，比如说，XX，第28页上的评论。

（ad hoc）称作"资本主义精神"的东西并不仅仅局限于经济运营时，批判者就说我一会将富兰克林的**思想**当作与资本主义"精神"不同的东西，一会又将它当作与该精神相同的东西。当我（《社会科学与社会政策文汇》XX，第36页）花了相当多的精力来**证明**，**所有**新教民族自从有了各自的《圣经》译本以来都共有的，而**所有**其他民族都没有的那个带有伦理色彩的"职业"概念（也包括相应的词义）在对我的研究极为关键的那个点上来说，是宗教改革**新造**的一个词时，批判我的这位先生就说，路德在新造该词时不过是运用了"在本民族很常见的表达"而已，而他当然无法一试为这种"常见"引证任何一桩事实。不言而喻，语文学上的新发现随时都可能纠正我的研究结果。但仅仅说出相反的主张的做法，却根本无法撼动目前的材料的总体情形。

当我进一步尝试以更详尽的方式为自己的如下观点辩护时，即"职业"思想的确以及为什么在路德宗虔敬信仰的形式下的"职业"思想一直特别**不同**于某些鲜明的表现方式，后者在新教的"禁欲"形式内部将这一观念作为资本主义"精神"的一个起整合作用的组成部分加以接受，批判我的这位先生却反驳说这是我自己得出的结果（这一结果还构成了我的论文的基本思想），以此作为**对我的**（正如他自己说的）"观念论的历史阐释"的指责，据说我的这种阐释要将资本主义从路德那里推导出来。当我（《社会科学与社会政策文汇》XX，第54页）坚决否认下面这个"愚蠢"论题的可能性时，即宗教改革**单凭自身**就创造出了资本主义精神"乃至"资本主义本身（作为经济体系），因为资本主义业务活动的**一些**重要**形式**要远早于宗教改革，我也料到了一种命运，即后面这桩完全无可怀疑的事实，经过援引我的朋友松巴特的话之后，被我的批判者拿来**反对**我。而当我已经以明确无疑的方式**反对**人们利用我所采用的历史关联来建构任何一种"观念论的"（同上XXI，第110页说的是"精神主义的"）历史阐释了的时候，批判我的那位先生不仅将这样一种阐释植入到上面刚刚援引过的评论中去，而且在另一处文句中甚至提出了我是否将再洗礼派伦理的变迁设想成一种"黑格尔意义上的逻辑进程"的问题，[1]还将我本人在相关的文句（同上，第69页）中对所有人都足够清楚地说过的一些事情，又作为他自己的观点提出来反对我。当这位批判者认为我在那里（以及其他各处）对再洗礼派的生活情调如何汇入"世俗"之中的方式给出的说明不够清楚时，[2]我不认为我有什么错；众所周知，这种生活情调与其他一些在这一点上和这一派很类似的教派（比如俄国的一些教派，他们在其他方面生活在完全不同的经济条件下）的经验完全是一致的。

当批判我的那位先生作出如下假定时，我也不认为我对此有什么责任：我仅仅是为了说明各教派的局势与经济和社会分层之间的那些在**今天**还可以发现的整体关联，才写了我的这些论文的。我（同上XX，第23页及其他各处）刚刚重点强调过，

---

1 依据我自己的表达，最初部分具有末世论色彩，部分很狂热，部分具有反政治色彩的再洗礼派伦理的改造过程，不言而喻是"对世俗的适应"，这非常像原始基督教那里的情形。这一点很久以来就已经为人所熟知了，而且我本人对此已经讲得够清楚的了。但那还不是对**资本主义**的适应。再洗礼派对"世俗"的决定性的第一次"**适应**"，依其重点来看，乃是发生于在**资本主义**发展方面**远低于**周围其他地区的一些地区，比如佛里斯兰。

2 只有在一处，有一个排印错误（虽然很容易看出就是排印错误）至少是对此起了作用的。前引文献第69页上是这样说再洗礼派的："当然，这种'坚守'的后果**可能**是歇斯底里的状态、作预言……甚至在某些情况下产生是狂热的千禧年主义的某种爆发，就像……在明斯特被消灭的那个教派已经发生的那样。"那里将"'坚守'（的后果）……是歇斯底里的状态"误排成"'坚守'在歇斯底里的状态中"了。依我看来，只要看一眼这个句子的意思本身，特别是接下来的论述，已然就表明这是一个排印错误：人们该如何设想"**坚守**在歇斯底里的状态中"的意思呢？正如"批判文章"的作者批驳我时所说的那样，那样一种坚守与冷静的职业工作形成了对立。

当今的那种基于机械操作之上的资本主义（它使波兰的工人输入威斯特法伦，把苦力输入加利福尼亚）与那个问题的关系，和早期资本主义是完全不同的。尽管如此，如今在各派别的经济态度方面依然有许多区别值得注意，而且过去也偶尔得到公开的讨论，很明显，这种情形（前引文献，第25页）不过促使我将下面这个**问题**视作合法而已：在早期资本主义时代，宗教派别与经济活动是如何相互关联的？

那么，文化中的这两个部分即便在那时，也不是如下这般处在一种"有规律的"相互依存的关系中的：当x（禁欲新教）存在时，也绝对毫无例外地有y（资本主义"精神"）存在——在那种将复杂的历史现象结成先天的因果链条的做法中，这是不言而喻的。[1]依照事情本身来看，批判我的这位先生就荷兰资本家作出的评论根本不中肯：城市新贵中的某些阶层大批购入骑士领地的事情，即便在那里也是很典型的（参见《社会科学与社会政策文汇》XXI，第103页），而关于（在进一步的研究过程中还会再深入探讨的）那些荷兰发展过程中的决定性因素，我已经在《社会科学与社会政策文汇》XX，第26页和《社会科学与社会政策文汇》XXI，第85、86页作了一些评论（虽说完全是临时性的），其中的一些如今同样可以拿来作为对批判我的这位先生的抗辩。关于某些宗教群体对于早期资本主义时代下莱

1　人们或许可以将下面这个评论作为**唯一一处**不够谨慎的表述（XX，第8页），拿来驳斥我：加尔文派"在其现身的地方总是"表现出强烈的虔敬信仰与资本主义营利意识的同步出现。我在写下那个句子的时候，想到的是处于少数地位的加尔文派，我在那里接下来马上就引用的格泰因的话也谈到了他们。

茵地区的发展的意义，我在继续推进我的论述时还会再谈。[1]此外，我在此还要提醒的是，"改革派"的并不完全等于"加尔文派"的，而且即便"加尔文派"也只是在**充分**发展到禁欲清教的时候（正如我多次强调过的，这一发展和加尔文本人的学说绝不是一回事），才显示出一些可以纳入我所讨论的整体关联中去的特征。在这个问题上，我再次提醒读者参看我在《社会科学与社会政策文汇》XXI，第103、104页上的论述。认信方面的归属这一**单纯的**事实可以凭空造成某种经济类型的发展，信奉浸礼会的西伯利亚人也不可避免地会成为大商人，撒哈拉的加尔文派居民会成为工厂主——幸好没人想将这类意见强加给我。对于一个有着匈牙利那样的地理和文化条件的国家，比如说就它反复被土耳其人征服，而又反复解放出来的那个时代而言，像"加尔文派必定在这里造就一些资本主义的企业形式"这样的假定，就像"加尔文派的支配必定在荷兰的土壤里促生煤层"一样荒诞不经。顺便要提醒的是，即便在匈牙利这样的地方，加尔文派也以其特有的那种方式**起作用**了，只不过是在其他领域罢了；此外，我还（《社会科学与社会政策文汇》XX，第4页注1、2）列出了一些数字，这些数字表明，无论如何，**即便在那里**，也表现出了改革派在职业选择方面特有的那些现象，那些现象正是我的出发点。关于我在宗教条件与经济条件的一般关系这个问题上的看法，我认为我已经在《社会科学与社会政策文汇》，第101页注69和其他各处最简短地首次以足够清楚的方式表达出来了。如果人们完全没有注意到那

1　因为对于**当今的**情形来说，我就**今天的**资本主义所说的意思当然是行得通的。特别是对于**今天的**比利时，更是如此。与此相反，加尔文派信徒（起初在十六世纪，他们才刚刚涌入比利时南部地区，但在那里处于少数群体地位）逐渐外迁到北部（荷兰），这场外迁在政治和经济上都是规模巨大的，正如我们从三十年战争期间发生的每一个故事里都能听到的那样。

一处和许多类似的表达，特别是整篇论文的结语，我这方面实在做不了什么了。

因而我拒绝对成为上述这种"批判"之基础的那些误解负责，但我会利用这些文章结集为单行本的机会（由于出版技术方面的原因，单行本是势在必行了），再次尝试去掉那些可能被人误解为从宗教动机中推导出**诸种经济形式**这个意思的任何措辞（我从未主张过这种推导），并在可能的地方**再次澄**清一点：从新教类型的"禁欲"中应该"推导"出来，并且**与诸种经济形式**仅仅处在一种依我看来在文化史上极为重要的"适应"关系中的，乃是那种"讲究方法地**推进生活**的精神。我要感谢批判我的那位先生激发我这样做，尽管对这个由无限繁复地纠缠在一起的各种因果关联构成的领域的一种实际富有成果的批判，只有在精通文献材料的情况下可能做到，而这一点正是他所缺乏的。[1]

令我惋惜的是，与此相反，我完全无法从他那些积极的"心理学"讨论入手。当我（同上 XXI，第45页注）为了在"特定的歇斯底里事件在旧式虔敬派中的意义"这个具体的宗教史问题上准确地加以运用，而判明当今已然很稳固的"心理学"概念储备为不敷用的之时，我在那里谈的明显不是批判我的那位先生进行的那些尝试，而是在歇斯底里症这个领域的**精确**研究所开始的尝试。只有谈到后面这类尝试，我才觉得它们可能提供一些新的，对于那个问题而言富有价值的洞见。[2]与此相反，关于在上述这份批判中自居为"心理学"而对我提出反驳的那些论

1　我期待**神学阵营里**能作出这样一种批判，他们是**最内行的**——在某些人看来他们或许显得很"落后"。

2　从这里出发，尤其还**可以**澄清宗教制度与宗教观点对于人们今天以"民族特征"这个毫无价值的概念所指的所有那些东西所产生的影响。我也会利用单行本的机会阐发这一点。

述，对于按照历史的方式澄清像我必须予以探讨的那类现象是多么的无益，依我看来这一点正好由批判我的那位先生的阐述表明了。他说："如果我们看看纯粹作为目的本身的……挣钱活动在心理上的表现，我们就可以将它理解为个人于其强有力的活动上感受到的快乐。"[1]从历史上来看，向这个"心理学"领域踏出的这第一步就已经失足了。那种"于强有力的活动上感受到的快乐"若是用来表示下面这些类型的人所从事的挣钱活动的一种附带现象，是很合适的一种说法：现代商人，以及过去像富格尔和类似的经济"超人"这类人（我这方面已经谈过这些超人了），这类人从古巴比伦时代以来，在任何有钱可挣的地方，就到处都有了。[2]但这类人恰恰**不是那种冷静的生活方法学**精神所特有的——我已分析过这种精神。关于"个人强有力的活动"及其所带来的"快乐"，人们可以在所谓的"文艺复兴时期的人"那里了解到——当人们将**同样的**表达用在按照僧侣那么拘束的方式禁欲的清教徒身上时，他们两次所理解到的肯定是根本不同的意思（由于概念不精确且抽象，发生这种事情并不奇怪）。关于这个问题的如下这些争论，照我看来仅仅表明了，**这类一般化教义恰恰是远离历史现实中的种种现象的**：那种"快乐"属于哪种心理现象图式；某一种"感情状态的传播"是不是一种"普遍的心理事件"，由此在理论上会导致什么；由

---

1 富格尔的那句格言就此又被引用了一次，正如已经说过的那样，我认为这句格言是与我**所说**的"资本主义精神"相**对立**的。在我看来，这个**名称**当然也可以被别的任何一个更合适的名称代替。此外还涉及佛罗伦萨和其他地区的"资本主义精神"，尽管我（《社会科学与社会政策文汇》**XX**，第32页）解释过中世纪的心态与我目前暂时**称作**"资本主义精神"的东西之间的**种种差异**。如果人们**忽略**这些特殊的差异，**那么**这个概念的意义自然也就中止了。

2 我这方面经常讨论这个问题，比如《社会科学与社会政策文汇》**XXI**，第109页。不言而喻，这种类型不仅仅在美国的那种比较纯粹的环境下存在，毋宁说今天它在企业界人士中，在更广泛的一些层面上存在着。

此便"可以设想"出什么样的历史来,哪些又是不可设想的;"高度评价金钱"(我再次强调,这种高度评价包含了完全异质的一些"心理"现象,从莫里哀的"悭吝人"一方面可以发展出卡内基,另一方面又可以发展出印度的王公,而且它与清教的生活方法学完全**无关**)[1]何时可能产生,何时又不能产生;进一步地,"义务感"是不是一个抽象概念,它是如何产生的;特别是,人们如何能(比我)"更自然地"澄清职业义务的产生,如此等等。我在其他场合已经太多次指出,这些争论乃是基于哪些方法上的根本错误的,在此我可以不必重复了。

当我们可以简单地从某种"心理学"中的抽象概念演绎出某种特殊的生活风格的产生时,这对于发现历史上的因果勾连而言当然在本质上就更方便了。可是历史的现实绝不会听命于谁,也不管在密尔、斯宾塞[2]或者批判我的这位先生看来,下面这些情形对于他们所主张的心理学图式而言是不是过于麻烦了:过去那个时代的人们对于他们死后还有什么留存,对于有助于在这方面改善其机会的那些手段,都曾有着极为具体的想象;他们的行动就以此为导向;而对于文化发展极为重要的是,他们的行动按照哪种不同的方式,以关于一些先决条件(这些先决条件的达成就能保证他们的至福)的不同看法为导向——对于我们现代人而言,设身处地地体谅那些形而上学观念的那种折磨人的力量,是很困难的。

批判我的这位先生在尽数列出他的各种"心理学"思索之

1 参见《社会科学与社会政策文汇》XX,第19页,以及第二篇论文的整个后面部分。

2 这里提到的这两位知名学者的那种得到援引的"说明方式"尤其富有英国特色,甚至部分构成了那种"自然的"生活观察方式的晚生子,正如我们在富兰克林那里也能发现的那样——这种观察方式构成了历史性经验的反面。这种建构方式中正当的因素,乃是从日常经验中拾得的一些琐事,每一位经济历史学家在不了解密尔和斯宾塞的情况下,也都能不断对这些琐事进行操作。

后，最终还是承认了资本主义"精神"在法国的发展与胡格诺派之间的整体关联。我十分不甘于相信，这种依他看来目前还完全没有澄清的"平行关系"在许多其他的领域可能也成立，而且貌似合理地澄清了他的意思，并得到了一系列毕竟还值得重视的事实的支持。必须公开承认的是，关于任何一种"心理学"中的抽象概念是否适合于我所提供的那些事实，这个问题于我而言几乎是无所谓的：理论是以事实为导向的，而非相反。我是非常欢迎任何心理学的协助的，它们的诸种概念对于我将一些具体历史现象算作这些事实的具体原因，无论如何都是很有用的。但对于我所研究的问题而言，我从"心理学"文献（包括被批判我的这位先生所援引的著作）得来的知识中，没有任何东西能满足我对因果关系的需求。但众所周知，就我所感兴趣的那些问题而言，精确而科学的宗教病理学研究工作很可惜还没有开始。

二 对上述"答复"的评论（1908）[1]

　　一位读者，若是想了解这里（成果并不显著）的讨论，就不仅必须"开动脑筋"，而且首先必须**有**足够的**耐性**，以便借助**我**的各篇论文，在每一点上都弄清楚我已经说过什么，和我忽略而没说什么。那样他大概会对下面这个断言惊讶不已：据说我没有"看到"前述那些以训诫的口吻陈述的、每个初学者都很熟悉的、"讲究方法的"原则，也没有"看到"历史方面的因果观察带来的种种问题，**因而**在思考对我的研究起决定作用的那些因果问题方面，"根本没有什么贡献"。当人们将批判我的这位先生自己相信可以用来处理这些问题的那种纯先天的方式与此进行对比时，上述断言会让人彻底惊呆；这位先生完全**不**了解"我们"所考察的材料，甚至不了解那些材料最普遍的文献特征。他在他所谓的"方法论的"表述中称之为"宗教方面的修身之书"，然后又将后者与"教义体系"混淆了。这里缺乏的是对**事实**的熟悉。他完全不知道，对于我所讲述的**生活方式**的影响起决定作用的那些材料（除此之外的其他一些材料，则只在由于具体追问的性质而提供机会的时候，才得到利用）是专门为了回应而搜集来的，我搜集的这些材料可以直接追溯到对宗教事

1　初版于：《社会科学与社会政策文汇》**XXVI**（1908），第275—283页。这里所说的"上述"答复是指：菲舍尔，"新教伦理与'资本主义精神'——对韦伯教授的反批判的答复"，前引文献，第270—274页。

务的一些完全具体的实际质询上去（彼时这宗教事务不过是任何一个历史时期都熟知的一些绝对最普泛的入门指导罢了），而与"修身"或"教义"方面的目的完全无关，毋宁说与日常生活形态方面的一些问题有关，这些材料由此揭示出这些问题，而且其他材料则较少这么做。因而，他关于他完全不了解的一类文献"最多"能证明什么的那些"方法论"的见解，就无足轻重了。而当他说我关于现代人很难设身处地地想象那时的人们如何应付实际的生活问题，以及宗教动机对这种应对产生的影响的评论，由于太"空泛"而无关紧要时，我倒是很乐意就此明确指出一点：**他无疑是缺乏那种能力的。**我也几乎不敢奢望，至少在将来还能令他赞同我的观点。因为他提出的那个问题，在他个人看来是很容易回答的，即**为什么**"人们"即使在反面的根据很合理的情况下，还是会拒绝承认我所主张的那种影响。**即便**他手里现成就攥着最简单的一种将历史"心理现象"确定下来的工具（在他称为"心理学"的那种形态下），他怀有的那种坚定的信念也无助于以概念的方式澄清他有关其他人的那些（在他看来）太过复杂、也太过费劲的尝试的那种纯朴的判断。为了看清这一点，根本无须"心理学"的帮助。

一种并非基于对事实的**任何**认知之上的评论，一般而言是不能同时声称给出了对历史研究的某种"审核"的，即便有着最美好的"方法论"的意图，也是如此。因为我们不断从他那里得到的，不是所谓的"方法论"的主张，而是对有关事实方面，却又完全随意写出，处处透露出无知的一些主张的论述。比如他有一种固定的说法，即关于宗教的观念世界对现成的经济状况的"适应"，必定是"猜想"出来的，然而他的所有这一类说法却**都言之凿凿。**恰恰在这个视角下，这些问题都已经在一些并非完全微不足道的文献（这些文献的作者来路各有不同，一方面有考茨基，另一方面有狄尔泰）中被讨论过了，在这种局面下，他的这类说法当然太脱离当今人们所讨论的历史问题了（我可以从这些问题出发），此外，它们也完全空洞无物。[1]与本文开头提到的，批判我的这位先生的那种主张相反，这里的关键首先在于，这类说法完全忽略了一点，那就是我一方面在自己作了明确的澄清之后，在完全打开我的研究之后，**绝不**认为通过我此前**反过来**确定宗教运动对经济发展过程的影响，已经解决了经济发展过程对宗教运动产生影响的问题。批判我的这位先生当然认为，可以将我所作的那些澄清作为无关之语撇开，他的理由是：虽然如此，我恰恰没有（甚至从未）进行过关于这些澄清的讨论。他在他的"批判论文"里当然根本没有作过一种尝试，即不仅提出**这种**相当强硬的主张，而且通过分析我的论证方式来证实它。取而代之的是，他如今"遵循"（我们说"抓住"更准确）的是"**语词**"。关于"导出"这一**表述**（我并非无故就将它放在引号中的）特别的意思（也就是说：从新教形式的禁欲中导出职业伦理，并从"职业伦理"中导出现代生活方式中某些在经济上与此相关的成分），这一点每一个**读者**只要读一读我的文章，就能从它的内容中看出来。但是即便对于**没有**读过我的文章的人而言，只要看看批判我的这位先生自己在三行之后引用

1 在历史生活中，相互"适应"的概念只要解释得不清楚，就可以或者指一切，或者什么都不能指。摩门教之"适应"犹他州的那种经济"条件"，正如适应其他一些山地国家的生活形式一样；耶稣会在巴拉圭建立的国家（指该会于1610年至1767年在巴拉圭建立的耶稣会国，他们将基督教社会体系引入印第安人社会中——译注）之适应那里的原始森林，正如在这个国家之前与之后的印第安人适应那里一样；俄国去势派、时祷派和其他派别的经济生活方式之适应那里的生活条件，正如附近东正教农民的生活方式适应那种生活条件一样——尽管在这三种情形之间有极大的差异。若是将经济**衰退**（或者极为突出，但很容易解释的那种萧条）的结果考虑在内，可以说**不**适应日内瓦经济条件的，乃是加尔文的那种神权政治，这种神权政治甫一被创制出来，就是如此。如此等等。在此我可以直接将我的研究主题表述成：在这类情形下，人们最多只能在**哪种意义**上谈论（各种不同的文化因素之间的）"适应"？

的那些话（宗教意识内容对文化生活的"**影响**"），真的就足以发现，我并没有打算找出任何一个时期的"历史事件的**唯一的驱动性因素**"或者任何"**真正的驱动力**"，因为对我而言在历史中没有那类幽灵存在，他会发现我（与我公开宣称的意图相一致的）所研究的不如说是，由那些基本的形而上学预设决定性地协同造成的，新教的各个禁欲派别的那些宗教特征，在哪个**方向**上影响了生活方式——**在这样一种影响一般而言开始了的地方**。批判我的这位先生每当开始论证时，就得对他那个与简单的事实相违背的大胆假设负责，即我还采用了一种观念论的历史建构方式。但我要"激烈"反对他那个未经论证的假定了，他说我的处理方法与我自己的说明是对立的。我还有必要拿我的文章向读者们说清楚，他的那个更大胆的主张，即据说我根本没有考虑过其他一些，尤其是经济上的一些动机造成影响的可能性，究竟是怎么回事吗？我能想起来的只有：由宗教上的动机造成的那种影响的程度，照我的上述文献里证明过的观点来看，常常是**极**大的；这个程度到处都**同样**大，它不可能因为其他一些状况而被削弱或完全被压住。我没有证明**过**这一点——当然也从未主张过这一点。与此相反，我曾开始证明对我而言唯一关键之处：在新教国家可以想象出来的最为不同的各种政治、经济、地理和伦理条件 [新英格兰、德国人聚居地区、法国南部、荷兰、英国（爱尔兰的"苏格兰—爱尔兰"、弗里斯兰，还可以写上大量其他德国人居住地）] 下，那种影响的方向在一些关键点上是**相同的**，而且特别的是，这个方向**不受**作为**经济体系**的资本主义之发展程度的**影响**。另一方面我还发现，即便在新教改革**之前**资本主义经济最发达的地区，即在意大利（在佛兰德斯也是如此），并**没有**"资本主义精神"（在我所使用的这个词的意义上），而与此并行不悖的是（我现在只想略略补充一下这个意思），而这恰恰对"生活方式"产生了最深刻的影响。[1]现在，人们可能认为我所开始的，对产生于禁欲新教的**宗教**特征之中的那种"影响趋势"方面的**类同性**的证明，很不齐备，或者只推进到了某个概然性层面而已；这种证明也可能特别遭到**内行**人士方面（尤其是神学阵营）的攻击。但无论如何，鉴于我的论证和与此相关的，我反复强调说明我的论题的**含义**的做法，我就未来为了补充、解释和进一步检验这一论题而进行的研究的方向所作的说明，[2]我得说，人们将据此发现下面这一点是可以理解的：

1　关于佛罗伦萨市民阶层的那种永存的特征，比如说，有一位运思精细的艺术史家考究了经济**形式**与伦理生活方式之间的那种张力［这种张力产生于"职业伦理"（在我使用这个词的意义上）的缺失］所造成的结果，一直摸索到艺术题材的特征这个问题。人们必须**了解**这些（还有许多其他的）历史问题，以便能将批判我的这位先生所提出的下面这些命题（请注意，是关于**事实**内容的），从袖子上抖落掉：讲究方法的那种生活方式"当然"也是在清教出现之前而"出现于人类当中的"。请告诉我们：**在哪里**？还有：那是什么样的一种生活方式？因为**我**明显是要在我的文章中的几十页里分析过的**那种**意义上，一劳永逸地谈谈"讲究方法的生活方式"（在那种意义上，这种生活方式作为现代"职业伦理"的组成部分而影响了生活），而不是谈论，比如说，日本武士的、科提奇的、中世纪骑士荣誉观的、斯多亚的"方法学"，或者文艺复兴观念（在布克哈特所用的那个意义上）中"客观对待"生活的做法中的，甚至处在文艺复兴和宗教改革这双方的影响中的培根的某些（在这一点上与清教非常接近的）思想中的那种"方法学"，最后，也不是反宗教改革潮流的那种"方法学"。后面列举的那些有这些流派的确都有其特别的"方法学"，而且正是因此，他们中**全**都有一些组成部分，汇入到现代诸领先民族的生活方式中去了（其中的一些，我在必要的时候必须谈谈）。但它们是在与**我**所说的完全**不同**的方向和**意义**上的一种将生活理性化的做法，我在我的文章里将这作为与我的主题非常接近的一种情形，**明确**突出出来了。

2　我之所以还没有出示这一研究，原因并不在于事情有多难，而是部分在于与这里的讨论无关的个人状况，部分在于（正如每一个对"文汇"投去赏识的一瞥的人都知道的）我进行了其他一些远离此处的问题的工作。最后，部分还在于我的同事与朋友特洛尔奇在此期间从他的思想范围出发，以最出色的方式研究了处在我的路径上的整个一系列问题，而我希望避免重复工作，做无用功（况且在这方面，他要远比我内行）。但我希望在今年再次涉及这个问题，在此期间，至少到春天的时候能将用于一个单行本的那些文章审阅完毕。当然，时间上的延迟过去和现在都有个缺陷，即那些草率的读者可能轻易就将这些文章看作某种自身封闭的东西了。对于我在这里所处理的**那类**"批判"，这当然**不是任何**借口。批判我的这位先生完全有理由这样说：迄今为止都**缺乏**我**允诺**过的那种复核和进一步解释。但将一种"观念论的"历史建构方式植入我这里（我曾据理反驳过这种建构方式），如今甚至明确宣称我没有**看到**这些问题，这种做法超出了我自己的限度，乃是一个事实上根本无此能力的人之所为。

256

批判我的这位先生的那种如今也**明确**说出来了的意见，即我没有"看到"他所说的那些实际上相当浅显的"方法"原则，我的工作**没有**显示出**任何**这类方法上的"思索"，据说在我看来必定会显得很轻率，事实上也的确显得如此；而且这，正像他说的那样，"热烈地"，亦即在没有特意作什么妥协的情况下，回答了我。[1] 我过去和现在在这一点上怀念的不仅是内行的知识，而且还有一种"善意"，即在否定别人之前，花点时间先把事情好好看清楚。批判我的这位先生的那种凛然不可侵犯的（而在这种情况下又如此"不值钱的"）"方法论上的"热情如今当然会被说成：人们一定期盼过，通过我而"排除掉"别的因果关联存在的"**任何可能性**"，除了我所尝试过的唯一一种解释之外，完全**没有任何**别的解释是可行的和照"**意料之中**"被留下了的。这样一来，出于众所周知的理由，在历史学家们看来很可惜的是，对于一桩反面事实的这种举证责任几乎不可能被承认为其**一般的**行为"规范"了。通常情况下，他会积极地检查**其他**那些作为原因而凸显出来的因素的作用方式，这样就得到了一种越来越广泛的（但几乎没有完全封闭的）原因回溯链条——完全就像我**明确地**将这（我再重复一遍）作为我的意图讲出来，并在前面几篇文章中阐明这一点那样。

---

1 我建议编辑将这份"批判"收进去，尽管我很快就发现它的作者在材料方面很无知。我得知这一点，乃是因为，在那里可以碰到一些个别的评论和明显的困难；我很可以借这些评论和困难提醒自己，如果想好好利用探讨它们的机会（因为我相信，我在各篇文章中还没有从事这种探讨），那时就得**在内心**自己说个清楚。并不令我稍减惊奇，但却令我大为不悦的是，当我再次通读我的各篇文章时，我发现**所有**那些事情都已经相当清楚地包含在这些文章中了，而且在它们的总体关联下被提出来了，而"批判者"则因为很外行，就在对自己不加批判、对我又多有误解的情况下将它们从这种总体关联中抽离出来，以将其作为"异议"对我提出来。我感到很遗憾的是，还要将这种无价值的探讨作为负担加给《文汇》及其读者，而我既然采纳了这一探讨，它最终还是迫使我不得不对那里瞄准的混淆之处作一个费力的澄清。若是这"批判"出现在别的某个地方，我都会认为没必要回答它了。

但首先，批判我的这位先生随时准备拿来丈量**别人的论述**的论证力量的那把理想的尺子，却与他在为**自己的**论证声张时的那种易于满足的态度，形成最为强烈的对比。人们未免如此思忖：依照他的说明，他曾打算"**表明**"，"职业义务"、"资本主义精神"和"依照方法而生活的精神"的"心理起源"是**什么**。虽然他自己信誓旦旦地保证，但这种极为困难、在我看来也完全不成功的尝试，是如何（在十页的篇幅中）成功了的呢？人们必须再次从他的"批判论文"中把这一点梳理出来：因为他（第238页）超出了松巴特[1]和我"之外"，达到了一种更高的综合，也就是说在他那里"进展"到了对那些过程的"心理学的说明"。关于这种心理学说明的情形，人们想到："如果我们（第239页）看看纯粹作为目的本身的……挣钱活动**在心理上的表现**，我们就可以将它理解为个人于其强有力的活动上感受到的快乐……

---

1 因为即便松巴特的阐述都被认为"无效"了，证据就是出自某些从内容和形式方面看都同样可疑的书评的那处引文，德尔布吕克常常在《普鲁士年鉴》上以这些书评来关照松巴特。其实恰恰松巴特的阐述中的这个部分（对"计算性"及其技巧之意义的解释）确乎是相对最没有争议的部分，而且我在自己这方面利用松巴特的提问方式（资本主义**经济**形式的现代经济意义从何而来？），认为这部分在一些关键点上完全是中肯的。当然，那种充分发展了的手工业就已经对经济进行了某种程度的"理性化"，可以回溯到为我们所知而又最遥远的数千年前的那些**古代的**资本主义业务形式也已经带有了某种程度的"计算性"。**为什么**古代的那些偶尔在量的方面极大地发展了的资本主义经济形式中含有的"计算性"如此落后于近代早期的那些经济形式，以至于松巴特很在理地说，不仅那些在四千年前就已有迹可循的个别资本主义**工场**的存在，而且作为经济之层次的"资本主义"，都表现出了一种**近代**倾向？关于这一点，别处会有交代。很明显，松巴特由于**自己**探讨问题的方式，将**技术性**的"计算性"作为"资本主义精神"的关键性标识了。对于**我**探讨问题的方式而言（这种方式致力于探讨的是在精神上与"资本主义"的经济层次相"适应"的那种**伦理**"生活方式"的产生，它的胜利在人类"**灵魂**"领域具有重大意义），我的那套术语（在我看来）是合理的。因为对我而言，我们双方从不同的角度出发所研究的现象具有的其他一些标识，必然要纳入考虑之列。因而这里涉及术语上的差异，而不是（至少在我这方面不是）事实上的区别。就我的目力所及，**完全**没有任何事实方面的区别特别涉及到对历史唯物主义采取的立场。比如说，要是在其他人那里，高估了我的论述对于赏识那些"意识形态的"肇因环节所产生的影响，那就不是**我的**错了。很有可能的是，一旦我的研究结束，我将被指责同样义愤填膺地转向历史唯物主义了，即今天的意识形态。

于强有力的活动上感受到的快乐在宗教方面绝不是有条件的，它直接与强有力的活动关联起来。"（人们可以从前引文献第240页本身梳理出他的那些完全与此相似的，有关义务感，尤其是有关职业义务感之"心理起源"的发现——依据他的看法，因为"履行职责的观念要比忽视职业活动的观念更风行"，这种义务感就像贫穷一样，几乎总是产生于"权力"。）批判我的这位先生有他的道理：这些格言配不上我赋予它们的"抽象之物"和"心理图式"之名，它们是在拿诸定义玩一种无害的游戏，然后又从这些定义中作些演绎，至于那类"被定义的"现象的效果是否被忽视，那是无所谓的——正如我在我的答复中，在必要的时候指出的那样。当他现在非常认真地将对模模糊糊地复述出来的日常琐事的那种概括说成是"历史**心理学**"时，当今所有严谨的心理学家都会付之一哂，这正如我们嘲笑当今的一些国民经济学家引用密尔的那些在当时确实很"卓越"、在今天已有些被超越了的，关于历史上是如何开始珍视货币（开始于被认为很原始的那种观念，即将货币当作"达致至福的手段"）的论述——当然，我很自愧于既不曾尝试过，至今也还不觉得有必要去"反驳"这些论述。当我在我的答复的结论部分特别谈到精确的宗教**病理学**研究（但这种研究并非简单地就是这位批判者所讲述的那样，是对**歇斯底里**的研究[1]），说它在未来可能对某些问题而言很重要时，由此就表明了每个内行人

1　在完全**不同的**总体关联下（联系虔敬派中的一些特定现象）谈到了这一点！针对我的有关论辩真的是很强劲。在我使批判我的这位先生注意到他有关再洗礼派那里的"歇斯底里情形"产生于某种极为明显的误解之后，如今那个断言却又重现了，即我"承认"自己期待**歇斯底里**研究来说清楚再洗礼派的一些现象；对于"这类研究是否应该为澄清'讲究方法的生活方式'的产生提供辅助手段？"这个古怪的问题，我绝对不"承认"在我的文章里有什么没有说清楚的事情；批判我的这位先生并没有稍稍查看一下，我实际上宣布要从歇斯底里研究那里特别期待什么（以及不期待什么）。人们看到，"倒霉的误解链条"到这里都还没中断——在这里同样是出于和以前一样的原因。

士都了解的事情：将宗教之物中的"体验性因素"、非理性因素作为"病理学过程"来讨论的**那种**"宗教心理学"，虽然有其种种不完满与仓促之处，却还是许下诺言，说未来可能要在说明某种虔敬信仰所产生的、我们在这里说到的"**性格学**"影响方面，取得比那些"默默无闻的"神学家所做的工作**更大**的成绩来，而且偶尔也取得了一些成绩。但对于**我关心的**那些难题而言，关键当然就在于**这些**问题。不言而喻，这样的做法应该根本不会接近现实的"精确的规范心理学"。与此相反，就批判我的这位先生的种种论述所呈现的**那种**类型的"心理学"而言，我认为在这个领域中最多只能得到自曝其短无功而返的机会。

如果都不能再次表明下面这一点，我是很不愿意在这些事情上久留的：对于"心理学"在历史方面具有的某种极为特别的意义的盲信（幸好当今一部分最优秀的心理学家本身**不**再盲信这一点了），是如何一方面损害了历史研究的公正不偏，另一方面又完全败坏了科学的心理学（我对于它在**它**所管辖的问题范围内完成的功绩怀着最高的敬意），也**在**历史学家但凡能向其请益的**地方**（这无疑并不罕见），使他对它的帮助起疑了。我也曾被逼得要取笑，比如说，像冯特这样一个在自己的专业领域有着极高功绩的人所提出的，被认为经过"心理学"奠基的"历史规律"——如我所料，这样取笑是有理由的，也是有成效的。至于当一个曾馈赠我们《中世纪德国的经济生活》的作者试图在历史研究中利用这种所谓的"心理学"（以及在他看来其他的随便哪些来历各异的东西）时，会产生什么结果——很遗憾，这一点我们是知道的，我也在别的地方回到了这个问题上。对于历史学而言，专业心理学的知识之被考虑，**完全**是在和天文学、社会学、化学、法学教条、神学、机械工程学、人类学等相同的意义上进行的。外行人有一种信念，即因为历史学必须讨论"思想方面的事情"，**那么就是**（正如人们相信的那样，也正如当今一句时髦的俗语所说的那样）"从心理学的前提出发的"，因而它就得像**任何**一门专业学科那样，在无与伦比的程度上以"心理学"为基础。这种信念的依据就像如下这种假定一样：因为"历史人物"的伟大行为如今无一例外都依赖于声波或油墨一类的"媒介"，那么声学和关于液态流体的物理学就成了研究他们的基础科学；或者像如下这种假定一样：因为历史是在地球上发生的，天文学就必定是这样的基础科学，或者说因为历史总是由人做出的，人类学就必定是这样的基础科学。历史学之对待（"很抱歉"）"一般心理学前提"，**不过**就像它对待一般"天文学前提"一样**罢了**。谁要是一次都没有好好思考过这一系列显而易见的"吊诡之处"，他就根本没有资格在"认识论"或"方法论"上自居人师指指点点。而当批判我的这位先生站在一个类似的高度教训说，可以强调他在其"批判"中提出的那些"更高的要求"（相比起我在我的著述的方法学中提出的更低要求而言），我感到很遗憾的是，我还必须得以我早就作过的评论来反驳他，即他的那些"要求"**本身**（我们也从方法论的角度来看）甚至还不如**任何一个**被一份"批判"批评过的作者都必定盼望的那么高。他想在他所预告的那本书中馈赠我们一些论述，这些论述实际上坚守在他所掌握的一个领域中，而不是在他**不够精通**、无法染指的其他领域，这样他就能以最自然的姿态，而且即便在还如此意见纷呈的情形下，很有把握进行某种更有敬意的接纳——我感到很遗憾，这是在这里依他论证的那种方式允许的范围内进行的。形式上的"客气"并不总是会排除事实上的狂妄。然而，顺便提一下，这样一种狂妄**即便**在批判我的这位先生沾沾自喜地嵌入他的"批判"中去的那些**善意的**审查中，也是存在的。[1]我也不会容忍一个没有资格的人带有这种狂妄。（顺便说一下，在这一点上，我很喜欢我们的大师纳普的一句格言，他有一次在类似的场合对我说："我当然不喜爱读书，因为我是一头驴子。但要是一个人认为自己所说的话必须刻印成书，我也是不高兴的，由此看来，我**绝不**是蠢驴。"）

1　顺便说一下，像"根本"一类的谓语（那时）被用来说一篇文章，而这篇文章（现在）连最简单的因果问题都没有"看到"，这种现象既不能表明作者对事实的**了解**，很遗憾的是也不能表明作者有就事论事的**派头**。

三 有关资本主义"精神"的反批判
(1910) [1]

　　拉赫法尔教授发表于《国际周刊》(第三年度,第39—43号,1909年9月25日至10月23日)的针对我有关新教伦理与"资本主义'精神'"的系列文章的一篇批判文字(该刊第XX、XXI卷,就此还可以进一步参见第XXV、XXVI卷,以及发表于1906年《基督教世界》上的文章,第558、577页起[2]),由于这一批判(附带地)也瞄准了我的朋友特洛尔奇,后者将在同一个地方回答这一批判。而我这方面,对于也在同一个地方予以回答(这似乎是最自然,对我而言也最适当的做法),很遗憾,我过去和现在都感到颇有不便,尽管编辑先生尤其是作为《德国文学报》的负责人,极有功勋,对我也很是敬重。至于阿尔特霍夫创办的《国际周报》有一些我不太适应的编辑惯例,我在这个涉及单纯论辩的地方,自然也像特洛尔奇一样,对这一点是忽略不计的。但编辑宁愿在面对这篇几乎完全是针对**我**的文章时,**仅仅**听任只不过被附带涉及的我的同事特洛尔奇来处理,而不管一种回答是否受欢迎。我自然也将忽略这种不礼貌的做法(因为这是在既成事实之下发生的。只是批判我的这位先生也养成了

1　初版于《社会科学与社会政策文汇》,XXX(1910),第176—202页。
2　特洛尔奇引用的这篇文章被拉赫法尔随便撇到了一边。

一种习惯,即为了能使我们相互为对方负责,而将我们二人作为一个集体来讨论),这倒也给他提供了一种便利,即事实上(或他所以为的)只是某一个人所犯的错误,显得跟另一个人也有关系了。而另一方面,他在这里也没有忘了利用另一种便利,即根据需求再让我们中的一个来反对另一个,这样就使得"韦伯—特洛尔奇"这个集体(这个集体被看作一个人或另一个人的观点的担当者)好像陷入一种明显的内在矛盾中了。顺便提醒一下,考虑到他的这种很不忠实于事实的做法,我觉得比较恰当的做法是,对外表明我是在走我自己的路,此外还要明确地(特洛尔奇在他那方面无疑也会这么做的)拒绝对非**我**所说的话负责。按说我是可以补充表达下面的意思的。真正读过我们双方的文章的人都知道,特洛尔奇出于**他自己的**目的和布局,**一般来说并不**急需**我**所得出的那些结论(除了完全没有被拉赫法尔附带讨论的**教派**概念——参见《社会科学与社会政策文汇》XXI,第63、64页,以及《基督教世界》中被引用过的文章)。可能他的结论是对的,而同时我的也可能是错的,反之亦然。他展现了基督教会**社会学说**之建立的历史过程;我迄今为止只是寻求澄清在(原初的)宗教制约之下**展开生活**这种特定现象。在他偶尔谈到我的阐述时,[1]涉及的总是(除非是在这里并不在争论之列的那个问题上:教会与教派)对于他所处理的问题而言处于外围的一个因素,即他的结论与我的结论之间接触的问题。而在我看来很恰当的做法是,在这里也重点强调一下,一般而言并不存在任何(甚至是潜在的)集体协作。对于这些问题,有一

---

[1] 在这方面,也许特洛尔奇出于疏忽,在少数几个(与**他的**主题完全无关的)点上作出了一些与我的文章并不完全相符合的表述——在这种被迫对原文大加简化的情形下复述他人观点时,这是很难避免的。一种"历史性"批判如果不忠实于原文而又吹毛求疵,就会利用这种情形来说三道四:拉赫法尔在任何地方都**不曾怀疑**过上述那种状况。

部分在十二年前我就已经在课堂上讲授过了,这些工作并不是(像拉赫法尔从特洛尔奇的一些话出发就假定的那样)因为松巴特的《资本主义》一书才触发的(关于这一点,参见我在《社会科学与社会政策文汇》XX,第19页注1中明确的评论)。特洛尔奇过去在完全属于他自己的路上,在长久以前也探究过那个令**他**感兴趣的主题,他可能像受到其他作者启发那样,受到我的各篇文章中的个别评论启发,在经济—社会学视角下再三思考他的问题,就像他偶尔明言的那样。但没有一个人由于另一个人而"接纳"某种"理论"这回事,而只有这样的**事实**:我们中的每一个人,若是一度一般性地看到了这些整体关联,就必定会进入一种类似的观察方式,这种状况使得特洛尔奇在其远远更为广阔的问题领域中得到的那些结论中,允许我为了我自己的问题而采取的一些本质步骤,相当巧妙地作为**补遗**而被嵌入进来。如果我当时继续推进我的论文,我的任务就会是连带讨论在特洛尔奇如今所研究的那个领域中的很大一部分问题。作为一个非神学人士,我当然绝不可能以特洛尔奇那种方式进行讨论。如果说我自己早先的研究允许我作一个判断的话,我看不到任何一个点,无论这个点有多么关键,在那里我有理由与他的阐述形成对立。我无论如何也无法从拉赫法尔找来反驳我的种种琐碎细节中,推出这样一种对立。但特洛尔奇自然也要独自一人承担起在科学上须对他针对那种批判所说的话负起的**责任**,正如我须在科学上对我的那些论述负责一样。我早先对特洛尔奇的文章的评论就是为此而作出的,具有拉赫法尔那种特质的批评家读到那个评论,鉴于责任上的分离,就不会从中读出我**拒绝**特洛尔奇的那些结论这个意思了。借此我们言归正传。

拉赫法尔的论辩,从他文章的标题中的第一个词开始就走偏了："**加尔文派**和资本主义"。在我这里，从第一次提到加尔文派（与天主教和路德宗相对照）开始，[1]所指的就是一些**教派**（或者教会内部的一些教派类的组织），我在我的这本书第二章的标题和全书中将这些教派概括为"**禁欲新教**"。如今在可以设想的最广的范围内，为了预先把事情圈定下来，拉赫法尔（真正说来，这是**他本人**在他对这种禁欲的那份古怪的"批判"中无条件加以维护的）针对以"禁欲"这个**名称**来表示我试图分析的那种生活方式的做法，提出了辩驳。虽然**他本人**在其文章的开篇（第1217页，第7栏）也不得不用同样的表述来表示同样的事情，[2]可是我们会看到，对于在其"批判"中一再出现的，以双重标准来衡量他自己和别人的这种现象，他从不在乎——而且说到底，历史学界的"专业人士"和只顾着"建构"历史的那些门外汉所说的是不是同一件事，这也是要注意的一种差别！照他看来，禁欲就是"遁世"，而因为清教徒（在将所有"禁欲"教派都涵括进来的广义上）从来不是任何僧侣或者类似的冥思生活之人，因而我称作"**世间禁欲**"者本身就是一个"错误的"概念，这个概念首先就错误地预设了与天主教禁欲的某种亲缘关系。我现在很难想象还有什么论争比这样一个**名称**之争更无聊的了。在我看来，这个**名称**可以被任何

---

1 见本文汇，**XX**，第10、50、52页。在第10页突出了一点，即至少在禁欲的诸教派（贵格会、门诺派等）那里，"禁欲"与市民的财富积累之间那种直接的总体关联常常要比加尔文派那里"**还显著**"。此外，关于为什么要首先且特别详细地（《社会科学与社会政策文汇》**XXI**，第5—38页）讨论加尔文派，我也深入地说明了理由（《社会科学与社会政策文汇》**XXI**，第36页）：因为联系这一派的教义学中含有的那种**讲究方法的**生活形态的驱动力来说，在我看来，这一派便是（天主教）和路德宗"最一贯的"反题，也最适合于充当这种反题。不管怎么说，在分析加尔文派的那33页之后，紧接着的恰恰是篇幅同样多的（《社会科学与社会政策文汇》**XXI**，第39—72页）对其他禁欲派别的分析。

2 跟我相比之下，他唯一偏离这种做法的就是在"禁欲"这个词上加的引号（不涉及引文）。

更合适的名称代替。但只要我们没有下定决心,每次都临时造出全新的词来,或者像化学或阿芬那留斯哲学那样以字母作为名称,[1] 我们就必须为某个还没有任何名称的事态找到传统语言中尽可能接近与传达其意思的词,而且唯一要操心的就是对这些词进行清楚的**定义**,正如我在涉及"世间禁欲"时(在我自己看来)做足了功夫那样。但就那件事情(与天主教禁欲的内在亲缘性)而言,像里奇尔这样一个人在将"虔敬派"(他理解得很广泛)的那些(在**我所说的**意义上的)禁欲特征与新教中的"天主教"残余相等同方面走得如此之远,使得我都试图明确地将他的阐述**限制**在这个方面。而在宗教改革的其他同代人之中,有一个被特洛尔奇很适当地引用过的弗兰克,认为他们那代人的一大功绩就是,自此以后,不仅仅职业僧侣,而且**每个人**都必须终生是某种僧侣——这样看来,他在这件事情上所说的和我所说的完全相同,因而就像我一样,会被拉赫法尔真诚地提醒,即要当心一点,一个僧侣是不可娶妻,不可挣钱,一般而言不可执着于这个世上任何事物的,这样看来,那个表达就极不合适了。然而每个人都知道,当我们**今天**说到"禁欲"(不管是特指性的方面,还是一般的"享受生活"的方面,不管涉及对待感性事物的态度,还是涉及对待其他事物的态度)时,指的不是各种"伦理"价值,我们指的是依照事情的本质而言完全与此同类的生活方式,就像整个清教(**不仅仅是加尔文派,特别还包括再洗礼派以及相近的各派**)奉之为义务的

1　这里产生了一个疑问,即是否至少在前者那里这样做常常并没有什么用处。我认为纳普的一项功绩是,他有勇气广泛地这样做;在阿尔弗雷德·韦伯(作者的弟弟,德国经济学家、社会学家和文化理论家——译注)有关工业之方位的书中,这种做法在毫不含糊地表达意思方面产生了显著的效果。只是在我们的读者这里,这种做法最常碰到的就是摇头拒绝,而教授们的那种虚荣又首先在根本上拒绝接受任何一个并非由当事人**自己**创造出来的名称。

那样。因而它指的是一种生活理想，只是有一个区别，即"禁欲"必须在世俗秩序（家庭、营利生活、社会共同体）**内部**运行，因此在物质要求方面也相应地放松了限制，实际上就"精神"方面而言，它过去是带着僧侣禁欲之诸种理性形式的那些新教派别所共有的，而僧侣禁欲作为生活**方法**是经过规整了的。我已概略地，但总还算清楚明白地同样就处在"营利"活动之外的各种生活领域阐述了这一点，不致遭到误解，在这里我可以不必重复了。[1] 即便新教禁欲所用的那些**手段**，正如我（《社会科学与社会政策文汇》XXI，第77页起）提醒过的，其情形也完全与此相似。另一方面我还提醒过，恰恰是修道院里的禁欲使得它能在经济上取得如此显著的成就：我原本可以补充一点的，即中世纪那些理性——禁欲的教派或教派性组织在其市民活动中已经非常有规律地显示出和（特别是）后来的再洗礼派以及直到最近为止的、与其相应的俄国各类教派（并非俄国的所有教派都属于此列）完全相似的那些特征。拉赫法尔强加给我的许多愚蠢的断言之一就是，**作为一个整体的"唯一的老派新教"**是"从中世纪天主教中接纳了"禁欲（第1263栏）。在我那里可以详细地读到，我所分析的那些特征是如何

1　当拉赫法尔在第1249栏说下面这番话时，可见他的"批判"的水平是不敢恭维的："韦伯讲述那位富商时，说他只有遵照医生的处方才勉强享用牡蛎；可能每个人……都比一位……具有货真价实的……**通常意义上的**（请注意这个说法！）'资本主义精神'……却尽情食用珍贵软体动物的资本家要更多地抵制他……我几乎要认为，那些经营精美食品的商人，要是在资本主义精神的范围内突然引入禁欲的生活习惯，说不定会因为顾客稀少而关门吧。"我不想费神去探究他所说的"通常意义"上的"资本主义精神"是什么，也不关心是"蒂尔加滕区"（柏林的一个区——译注），还是"大地主们"，或是少尉们和其他一些钱包鼓鼓的年轻人，消费了大部分牡蛎。我借（完全是顺带提及的）那个例子要阐明的是与营利和财产的一种极为特殊的内在关系：阐明对自己的财富的"责任"感，这种责任感不仅拒绝"不理性的"支出，还将这类支出视作一种特有的"作孽"（这与惯常所见的那种吝啬毫无关系，拉赫法尔在另一处谈到过这一点）。它是针对享乐本身的一种**禁欲性的**顾虑。

被路德宗的、英国圣公会的和其他一些（在我所说的意义上）**并非**"禁欲的"老派新教阵营尖锐而肆无忌惮地批评为"事工得救"的——就像天主教的修道士们一样。新教还远没有在对待禁欲（在我所说的意义上）的立场上达成一致。我目前所知道的，**大家**用来刻画我所探讨的与路德宗、英国圣公会以及改革派认信的那些更加弱化的变体形式的词当中，"禁欲的"是最好的了。但那些**共同的**差异**现成就有**了。而那些"禁欲"群体的发展过程，**正好**也是"宗教改革"这个名称所概括的那些事件的一个产物，比如说，正如"原始路德宗"一样，上帝知道，它的"精神"和十六世纪二十年代的路德的区别，一点都不比令我感兴趣的"加尔文派"与加尔文本人的观点之间的区别小——**我自己重点强调过这一点，**[1]虽然（或者还可以说，恰恰因为）就像一再发生的那样，也从好为人师的拉赫法尔的辩驳中得知了这一点。但对于这样一位"历史学家"而言，这意味着什么呢：因为某种现象（清教的营利伦理）毕竟（就像他自己承认的那样）具有更强的影响范围，作为非"伦理之物"（第1250、1324栏）和**令人厌恶之物**，不能嵌入到他从新教伦理的发展过程中提炼出来的那个**概念**图式中去（而这个过程真正说来原本是**应该存在的**——因为这里谈的实质上就是**这个过程**），如今就以像"扭曲"这类价值判断来涂抹那个现象了（请注意！是现象**本身**，而**不是**我对这个现象的描述）？[2]对于这样一位方法学的学者而言，这意味着什么呢：他（第1294栏）提

1 《社会科学与社会政策文汇》XXI，第6页，注5。

2 正如一般见到的情形那样，拉赫法尔在这里涉及的，不过就是为了发起一场具有戏剧效果的争论，而让正相反对的两方相互谈论对方。对于为了盈利而盈利的同一种追求（这种追求在第1320栏中，在富格尔那里，很可能产生于一种"生活方式上的伦理准则"），可以在第1250、1255栏完全不被称作"伦理的"，因为拉赫法尔认为它很可鄙。

出了一个特殊的论题，即在英国，资本主义精神的存在"在没有这个"（宗教）"因素的情况下也能得到**理解**"，即使"我们绝不想否认它的影响"？因而这个"因素"在因果关系方面对于某种整体关联很重要，但当那位"历史学家"想"理解"那种整体关联的时候，还是将它也作为无关的因素撇在一边了。我们这里完全可以说"建构"，而不是"理解"，而且在带着保卫自己职权范围的热情去反对不那么专业的"历史建构"的拉赫法尔那里，我们发现了那种为历史学家所常见的操作方法的一个"理想类型"，当他们采用一些**未经澄清的**，贯穿了种种偏见和价值判断的**概念**，而又没有注意到这一点的时候，往往就采用这种操作方法。

不存在一个经过盖章认证的"禁欲"概念。[1] 当我将被我称作"世**间**"禁欲的那种生活方式与僧侣的那种"遁世"禁欲进行比较时，人们对这个概念的理解远比我宽泛，这一点是相当明显的，而且我自己也承认了这一点：我在涉及天主教禁欲的时候，**明确**谈到了**理性化的**禁欲（其最高的表现形式就是耶稣会的教团），后者与（例如天主教那边的）"无计划的遁世"和（新教那边的）单纯情感性的禁欲形成**对照**。因此，我的概念就是：一个与特洛尔奇的明显**相偏离的**概念，正如任何一个善意的人，包括拉赫法尔，都必定会看到的那样。他也曾"看到"了这一点。他甚至谈到了[2]我们双方的观点之间的"**根本**"对立。**虽然如此**，他还是见缝插针地纠缠于"特洛尔奇—韦伯的"禁欲概念，而且为了"反驳"这个概念起见，搜集了其他一些作者的相互不同的"禁欲"概念，这些概念可能很适合于**那**

1　只需比较第1250、1251栏的整个论述即可。

2　第1257栏。当然是足够愚蠢的：那里只涉及**术语**上的差异，而不是事情的差异。

些作者的目的,但不适合于我的目的。人们进一步在十分不同的各种视角下对生活实行了"理性化",因而以这个概念指的也是极为不同的各种意思,这一点在我讨论的一开始(《社会科学与社会政策文汇》XX,第35页)就很明确了,在后来也被尖锐而充分地突出出来了(《社会科学与社会政策文汇》XXVI,第278页)。虽然如此(或者毋宁说正因此),拉赫法尔(第1263栏)也将拿一点作为对我的"反驳"——尽管正如他已确知的那样,我在那里已经足够清楚地说明了我为了**我的**目的,以那个词表示的所有意思。我承认,我认为这样一种讨论几乎是没什么价值的,而当一位在如此大的程度上靠着由"批判"这个单纯的词语人为地、完全有意地造成的混淆来过活的作者,表现出对下面这一点的担忧,即我的某些明显是暂时构造出来的语言用法可能"模糊了某些根本的差异",这时我又发现这种讨论还是很有作用的。然而人们还是试图从拉赫法尔搞模糊了的那种辩解中剥离出积极的成分,然后自问:**在这里**,哪儿还有"根本的差异"呢?

我们还是回到起点上去。拉赫法尔完全任意地将主题限制在"加尔文派"上,这个做法几乎规定了他针对我发起的整个论证。[1]他的论辩的真正主题就此(第1217栏)被安排下来,而且对讨论对象的同样的扭曲在各篇文章的大量文句上一再出现,正如这种扭曲一般而言也使得针对我提出的唯一严肃的论题成为可能一样。

这个论题很可能在一开始就被完成了。拉赫法尔坚信"**宽容**"本身在经济发展中扮演了突出的角色。就像我的各篇文章

---

1 尽管他在陈述我的论文的内容(第1228页),而且此后也在一个完全偶然的场合,不得不将我的那些相应的论述本身复述一遍。

的每一个读者都知道的那样，我现在觉得自己在这方面绝非与他对立，我自己实际上还提到了这些整体关联（《社会科学与社会政策文汇》XXI，第42页注1）——就我的阐述迄今为止达到的范围而言，这些整体关联未必每一个都被提到了。但在这个问题上，对我而言关键的问题在于，虽然我们完全可以确信，任何一种宽容都在它当时的那种局面下，有助于"使国家人口繁盛"，引入外来的**财富**和行业，但我却对事情的**这个**方面不感兴趣。对于我（临时地，且仅仅为了我的目的）命名为"资本主义精神"的那种**特征**的发展，完全显而易见的是，重点在于**在具体的情况下宽容对谁有利**。如果那是，比如说，犹太人或者（在我使用这个词的意义上，见《社会科学与社会政策文汇》XXI，第28页起）"禁欲的"基督教派别，**那么**它通常就会在传播这种"精神"的意义上起作用——但那时这种作用自然就不仅仅是"宽容"本身的后果了。此外，在完全一般的意义上，"宽容"的**程度**完全没有成为衡量（始终在我所说的那个意义上的）"资本主义精神"的发展程度的标准。因为反面的情形恰恰是众所周知的（参见《社会科学与社会政策文汇》XX，第5页）：不完备的宽容，特别是系统地排斥认信方面的少数群体，使之不能享有国家与社会方面的平等权利，极为常见的还包括在极**大**程度上将失去社会地位的人驱赶到经济营利的轨道上去，这些在过去都是行得通的。而与此相应的是，"十字架下的教会"似乎在**大部分**情况下都参与了这些事情。那位被拉赫法尔引用过的佩蒂爵士（《政治算术》，伦敦版，1691，第26页）恰恰也重点突出过这一事态：到处都是一些掌控了"买卖"的异端分子，特别是在那些由罗马教会支配的国家，"四分之三"的买卖都由异端分子掌控了。但我们如今（而且这补充之语才说到了这个处境的要害）面对的**事态**是，正如我立刻就强调过的那样（《社会科

272

学与社会政策文汇》XX，第6页），被剥夺了权利的或遭到歧视的**天主教**少数派信徒们确实**从未**表现过这一现象，至今都没有，[1]此外，即便在路德宗的少数派信徒那里，就像在那些"禁欲的"派别那里一样，这一现象都从未被查明过；而另一方面，绝非仅仅在少数派那里，而且在**居于支配地位的**加尔文派、贵格会、浸礼会的各阶层常常也显示出他们的经济活动和生活方式所专有的一些特征。而在"禁欲"的新教派别与其他基督教派别进行权利平等的竞争时，通常是由前一个阵营担当买卖活动的。而在伍伯塔尔，直到最近的这一代人为止，在传统而古老的工业基础上，"改革派"的和非改革派的生活方式都是根本不同的，而且**恰好在对这里的问题起决定作用的一些特征**上是根本不同的。"职业人"的业务活动与我曾（暂时）称作"禁欲的强制节约"的活动联系在一起；在改革派的和虔敬派的圈子里（虔敬派来源于改革派），虽然有拉赫法尔临时称呼的各种"共同基督教伦理"在起作用，那种职业活动全都强劲而突出地获胜了，正如每一个熟悉此事的人都必定可以证实的那样。我的尝试无疑还很不完备，但那种生活方式的整个内容至少还是符合我说过的一件事的，即我从那个圈子的核心部位直接听到有人担保说，他们直到如今才从以往的生活中完全理解了他们自己的传统的一些专有的特征。而（例如）当拉赫法尔拿路德宗的汉堡来反驳我，说那里无论在过去还是现在，"资本主义精神"都是在**没有**受到"禁欲"新教影响的情况下兴盛起来的，此时我只需采用一下我在汉堡的一位同事瓦尔先生的友好来信中的消息，即可作答了：根据他的消息，与他早就知道的，巴塞尔老派的城市富裕市民们通过节俭积累起财富这种局面形成对立的是，在汉堡，如今最知名的那些家族的财富中，包括那些长久继承而来

1　因为波兰人在经济方面的反应（我本人引用过这一反应），乃是基于**民族方面的状况**。

的财富中，**没有任何一笔**可以回溯到十七世纪——唯一**一个例外**是一个著名的**改革派**家族。我还可以补充大量的这种具体例子，都是通过其他渠道得知的一些有关浸礼会信徒之立场的类似的个人消息。我关于"职业"之意义的关键"论题"（这一点我是想重点强调的）仅仅在展开方式上含有"新意"。我认为，就事情本身而言，有一点是不变的，即佩蒂爵士这样一位同样杰出的同时代人［拉赫法尔很了解他，并承认他是权威，因为他相信后者有关宽容在经济方面带来的好运的那些表述（正如大家可以看懂的，以一种极为扭曲的方式）以用于**反对我**］，仅仅**在两页之前**（第23、24页）就说过的，宽容之所以如此有利于"买卖"的一些**理由**（特别是在荷兰，他那时正忙于那里的事务）："现在我谈谈荷兰的首要政策，也就是良心自由……属于这一类的那些非国教派"（指的是荷兰自由战争的担当者，尤其是加尔文派信徒）"大部分都是一些理性、冷静而有耐心的人，而且相信**劳动和勤奋是他们对上帝负有的责任**（不管他们的意见有多么错误）"。[1]在我看来，这个句子就极适合于给我的文章中的一个基本论题贴上**抄袭佩蒂**（可惜并非有意而为）的标签了，[2]我可以将在佩蒂的权威和现代批判者的权威之间的选择留给读者，[3]而在我这方面置身于争论之外。因为我

1　莎士比亚，带着锐利的仇恨之眼来观察清教的行家，显然也很明白，他为什么也要让他笔下被漫画化了的"中间阶层"从"上帝在你心中铭刻下：在你的职业上努力工作"这个原理中推导出他们那幅被漫画化了的规划图。

2　自从我研究商业史以来，我就没有注意过佩蒂了，我还要感谢我的同事利维先生，他提醒我注意那个文句，不然我几乎都想不起来了。

3　只是我还要提醒一点（作为一个次要之点）：不言而喻，当我将生硬而**不宽容的**加尔文派聚居的新英格兰与对照"资本主义精神"的发展（见下文）来看得显得不太发达却**很宽容**的罗德岛对置起来时，这件事明显是在下面这种意义上发生的，即**尽管**那里不宽容，**尽管这里**宽容，二者之间的区别似乎还是对（大自然的配置远不那么如意的）那个**不**宽容的地区有利，照我看来，这是**因为**新教禁欲的"精神"在那个地区占据了更强的支配地位。此外，这一点完全是以一种猜想的形式顺带说出的，虽然我可以在我给出的证据之外再另举几个证据，来支持这种猜想，但是正如我喜欢一再承认的，这样做却还达不到"证明"的要求。（**转下页**）

274

除此之外还必须承认下面这一点，上述这种状况就愈发令人高兴了：普林斯特勒，一位作者，人们在看到拉赫法尔的所有其他

（接上页）为了借此机会将拉赫法尔的几个**事实性**"反驳"处理掉，我们不妨留意一下，宾夕法尼亚州的内部发展，贵格会伦理与"世俗"之间的悲剧性冲突，同样地还有那里［对于纽约（尽管在很久以前，曼哈顿作为移民中心，其在虔诚方面就已远远落后于布鲁克林了），直到不久前都是如此］从禁欲与理性主义混合所产生的生活氛围的强度（单是这种生活氛围，就已经证实了更早的时候对欧洲旅行者的**任何一种**美好的描述，而且人们在今天还能到处感觉到它的残余），拉赫法尔似乎完全不知道这些因素在生活方式与职业观中所扮演的角色，就像新英格兰人的历史及其以残余方式迄今依然发生影响的那种特征一样。请参见我发表在《基督教世界》上的文章（当然也是**极其**简略的）。由主教管辖的南部各州的农业"资本主义"在与**我**关注的问题相关的那些要点上，和古代的"资本主义"经济**根本没有任何区别**。撇开那些很著名的，一部分还很优秀的文献不谈，我从自己对居住在南部各州的一些亲戚（他们生活在旧式的种植园里）那里得到的观察，就得到了一幅就外部来看也还算相当清楚的图景，与清教的美国佬的那种"精神"形成最严格对立的是，这幅图景以"庄园"的方式在经济和生活中把家长制的可怜的邋遢与贵族式的炫耀，后者支配着这个特殊的**非市民**社会。千钧一发的是，新英格兰原本可能落入众多宫廷宠臣之一的手中的，那些人当时正在寻求殖民地土地开发权，并大展拳脚好好利用这种权利，那样的话就不会有吉贝树种植园这回事了，谁也不知道北美会变成什么样子，那样的话也就不会接纳最初的那些移民之父去那里拓荒了（南方的那些再洗礼派、荷兰人和贵格会站在了他们这一边）。无论如何，如果那样的话，北美都不是那个受到这些阶层的"精神"决定、并在那些毕竟还十分重要的残余影响之下延续至今的北美了。说十七世纪的新英格兰在"资本主义"方面，甚至在某些职业方面很发达，那不仅是一种时代倒错的说法，就那时的地理状况而言，也不可能像后来那么好——这一点毫无疑义，我也从未反驳过这一点。**虽然如此**，也正因为如此，在清教移民涌入之后，那里还是产生了职业发展的种种萌芽，我已经引用过这方面的资料，认为他们是值得关注的。因为我在我的著作开篇之处就立即引用**富兰克林**，将其作为"资本主义精神"的代表，因为进一步，每个人都知道，这个小印刷工人那时离成为像富格尔那样的"大资本家"还远**得很**，而且这方面我在自己这方面最强调对于我的论证而言很重要的那一事实，都有点过度强调了，那事实就是，那种"精神"在此地是在一个其经济还半隐藏在自然经济形态中的地区发展起来的（《社会科学与社会政策文汇》**XX**，第33页）。这样一来，即便像拉赫法尔的那样一种批判，也放弃了将这一类和相似的事情作为"反驳"向我提出来。此外，一位历史学家若是没有能力确定某个**殖民**国家（比如像旧式的新英格兰过去的情形那样）和欧洲**中**世纪的经济发展在行业方面的条件（正如在1294栏中那种带有恶意的、但在我看来未免很可笑的评论所显示的那样），这真是够糟糕的了。当然更糟糕的是，他根本就不知道法国胡格诺派的意义，及其与工业的关系。加尔文派在十七世纪和十八世纪的匈牙利草原上无法创造出任何资本主义经济，我必须第二次"承认"这一点，但又必须强调，**即便在那里**，这一派（在改革派的职业选择上）也显示出它那些典型的伴随现象，读者在我的文章的开篇就能读到那些伴随现象。甚至在荷兰资本主义的特征以及移民的内心态度这个真正与拉赫法尔的讨论最紧密地纠缠在一起、也极为有趣的问题上，他也不过就是显示出一些（**转下页**）

评价时都信任他对自己的故乡荷兰的特征那种本质上更根本，也更有原创性的研究，他偶尔在谈到那里积累财富的理由［即

（接上页）完全表面化的成见罢了，他的眼睛始终盯在那些与一切时代和一切国家的现象**没有任何**本质区别的大金融家身上。由于他的那些成见，我很怀疑，他是否真的像他值得感谢地担保的那样，比我知道得多——带着这些疑感，我还远不能认同他的这一担保。当然，他在商人中的阿米尼乌斯派（阿米尼乌斯为荷兰神学家——译注）的问题上提出来反驳我的一切，我**本人**一如既往地已经说过了，我也请读者参照过拉赫法尔提出来反对我的那同一些艺术史现象。但恰恰因此，问题（**我**根本**不想**再追索这个问题了）的最外围的界限也就被描画出来了。这里只提一个比较深入的因素：那时荷兰人的"精神"当然也受到下面这一点的影响，即到新的土地上拓殖是最有利可图的一桩业务，在这里，那些城市很大程度上是白手起家把一个国家（说得稍稍夸张了一些）创造出来的。除了殖民地上的买卖（所有的清教大概都有此嫌疑）之外，资本的利用都极大地转向了创建农业的轨道上了，这一点必定、也的确对于国家的"面貌"产生了内在的影响，特别是在如下这个方向上："禁欲"新教的那种现已足够清楚地被证实了的，以其自己的方式起作用的趋势，在许多重要的（但**不是**在所有的）点上一再被突破了。因为不言而喻的是，这些甚至对艺术市场都很有意义的农民（他们喜爱收集那时稍有价值的绘画，当然这些绘画都有投机的性质），虽然与传统的大陆农民很不相同，但也不同于新英格兰的农民。关于已不太正统的荷兰清教对荷兰艺术的影响的问题，是一个极为复杂的问题，而我就此随口说出的评论绝对不是要主张什么。毕竟鲁本斯和伦勃朗之间的对立（人们不难想起波德莱尔的那些在谈到伦勃朗的时候未免有些漫画化，但却极能刻画其根本心境的诗行）虽说和他们的生活方式一样，不能简单等同于二者环境之间的差别，但也肯定远远不是偶然的。一位历史学家之所以在谈论多德雷赫特法令的时候，就像谈某种在历史上与荷兰完全无关的事物一样，其原因只能从下面这一点中找到：他对荷兰的现代教会史和政治史一无所知。荷兰的新加尔文派当然是一个带有许多现代因素的构成物——但当人们看到，对那时荷兰的整个政治局面起着决定性作用的凯珀分离派（这一派受到那种纯正"清教的"要求引导，即为了荣耀上帝，**共行圣餐礼的团契**必须保持"纯洁"），在它的每一个阶段都以多德雷赫特宗教会议之前、之中和之后被创造出来的权利概念和信仰学说为支撑，人们就不会认为这个主张很古怪了。但凡人们了解一下那个时代有关荷兰教会纪律史方面的那些现已出版了的档案材料，以及"神圣宗教会议"的巨大权威（这种权威在几个世纪之久的时间里都是它的忠实信徒们不息冒着被杀头的危险加以维护的），也会如此的。凯珀的新加尔文文派教会的建立，恰好开始于"无信仰的"阿姆斯特丹，这原本可能又是一种"偶然"，依据拉赫法尔的观点，这就像它又离开阿姆斯特丹，转向反对奥尔登巴内费尔特（当时的荷兰大商人——译注）的加尔文派阵营一样地偶然——但这种现代所特有的"偶然"状况很可能给一些人提供契机，去思索一个问题，即1618年的事件是否并不能在乡镇代表大会上各"派系"（到处都可以见到这种现象）构成的单纯的会议局面之外找到原因。［在世界上，禁欲的派别几乎**总是而且到处都**处在少数派的地位：在那时处在凯珀支配之下的荷兰，在克伦威尔治下的英国，在紧接着佩恩（英国舰队总司令，贵格会信徒，1681从英王手中获得宾夕法尼亚的土地权——译注）之后的宾夕法尼亚，在一开始（**转下页**）

276

（相对）较少的损害与收入之间的关系］时，已经依照事实说出了与我所说的完全相同的意思。

佩蒂的文句的延续还表明了进一步的一个要点，拉赫法尔在他与我之间的许多表面争论（他的文章完全是靠这些表面争论过活的）之一中，就以这个要点为对象："这些人（即信奉清教的那些非国教派）相信上帝的正义，而且看到最放荡的人享用了大半个世界及其最好的东西，他们绝不会敢于和那些纵情享乐之人，和在世界上有权有势又极度富裕的人信奉同一个宗教和进行同一种认信。"

成为清教生活观的典型承担者的，恰恰**不**是在进行商业或殖民扩张的**一切**时代都反复出现的，那些最大的持有许可证者和垄断者，即经济"超人"，而是他们的敌手，即**处于上升之中的**市民**中产阶级**中的那些在本质上更广泛的阶层。我在自己这方面重点强调过这一点，尽管拉赫法尔知道这一点（因为他引用过），这一点也被他（一如既往地，在他觉得合适的时候）作为针对我的"反驳"提出来过。[1]与前面被引用的文句一致的是，佩蒂的评论明显也适合于阐明"新教禁欲"（在我使用这个词的意义上）对财富的那种（表面看起来）极为吊诡的态度，这完全符合我从其他材料，尤其是从那些迄今为止一直发展到极致的

（接上页）以及我们这个虔敬派时代的法国。］从拉赫法尔的各种评论来看，关于抵制英国国教的清教势力在英国，以及在科布登的反科恩法宣传中扮演的角色，他几乎一无所知。从**各阶级**与宗教生活之间的关系中可以看到的那种有趣的现象，即起初（甚至常常含有再洗礼派这种异质成分）**纵向**地贯穿社会阶层的种种断裂，逐渐转变成**横向**的了：**这里**也可见到历史唯物主义"解释"的合理之处。

1　此外，拉赫法尔（第1320栏）最终还是问了一个问题：我是从哪里**得知**，他（照我看来）所引用的富格尔的格言表现了**另**一种（清教的）"职业伦理"的？我这样回答他：因为每一个了解一位清教徒在类似的情形下会如何表达的人，都知道他（虽然带着十足的主观真诚）会**以别的方式**说话。在第1324栏，拉赫法尔本人就已经**知道**（不用说从哪里知道的了），加尔文派的职业伦理与富格尔的生活方式的**区别**在于，在前一派人那里，收入和财富（完全像我解释过的那样）"**只不过具有附加的意义罢了**"！

那些禁欲派别之原则那里得知的情形。财富本身作为享乐欲和权力欲的源泉，不仅仅是一种危险，它完全就是**真正的**危险，对此世的财物的追求本身就完全是可鄙的（我随便就可以再多举出一些引文）：佩蒂也说过这一点。然而佩蒂自己刚刚将带有极为**敌**视富人和财富的这些因素的"**产业**"视作财富积累的特别重要的源泉，并特别强调了企业主对它的巨大参与——这又恰恰是我也做过的事情。至于该如何解决这种表面上的吊诡，每一个认真读过我的文章的人，都能想起来。即便拉赫法尔也知道这一点，因为他在这一点上复述我的论述的那种方式也并不罕见。[1] 因为他熟知我对于清教徒（广义）与营利之间关系的相当详尽的讨论，那种关系的确很独特，对于当今时代的我们而言难免会怀疑它是一种虚伪和自欺，但对于在此岸和彼岸之间发现了一座桥的人们来说，绝不是特别"复杂"的。他还进一步了解了我所实施的、与在松巴特所引用的富格尔的话中表现出来的那种特征的断然**分离**。[2] 他也知道我详细提及下面这件事：意大利、德国、英国、荷兰和海外的那些金融巨头所体现的那整个**类型**，恰恰是我迫不得已反复说明的一种类型，[3] **只要我们一般而言了解一段历史**，就能见到这种类型，这种类型在其特征方面**绝非**近代的"早期资本主义"所特有的，它的格局与其他一些特征形成了最坚决的对立，如今**我**对阐发那些特征念念不忘，因为它们更容易被人忽视，却可以算作最重要的一些特征。但拉赫法尔对我的观点的这种

---

1 第1231栏："当然，**韦伯承认**，加尔文派的伦理最终证明自己是一种力量，它虽然一心向善，却造出了恶……造出财富的同时又带来了财富的所有诱惑。"说一位作者"承认"他自己的，几乎逐字逐句引用下来的某个基本论题，这种做法对于读者而言，至少是对事实的一种相当具有误导性的改写。

2 参见《社会科学与社会政策文汇》XX，第15页。

3 可比较《社会科学与社会政策文汇》XXV，第247页注10。拉赫法尔也知道这篇文章，因为他本人偶尔也引用它。

准确的认识，并未阻止拉赫法尔将（正如他可能也知道的）法老时代以来就广为人知的那种类型的资本家（这类资本家**缺乏**我称为"禁欲"的那种特征），拿来作为批评我的论据。尽管从我这里可以再清楚不过地读出一点，即我并未致力于研究这个类型，因而，比如并**未**致力于研究荷兰的[1]那个我们大家都很熟知的"贪利"商人的类型〔这些商人（**我特别注意到下面这句话，甚至还引用了它**[2]）"为了利润宁愿下地狱，哪怕冒着船帆被烧焦的危险"〕，他还是提出下面这个问题来反驳我：照你看来，**这**是否就不算"真正的"资本主义精神了呢？对于一个**读过我文章的人**，我可能还欠缺一个回答。当拉赫法尔热烈地寻求资本主义经济强劲发展的各个地区，而在这些地区，"新教禁欲"并未（实际地或者只是据说）扮演什么关键性角色，或者相反地扮演了这样一种角色，但没有产生大资本主义经济这样的结果时，情况就是这一类的。关于这个批判的细节，上面已经谈过了。虽然我原则上也已经反复而足够清楚地谈过这一点，但我也很乐意再次深入研究一下。因为或许我们借此就到达了某个点，在那里，双方的观点之间似乎就可以尝试进行对垒了，也未可知吧？

我之所以说"**似乎**"，是因为很遗憾的是，拉赫法尔实质上**根本就没有**他自己的观点，可供人们与之进行对峙。人们在他那里是白费事。尤其徒劳无功的是，当他本人最终明言，结果就是人们"必须承认"我所讨论的那些宗教因素（第1349栏）"对于经济局势的发展的确具有重大意义"时，大家未免感到好奇的是，既然如此，那么他贯穿五篇文章而古怪地向我发难，目的

1　关于荷兰富裕市民中那些起领导作用的阶层中的阿米尼乌斯派，我已经说过了，还介绍读者参见比斯肯—许埃特的书。拉赫法尔在这一点上**没有**提供**任何**新的有价值的东西，当他相信可以断言我根本不"了解"这个局面时，那真是个滑稽的场面。

2　《社会科学与社会政策文汇》XX，第20页。

究竟何在呢？他还有后话，据说他和我所说的"正好不在同一个方向上"而已，或者（这一点是立即要再予承认的）**即便**在同一个方向上，那至少也不是独一无二地只在这个方向上，就像我曾经做过的那样——我抱着最大的善意去理解他，也不知道他说的是我在哪里做过这事。但是，此外，据他说，"宗教改革的职业伦理**无疑**"是属于促进了经济发展的那些因素之列（甚至同样可以说：属于这一发展的"动力"之列）的，他在那里甚至还[错误地（见上文）]断言，我首先就分析了它的这方面意义。他唯一具有实质内容的保留意见，涉及在他的各篇文章中已经广泛批判过的将这种职业伦理**称为**"禁欲"的做法——我前面已经谈过这一点了。我似乎完全可以对我的这位审查官先生的让步感到满意，因为只要在可行的地方，我都极为强调一点，即据说我不曾想到在现成的"动力"之外再去假定**更多**的动力。

我并没有尝试过"详细地"（正如拉赫法尔所希望的那样）查明，与其他组成部分相比，它在多大程度上实际地在适合于它的那个方向上起作用了，当然这的确也算是一项重要的任务，但只针对个别的一些国家特意在做了，而且是一项很难轻松完成的[1]任务。我自己认为，拉赫法尔对于在此处发起一场数据统计的这一过分的要求，并没有什么恶意；每一个有些阅历的人都知道，在当今时代试图面对活的对象，去**估量**某个特定的、无疑还存在着并起着作用的"世界观的"动机的辐射范围有多大，其困难是空前巨大的，这些人也必定会认为他的这一要求没什么恶意。[2]**我**所选定的任务是（我的文章中已经尽可能清楚地规定了这个任务本身）：首先要确定，新教信仰的

---

1 因为在这个问题上很自然的是，问题的关键绝对首先不在于**资本**的分配一类事情。

2 比如可参见我在《社会科学与社会政策文汇》XXVIII，第263页，XXIX，第529页上的评论。

那些特定的形制,是**如何**,即通过灵魂的哪些促发性关联(而不是**在哪里**和有多强劲),而得以能够如此这般起作用,并做到这一点的(这里也是依照拉赫法尔的看法)。它们如此这般起作用了,**这一点**自然首先是在大量的例子上得到**展现**的,但在此之外的其他情况下,因为这一点根本不算什么"新鲜事"了,就众所周知地被预设为前提了。拉赫法尔(前面第1265栏)[1]正好像我一样,明确地将这一点作为**确定无疑**之事预设为前提了,由此看来,紧接下来的附录文字(不仅仅对于非历史学家而言)就显得极为古怪了。[2]那里面是这样说的:现在才是举出证明这些整体关联(据说对于这些整体关联,"没有任何怀疑"了)之存在的证据的时候。对于**这项**"任务"(正如前面说过的,我完全没有给自己设定这一任务),拉赫法尔还作了说明:他说我"轻易"就完成了这项任务。我必须看看,是否其他读者也有这样的印象,即我太过"轻易"地完成了那**种实际上**只是在我前方隐约出现的功绩。但考虑到这类总还相当狂妄的评论,人们现在不免还要进一步问:那么这位极为苛刻的批评家在他那方面是如何极为"艰苦"地完成了那项照他的说法还没有解决的任务的? 而且仅就加尔文派(拉赫法尔只谈了这一派)与资本主义之间的关系而言,他在他全部的五篇文章中什么也没说,**绝对什么也没说**(如曰不然,拿证据来!)(我的文章中的情况可不是如此),考虑到这一情形,我或许可以克制自己不作答复了。在我看来,在这方面大体而言除了简单地,但自然也有些苛刻地对我始料未及的那些

---

1 "**毫无疑问**,在加尔文派"(超出了这个完全错误的边界之外,见上文)"和资本主义之间存在着内在关联"。

2 当然,尤其还有他一再强调的那种主张,即持续存在下去的,乃是"基督教共同的"宗教改革伦理(因而也包括非加尔文派的和反加尔文派的伦理)。

好事者提点要求之外，再没有什么要顾及的了；他们想**依照**拉赫法尔的"批判"来重新对待并（这里正是他们的过分之处）**完备地**阅读我的各篇论文。他们不仅会发现，我在我的文章本身中就说过下面这个假定很"愚蠢"，即人们可以从宗教动机或从我所谓的"禁欲"新教中推导出资本主义经济体系来，甚至还借此机会最详尽地摊开了我的提问方式的**根据**，即"资本主义精神"**既可能**在**没有**资本主义经济（富兰克林）的情况下存在，相反的情况也可能存在（这些话拉赫法尔虽然都引用过，但一旦他有机可乘，就立马忘记了，而且还拿来作为对我的"反驳"），[1]还会发现我并未想到要将带有"禁欲特征"的那些照我看来最初乃是在宗教方面形成的动机，与资本主义"精神"**等同起来**［正如拉赫法尔从头到尾（在他对我的各篇论文的概括中就已经如此了，见第1219栏）蒙蔽他的读者时所做的那样］，而是（见《社会科学与社会政策文汇》XXI，第107页）仅仅将其作为**夹杂**在这种"精神"（此外明显还可以**进一步说**现代文化特征）的**其他各个组成部分中**的一个建设性的组成部分罢了（正如前面说过的，拉赫法尔在往复谈论之后，最终甚至承认这一点是正确的了），发现我对于所谓的"营利本能"与"资本主义精神"之间的关系已经讲得极清楚了，而拉赫法尔有关这一点的评论不过进一步证明了下面这一点罢了，即他或者**没有**一种习惯，就是在进行论辩时好心地预设对手一般情

1　在谈到经济条件（**那时**还是如此）极其不利的情况时，我恰恰从"资本主义"精神（在我所说的那个意义上）的出现得出结论说，（那时）支配着新英格兰和宾夕法尼亚的那种生活方式所遵从的方法学，在自身内部蕴含着从**自身**出发推动这种局面的一些动力。为了能协同促成（是**协同促成**！）一种资本主义"经济体系"的产生，这样一种萌芽状态还需要一些必不可少的"条件"——虽然为了稳妥起见，我**还是**说到了这个不言自明的道理（《社会科学与社会政策文汇》XX，第53、54页；XXI，第110页），但那时自然还抱持一种意见（正如我如今看到的，那是错误的意见），即实在是多此一举。

况下对自己的表述有**任何**合乎理性的理解力（我还不想说"尽可能合乎理性的理解力"），**或者**就是在写下他的"批判"的那一刻，再也不记得被他批判的著作中说过些什么了。

　　据说我还没有讨论一个问题，即是否应该以从某一类在其他地方久已过时了的"心理学"中取来的一个统一的名称，即"营利**本能**"来表示成为对金钱和财物的那种追求的基础的、最为异质的各种心理状况。这个名称完全是不可或缺的。这种所谓的"本能"在文化发展的所有阶段上，在所有可能的社会层面上，都在极大的程度上存在着（在那不勒斯人的船歌中，在古代和现代东方的小商贩那里，在"单纯"的蒂罗尔小店主那里，在"穷苦"地主那里，在非洲酋长那里），虽然**恰恰**是以真正**本能**性的，即非理性的、不受约束的形式出现的；与此相反，这种质朴形式下的本能，在那种清教"类型"的人那里，或者在像我引用过的富兰克林这样一个以极为严格而"可敬"的方式思索着的人那里，恰恰是**不**存在的。这是我的论述的一个最显著的出发点，而且我可以期待，至少想批判我的论述的那个人不要仅仅从字面的记诵中得知这一点。而有件事**还要**再重复一遍：在大资本主义发展起来的任何地方，在远古和在我们的时代都是如此，那里毫无疑问都有无所顾忌的一心想着挣钱的人，在对罗马各行省的剥削中如同在意大利沿海城市通过抢劫建立的殖民地，以及佛罗伦萨"投资者"进行的全球投机中一样，在蓄奴者的种植园和各大陆的金矿中如同在美国的铁路上或远东亲王们的行事或城市的"帝国主义者"进行的全球投机中一样，都有他们的身影。**这里**的区别在于技术上的可能性和手段，而**不**在于营利的**心理学**。诚然，这些惊人的真相，比如对"幸福"、"效用"、"享受"、"名誉"、"权力"、"后人的未来"等的追求，在引发对最多的利润的追求时，在过去和现在都总是以极为不同的方式结合在一起的，我相信拉赫法尔是不了解这些真相的，因为很难找到一个人会去驳斥它们的。[1] 只有当那些动机在其辐射范围内与令我感兴趣的禁欲"职业伦理"形成**张力**的时候，我才提及它们（但都是很**明确**提及的）。[2] 拉赫法尔对下面这些意思的辩解同样是惊人地正确的：从与营利的所有的各种不同的内心关系，到我所研究过的东西，这中间有许多心理学上的过渡；进一步说，我"剥离"开来讲述的那种动机，[3] 实际上"不能完全分离开"，大部分时候是"与其他因素结合在一起的"，"其本身直到今天"[4] 都是无法穷尽的，如此等等。这些话对于人类行动的所有能设想出来的动机来说都是中肯的，然而还是没有挡住任何人在讨论对某个特定动机的尝试及这种动机产生的**特殊**后果的时候，将这个动机尽可能"剥离"开来，在其内在结果方面进行分析。谁要是对这整个"心理学"不感兴趣，而只对诸经济**体系**的外在形式感兴趣，我要请他还是别读我的论述了，但也要请他让我自行

---

1 我不太明白，我是在哪里像他所说的那样谈到了清教在英国经济生活中的一种"绝对"支配地位的。市民资产阶级的中间阶层的斗争沿着两条战线展开：针对"乡绅阶层"，他们发起的是"禁欲"与"欢乐的旧英国"之间完全明确的斗争，王室通过《游艺条例》介入这场斗争；另一方面，针对（十七世纪皇家的）垄断者与金融寡头（可比较"长期国会"在这个方向上采取的那些著名的步骤）（我原本可以通过推进我的论文来表明这一点的）的斗争则是由一种极为确定的"公平价格"理论承担的，清教伦理实现了这一理论。

2 比如可参见《社会科学与社会政策文汇》XXI，第98页注65。

3 但上帝知道，就像第1249栏中断言的那样，那动机并未被**看**作在"资本主义精神"（在我所说的意义上）的任何一种，甚或只是在它的大部分担当者那里，都以绝对独一的方式起作用的。

4 因为有据可查的是，甚至连拉赫法尔都知道，我曾努力详细地澄清在禁欲新教极盛的时代起作用的那种动机关联的**消失过程**（他的确辩驳了我的澄清方式），因而这"甚至在今天"也再次表明了，他那种喜爱作惊人之论的"批判"究竟是怎么回事。为了充实这幅图景，还需要提到的一点是，**他自己**在上面的第1324栏让**今天的**大资本家在生活方式上与加尔文派形成**对立**，而且正是在他从我那里读出这一点来的那个意思上讲的，只是用**词**方面有些不同罢了。

决定,在我这方面是否正好要对现代经济发展的这个精神的方面感兴趣;在清教中,"职业"、"生活"(正如我们现今很喜欢说的那样)和"伦理"之间的种种巨大的内在张力和冲突,在一种特别的平衡状态下,表现出了这个精神的方面,而清教无论是在之前还是在之后,都不曾以这种方式存在过。而且是在这样一个领域:在那里,古代和中世纪的种种传统指出了其他一些道路,而在同一个地方,今天的我们则生活在种种张力之中,这些张力远远超出了我所选取的那个范围构成的圈子之外,发展成第一流的文化问题,正如我们的"市民"社会依照这种方式见识到的那样。而当拉赫法尔胡乱提出如下这种主张时,那根本就不对(此外,他的做法一如他在他的整个论辩中最显著地与他自己先前引用过的,出现于他的"批判"的结尾部分的那些让步相矛盾那样):(我所说的那个意义上的)各个"禁欲"的新教派别所熟知的那种"职业伦理",在中世纪就已经居于支配地位了。正如每个读过我的文章的人都知道的,在与中世纪形成对立这个问题上,这些更加外在的要素,就像教会教义对待"高利贷"的态度一样,对我而言绝非什么关键问题,而拉赫法尔关于这个问题的评论恰恰是一些经典的证据,表明他完全不理解这个问题的要害。我们听到他说:"一个资本家,只要他认为必须要通过虔诚的捐赠来**安慰**他的良心,那就说明他实际上对此(对禁止放高利贷)感到很不自在——难道这不正好表明他的**基本观点**是反传统主义的吗?因为**营利本能**在他心中极为旺盛,他就从来都不是宗教伦理的一个工具,就像后来在新教'禁欲'中所用的那种工具,他只是觉得自己被推动去挣钱⋯⋯"(第1300栏)[1]所有那些为了挣到百万巨资,不惜"以身犯险"的

1　这里的,以及(正如我事后提醒的那样)前面从拉赫法尔的各篇文章中引用的话里的种种阻隔现象,都来自**我**的说法。

创立者和投机者的"营利本能",那位在里维埃拉旅游中心依照账目对顾客看碟下菜、近乎无耻的服务员的"营利本能",就更不需要作为"工具"的"伦理"了——而问题在于建构一种能衡量"营利**本能**"之强弱的标尺,拿它来衡量的话,清教绝对不算是达到了顶端,而在挣钱方面,我选择富兰克林作为其代表人物的那种类型的理性主义,也不算是达到了顶端。[1] 但问题并不在于对金钱、幸福、光耀门庭等的本能式贪欲(这些恰恰全都和其他一些东西一样,是远离真诚的清教徒的:他们**固执**地避开世俗,却又变得富有),而在于"禁欲"清教还为资本主义创造出了相应的"灵魂",即"职业人"的灵魂,这种人就像中世纪人一样,**不需要**这些工具,就能感受到与他们的行动的一致。佛罗伦萨早期文艺复兴时的商人不是这样的。这里不是分析那个时代的一种深刻的分裂的地方,在到处充斥着强力,表面看起来团结一致的地方,一些最严格认真的人带来了这种分裂。种种归还通过"高利贷"挣得的财物的做法只是一种确实更多停留于表面之上的现象而已。我,真正说来还包括每个稍许中正无偏之士,只能在那些"安慰工具"中发现一种症候(在别处还有其他的大量症候),表明"良心"和"行动"之间的**张力**,表明连路德都没能克服的"不能取悦上帝"(那正是真正具有天主教心境的人们的理想)和"商人"对利润的追求之间是不可调和的;我还发现大量实践和理论上的"妥协"[2]——只是作为"妥协"。像

1　松巴特(**XXIX**,第701页)完全合理地吸收了像拉特瑙(见于他的《反思》)这样一位大企业家的表述,他声称自己"还从未"见识过"一个真正的大商人和大企业家","对于真正的大商人和大企业家而言,他们的职业的主要任务就是挣钱,而我的主张是,谁若是耽于个人致富,一般而言他就不可能是一个大商人"。[富兰克林尽管有一些"劝导",他原本完全可能会说出这些话的,清教徒也尤其可能如此。对于所有清教徒而言,获得财富(借用拉赫法尔的言说方式)是某种"附属之事"。]

2　为此我举出了远比"虔诚捐赠"更为激进的一些例子,后者(仅仅出自**完全**不同的、具有独特方式的动机)恰恰,比如说,是在加尔文派和改革派的基础上,一般而言至少是在同样强的程度上流行起来的。

拉赫法尔所主张、并认为"最容易想到的"那样,说每一种工作一直都只产生同一种"职业伦理"是不对的。我的各篇文章可能正好有助于了解,这种在本质上乃是"唯物主义的"观点(很明显,它那点平庸琐碎的道理,本身是没有任何人会否认的,我就更不会了),在历史发展中的**局限性**何在。[1]

这里总结一下前面的意思:我的种种论述中的关键问题,在于分析发源于现代资本主义的那种**生活方式**中的一个特定的、建设性的组成部分(这个部分和大量其他的力量一道,随着这种生活方式一起兴盛起来了),并追索它的变迁与消失过程。这样一种尝试的任务不可能是查明在**一切**时代和在资本主义存在的所有地方,都有些什么,而是正相反,只要查明那一次发展有什么**特殊之处**。[2]当其他人将我**明确**讲清楚、并以可设想的

---

[1] 我曾极力强调,在我的一些论文行将结束时,颠倒过来的因果关系(宗教受经济局面决定)必定也可以成立,此时人们可以说我"过于强调宗教因素的影响了",也完全可以说我"向历史唯物主义投降了"——在拉赫法尔那里(第1325栏),针对我的所谓"论题",甚至出现了"匪夷所思"这样的评语,当然正如我提醒过的,他**自己**并没有与此相配合地好好**消化**这所谓"论题"的内容。顺便提一下:比起历史学家中那些"非政治家不谈的人"的印象来(那些人把"强权"仅仅理解成得到上帝眷顾而上**战场**的军队),上述影响在**政治**领域也具有完全不一样的、更根本的意义。如此之多的这类"强权",都没能,比如说,使《圣经》里的那句话失效:"人应该服从上帝胜过于服从人"——**只要**这句话支配着那些毅然决然之人的信仰,不管他们是不是小众,就像各地的清教徒那样。十七世纪和十九世纪的"文化斗士"都在这句话上碰壁了,而且他们的失败曾两度产生过一些几代人都无法克服的后果。不言而喻,我们切不可认为,它过去是政治个人主义的唯一基础(我假定"个人主义"这个术语在这里的含义是清楚的)。当今的政治个人主义缺少这种气质,而且**必定**缺少这种气质,而在德国,这种情形从来都是部分缺乏**了**,部分只产生一些**消极**的后果,这除了要归功于其他因素之外,还要归功于路德宗;这一现象所能解释的问题,远比那些聪明人自己梦想的要多。

[2] 简直难以置信的是,拉赫法尔(第1251栏)居然认为"好斗的本能"(关于这类本能,**我**曾强调过,它们在今天常常**代替**那衰落了的禁欲"精神"而出现)是资本主义"精神"这个概念中被我忽略了的一个部分,并拿它来反驳我。关于这类"好斗的"本能的本质是什么(因为这里**可以**谈论"本能"了),洛克菲勒在工业委员会所作的陈述就像我在 **XXI**,第109页注1中引用的例子一样,已经阐述得非常清楚了(参见 **XXIX**,第710页上松巴特就此所作的评论)。

最大的力度强调其不过是组成部分**之一**的那些宗教因素加以绝对化,并将其等同于**一般意义上的**资本主义"精神",甚或从中**推导**出资本主义的时候,我就已经再尖锐不过地否认自己对此负有责任了——拉赫法尔却没有感觉到,有责任考虑到这一点(尽管他知道这一点)。我的尝试很可能有幸成功,也很可能不成功。倘若一个历史学家找不到更好的东西来驳斥这种尝试,只好列举一系列**别的**组成部分,没人会怀疑这些部分在**任何**时候都伴随着资本主义扩张的过程,那么他对他的学科的种种使命和旨趣,就没什么贡献了:如果历史学的作用仅仅是指出,在根本上而言"一切都发生过",那我们究竟为什么要对"历史学"感兴趣呢?

关于这一点,已经说得够多了,关于资本主义"精神"与资本主义经济**体系**之间的关系,下面还要作几点评论。

松巴特对这个主题(在《社会科学与社会政策文汇》的前一卷,第689页)有一项专门的研究,在所有本质要点上,我在和他意见非常一致的地方,尤其是在**方法方面**意见一致的地方,[1]就免去详加论述的责任了。尽管"资本主义"这个概念,以及

1　因为松巴特(第710页)将产生于**"事情"**(即处境)**之压力**的,企业家带有明确目的性的行动中的那些典型**"趋势"**,算作企业家"心理学",而我则将所有这类原因性因素算作"实用的"或"理性的"因素(因为这些因素可以从要达到目的就不可避免要采取的那种手段中,即从经济上的自我确立中推导出来),这只是一个纯术语上的区别,因为恰恰在松巴特的叙述中,那些关键点都很漂亮地突出出来了。为什么我在自己这方面将术语方面对于"心理学"这一表达的某些顾虑作为对行动的分析方式,这一点在《社会科学与社会政策文汇》(XXVII,第546页)中已经被阐明了。人们,比如说,在谈论"交易所心理学"的时候,想到的恰恰是一些"非理性的"、**无法**从业务状况中合理地推导出来的现象。

在此事上,对于松巴特的论述,当然还可以补充大量的阐述和例子。比如关于"计算性"在"实用的"意义上带有的那些局限性:我曾偶然得知一种极其巨大的、产生于家族采恩的业务的内在局势,这种业务在欧洲的三个大的贸易场所和两个国外的贸易场所里,几乎在从事所有可想象的批发贸易形式。各个"驻地"以**极为**不同的强度在工作(在工作量和工作强度方面的差异大得难以想象),而它们对总利润(就像在中世纪那样,总利润汇入**同一个钱箱**)(**转下页**)

（尤其是）"资本主义精神"概念，都只能作为"理想类型的"[1]思想构成物来建构。而且这两个概念都要么是**抽象的**，由此就可以抽离出某种处在纯概念状态的**持久**同一之物来（那样的话，这两个概念中的第二个几乎就没什么内容了，几乎就成了第一个概念的纯粹功能）；它们要么就是**历史的**，这样就会建构起一些"理想类型的"思想形象，这些形象代表的是为某个时代所**特有**，而与其他时代形成**对立**的那些特征，而在这个问题上既有的那些**一般性**因素，也同样保留下来，并如众所周知的那样被预设为前提。这样一来，问题的关键自然就是在这个构成物存在的其他一些时期**并不具备的**，或者从程度上看特别**不同的**一些现成的特征。关于作为经济**体系**的古代"资本主义"，我曾尝试过

（接上页）的贡献也是极为不同的，资本需求同样如此。我的一个亲戚是最具天才的商人，他厌烦了经营商务中心，住在巴黎，每当有重要事情发生时，他就从巴黎到事发地点去进行磋商。同样地，大额的流动收入在顶端汇聚为一，区别仅仅在于下属的份额是双份的还是单一的。得到双倍份额的有：真正经营大型商务中心的那些最大的分号的主管，以及另一个住在海外的某个特别令人讨厌的驻地的主管，简单说就是所有其他的这类主管，包括那位住在巴黎的"随兴"工作者。以精确结算为依据的分配虽然完全是可能的，但因为收入水涨船高而已经被认为很"讨厌"、"小气"和"没必要"了。与此相反，给主管们的一个很亲近的、极受重视的和很亲密的、这里几乎是做any业务所必不可少的亲戚（他在危机中得到资金补助，他损失的那点股份就微不足道了，而且他如今才"充当"了"代理人"）派发极高的工资（这工资高的异乎寻常，而他可以**通过其他方式**获得），这是违背一切"业务原理"的，而且因为其他代理人可能提出相似的要求，而不可能实现。特别要注意的是，据说他恰恰"没有别的盼头"了。**他的**工资恰恰是**支出**的一部分，因而是受经济的、"计算的"观点支配的。与此相反，那种一度超出了收支平衡表上限的"利润"则**不会**如此。在这种利润中，计算性达到了它的终点，因为它"在实用的意义上"，对于业务的延续而言并非必不可少。对于**这类**现象（其中很多都是实际存在的），我们从"资本主义"的"本质"出发，无须任何"心理学"，只需借助于"手段"和目的这些范畴就可以澄清了。但对于**历史的**观察而言，单靠这种理性的划分是**不够的**，因为这些可以从经济**体系**本身加以澄清的成分，与其他一些来自别处的成分联姻了，而且是在长期赋予它们生机的那种"精神"之上产生的。无论如何，"营利本能"、"利润狂热"等完全**不**是可以用来分析"资本主义精神"的**任何**充分的范畴（松巴特正好也十分中肯地突出了这一点），**正如**人们**一直以来**对这个概念的理解那样。

1 关于"理想类型"的概念，参见我在《社会科学与社会政策文汇》第XIX卷中的文章。

以一种当然还十分不完善的方式（在"古代农业史"词条中）讨论这个问题；[1]关于我希望称为**现代**资本主义"精神"的那种事物，我的文章应构成某个更大的论述的**开端**，[2]这个论述要追索那些在宗教改革时代被新植入的线索。

现在还有个问题要讨论：联系"资本主义"本身来看，人们要如何理解资本主义的"精神"？说到"资本主义"本身，它指的只是一种特定的"经济**体系**"，即对待人和实物的某种"经济上的"态度，这种态度就是对"资本"的"利用"，我们在这种态度的活动中以"实用的"方式，即通过将依照那种典型的现成事态而言"不可避免的"或"最好的"**工具**确定下来，来分析它——正如我曾说过的，要么分析一切时代的这种经济体系所共有的特征，要么分析历史上某个属于这类的体系的特质。这里我们涉及的是后一种情况。在历史上既有的某种"资本主义"形式可以借用极为不同的各类"精神"来实现自身；但它也能（而且大部分情况下也会）与历史上某类特定的精神，处在层次各个不同的一些"亲和关系"中："精神"可以或多或少（或者根本不）与"形式"相"适应"。毫无疑问，这种适应的**程度**，

---

1 在这个问题上，我在早前曾对术语作了一些改变，因为我那时并不想将古代经济中的个别零星现象称为"资本主义的"，由此我对于谈论古代"资本主义"颇有顾虑。关于这个问题，如今我的想法已有改变，见我的"古代农业史"词条。

2 我自己已经（见《社会科学与社会政策文汇》，XXVI，第279页注3）强调过，我因为没有完成这个计划，陷入了某种不利的境地，即"草率的读者很容易将这些文章看作某种封闭体"。但一个"批判者"成了这样一个草率的读者，那是不对的。每个人只要看看我在《基督教世界》中的那些简短的概述，就必定会发现，对于我发表在《社会科学与社会政策文汇》上的各篇文章的问题，我有意首先从**最难**理解和"证明"的，涉及内在特征的那个方面着手来处理，还根本没有讨论诸教派等的教育、纪律所产生的强大影响（直到当前为止），而只是略提了一下。当拉赫法尔在他那方面强调了**教育**的意义的时候，可以说人们对于**虔敬派**的教育原理在这种整体关联中所扮演的角色的认识，很少有助于我们了解下面这一点：即便在这里，在我所描述的那个发展过程的意义上的"禁欲"新教所产生的那些极为特殊的影响，也在起作用了。

290

对于历史发展的过程并非毫无影响，如我当时已经说过的那样，"形式"与"精神"本身是努力相互配合的，当相互具有极高的"适应程度"的一个体系和一种"精神"相互冲突时，最终也就开始发展出内部不折不挠的统一性来，即我已经开始分析的那种类型的统一性。

因而在"资本主义"（我这里指的是近代资本主义）[1]的"精神"这个概念中，关键的问题在于历史上的某种极其复杂的构成物，这样一来，正如在所有最高意义上的"历史性"概念的情形一样，像这个概念的一个**定义**这类东西，不可能在研究的一开始，而只可能在研究结束时，在一步步扎实进行的综合得出结果的时候出现——正如我自己在我的各篇文章的开篇重点强调过的那样。在这样一种研究的开始，人们只能给出一种尽可能明确的**阐述**工具。而在这方面，我已从半自然经济的，至少（相对而言）极**不**具有资本主义特征的环境中取来了一个例子，即富兰克林所说：这明显是为了在与适应资本主义"精神"的那种"经济体系"相对照的情况下来分析这种精神所**独有的**生活。我在前面的说明中已经提醒过，这种"精神"对"经济体系"的展开并非毫无影响，并**明确**将对反过来的因果关系的讨论寄托给我明确称为未完成之作的那些文章的后续展开了。出于一些我（也是在上文中）已讲清的，自那时以来已颇具分量的理由，那些文章还没有"结束"（正如已经说过的，这是我的一个持久的短处）：本质上说，只有在这些文章中，"职业"观及其向营利本身之上的扩展的那个历史发展过程中的一个部分，才得到呈现。除此之外，这些文章不能，也不想再希求别的什么了。通

---

1 因为我只谈这种资本主义。当然，我本可以谨慎一些，在标题和正文的术语结构中也处处明确地点出这个意思的，但出于前文给出的那个理由，我在撰写这些文章时没有这么做。

过一个"定义"，就想预先给出所寻求的综合的结果，这样的做法是专为某位"批判的"历史学家保留的。至于由此会产生什么后果，人们可以从下面的第1236栏中再读出来："资本主义精神"（依据拉赫法尔在第1238栏中的说法，也就是对于某种特定的**资本**的产生起决定作用的那种动力因素），是从"营利本能"与"其他一些"动机［对"幸福"与"效用"（自己的也好，别人的也好）的，特别是对家庭的"顾虑"，对享乐、名誉、后人之卓越地位**等等**的追求］之间的某种混合中产生的。在上一句所说的"等等"中，当然包括其他**所有可设想的**动机，特别包括，例如慈善方面的动机，后者是"资本积累"的一个实际上相当重要的"目的"。此外，因为拉赫法尔不知道将（主观的）资本主义"精神"与（客观的）经济**体系**区分开来，而且将这两者都与"营利本能"混为一谈，他自然就将我在举出富兰克林这个例子时就"吝啬之福音"的真正的关键是什么所作的断言（《社会科学与社会政策文汇》XX，第17页）略去不读了，正如他将我（在同一页上）有关营利本能和职业义务之间的**对立**所说的话略去不读了一样，然后他不顾我明确表达过的保留意见，将"传统主义"经济和"营利"经济之间的**另一种**对立当成我阐述的关键了。只是如果问题涉及多过于"需求"的那种收入的话，**那么那**种绝未受到理性主义的盘算干扰的，对于女人和财宝的无止境的探求，就成了营利之人的**顶峰**了——但清教徒几乎正好与此相反。一桩以"资本主义精神"（在我所说的那个意义上）为支撑的经营，虽然直接与传统主义相对立（而**这一点**是我首先要确定下来的），但它还远没有与对尽可能多地超出**需求**之外的盈余的追求相等同。因而它虽然形成了与"传统主义"经济的一种对立（但这种对立绝不是全部），这种对立之所以如此，乃是由于它也**并不**与一种照**形式**来看是资本主义的经济相重叠，正如我明确说过（《社会科学与社会政策文汇》XX，第23页），也以一个例子（《社会科学与社会政策文汇》XX，第27页起）阐述过的那样。最终，我特别分析过的近代资本主义"精神"的**那个**组成部分（"职业义务"思想及系于这一思想的因素）只在某个**特定的历史片段**上，在以资本主义"精神"（在这个词的**一般意义上**）为支撑的经营活动中重现了；而且另一方面，还在人类活动的所有的各种异质领域中，都**超出**经济范围**之外**了。作为资本主义"精神"的组成部分的"职业人"的发展过程——我的阐述首先就**明确而有意地**将自身**限制**在这个主题上了。要是有的读者漫不经心，将这一点忽略了，还感觉良好，我是绝对做不了什么的。

在这里评论这么多，也就够了。因为这里不允许我借这个机会扩充我的各篇论文的任何部分和视角，比如有关教派之意义的那些论述（**教派**在一个对于早期近代极为重要的意义上，是那些极大地影响了当今的"共同意见"、"文化价值"和"个体性"的社会群体组织的原型），或者进一步去深入探讨从清教的生活方式一直延续到今天的那些广泛的分支形态了。[1]令人扼腕的是，由于这里是对于一种毫无成果的、带着它所发出的讥讽口吻和那种**不愿**理解别人的态度的、表现出一种糟糕的学究气的批判，我的回复也必定是毫无成果的，以致造成这样的局面，并占用了《社会科学与社会政策文汇》的宝贵篇幅。**这里**所说的一切，在我的各篇论文中就已经说过了，拉赫法尔说过的一

1　像拉赫法尔的那种做法，只有次等的道理（人们几乎不能给它别的称呼了），他对我有关与地主的生活方式形成对立的那种市民的"舒适"生活的发展过程的一些简短评论，横挑鼻子竖挑眼。每一个文化史领域的初学者，都知道这种对立的存在。毫无疑问，在形成如此巨大的对立的诸种历史现象之间的"界线"，到处都是流动的。正**因为如此**，人们才必须在概念上进行划分，个别的一些历史学家似乎完全没有探讨这一点。参见我在《政治科学小词典》第3版第183页右栏中就此说过的话。

切（除了一些枝节性的例外情形），都是从那里取来，又"弄巧成拙"了的。谁要是看过上述种种论说之后还不相信，那么我就要再次提醒他，在读过拉赫法尔的批判之后不带偏见地**读读**我的那些论说；与**这种**批判相反，对于那些论说，我**一个词都没有**改动过。

四 有关"资本主义精神"的
反批判的结语 (1910) [1]

  拉赫法尔在《国际周刊》(第四年度,第22—25号)上回
应了我的"反批判"。他的回应没有老实地承认由于浮皮潦草
的阅读导致的一些粗疏的错误,而是部分地包含了另一套措
辞,部分地包含了对大部分错误更为卖力的强化。此外,他的
回应还运行在完全相同的讨论方式中,这就迫使我必须把这
种方式讲清楚了。在结尾处,人们看到他信誓旦旦地作如下
这番保证,这不免令人想起美国选战中那些党派喉舌的习惯:
他"达到"了他的批判的"目的","内卡河上的泡影破裂"了。
而在另一处,他甚至认为,在**我**看来他必定"像是那靠吃对手
的腐尸存活的老鹰"。但正如事情表明的那样,这"腐尸"如
今还活得好好的,而且在他看来,拉赫法尔根本就不像一只山
雕或者那一类的东西。而是:像他自己在这份"批判"和"答
复"中表现的那样,是一位一如既往地极为轻飘,却过于好为
人师的作者,对于这样一位作者,人们尽管摇头叹气,却也生
不起气来,因为他在文字的诚实性方面的那种当然常常令人难
以置信的松懈,是由他自己陷入的那种走偏了的处境造成的,
而且还不如他公开而信心满满地自以为是的时候(有时让人

---

1 首版于《社会科学与社会政策文汇》,**XXXI**(1910),第554—599页。

极难相信）表现出的那种幼稚来得强。[1]为了满足（没有陷入这场争论中的）朋友们的愿望，我一旦承担起与他那纯粹盯着**语词**不放的诡辩（他的诡辩将那显而易见的事实掩盖起来）进行争论这桩吃力不讨好的任务，我必定会将它彻底做好。因而在下文中我将迫不得已再次把拉赫法尔的争辩的"精神"确定下来——照形势来看，遗憾的是，为了跟着拉赫法尔走遍每一个角落，这难免成为一场相当烦琐而漫长的争论，但我将听任对此并不特别感兴趣的所有读者将这一部分跳过不读；然后针对由拉赫法尔造成的，如今为了避免承认他的过失，他又加强了的那种混淆，我在自己这方面要将我真实的"论题"中的一些被拉赫法尔顽固地忽略了的步骤，再花几页的篇幅概述一下，但这样做只是针对那些现在还没有将我的各篇论文再详尽阅读一遍的读者。对于其他读者，这是多余的，但那些读者自然是极少数。

---

1 我想重点声明一下，拉赫法尔的"批判"成果虽然绝对没有价值，但这根本没有妨碍我珍视他的其他一些著作，在这些著作中，他没有进入与他的脾性相悖的领域。之所以"相悖"，不仅仅是因为他**实在**没什么见识，而且因为他既乐于进行研究性质的"大学生决斗"，却又总是容易使用"不合乎大学生习惯的"那些击打方式（用以往大学生的粗话来说就是："下流招数"），而且他对决斗的那种喜爱无节制地蔓延开来，那么那方面的"事情"就必然会草草了结。拉赫法尔抱怨我对他的答复的形式太严厉。只是他在形式和事情的内容方面有意做出来的那种慷慨而妥协的姿态，正如特洛尔奇对他的抵制所表明的那样，其结果无非是：正如人们很容易就确信的，拉赫法尔想以一种相当不忠实于原文的方式"策略性地"从这种妥协中获利，而且一般而言，他对特洛尔奇的出击是以某种程度的憎恨为标志的，甚至超过了他在这个问题上反对我时的那种情绪。他在进行"批判"时，看起来恰恰不可避免地变成了一个纯粹无事生非的人，而面对这样一个人，德国人一般就喜欢毫不客气直来直去地说话。我希望再也不要被迫与一个这样的"批判者"清算什么问题了。一种更忠实于原文的争论，即便形式相当尖锐，将会使我担负起完全不同的其他一些考量，而即便当我要实事求是地与之发生尖锐的斗争，那种争论首先也不会引起如此之多的（我就直话直说了）蔑视。但面对这样一位"批判家"，我除了感到不愉快之外，还应该有什么别的感觉呢？**他没有拿出任何成果**，还相信可以以下面的保证来开始与我的"争辩"：我"轻率地"执行了我的任务；他相信如今可以通过提醒人们提防"韦伯的发现"，来结束这种争辩。

1. 反批判性的概述

　　因为我将拉赫法尔的争论称作"学究气的"，他就断言，我将他的品质贬低为"教授"，因而我在宣称我这边有某种"更好的"东西。这是个错误的说法，这个说法在我们之间从其他角度看完全无益的这场讨论内部毕竟还是很富有启发性的，这个错误很典型地表现了拉赫法尔在讨论一件事情时对对方缺乏了解的特点。因为他碰巧也是个"教授"，并写了一篇（在我看来）非常"学究气的"文章。但所有人都知道，一个教授（谢天谢地，拉赫法尔自己也是个教授）写出来的所有东西，为了名副其实，是不太会有那些小心眼而又刚愎自用的咬文嚼字者和自以为是的夸夸其谈者的那种众所周知的怪味的，这种怪味成了"学究气"的本质。这正如一位编辑的所有工作大概都很难摆脱同样众所周知的"新闻体"（加引号的）怪味；或者正如任何以官僚制形式运作的国家为此之故都被"官僚主义精神"所支配；或者每一支同等程度地按照德国或法国模式组织起来的军队与它所效忠的国家都必定贯注了"尚武精神"（人们可以想想与德国和法国形成对照的意大利）；或者比如说，完全同类型的组织那里的每一个行业协会［法语里说"syndicat"（辛迪加，或译"同业联合会"——译注），英语里说"trade union"（工会）］都或者贯注了"工会主义"的或者"工团主义"的精神（选择其中哪一种说法都可以）；或者一个好斗的帝国总是贯注了"帝国主义的精神"；或者最后举一个例子，每一种按照资本主义方式组织起来的经济都贯注了"资本主义精神"（特别要提的是，这当然不等于我认为这种精神在现代资本主义中与古代和中世纪形成对照的那种特有的表现形式，而且这种表现形式是在早期资本主义的英雄时代达到鼎盛的）。我们现在仍然在谈论这样一种"精神"（添加上从那些体系中借用来的形容词），这种做法（再重复说一次）的理由在于，在我们看来，我们所刻画的那个或那些更多的可能态度，似乎正好与那些组织形式特别"相配"，出于一些**内在的**理由，似乎与它们很"亲和"，同时又并不在个别情况下，也包括在多数或一般情况下必然受制于此。在一切历史中的，比如，一件典型的事是，一个（国家的或其他社会性的）机构以完全相同的形式延续下去了，但在它对于历史生活的"意义"，在它的文化史"意义"方面，似乎发生了改变。当我们在这些情形下谈论它的"精神"的某种改变时（而且我们习惯于这么做），我们自然就有一种绝对的义务，即阐明这种改变是什么意思，阐明哪些具体的原因能造成这种改变。我自己通过揭示**一个**（当然在我看来这是极为特别的一个）原因序列，对这个问题作出贡献，这是我明确为自己定下的一项任务；这个原因序列造成了现代资本主义经济的"精神"的**一个**（也是特别重要的一个）决定性的**组成部分**，也即这种经济的一种倾向（这种倾向在一些关键点上与古代和中世纪极为不同）的形成。拉赫法尔相信他的读者中有百分之九十九都肯定没有读过我的各篇文章和反批判，也不会去读，当他现在的做法显示出，经过谨慎衡量之后对我的任务的这种界定只是事后（当然有可能是基于他的"批判"之上的）解读进去的，此时为了在这里对此作出评判，我还要再次提醒一下：我认为我的研究的结果（我也在我的反批判中**引用过**那些文句）是，（《社会科学与社会政策文汇》XXI，第107页）"资本主义精神"的"**一个**（请注意）建设性的"组成部分，有着我所主张的那种来源，即特殊的"市民职业伦理"（《社会科学与社会政策文汇》XXI，第105页），尤其是"禁欲的"特征（后者依附于这种伦理，并于顶住传统在精神方面的种种强大的抵制力量的情况下保有了其意义），直到我们当代的那种完全立于机械基础之上的资本主义可能**缺乏**这种支撑为止（《社会科学与社会政策文汇》XXI，第108页）；我还进一步说，那种**单**从新教改革中推论出（不仅包括资本主义经济**体系**，还明显包括）资本主义"**精神**"（明显地还是在**我**使用这个词的意义上，我下面会回到这个问题上来）的做法是"愚蠢的"（《社会科学与社会政策文汇》XX，第54页），此外还（《社会科学与社会政策文汇》XXI，第4页注1、2；《社会科学与社会政策文汇》XXV，第246页）明确说到下面这一点是不言而喻的，即那些宗教心理学的条件，只有在大量其他的，特别是自然—地理方面的"条件"的前提下，才能直接协同导致资本主义的展开；但我最终，而且特别地，于1908年就在反驳（《社会科学与社会政策文汇》XXVI，第275页）拉赫法尔的在精神上与目前的批判相近的一次批判时，为了防止将我所讨论的因果整体关联"绝对化"的**那种**做法，而不厌其烦地强调指出，我的研究是要分析与近代正在产生的资本主义相配的伦理"生活方式"的发展过程，而且**只**要分析这一种发展过程，因而在其他人看来"我的论述的辐射范围……被高估了"的时候，那可不是我的错，我还要补充说明的是，在结束我的各篇论文之后，我极有可能"被指责为向历史唯物主义投降了"。拉赫法尔在他的"批判"（Ⅲ，第1288栏，注释）中，也**引用**过含有最后这一处评论的那篇论战性的小论文。但对于我在上述引文中表明的指责，即他无论如何都没有感到有义务考虑一下这一切（尽管他了解这一切），他令人吃惊而又大大咧咧地向《国际周刊》的读者们保证，他那时**根本不了解**我的那些论述，他甚至于"到今天也不想看到它们"（第790栏）。关于我究竟必须用哪些语汇来表示这种"无能",我想把决定权留给每一个人；我希望采取的观点，并不是对一个遭到下面这种癖好侵害的人耸耸肩而已：为了保留权利，不惜付出一切代价，包括牺牲文字方面的诚实性。我只是觉得，除此之外，拉赫法尔**至今依然**在有利于达到他争论的目的的任何地方，不停地唠叨什么"韦伯有关加尔文文派"（原文如此，依据他说他"正确地"复述了我的观点的所有声明）"对于那种"（原文如此）"资本主义发展"的"垄断"（原文如此）"所持的观点"（下面第757栏），尽管他另一方面也一再保证："他甚至没有假定**过**，我从宗教方面的诸种原因中推导出资本主义经济体系。"（第759栏）与此相比当然无关痛痒的是，拉赫法尔在他的批判的顶端，提供了从我的各篇文章中找来的一份"摘录"，并且从这些文章的内容出发，进行了一种虽然不能说到处都很准确，但至少主要部分都很准确的复述。因为即便在准确复述的地方，一到下一栏，他就忘了这复述，正如我一再证明过，也会一再证明的那样。他过去和现在同样都处在一种压力情境下：因为他一度想写一篇关于加尔文的庆祝文章，而且能利用这个机会向一个"门外汉"显示他作为历史学"专业人士"在评论方面的优越性，而且那是在一个他必须即时开始搜集"材料"的领域，这很令他着迷，这样一来，他的批判就像如今我们见到的这样失灵了——但现在他必须基于热爱自己领地的理由"保留权利"，而且在可能的地方使我的"论题"显得适合于他的"批判"一样。本着这种"精神"去完成一项文字方面的任务，这事是不好做的。

这就决定了拉赫法尔的争论的水平，要了解这一水平有什么特点，这里只需注意一下，他是多么亲切地指点我的那些（看来很值得同情的）"朋友和拥趸"说，我现在（或许是为了躲避他的争论？）将这一争论"粗暴地抖落了"。[1]看起来他认为这些（在一项严肃的工作中还真是很幼稚的）花招（很可惜，他的批判和答复充满了这种花招）是一种"巧妙的恶毒"吧？可是，

---

1 此外，人们根本不怀疑我那时以"其他人"指的是谁了，这些人对我的观点的利用在我看来（处处都）显得很片面，我注意到：特别是德尔布吕克，在我看来，他真是吹牛太多了，就像个别的一些历史学家一样，总是想着首先"驳斥"他所见到的唯物主义历史观。施密特那种（顺便说一下，花了很多心力来从事的）观念建构（同样发表于《普鲁士年鉴》），在我看来，同样是从我此前本可以独立地再作深论的话当中做了太多的推论，我只能承认这些建构仅仅是"建构"，我没有以此贬低他的意思。我的朋友舒尔策—格瓦尼茨所说的"英帝国主义"当然远远不是一种简单的建构，而且正如拉赫法尔断言的那样，不完全是仅仅基于我的观点之上的一种建构。当他一般性地利用后面这种建构时，他自己还以十分出色的方式对其进行了一些增补和扩充。他"片面地"只往唯灵论的方向去追究种种因果序列，这一点他本人当然也没有否认：这既是他的长处，也是（如果人们愿意这么说的话）他的短处；在下面这一点上，我当然完全赞同波恩的评论，即乡绅与在科布登发动的运动中仍然以特别的方式持异议的市民中产阶层之间形成的二元结构，贯穿了最近三百年的整个英国历史。即便舒尔策—格瓦尼茨，也不会对这个事态提出辩驳。以德尔布吕克特别爱采用的那种夸张手法，实际上并不能对我的那篇探讨了一个轮廓分明的主题（虽说正如我很可以断定的那样，以一种朴实本分的实事求是的精神）的论文所追求的目的，有什么贡献。但依照我明确说过的保留意见，我一方面对此不负有责任，而且正如拉赫法尔**准确地知道的**（因为正如已经说过的，他引用了相关的文章），在**首次**碰到完全不让这种夸张出现的机会时，我就采取了我自己的做法，这样一来几乎就不需要拉赫法尔事后友好的补充帮助了。当他不管这些，还是针对**我**使出这类夸张手法时，他是可以凭着文字方面的礼貌去掉它的。

特洛尔奇对我的观点进行了复述，他那里的**少数几个句子**或许给了一位勤奋的"批判家"去进行拉赫法尔式的歪曲利用的借口［这位批判家本着塔木德解经的那种方式，从《摩西五经》的文句中挤出这样一些引文（而且还将这视作"历史性批判"的本质）］，而舒伯特的那些简短评论自然完全不属于此列。但就同样被提及的格泰因而言，拉赫法尔或者不知道，或者又一次根本忘记了（因为他可能读到过我引用的话），他那些属于此列的评论在我的论文**出版之前**十多年，就已经付印了。格泰因当然从那时开始就没有改变过他的观点。对于那些在其成果方面与我有所接触的作者，我认为我实际上还是与他们有些区别的，我当然不甘于隐瞒这一点。这样，特洛尔奇如今倒因为拉赫法尔的举止信心满满、大大咧咧，给人造成了一种印象，粗略地仿佛是为了论证我的看法才"事后补上"什么似的。不言而喻，这让拉赫法尔极为高兴，他完全照自己的方式，自然没有援引其他证据，而是**援引特洛尔奇**作为主要证人。我自己则只能再次请读者读读我的论文，好确信如下这一点，即我在我的反批判中说过的**一切**，在我的各篇论文中已经明摆着了。在我的反批判中，**仅仅**以两个具体例子回答了有关汉堡和荷兰之发展的那种指责，而且（因为格泰因已经论证过有关加尔文派对德国的特别意义的那个论题，所以我就认为这里的任务不是特别紧迫了）援引了伍伯塔尔的局势（我本可以将卡尔夫归入虔敬派治下的）。这就是全部！那么我在哪里讲过一丝一毫"新鲜话"，来补充我在我的各篇论文里就禁欲新教扩张（转下页）

我们应该回到事情本身。

拉赫法尔的答复是从对特洛尔奇发表于《国际周刊》(第四年度,第15和16号)的反批判的一次更冗长的诋毁开始的。特洛尔奇是否认为有必要就此作出回应,这个我不知道。因为我现在毕竟是在作回应,我在自己这方面感兴趣的是从这场讨论出发,引导读者注意下面这一点:在拉赫法尔的"批判"中(第三年度,第1329栏)写道(依据他所举的一些例子,在这些例子中,事实上或者据说宗教方面的事态**没有**对政治事件产生**任何**影响),"然而从所有这些只能说明一点,那就是当宗教上的诸种学说超出了纯宗教领域之外时,政治、经济和世俗的发展究竟

(接上页)的**所有**主要地域(英国、法国、荷兰、美国)说过的话的呢?特洛尔奇的答复仅仅为他自己而作,只是附带提到了我,他一次都没有为了有关**他的**那些论题的争论而临时性地随意将**我的**论文浏览一遍,这是不言而喻的。他恰恰认为拉赫法尔部分是可信的。但是否有任何一个声称从根本上"批判"过这些论文的人,正如我们将要看到的,在这里还要以他的"历史性批判"的"准确性"来自夸呢(与特洛尔奇明显形成了对立)?

第792—793栏拿出了一种极有特色的成果,那里以拉赫法尔喜欢的方式,给他自己想抓住的个别**词**用了粗体字,向读者阐述道:因为我曾经说过"为了资本主义发展的禁欲新教"(这个整体关联表现的自然是我所谈的那个时代所特有的**资产阶级**—资本主义发展方式)也创造出了相应的"灵魂","职业人"的灵魂,然而最后,恰恰依据我的论题来看,我所分析过的那种"特征"单凭自身就含有了在当今资本主义的动力方面起作用的一切[只要那不是源于犹太教的资本主义;因为我在**完全不同的**一处文句中,**仅仅**在一句话里偶尔也说起国家对待犹太人的态度的意义,他在这里就最好地把一种情况归于我名下,即宽容或不宽容(见下文)与经济是相关的]。而最精彩的是,拉赫法尔基于这种鸡毛蒜皮式的咬文嚼字,就一方面认为(第793栏)"至少可以谅解的"是,其他一些人基于他搜集在一起的那些话,便将那一动机"绝对化"了。另一方面(第792栏)在他下了如下保证之后,除了提到特洛尔奇之外,还提到格泰因(正如已经说过的,他在我之前十几年就写过那些意思了)和舒伯特也是有这个意思的人:他保证自己没有陷入对我的观点的这种错误看法之中,而实际上,正如我们所说,他不管是在他的批判中,还是在每次需要的时候,至今都还在主张这种看法。我认为这一切实际上只是"从属性的"。还有,究竟该以什么口吻回答这样一位"批判者"呢:他说我在一份"反批判"中再次尝试过,解决我先前"不敢承担"的问题?

302

（原文如此）是多么少地受这些学说约束"。[1]**现在他是这样写的**（第718栏）："我（拉赫法尔）举出了一些具体的例子，在其

---

1 单是这样的表述，对于一位历史学家来说，真就已经够幼稚的了。某种事物**是否**"逾越了宗教的领地"？众所周知，这个问题恰恰在历史上的一切文化斗争中都是，而且迄今为止都是尚未了结的争论点，一切都围绕着这个争论点在转。对**拉赫法尔**来说，划定界限并不难——他同样放弃了这种尝试，这对我们绝非什么损失。因为他接下去还表达了一个惊人的见解，即对于一个争论点，"历史上的行动者表现出的直觉往往微弱得惊人"。那么照他说来，这种"微弱的直觉"就允许，比如说，一些胡格诺派统帅从事海盗活动，但同一种直觉也不仅促使胡格诺派商人，而且促使胡格诺派宗教会议的那些没有经济利益关系的参与者（然而他们是"行动"者）试图对此作出解释。同样的"直觉"促使斯图亚特王朝发动反对清教徒在安息日奉行禁欲式的休息的斗争，促使清教徒中一些激进的阶层发动反对什一税的斗争（各大学的存在，比如说，就基于什一税），而这又促使克伦威尔与他们决裂。正是这种所谓清楚的直觉，一方面激发了俾斯麦的《五月法令》；另一方面又激发了教皇有关意大利与德国天主教徒的政治态度的指令，最终还激发了天主教中央党一方面对抗《五月法令》，另一方面（偶尔）对抗教皇。梵蒂冈教义已遭遇和将要遭遇的所有难题，以及政教分离带来的所有难题，都是由于事情本身就意味着我们不可能清楚规定宗教事务的界限。因而说只有"现代神学家们"才可能对那样的界限生疑（第719栏），这话只能说是政治上的童稚之言。这些事乃是众所周知的，我完全没有想到（像拉赫法尔阴险地告诫的那样）将它们冒充为"原创的"。而我因此也的确没有那样的看法，即"一代代的历史学家们"必定还致力于穷尽那些显而易见的事物（因为每个认真而实事求是地从事讨论的历史学家，都不会为了保留权利，而在争论中也像拉赫法尔那样忘掉那些事），此时我便一如既往地相信，拉赫法尔和他的同类人偶尔必定重点回想起了这些。拉赫法尔自己恰恰将针对他以为的"海德堡式"特性的斗争当成一项特殊的任务了。我面前有一篇博士论文，是在他那里答辩通过的，它的内容是杰利内克有关"人权"受宗教因素协同影响的著述一类，正如我完全可以深信的那样，这篇博士论文在复述论敌之观点和追踪所谓的"矛盾"一类东西时，显示出和拉赫法尔自己的"批判"成果同类的手法。当然了，肯定没人有倾向和有义务去为他答辩通过并授予学位的那些博士论文中所说的一切负责，至少我自己是要拒绝这种责任的。但在眼下这部论文里，那**"手法"**很难说是偶然的。当拉赫法尔自己在别的地方针对特洛尔奇，概括了他有关美国民主的发展的观点（Ⅲ，第1358栏），说这里的民主是"在本质上**从自己发展出来的**"，这种独创的解决问题的方式就有了值得推荐给所有历史问题的一种优点，那就是简单性。严肃地说：在形式上严格保持中立的美国，生活的宗教基础完全是**不言而喻**的，这就将这个国家最本质地与欧洲和其他地方的民主**区分开来**了，而且正如特洛尔奇卓越地加以突出的，也使得那里的"政教分离"与我们这里的具有完全不同的特征。人们可以很认真地追问：倘若**没有了**这种（正如我在《基督教世界》上也强调过的）在生活中**到处**都被预设了的不言而喻，具有其悠久特征的美国的民主是否还是可能的？今天这种局面消退了，比如最高法院以及所有**党派集会**开场时的祷告，同样地还有许多大学的规章中为了作学期总结要求学生必须具备的"教堂记录"（原文如此），都像我们这里的国会开场前做的礼拜一样，成了插科打诨之举。但在过去可完全不是这样！

中，犯了……夸大宗教因素的影响的错误；但我**没有**由此出发，沿着特洛尔奇所主张的那个方向继续前行，[1] 得出任何（原文如此）一般性结论来，而当他将这样一个结论归于我名下时（原文如此），我在这里倒宁愿不描绘他的这种手法了，因为要描绘的话，我就不得不选择一些极为尖刻的语词了（原文如此）。"拉赫法尔的答复完全就是这个样子，正如它自己显示出来的那样。但这样人们就应该"选用尖刻的语词"了吗？我自己忍俊不禁，并且反过来后悔自己每次都把这样一个头脑混乱的批判者[2]太当真了，正如事情毕竟发生了的那样；当人们拿**这个批判者自己的**那些主张来责备他时，就会给他造成这类烦扰。在拉赫法尔看来，一场争论除了在"读者"面前**显得**有理之外，就再没有什么别的目的了。

进一步地，在我的反批判中（《社会科学与社会政策文汇》，**XXX**，第177页第23行），与拉赫法尔就松巴特的著作与我的著作之间的关系所作的那些错误的说明相反，我指点读者们去读**我**关于这一点的那些明确而详尽的评论，那些评论在**我的**那篇被拉赫法尔"批判过的"文章中就已经有了。拉赫法尔对此的答复是这样的："特洛尔奇报道说（原文如此），松巴特的资本主义对韦伯的论题产生了影响——我如何会（原文如此）想到，他（特洛尔奇）……的导向是错误的呢？"

此外，关于特洛尔奇的著作和我的著作之间的关系涉及什么问题，这一点不仅特洛尔奇，连我都**说明**过了：我们中的任何一个人都不对另一个人完成的事情负责，以及为何如此；对于

1　特洛尔奇说过（拉赫法尔也引用了这些话）：拉赫法尔通过他举的那些例子，想"违背一般生活情形，阐明宗教因素是不起作用的"。

2　拉赫法尔自己提出，他被我的阐述弄糊涂了。我可以对此不负责，正如拉赫法尔的批判和回复向每一个想关注这个问题的人表明的那样。

特洛尔奇所主张的那些"论题"，我的"论题"不构成任何论据，反之亦然，这就是说，我们中的任何一个人都对其提出的观点有完整的权利，即便当另一个人在他提出的这些观点上完全错了的时候，也是如此；但是，此外，我的各种著作的成果，当然对特洛尔奇的成果构成了一种与之很好地协调起来的**补充**，与此相应地，特洛尔奇从这种补充文字中吸取了一些**介绍性的**摘记，在那些摘记中，他在**个别的**一些对**他**而言完全不打紧的地方，犯了一些错误（正如我强调过的，拉赫法尔随后就以极为狭隘的方式，企图利用这些错误"得到丰厚的成果"）。[1]我现在认为，一位自称的"**批判家**"，将**术语**方面有目共睹的一些差异（这些差异与人们在复述我的少数表述时所犯的一些无伤大雅的小错误关联起来了）大加利用，为的只是在他的读者面前混淆视听，将一些根本不存在的差异放到**事情**中去，另一方面还借此**恰恰在**他为了造成"戏剧性的"争论场面而加以利用的那些点（禁欲）**上**，谈论"特洛尔奇—韦伯式概念"（正如大家都必定看到的那样，在我们之间的确有**纯术语上的**差异存在），[2]这种做法是"恶

1　此外，在这个问题上，这里没有任何疑问了：这里涉及的是这些鸡毛蒜皮的小事，正如特洛尔奇在论及我与松巴特的关系，进一步在论及我在我的论文中就匈牙利改革派说过些什么，以及类似的事情的时候所犯的一些小错误一样；因而这里涉及的是拉赫法尔在我已于我的反批判中指出他从特洛尔奇那里提取一些主张的时候出错了之后，还对他的读者胡扯一通。有趣的是，这并未阻止拉赫法尔指点特洛尔奇注意（后者真心认为这些小事是无所谓的，自有他的道理）：跟这些过失形成对照的是，历史性批判"不会敢于升腾到这种既崇高又适意的立场之上"（原文如此）。

2　第三年度，第1257栏："以此我们就达到了（特洛尔奇和我之间——韦伯注）在对老派新教禁欲的看法（原文如此）方面的……**根本区别**"，这种区别在于（第1258行）："他"（指我——韦伯注）"**根本不了解**（原文如此）特洛尔奇那个意义上的整个老派新教伦理学（原文如此）"。就此可以参见第1260栏："韦伯—特洛尔奇的"禁欲概念（同样地，他至今还在他的回复里明确地说什么"韦伯—特洛尔奇论题"）；以及第1259栏：他保证道，我就"禁欲生活方式"所说的话，和特洛尔奇对禁欲概念的"界定""导致了相同的事情"，而且一般而言还导致了针对我俩这个集体的那场争论，而争论的内容就是拉赫法尔为了发起争论才创造出来的这个"问题"。

意的"。拉赫法尔至今还偶尔以同样的方式继续做这样的事。[1]
但他如今在这个问题上甚至说（第731栏），特洛尔奇和我"都
承认（原文如此），他们说到'禁欲'这个词时想起的是不同种
类的观念"，因而他将这种"承认"归为他的"批判"的功劳的
企图，也只能迷惑一下那些既没有读过特洛尔奇的著作，也没有
读过我的著作的人。因为特洛尔奇极为明确地谈过**路德宗**中的
禁欲，而我则极为明确地说过，我的完全别样的禁欲概念不仅**不**
切合于路德宗（甚至还有其他一些新教共同体），而且与之形成
了最尖锐的对立，因而要确定**这种**术语上的差异，事实上不需要
"唤起""坟墓里的幽灵"，只需要打开墨水瓶就能办到。即便可
以设想出来的最草率的读者，也必定会看到（而拉赫法尔**已经**
看到了），这里涉及的是术语上的不同，而不是事实上的不同。
最后要提的是，鉴于此，我有意让有空的读者自己去比较一下这
清楚的事实和拉赫法尔的那些小花招，他借着这些小花招，**至**
今还（因而是在特洛尔奇和我不厌其烦地清楚说明了这一点之
后）想"更好地了解"事情。[2]

1　参见第755栏、第782栏、第786栏注，以及更多别的地方。

2　决斗的小窍门（我只能这么说了）是：他通过将"吸收"这个字加粗，而使得特洛
尔奇的评论，即在我的成果对他的成果构成一种**补充**的时候，他只是"吸收"了
我的成果（在这种情况下，每个人都知道这指的是：以引用和赞同的方式**复述**），
还有我的评论，即特洛尔奇没有"吸收"我的任何理论（每个人都知道这是指：
将我的理论作为对他自己的那些完全不同的、追求更广泛目标的研究的科学**论**
证），使得双方好像"矛盾"了——这完全符合这份所谓的"批判"的整体水平。
如今（第689栏）拉赫法尔努力使他的读者相信，特洛尔奇的工作是"唯一与此
有整体关联的尝试，即揭示出韦伯的图式构成了历史进程的基础"（原文如此；
这是一句"在化学的意义上很纯净的"废话，特洛尔奇会像每一个了解他的工
作真正关涉的是什么的人一样，被这话逗乐的，但是，那些茫然的读者自然还是
可能会上当的，拉赫法尔在这里就像在其他各处一样，在对他们进行投机）。在
别的地方（在他的第一份"批判"中），除了别的人之外，舒尔策—格瓦尼茨和舒
伯特竟也成了我的"学说"的传播者了。至于"犹太人"，我就（照拉赫法尔看
来）"众所周知地"留给"松巴特去讨论了。因而情形看来好像是，我使得由最
优秀的学者们组成的一支真正的诸侯军队，都随着我的号令起舞了。（**转下页**）

而为了最终结束这个有些幼稚的术语之争，我能想起来的是，我已经作**过澄清**，而因为拉赫法尔一如既往地向他的读者隐瞒了这一点，而且以他平常的那种只能称为"阴险的"口吻将"父亲之乐"归于我的**表达**方式（我以事实方面深刻的理由说明过这种表达方式），所以我这里倒很乐意**重**申一下，在我看来不言而喻的是，"世间禁欲"这个表达可以被**任何一个**别的表达替换。**事实的**状况当然就完全不可随便替换了。关于这一点，我在我的正面概述（第Ⅱ部分）所涉及的整体关联中谈到了。而这里就只能先进一步纯粹从反面指明，贯穿着拉赫法尔的整个回复的，是同样漫不经心的、躲躲闪闪总是不老实承认自己的浅薄之处的那种争论方式。

拉赫法尔保证，**宽容**不仅没有充当资本主义精神的担当者，也没有充当资本主义发展的动力因，尽管他（完全忽略了他的批判中被我**完全**准确地复述过的那些论述）如今就在**同一**栏中（第756栏）重新保证："它（宽容）是资本主义精神为了牢固扎根而不枯萎、不被遗弃所**需要**的基础，而这话不是人为的建构，而是历史的事实。"[1]不，这话**既不**是事实，**也不**是（有意义的）人为构造，而是一种由于对实际问题缺乏透彻的思考而导致的相

（接上页）或许现在属于此列的还有利维教授，因为在我引用了他的一条友好的笔记之后，拉赫法尔就以既阴险又（照我看来）天真的形式，欢呼利维教授是那个在他看来存在着的"工作共同体"的共谋者；最后或许还有瓦尔教授，我因为复述了他的一处评论而（照拉赫法尔看来）"艰难地证明了"他为我"效劳"。类似的水平还表现在，拉赫法尔**完全知道**，特洛尔奇在明确赞同我的时候，部分明言地，部分不言而喻地想到的是只在我的各篇论文中得到深入讨论的那些神学—宗教心理学论述，他作为专业人士当然比我更适合对这些论述作出判断，与此相反，当他声明自己作为**非专业人士**不太胜任时，不言而喻，他想到的并非他的**专业**领域内的，而是我加以阐明的，对于禁欲新教在经济上已然居于优势地位这一众所周知的事实作出的经济史陈述，在这种情况下，拉赫法尔还是哄骗他的读者说：这里有矛盾，甚或这里就"撤销"了特洛尔奇**明确地至今还在**重申的，对我的那些宗教心理学论题的赞同。

1 关于在哪一点上我赞同对宽容扮演的角色的看法，见我的各篇文章，我在我的反批判中曾指点过这些文章。拉赫法尔绝对没有增加什么新东西。

当肤浅的断言（迁就一下拉赫法尔的咬文嚼字，人们现在大概可以用"条件"代替"原因"了）。资本主义精神（在拉赫法尔依据**他**自己的措辞而牵连到这个词之上的**那个**意义上）在威尼斯、热那亚、佛罗伦萨、佛兰德斯、中世纪晚期法国的大部分地区，甚至还有（比如）十六、十七世纪的塞维利亚都达到了真正的鼎盛状态，却没有因为彼时彼地显而易见的不宽容而受到任何损害。关于塞维利亚的凋敝（要注意，那是在天主教的特征共同起作用的情况下，而且毕竟是在极大程度上的共同作用）的根源实际上是在哪里，这个问题的答案已经由严格信奉天主教的城市与教会和国家之间的那些为每个熟悉西班牙经济史的人所熟知的冲突，足够清楚地显示出来了。对于不宽容，即便那些**被拉赫法尔**作为资本主义精神真正"担当者"加以突出的"经济超人"，因而包括所有大银行家和大垄断者（众所周知，这些人从历史的一开始就一直对此相当满意），在此也**没有任何**特别抱憾之处。富格尔家族，以及类似的，比如塞维利亚和其他地方的大资本家们，在十六世纪尽管遭遇了种种不宽容之事，还是打造出完全同等辉煌的业务，一方面有如不宽容的中世纪的佩鲁齐、巴尔迪以及与它们类似的一些地方，另一方面又如具有相似特征的英国和荷兰大资本家们在或者不宽容，或者宽容的一些国家里之所为一样。诺曼人国家的那种长期的、实际上最广泛的"宽容"本身，并没有什么能力将中世纪地中海资本主义的中心，从那时全身心地虔诚信教且"不宽容的"上意大利城市，转移到西西里的城市，这正如（在"国家理由"的界限内）罗马帝国的那种良好而彻底的宽容态度，防止了独具古代特色的那种资本主义"精神"与古代资本主义本身的衰落。而最后，下面这种情形（勤奋的拉赫法尔再次完全忘了这种情形）完全没有妨碍资本主义精神（在拉赫法尔所说的那种一般的、非历史

性的意义上）的形成：新教的、圣公会的和长老会的英国（同样还有新英格兰）原则上就像一个天主教国家那么不宽容。[1]与

1　一个"历史**建构者**"很可能会突然想到如此这般推导出荷兰的发展特征来：在这里，加尔文派必须在特别广泛的程度上放弃它的不宽容（此外，比如说，这一点恰恰在荷兰的外省至少是众所周知的）。而且实际上这里可能会有一丁点真理（但是，那当然只是很小的一点）。因为，顺便提一下，这里谈的恰恰是荷兰，那么我借此机会就把拉赫法尔的一些属于此处的"批判"成果毁掉了：我指出过，普林斯特勒（他那与普鲁士保守主义恰成对照的、相当大程度上由宗教因素促成的特殊政治地位，尤其在与接近他且受他影响的斯塔尔圈子的通信和争辩中生动地体现出来了）和我完全一样，也**提到**了大量收入与有限支出的结合是荷兰经济发展中的一个特有的现象。拉赫法尔不了解这个文句（为了深化他的阅读，他可以去找看），他**怀疑**我是否真的读过这位学者的著作。若是在别的任何一个气质不那么轻浮的作者那里发生这种事，我都必须称之为"无耻"。在拉赫法尔这里发生这种事，那不言而喻是伤不到我的；他基于他自己的习惯，在这里自然没有任何收获，或者只有很少的收获。[当credits斯肯—许埃特偶尔说到伊拉斯谟是荷兰文化之父时，这话在那里涉及的意义上，对于他所谈的那些事物是很有意义的。对于荷兰的**宗教**特性，拉赫法尔以最可疑的方式，擅自将那些话"绝对化"了。但伊拉斯谟何曾成了荷兰那些**经济**特征之父了？正如我一样，普林斯特勒，还有布希金—休伊特听到这话都要笑了。谁如果持续研究十六世纪和（尤其是）十七世纪的荷兰历史，就知道涉及这里所讨论的那个更广泛的"文化"概念的时候，像拉赫法尔复述布希金—休伊特那般谈论"那个唯一的"荷兰文化是愚蠢的，拉赫法尔鹦鹉学舌道：确切地说，在荷兰历史上，而且本质上直到今天为止，最生硬的一些对立者都并行不悖，并且任意发展着。]每一个一般而言稍稍深究荷兰人的宗教共同体内部的种种争辩的人都看得到，如今不过作为一种事实被普林斯特勒提及的荷兰人的特性，在十分本质的意义上与他们的宗教共同体中严格的纪律关联在一起。一些完全典型的生活方式问题，出现在荷兰，在美国的胡格诺派信徒那里和在大陆的虔敬派那里，而且虽然在所有这些禁欲共同体中，依据独特的文化环境而各个不同，但在基调上是以严格统一的方式被解决了的。拉赫法尔在他的整个争论中始终摆出一种行家的姿态，我都不想让他就他在这个领域有多少精神财产这个问题进行什么财产宣誓了。每个研究过这个问题的人都看得到，他**根本**对此**一无所知**，尤其是对于我在那篇被他"批判"过的论文中引用过的已出版文献的那**小小一**部分具有什么文献特征，都根本不知道。当然，为了全面起见，属于这种情形毕竟还不只是他在这个问题上到现在为止得到的那些成果：为了或许能在任何一个地方点醒一下那些不胜任的非历史专业人士，可以拿着专业教员的教鞭指引人们稍稍浏览一下那些陌生的著作。我自己并没有放弃有朝一日能继续推进我的工作中的这些部分（并且以此大大深化之）的希望，当然这要以再次逗留在美国为前提。因为贵格会历史和浸礼会历史的一些问题只有到那里才能找到线索。在欧洲大陆，即便是在荷兰的图书馆，都找不到那里的旧式教派大学中存在的，甚至只需在英国就存在的东西（我不完全确定，是不是只存在于英国）。

另一方面，在荷兰，跟那些虔敬派圈子和禁欲教派形成对照的，无疑还有暴发户的许多炫富和饕餮行径，以及那些低地农民质朴粗野的生活乐趣[这种乐趣产生了城市里的资本利用，而如果从禁欲的角度来评价的话，这对那些（**转下页**）

此相反，清教徒的**生存**，不管是否被官方宽容，只要事实上还没有被根绝，就像清教徒的**统治**一样（不管这种统治本身希望宽容还是希望不宽容），**恰恰**普遍地促进了资本主义精神的**那种**"精细"发展（用拉赫法尔的话来说）——我赋予后者关键的分量。而反过来在不宽容的**天主教**国家，比如法国，通过废除南特敕令，恰恰打击了**这种**"精细"发展（但**不是**拉赫法尔所说的那种金融巨头的生存），那时的人对这一点再了解不过了，特别是著名的科拜尔。一言以蔽之，新教，特别是禁欲新教，不管是否被宽容，不管它本身是否宽容，**都帮助**资本主义精神生根了，**不管是**在这种精神的一般的（拉赫法尔所说的）**还是**（在我所说的那个意义上）特殊的表现形式上，都是如此。与此相反，被宽容的或者居于支配地位的天主教则**从未促成**过它——如曰不然，请告诉我们：在哪里，如何促成的？依据拉赫法尔如今自己承认的说法，只有当**如此这般的**宽容有利于资本主义精神"生根"时，它才做到这一点。但只有当居民群体同样**出于宗教方面的，遭遇了某种可能的不宽容而产生的那些理由**，担当起那种（**特殊的**）精神时，情况才可能是这样的——而依据拉赫法尔自己的论述，那些金融巨头（在不宽容的和宽容的时代与国家，都同样有这样的金融巨头）的情形恰恰**不曾**如此。我们把这个故事讲完：不宽容的天主教**只有**在下面这种情况下才对资本主

（接上页）城市简直"太好了"]，同样的还有具有与此部分类似的情调的小市民的生活乐趣；还有某些艺术家团体，最后还有以人文主义的方式精心培养起来的一些阶层，他们在精细的审美、文学、科学方面有着兴趣和判断能力。顺便提一下，换句话说，这些对立在荷兰南部的移民往北方聚居的过程中，就已经存在了：众所周知，**除了没有**宗教倾向的政治难民**之外**，移民一方面还包括大量加尔文派信徒，另一方面，比如说，也包括一些**艺术家**，他们由于其个人观点甚或艺术观点不合时宜，预计会遭受教会的迫害甚至歧视，但他们典型的生活方式使得人们可以郑重地断言：漫不经心是他们"从原则出发"在方法上就喜爱的，因而与世间禁欲相反，它是一种带有消极征兆的职业伦理。顺便说一下，这种断言是断言者所特有的。

义"精神"很致命，即它根绝了**市民的业务精神的异教承担者**，并且（再重复一遍）正如同时代人（佩蒂）知道的那样，禁欲的异教徒甚或有异教徒嫌疑者（此外，在中世纪就已经如此了，参见我已经引用过的谦卑派和类似派别，特别是在宗教改革和反宗教改革的时代）**绝非偶然地**成了它的承担者，此外它还通过强制创建修道院，将（正如我的论文强调过的，在修道院内部**也**由禁欲的生活**方法**促成的）积累挣来的财产的做法，从个人营利生活中排除掉了，并将其导入一个看起来像是**私人**资本主义的"死的渠道"里，而且它（这一点是我们这里特别涉及的）还将一些**人**，即按照其由气质和教育造成的、理性—禁欲的特征来看似乎特别**注定**了要从"上帝所喜的"工作中得到其"天职"的人，从世俗中（可以说）吸**出**来，调入修道院的小房子中去了。因而，关于纯粹的宽容本身，即**不管**它有利于哪种虔敬信仰，实际上在过去对于资本主义经济的发展可能意味着，以及曾经一再意味着什么，这个问题正是**我**那时在我的各篇文章中已经说过的，也正是拉赫法尔跟我学着说的，但他现在却没有适当地把它说透彻，也就是说：宽容在某些情况下使国家得到了居民，并可能使之得到了财富储备，而不宽容原本会摧毁这一储备的；[1]它在且自然**仅仅**在下面这种情况下才对资本主义"精神"（无论人们如何界定这一精神）有利，即**它**过去使国家得到了这种精神所特有的那些承担者，因而得到了那样一些人，他们出于其本色，即**因为这种精神与他们的虔敬信仰的特性一拍即合**，便使得不宽容的势力无法容忍他们了。禁欲新教的那些代表人物也是

1　对财富和居民总数方面这种减少，自然是不宽容的更常见的后果，不管那是天主教的还是新教的不宽容（比如即便在日内瓦也是如此，正如我当时强调过的）。但是财富不等于营利资本，而居民也不等于依照精神气质来看适合于被资本主义利用的那些居民。关键仍然是支配了被宽容或不被宽容的居民，因而也支配了经济生活的那种"精神"。

如此；与此相反，像拉赫法尔为了"保留权利"而必定会做的那样断言，宗教上的不宽容本身，可能会摧毁任何一种**不像它那样**系泊于宗教信仰之上的"资本主义精神"的基础。它是在哪里做到这一点的？它究竟是如何完成这一点的？另外，它为什么要作这种尝试？**当佛罗伦萨人和所有后来的大资本家向教会证明，他们按要求服从于教会了的时候**，不宽容的势力的确允许他们完全默不作声地办他们的业务。的确，教会与他们一道办了业务，它在这些业务上挣了大笔的钱。关于这一点，我们说这些就足够了。

因为我不打算尽可能地商讨拉赫法尔的那种彻头彻尾都是不诚实"精神"的争辩中任何本质性的细节了（因为事实上这些细节中没有任何一个不是以扭曲和肤浅阅读，或者更糟糕的举动为基础的；很难想象会有这么轻率的解读存在），因此我只指出这些细节中的某一部分，[1] 而在本文的这个争论部分的结

---

1 属于此列的有其一，"路德宗的美好汉堡"。拉赫法尔反对我在援引瓦尔的一则消息后就此说过的话，即一笔商人的财富不如工业财富稳定（由此才有了巴塞尔和汉堡的区别）。一旦在一般性层面上将这个论题的正确性设定为前提（是一位他"尊敬的外地同事"告诉了他这个论题，或许那位同事也是极受我尊重的历史学家，后者也对我作出了这样的评论），**那个事态**的可靠性自然就变得愈发大了，为此我一般性地援引了下面这种情形：自十七世纪以来在同一个家族作为资本起作用，因而像巴塞尔的**工业**财富**一样**一直都保持稳定的、看起来独一无二的那些大笔的**商人**财富，过去是属于**改革派**认信团体的。因为对于认信方面的区别所产生的影响而言，关键恰恰就在这里。此外，为了稳妥起见，我**再说一遍**：现在我无法亲自逐一复核这些事例在原因方面的整体关联了，不言而喻，它们也可以归入大量的"偶然事件"之列，只是如果撇开我已提出过的、整个国家内部资本主义和新教之间的那种在发展上的整体关联不看的话，这类"偶然事件"就**累积**得太多了。我现在之所以援引这些事例，只是因为在我看来，我自己认为完全不言自明的一桩事实，即在那个时代也有许多资本主义发展了，却没有新教的地方存在，会被别人当作"反驳"对我提出来。

其二，在他看来，佩蒂（拉赫法尔起初援引过他，当然援引得完全不齐备，他只是在适应他的"批判"的地方援引佩蒂）在我所引用的对资本家的评论中"没有被考虑到"，尽管他的整个争辩都基于"所有天主教国家的**商业**本质上都掌握在异教徒手中"这一事实，尽管他（就像和他同时代的许多著作**一样**）特殊的研究对象就是下面这个问题：为什么**事情**会这样，尤其是，荷兰在国际经济方面的优势地位[它的"资本主义的"鼎盛，重商主义想以金钱流入到各个国（**转下页**）

尾,只给出一些极富特征的例子,来显示出他相信自己可以允许别人说的内容。

（接上页）家的程度来衡量这种鼎盛]究竟从何而来？而佩蒂的阐释的吊诡之处**恰恰**就在我（那时我还没有注意他的这个文句）发现问题并努力澄清的**那同一个点上**：处于上升阶段的市民中产阶级的各个宽广的阶层,尽管,而且恰恰因为他们曾是那些将财富消耗到有罪的享受及财富占有者的敌人（参见我在《社会科学与社会政策文汇》,第188页上援引过的佩蒂的文句）,而且**因此**就没有与这些占有者结成任何宗教共同体,从他们自己的那种具有宗教导向的职业伦理出发（同上）,成了早期的现代资本主义（它不再像在中世纪那样基于**松弛**的伦理之上,我所讨论的就是这种资本主义）之"精神"的担当者。佩蒂已经考虑到了荷兰的那些为自由而战的斗士,这一点是拉赫法尔拿来反驳我的,正如往常一样,我自己也已经说过了这一点（第184页）;他不是作为历史学家,而是以**他的**时代（十七世纪）的眼光来解释他们的（这就给了拉赫法尔由头,**现在**按轮流的方式怀疑到这位他自己请出来的作者头上,即怀疑他的表述的意义）,这一点恰恰像当时那样表明,依据拉赫法尔自己的论题,荷兰那时**已经不再**被那些宗教动机支配了,然而对于一个精通商业的人而言,这些事情显得不合情理。据说我"**不幸**"将荷兰那些为自由而抗争的斗士与英国非国教徒（佩蒂很接近于这些人）等量齐观了,然而在这件事上,即便是拉赫法尔的那些读者,也并非每个人都相信他。但只有那些对事情一无所知的人,才会像拉赫法尔那样断言,荷兰异教徒在与西班牙分裂的时代和后来的英国非国教徒"**根本无关**"。在英国,正如伊丽莎白治下的那些宗教审判,以及（一般而言）那个时代的所有材料都证明的那样,清教徒中那些非国教徒,是持续而大量地从荷兰来的,而且（正如荷兰本身一样）是由荷兰南部的难民供养,由他们在精神上予以支持的。最后则可回溯到荷兰的影响的,不仅有加尔文派中特别奉行禁欲的那种倾向,也有对于独立派群体极为重要的浸礼会的发展过程（该会的文献从一开始就有了担负特别具有现代特征的那些政治与经济原理的美名,而且至今不减）,和门诺派的发展过程[这一派可为"重商主义"所用,这本身就促进了普鲁士的军曹国王们（"军曹国王"是普鲁士国王威廉一世等的绰号——译注）免除该派的信奉者们的兵役,令其移居他处],此外,在间接的意义上,还有再洗礼派最后的复兴过程,即源自英国独立派圈子里的浸礼会气质的贵格会的复兴过程（该会的传统同样从十七世纪开始就一直有了现代商业伦理的美名,因而也有"上帝以财物祝福之"的美名）,最后还有虔敬派的发展过程。正如在新英格兰和宾夕法尼亚那样,在荷兰,实际的职业伦理的基本样式,最初必须在相对而言极少具有资本主义特征的地方（东弗里斯兰）发展起来,因而并不是资本主义发展的一种结果;但是后来,阿姆斯特丹和曼彻就成了策源地,例如,一些特别具有教派特征的团契生活原则在那里完善之后,就将触角延伸到了英国;而且人们并未要求这位历史学家了解,苏格兰和英国贵格会的因素,一般而言英国的非国教徒,直到跨入当代的门槛之时,在英国占据的那种地位,当此之时,这位历史学家毕竟也可能知道一点,即促使美国移民之父启航的动力也来自荷兰。

其三,依据拉赫法尔的看法（第730栏）,加尔文"在感性方面"**显示出**了对生活的热爱（这是对**我**所引用的那些话的一种至少相当歪曲的解释,要得到这种解释,就得将其他几种解释撇开不管）,这并未阻止拉赫法尔在另一个文句中断言,加尔文本人已经在主张具有禁欲倾向的加尔文派所特有的、对于资本主义精神的发展也很重要的那同一些原则。

在那些冗长的、同样咬文嚼字而又（照我看来）琐屑的论述（第777栏起）中，拉赫法尔试图给他的读者提供如下这种意见（**尽管**他明确否定了这一意图，正如他自己对我的文章的引用一样，这种否认立马就在下一栏中被他忘得一干二净）：对于资本主义在**一切**时代的承担者都具有的、资本主义精神的那些特征的意义，我不是加以**否认**，就是**只**在下面这种情况下承认资本主义精神具有这些特征，即在被**我**称为禁欲特征的、现代资本主义于诞生时分享了的那些特征存在的时候。[1]我在前一篇"反批判"中已经向拉赫法尔证明，这种意见是错的，我在我的各篇文章中就像在我的这篇"反批判"中那么精确地界定了我的任务。但拉赫法尔的读者是通过倾听下面的话（第779栏），来了解这一如今他再也抵赖不了的事实的：**我现在**承认（这明显是依据拉赫法尔的批判而来的说法），我所分析的那个组成部分"远远不够用来澄清近代资本主义体系（原文如此）"。考虑到上面已经复述过的、我的各篇文章中的那些句子，这话已经算是很大的成果了，但还是被同样紧接下来的那个句子赶超了：我"承认"过，"我自己忙着讨论的资本主义精神，根本就和大资本主义的发展过程**没有任何关系**"。我事实上说过什么，对于这一点，我的各篇文章（他的"批判"和"回复"当然不能算是我的文章）的**读者们**都很容易想起来的：由极具"禁欲"特征的生活方式带来的某种财富积累，恰恰总是倾向于［正如中世纪一再变得必不可少的，对修道院的"宗教改革"（我将这一现

1　参见第776栏第10行起：对于像拉赫法尔这样一个强词夺理的人，人们必须像书写手稿一样原封不动地引用，否则他就可能（见上文）找不到他自己断言过的意思了。进一步还可参见第777栏第22行，在那里他教导人们说，我的观点只是一种"被人们学究气地称作'以部分代整体'的修辞格"。与此相反，拉赫法尔**自己**忘记了，他**自己**曾经怀疑过（Ⅲ，第1322栏），**"在人们能理解的那个意义上的资本主义伦理"**，是否就在加尔文派职业伦理的意义上存在着。

象作为对照物,指明过了)所表明的那样,也正如清教徒、贵格会信徒、浸礼会信徒、门诺派信徒、虔敬派信徒从自己那些再熟悉不过的经验出发了解到的那样〕打破禁欲的权力;如果说不是那靠自己立场成功的人本身,那么他的儿子们或孙子们也自觉抵制享受"世俗"生活(在这里指**尽情享受与利用**挣来的财物),**但**他们本身已经不像中世纪那些富裕了的修道院那么多地做到这一点了。禁欲新教的功绩之一恰恰是,它抵制了这种趋势,它尤其还有规律地抵制了它当作"将受造物神圣化"而加以拒绝的那些趋势,即通过将财产固定化为能带来**年金**的财富而确保"光耀门庭",也抵制了对"高雅生活"的那种"名流"之乐,抵制了审美享受与"纵情享受"造成的对美感的陶醉,抵制了为了自夸而对能炫示于人的那种奢华的需求。而禁欲新教断然拒绝的这些趋势,却在自己这里一再召唤出"资本主义衰败"的危险,即将财富用于**别的**目的,而不是用作"营利资本"的那种倾向;因而那些目的就抵制了资本主义"精神"(在人们能由这个词联想到的**所有**意义上),因为这些特征中的每一个(只要在大企业主那里有了资本主义精神)都会阻碍这种精神的完全展开,并中断"资本的形成"。而这些特征恰恰也总是完全**像**附着于最大的那些资本家一样,附着于所有种类的大财主或者富户:封建时代收租的地主,以及靠利息过活的那些人,还有高薪的国家与宫廷职员。或者毋宁说那些最大的资本家,如果一般而言还想保持"资本家"(在这个词的那种准确的、营利经济的意义上而言)身份的话,必然比所有其他人都**更少**具有那些特征:因为在越来越多地(正如人们现今往往喜欢以含糊的术语说的那样)"以无益于生产的方式"耗费他的资本主义增殖力的同时,他们的财富也被**褫夺**了。另一方面,在对于私人资本主义至关重要的那些动机方面,在并**不**屈服于我所分析的那种禁欲的生活方法学的力量之下的这样一位大资本家看来保持不变的因素,因而特别包括(完全一般性地说)有意识且井井有条地追求扩大其经济业绩之范围,因而追求以其经济统治手段而达到"世间的成功"的做法:由在他所采取的那个方向上的营利经济的范围内不可避免要采用的手段的本性决定了的这种追求,乃是脱离了一切规定的那种生活方式与我分析过的那种生活方式所**共有**的。只是前一种生活方式缺少了**个人**生活中那个关键的**基础**。因为自从启蒙以来就很常见的那种乐观主义(它后来在"自由主义"中达到顶峰),曾经不过是运用到**社会**方面去的一个替代品而已:它代替了"增耀上帝之荣光"。但不是"考验"具有的**个人**意义,当考验完全被用于此岸时,它毋宁表现出突变为单纯"好斗之物",或者混同于市民的那种琐碎的自我满足状态的各种不同成分的倾向(参见笔者的文章)。被人们所说的任何一种资本主义"精神"实在地完全渗透了的生活所具有的全部的那些独有的特征,即冷漠而无人性的"实事求是"、"计算性"、合理的后果、褪掉了生活的一切质朴性的那种对待工作的严肃认真态度,以及专业人士的狭隘性,所有这些特征都从人为制定了方向的、伦理的,尤其是从纯粹属人的立场出发进行过与正在进行那种激进得有些做作的、反货殖的抗议,这些特征也正是那些严肃认真的人在自己那方面达到一种伦理方面的自我辩护的封闭统一性时所缺乏的;这种封闭统一性在此(我已经提过这一点了)一般而言就被各种容易辨识的替代品代替了。这样一来,不言而喻的是,资本主义就**可以**相当无拘无束地存在了,但那或者是(正如今天越来越常见的)作为一种命中注定要加以忍受的不可避免之事,或者就像在启蒙时代(包括现代那种样式的自由主义)那样,被合法化为任何一种**相对而言**最为理想的手段,即从(或许在莱布尼茨的神正论的意义上)**相对而**

言最好的世界中创造出**相对而言**最好的生活的那种手段。但恰恰在最严肃认真的人们看来，资本主义**不**过就是奠基于人格之最终的、封闭的和可指明的统一性之中的某种生活方式的外在表现而已。但若是相信这种状况对于资本主义在整个文化中居于何种地位，首先对于它在文化方面产生的**后果**，但同样也对于它自己的内在本质，最后还有对于它的命运，都必定是无所谓的，那就是一个巨大的错误了。

因而我就"资本主义精神"的那些**不**由新教禁欲协同造成的特征所说的话，事实上就不是拉赫法尔所说的这些蠢话了，比如恰恰大资本家"不属于现代经济史之列"，或者这一类的话，而是：即便在宗教改革时代，资本主义职业伦理带有的那些禁欲特征，都远远不是经济"超人"（为了行文简短起见，我在表达上有所保留）所**特有**的，因而在他们身上研究这些特征，远不如（那时）在处于上升阶段的市民中产阶级身上学到的多。除了上面已经提到的，恰恰是他们特别容易遭受的那些"诱惑"之外，当然还除了其他一些之外，[1] 这个问题就只能通过如下这一点来澄清了：人们一旦处在这种支配地位，有了在这样一种政治和审美的视域（这种支配地位提供的那种视域）下行事的可能性，那么他们就**远**比（依据历史上的所有经验来看）那时恰好在现代国家关系中强劲地产生出来的市民阶层（当这个阶层在内心习惯于资本主义"精神"，而且按照这种精神的要求来塑造他们的生活方式的时候）**更容易忍受**内心"超善恶"的处

1　此外，关于美国当前的状况，我在此还可以请读者参照，比如说，维布伦杰出的著作《企业机构理论》，除了其他方面之外，他的考察恰恰还强调了**最**时髦的那些百万富翁逐渐从迄今为止的近代资本主义所特有的那种市民思维方式（"诚实就是上策"）中**解放**出来的过程。我在发表于《社会科学与社会政策文汇》的各篇论文和被拉赫法尔忽视了的那篇发表在《基督教世界》上的论文中阐明了这句格言的起源，又回到这个问题上来了。

境，即忍受脱离伦理与宗教方面的良心束缚的处境了。此外，我还说过，单纯的"财迷心窍"，即对金钱的追求，不仅在历史上的所有时代都存在过，而且也从不在任何意义上是"资产阶级"所特有的，这种追求在资产阶级之外至少就像在这个阶级内部一样得到了扩展，至今依然还得到扩展。的确，东方的小商贩，当今意大利和其他国家（特别要除开那些**恰好**受到清教影响的国家）的船夫、马车夫、招待员、门房，同样地还有"穷地主"等——他们这些人的那方面追求，全都远多于"资本家"类型，后者在**持久**成功的情形下，关心至少总是要具有一种全身心投入到"事情"中去和被理性支配的特质。"世间禁欲"的功绩在于为保有**这些**性质创造出统一的**根本动机**。在我指出拉赫法尔无知地将这里涉及的一些问题粗疏化了之后，他现在针锋相对地以他特有的那种大大咧咧的方式下保证，断言说："**营利本能**的心理状态的软弱性（原文如此）是他所熟知的。"请允许我说：他对此根本**一无**所知，因为否则的话，他就不会以那种宽泛而肤浅的方式，在他的"批判"（我驳回了这一批判）中正好拿（清教徒**之外**的人群那里的）这种"本能"的强大性来反驳我。但是，尽管如此，而且恰恰因此，当然"他更了解这一点"。现在他从我对他的回复和他通过勉强还算细心的阅读而在我的文章中发现被详尽讨论过的东西出发，在这一点上了解了一些事情：当然还很不够，还不足以改变他至今还反复展示他的"回复"的各个文句中老一套的陈词滥调的做派。但已经足够让他在这个问题上进行完全清醒的（人们想说"饶舌的"）臆断了：将这种"本能"从"质朴本能"的领域提升到"理性之物"的水平，这绝不"仅仅"是**改革派**职业伦理"（众所周知，我根本没有将自己限制在这种伦理上）的事情——进一步地阐述或者表明这究竟是谁的事情，则付之

"阙如"。[1]

在类似的水平上，还有他的一些与此平行的探讨，涉及的是我所谓的"禁欲的强制节约"，而在伦理上对这种强制节约的强化，则在否定的方向上补充了那种通过世间禁欲将作为职业的逐利活动加以理性化和在伦理上加以美化的做法。拉赫法尔现在揭示了一个惊人的真相，即"节俭精神"也从属于资本积累（此外，他明显一无所知，但每一个在国民经济学领域的初学者都知道的一点是，这种积累完全不等于他所说的巨大"财富"的积聚），因而从属于**储蓄**。而为了积累资本，人们在一切时代都必须"储蓄"，因而，完全依据一切时代都有过的那种"营利本能"（因此，就印象中能想到的而言，这种本能根本就不需要我所分析的那种职业伦理的某种"支撑"）的模式，即便在这个功能上，世间禁欲也根本不"新鲜"。我不想再补充说明这个论证的深刻意义了。当然，与"你们不可积聚地上的财宝"，因而也与中世纪天主教的"不能取悦上帝"形成对立，禁欲所特有的，可以说很吊诡的功绩是，**恰恰**传布了**那个针对**储蓄而说的《圣经》句子，但**同时**又通过由它所产生的生活方式，一再重新地以从未有过的强度与连续性将它所断然拒绝的"财宝"创造出来，并抵制天真而耽于享乐的耗费（**只要它的"精神"还对"诱惑"处于优势地位**[2]），因而就将储蓄，同样也将出于私人享乐的目的之外的目的而储蓄下来的财物的使用方式**理性化**和**神圣化**了——这个简单

---

1 我完全不知道，我原本可以在拉赫法尔的哪次论述中完全看清他与我就非理性"本能"和理性"精神"之间的关系进行了一种"争辩"（第779栏注）。我请读者注意我的反批判，并且建议拉赫法尔对自己要求再高一点。

2 拉赫法尔抱怨说，我以一种从语气来看很恶意、在事实方面又很狭隘的方式，做得很卑劣；他倒是以这种方式在絮絮叨叨地讲（请注意，我在一个脚注的寥寥几行中演示过这个例子）一个极成功的商人的例子[即便医生有处方，（转下页）

的,但正如我论述过的那样,也具有根本重要性的事态,对于写作这份所谓的"历史性批判"的那个"粗疏的人"[1]而言,可能无从理解。

看完所有这些之后,人们可以评断,该如何对待拉赫法尔的如下做法了:他一方面保证,他在他的批判中"完全像我一样",区分了"在所有时代都在资本主义中起过作用的那些精神动力,和韦伯意义上的资本主义精神";另一方面又说,近代资本主义精神**的**特征是"在一切时代都存在过的那些特征"(第786栏);或者一方面说,我强调的那些特征只不过是那种"精神"当中"也"(原文如此)属于近代(然而是近代的哪个时期呢?)的那"一点点"部分,尤其要注意的是,"那种生活方式的方法学的协同作用是相当微小的"(第762行),甚至在许多"资本主义现象"(原文如此)那里,我所分析的那种动机的协同作用根本就被"排除掉了"(第787栏:他自然没有以任何方式哪怕最渺茫地尝试指明一下,在**哪些**现象中可能出现后一种情形);另一方面又说,没人真的怀疑(因而这话还意味着,我在此根本没讲什么新鲜的话)有某种"加尔文派(正如前面说过的,这个范围太狭窄了)和资本主义之间的内在关联"存在,而且这话现在还意味着,尤其没有任何

(接上页)他还是对某些奢侈享受,即吃牡蛎,很反感,因为那种照我看来当然是那几代人所特有的"禁欲"特征很合他的脾性:比起合乎天职与天命地利用财产,即将它们用作资本来,享受和奢侈**本身**是一种"不正当"],为的是给人们造成一种假象,仿佛这样的商人在我这里作为"**证明**",扮演了一种关键角色。我断定,**尽管**我有一些相应的评论,这个例子至今还在他的回复中扮演了同一种角色,现在,拉赫法尔(尽管他知道,我恰恰在机会适当的时候,以许多例子对那**整个**态度作了极广泛的刻画,**除了**许多其他特征之外,那种平凡的特征就属于这种态度之列)**毫不知耻地**向他的读者贩卖下面这个命题:"我(指拉赫法尔——韦伯注)至少没有借此来利用人家对享用牡蛎的看法……来为我的认识服务。"这种做法实际上最"具有戏剧效果"。

1 这里是意译,原文意为"这份所谓的'历史性批判'用以劳作的'蹩脚的手'"。——译注

320

人怀疑清教对于美国人的生活方式扮演了关键性角色。但拉赫法尔在他的"批判"中，在谈到这种生活方式中处于这种整体关联之下的特殊因素，即清教的职业伦理对于工作生活的意义时，尽可能坚决地怀疑过这一角色：他**至今还**反驳这种影响——当然在这一点上他尽可以自行其是，而且他还完全撇开了在我多次被引用，但被拉赫法尔一如既往地有意忽略了的那篇发表在《基督教世界》上的文章里特意举出来的证据。

当他在没有丝毫证明，甚至没有丝毫阐述的情况下，一如既往地胡说八道，以"行家"的姿态向他的听众作如下保证时，情况自然完全类似于此：资本家早就在没有我所分析的那种动机的情况下成了"职业人"（第786栏）；在加尔文派伦理中**绝没有**过对享乐的那种顾虑（第710栏）；"伦理上的职业观""并非首先是改革派（原文如此）伦理的产物"（第783栏），对享乐持一种禁欲性的顾虑态度的"不是近代资产阶级"（尤其是在**我所说的**意义上，正如他无论如何都是以一种典型的方式明确补充说过的那样，第728、748栏）；"职业伦理"，"乃至带有宗教色彩的"职业伦理，在宗教改革之前就已经存在了。而我则曾经证明过，即便"天职"这个**名称**首先是《圣经》翻译带来的极为特殊的产物，而且从纯宗教的含义脱胎出来，接着就遭到了世俗化。此外，我还多次分析过托马斯主义以及路德宗对人们自宗教改革以来称为"天职"的东西所采取的立场，与禁欲的新教之间的种种差异，而拉赫法尔自然根本就从未尝试过动摇我的这一分析。代替那种尝试的是他质朴的保证：我所做的"是一种单纯的断言"。

或者当（第779栏及许多其他地方）下面这种假象被唤起

时，也是如此：好像我就十七世纪的禁欲新教[1]对于同一时间、也**恰恰**在同一些领域中处于上升态势的市民中产阶级具有的特殊意义所说的话，在我的文章中并没有原样地（绝大部分逐字逐句地重复）说过一样，此外，在这件事情上，现在他还试着加了这样一句评论，显得好像照我看来，讨论"市民中产阶级"就像是"半瓶醋"一样。[2]我想，既然都说到他做出了如此功绩，

1　拉赫法尔依据他的需要，一会说"那件事情发生"的时间段是十六世纪，一会又说是十八世纪。因为尽管加尔文派中那种特别具有禁欲特征的倾向，比如那时因为明斯特暴动而名誉扫地的再洗礼派而扩大为重洗派、一般浸礼会和特殊浸礼会，又比如贵格会和虔敬派产生时的情形（我自己将卫理公会描绘为晚生子和"复兴"）一样，恰恰发生在十七世纪，而且紧接着上面这件事之后的那几年里就发生了；但另一方面，自觉的**资产阶级**—资本主义现代国家政治**与文学**首次的宏大和系统地展开的情形也是如此；这样一来，给那些事件确定日期的做法本身就表明自己是一种十分可以理解的窘境的产物，即固执地无论如何也要坚持一种错误的、以富有正义的方式采取的立场。

2　实质上，这后一种情形倒是特别符合拉赫法尔在他的"批判"中主张的观点——如果说人们一般而言还能在最终仅仅涉及言辞争斗本身的情况下说"主张某种观点"的话。依据拉赫法尔（Ⅲ，第1329栏），除了其他派别之外，是加尔文派（**他**恰好想到了这一派）宽宏大度，（除了"资本家"之外）不仅"有利于"（原文如此）"中产的和更小的商人和手工业者"，还特别有利于全体雇员（原文如此）以及"全体工人"（原文如此）——一句格言，就此人们徒劳地追问，一种胡踢乱揍盲目出击的无思想的做派，如何还能讲出这样的格言。关于当拉赫法尔自己觉得在"进行一场决斗"时，一般而言他当然会表现得多么没有思想，有一个事例可以说明这一点，在这个事例上他自己摆出胜利者的姿态得意地叫嚷说，（在我必定可以在他身上指出大量极其丢人的弱点的情况下）我实际上会很乐于看到，他是有道理的——这话或许也只能经受住最表面化的复核。他向他的读者保证，我明显最"讨厌"在下面这一点上被他"揪住"：我在提到新英格兰的时候，像他在他的批判中断言的那样，将手工业看成**资本主义精神**的证明了。如果他的读者看一看这个"被揪住的"文句，他们就会在那里发现这样的话："在新英格兰，在殖民地创立后一代人的时间里，就有**钢铁公司**（1643）、**织布厂**（1659）存在了（**此外**，手工业也达到了鼎盛时期），从纯粹经济的角度来看，这**对于市场来说**，是时代的倒错，这与南方的局面……形成了最鲜明的对立……"我当然无须对这一评论作任何改变，也无须改变我的论证，这种论证认为一个独立而强有力的小行业的这些部分具有资本主义性质，部分[在一个殖民地，而且常常只是在（正如拉赫法尔在我这里读到了，而且偶尔当作他自己的思想，并提出来反驳我那样）自然经济发展层面上]毕竟还很引人注目的现象，是受到了移民的那种由于宗教因素渗透的生活方式的影响——正如我在其他情况下所见的美国人那里发生的事情一样。对于"谁和什么在这种具体情况下被'揪住'了"这个问题，答案是明确无疑的，如果完全撇开这个方面不谈，我自己倒是完全一般性地又"揪住"了如下这个问题：一份"批判"要是除了（转下页）

我们似乎可以结束分析了。

只是还有一点要注意：拉赫法尔的意思是，既然我就"资本主义精神"写了一篇文章，而在该文中又只涉及了一"点点"特殊的资本主义精神，这就像一个作者在一部有关"马"的著作中声明，他只想谈"白马"了。我要请这位既健忘（正如人们已经见识过的），又有见地的（正如人们正在见识的）"批判家"注意一下我的文章的**标题**，即《新教伦理与资本主义精神》。这个标题涉及的当然还不是双方所构成的**整体**（否则拉赫法尔也可能抱怨我只谈"白马"了，因为我在谈到**伦理**的时候没有涉及，比如说，路德的性伦理之类），而恰恰涉及双方**之间的种种关系**。然而不言而喻的是，由此可以得出，这里只涉及双方被纳入考虑之列的那些因素，不管是作为原因，还是作为结果。照我的经验来看，为了争论的胜负，如果争论者因为至少要在表面上保持"权利"，而不得不充当工具的话，那么情况往往会越来越糟糕：要把自己**表现**得比他如今（在上述情况下）所是的状态**还要更愚蠢**。

2. 正面的概述

争论了这么多，现在总算够了。我甚至完全忘了，拉赫法尔也极友好地给我上了很好的一课，即我原本可以如何如何做得更好的。特别是（第780栏以下，第781栏以上），我原本应该说："在改革派的职业伦理的影响之下，资本主义精神的一个

（接上页）尝试（顺便说一句，这种尝试其实也是处处碰壁的）在个别**词语**和个别**句子**上"揪住""被批判的"作者之外，**完全**找不到更好的事情可做，那么它能是哪一种精神的产物呢？拉赫法尔的"批判"和"回复"从头到尾就再也不包含任何别的东西了。

变种形式在近代的进程中发展起来了；我想确定它的根源，它扩展的边界，也想探究它的性质特征，也就是想探明，那创造出（原文如此）当前的资本主义经济体系的资本主义精神，是否从这个源泉中得到了某些特征，这些特征对于它的本质具有建设性意义。"换句话说：首先必须接受拉赫法尔在别处断然拒绝了的一种前提条件，即随便某种"资本主义精神"（不管这种精神是如何被界定的）都**仅仅**从自身中创造出了资本主义经济**体系**——这纯粹是一种唯灵论的建构，我在我的各篇文章中已经明确否定过这种建构了。据说我也（如果我的理解不错的话）必定将我恰恰想要**证明**的许多问题中的一个**预设为前提**了，即改革派的职业伦理（我们且听任拉赫法尔在这里"以部分代替整体"吧），对于"资本主义精神的一个变种形式"（我们也听任他使用这种表达吧）的形成，产生了决定性的影响。然后，据说我还应该探明这个变种形式**扩展**的边界，但由于文章的整个规划的限制，对于这些边界，我则加以追究，部分尚未开始追究（亦即在到现在为止已出版的那些部分中尚未开始追究）。在这一点上，据说我最终还可以依据"性质特征"探讨那个走偏了的问题。据说以此我本可以以一种**不符合我的意图**的方式为我的问题定向的，因为我的**核心**兴趣点并不是在资本主义扩张的过程中对它的促进，而是由宗教条件与经济条件方面的因素共同起作用造成了**人性**的发展，我的各篇文章的结尾部分清楚地说明了这一点。此外，最后很清楚的是，据说我为了能论述清楚这个规划（倘若它有意义的话），原本是必须在讨论的顶点处首先**定义**好"资本主义精神"这个复杂的概念都包含些什么。因为如果不这么做，要确定一个"变体形式"的存在，根本就是不可能的。但我在我的文章中说过，为什么我没有这么做，而且（只要我从一开始就没有扭曲历史）也不可能发生。

像我以那个名称指的（它最初还完全是模糊的）那样一种极具历史性的构成物，恰恰只能通过将它的各个组成部分综合起来（这样的综合表现了历史的现实），才能达到概念上的清晰——我怀念任何一种复述这些论述的尝试。这就使得我们要从历史的现成事物所构成的现实中，要从最尖锐、最一以贯之的表现形式中，解读出一些单个特征来（我们发现那些特征在那里以经过再三调解与断裂的、多少还算连贯与完备的方式，多少与其他一些异质的因素混合在一起起作用），依据它们共属一体的情形将它们结合起来，因而也建立起一个"理想类型"概念——一个思想构成物，历史事物**实际的**一般内容在各个不同的程度上**接近**这个构成物。实质上，每一个历史学家，当他运用一些特别尖锐的"概念"时，无论有意还是（大部分）无意，他都在不断地运用上述**这类**概念。关于这一点，我在我的那些文章之外，也反复表述过了，迄今还没有遇到什么矛盾之处；此外也没有以任何方式设想，通过那些方法论上的尝试来最终"解决"这个一点也不简单的问题，我倒是有相当紧迫的理由，少去回味我此前在这个方向上从事的工作。但无论如何，在目前的情况下，在一种极为复杂的历史现象上，可以先走出那种**直观的现成状态**，再逐渐通过剥离掉对于必须离析出来和抽象出来加以建构的概念而言"无关宏旨的东西"，而尝试赢获这样的概念。与此相应地，我的做法就是，首先，通过一些例子提醒读者，在新教和现代资本主义（以资本主义为导向的职业选择，资本主义的"鼎盛"）之间有一种明显极强的一致性，至今从未被任何人怀疑过；然后举出一些例子，以说明我们无疑会判定为由"资本主义精神"产生的**这样一些**伦理生活准则（富兰克林），并提出一个问题，即这些伦理生活准则凭什么与偏离它们的那些生活准则，尤其与中世纪的那些区分开来；然后再次寻求通过一些例子**阐明**这些心灵态度与现代资本主义经济体系之间的因果关系；在此我考究了"天职"思想，还提醒读者注意加尔文派（以及贵格会和一些类似的教派）与资本主义之间那种久已（尤其是通过格泰因）被确认了的、极为特别的亲和性；同时还寻求指明，我们现今的天职概念不管以什么方式，都是**在宗教上奠基了的**。由此产生了一个问题，**不是**对于最初计划好的整个一系列文章（这一点已在它们的结尾处明确说过了），而是对于当时在《社会科学与社会政策文汇》中发表的各个研究中**首先**随之而来的那些论述，产生的问题：在各个阶段上的新教，与天职思想的发展有什么关系（这一思想对于影响到个人的那些促进资本主义之能力的**伦理**性质的发展具有特殊意义）？当然只有当过去一般而言有过这类由宗教造成的特殊伦理性质时，这个问题才有意义。至于这些性质是哪一**类**性质，我们目前只能通过一些例子来普遍性地阐明这个问题。因而除了讨论问题本身之外，我们还必须随之逐步拓展地证明（以补充我们关于这个问题的发展已经说过的话）"在新教伦理的一些特定组成部分中，这类性质实际上是存在的"**这一点**，证明它们是哪些性质，证明它们能在极大的程度上发展出哪些**类别**的新教来，并证明它们**在哪方面**与那些被中世纪教会和其他种类的新教一方面加以承认，另一方面加以忍受的性质区别开来了。在此，对这个问题本身的真正的探讨必须尽可能地（即在能由一位神学上的门外汉完成这一点的前提下）先在新教的各个阶段上找到伦理在理论—教义方面的系泊之点，以便表明这里涉及的不是一些纯粹附属性的、与虔敬信仰的思想内容没什么联系的事物；但是，讨论下面这个问题，则与此**完全不**是**一码事**，即这些阶段中的任何一个具有的虔敬信仰特征、蕴含了实在的伦理**态度**的哪些**实际—心理**动机。撇开拉赫法尔所有别的方面的偏差和肤浅不论,他现在还根本不能把握的一点是:刚刚提到的这两个问题**涉及的是完全不同的事情**。一个的确在实际上也相当重要和有趣的问题是,天主教的、路德的、加尔文的和其他一些与这些派别一致和对立的派别的教会**教义**包含了什么样的一些伦理理想?由禁欲新教在实际的心理活动中培育出来的,教会理论的某些种类的态度,像拉赫法尔所阐述的那样,"也被天主教平信徒"(而不仅仅被僧侣)"提倡",或者得到他们的"承认"——但随着这一点的确定,**根本就没有**解决一个问题,即相关类型的虔敬信仰是否也在它的信徒当中创造出了**心理手段,适合于产生出**某种与那教会教义相应的(或者一种完全别样的,或者比如说在某个单方面超出了那种教义的)**典型态度来**。正如我自己论述过的,不言而喻,在所有时代都有赞扬和推荐在世俗当中生活的平信徒的勤勉**工作**的事情,在中世纪的伦理理论家和布道者那里(雷根斯堡,还有完全类似的另一些人)就极有规律地(当然原始基督教与此相反——哈纳克在一篇小文章中也偶尔提到过这一点)发生过这样的事情,在"工作"的问题上本质上是分享了古代人的观点。[1]路德在同一个方向上说的格言是众所周知的。即便世俗工作也可以带来福运,关于这一点的学说,在禁欲新教的范围

---

1 因为"不劳动者不得食"这句话针对的是某种寄生的传教士,正如每个时代都会发生的那样,正如当今还由华盛顿饶有趣味地描写过的那种上帝的"天召"以古典的形式所表现的那样;当黑人宁愿选择成为圣徒,而不是成为工人时,这种天召往往降临到黑人头上。其他一些文句或者是一些包含了比喻的成分,或者受到了末世论方面的影响。带有**正面**形象的劳动,在这里要远比在原始基督教中一些犬儒主义者那里,和在异教—希腊化时代出自小市民圈子的墓志铭中来得更强。考虑到我在我的各篇关于《旧约》精神对清教职业伦理产生的影响的论文中作出的论述,当拉赫法尔在他那评论的内容证明他是匆匆写就、什么都没说之后,却仅仅从我的这些论述中知道了一些问题,就拿同一些事情来反驳我,这就显得很滑稽了。此外,我在此还想起了,众所周知,《旧约》的这种复兴是以何种方式与我所讨论的清教虔敬信仰的那些特征关联起来的——拉赫法尔忘了这一点。

之外当然也不鲜见。但如果（正如在路德宗里那样）没有任何东西（在这种情况下是**精神方面的**）保障人们一以贯之地依照这些理论性学说来生活，那这些学说又能如何呢？或者当（正如在天主教中那样）广泛而且更大的保障放在了与它们**完全不同的**别的种类的态度上的话，又当如何呢？此外，要是在告解室里有某种手段让人们总是可以在灵魂上重新摆脱因为违反教会对生活的要求而产生的一切种类的过失，又会怎样呢？[1]相反地，加尔文派在其自十六世纪末期开始的发展过程中（类似的还有再洗礼派），在关于以禁欲的方式进行**考验**的必要性的思想方面，在一般生活方面，尤其还在职业生活方面，为它所要求的禁欲的生活方法学创造出一种极为特殊的、在其效用方面在**这个**领域绝难超越的、精神方面的奖赏措施，作为"对救赎的确信"的主观保障（因而不是作为自己的那种追求圣洁使命的**实在**根据，而是作为这个使命的一种最重要的**认识**根据）。

1　关于告解可能具有的教育价值，这里可能没有说出任何普遍性的东西。但人们拿着告解的指令，或者以其他方式打听，在告解中究竟问到了什么事情：这里对于我们而言，关键的事情在过去和现在都完全不是这些。此外，正如天主教教义在**实践**中对经济生活采取的那种态度一样，高利贷禁令的历史提供了一个漂亮的例子。众所周知，即使到今天，这个禁令也没有被"废除"，依据天主教教会当局的固定准则，它将来也不会被废除，因为它已经明确地被包含在法令中了，而且大家都知道，这是基于对（受圣灵鼓舞的！）《圣经》拉丁文通行译本的一种错误的读法，因而基于对这个译本的完全扭曲的翻译之上的。但有一点实际已经失效，而且在不到一个世纪以来，才由宗教法庭的红衣主教会议的指令而趋于消失，即命令今后告解神父不应再询问由于从事高利贷业务而引起的高利贷之罪；这里预设了一点，即**倘若**教会又发现应遵守这一禁令的话，那么确实可行的是，告解人**会**遵守之。（这种情形非常像法国天主教圈子里某些据我所知迄今还未受教会审查机关干扰的公开讨论，那些讨论表达了愿望，告解神父不希望在告解中再问及"Onanismus matrimonialis"，即为了支持一个家庭维持两个孩子的格局而控制生育的做法——尽管连《圣经》都诅咒"性交中断"）。这种行事方法完全是天主教教会所特有的：正如在中世纪的时候天主教教会**没有**以**任何**形式积极**认可**的资本主义组织的实际存在一样（条件是惩罚这个组织采用的某些形式），考虑到时代因素，它现在**也**容忍人们采用这些形式。与此相反，新教的禁欲为资本主义组织创造了积极的伦理，创造了那组织需要的"灵魂"，在此"精神"和"形式"是统一的。

我不得不在我的各篇文章中说清楚**这个**事态，而且也必须适应那样一种分析的目的，去阐释由此产生的生活方法学所**独有的**诸种特征，以及它在内心所产生的某种后果，就像这种方法学在整体关联的这样一种绝对百折不挠和完全经过透彻反思的状态下在每一个成长于这些宗教力量氛围中的**单个人**那里存在的一样。

　　但更广泛的那种态度的动机，也在教会机构以及受到各教会与各教派影响的**社会**机构中得到了有力的支持，以及得到了哪些有力的支持，这一点我已寻求部分地在我发表于《社会科学与社会政策文汇》的文章中简短说明，部分地在多次提到的发表于《基督教世界》中的概述中更直观地加以探讨了。我重述一下这一点。首先，圣餐礼中核心的崇拜活动，恰恰在"禁欲"新教中得到了极大的强调。关于不属于上帝之不可见的教会，但参与了这一活动的人"吃和喝了上帝本身"的思想，本身就具有某种庄重的内容，今天的我们，包括我们中的大部分"基督徒"几乎完全否认这种内容有什么分量，但对于我们而言，这种内容也还可以很好地从年轻人残留的关于逝去的一代的回忆，从与教会相关联的生命的重量中那些（在我们看来）被打发到角落去了的残迹中，活生生地被重建起来。在禁欲新教中，如今（绝非偶然地）缺少了告解部门；对于天主教徒而言，这样的部门可以**去除**因这类对个人发出的，关于他的救赎资格的庄严问题而带来的压力。同样在禁欲新教这里，就像到处都存在的情况一样，对于新教信徒而言，回答关于他是否有被救赎资格的问题，无须依照中世纪天主教那种方式，通过累加和折算罪愆与功绩，两相比较后得出孰多孰少的结果来，然后通过运用教会的恩典手段来补足这一结果，而是像我阐述的那样，采取了一种禁欲新教中特有的方式：通过在整个伦理生活方式上表现出来的那整个**人格**的一种僵硬的"或此或彼"。个人首先是在禁欲新教这里，而且在禁欲新教的基础上要比在路德宗的基础上更生硬（这一点同样得到了进一步的证明），唯独只立于自身之上，立于他的恩典状态之上（这种状态只能在他的**整个**生活方式中感受到），与他的上帝对质。但另一方面，他外在的生活方式又在这个基础上极受那种**由同类人进行的检查**的辖制：由团契成员进行的检查。在天主教以及路德宗中，是"神职"的代表自行决定或者与个别领受圣餐者一同决定他是否成熟到能够参加圣餐礼了。在加尔文派，涉及对下面这一点的责任："上帝之名"（通过称颂上帝之名，整个社会生活都以**这种**方式，**明确**地与其他大教会区隔开来，聚集为一个整体了）并不因一个明显带有被弃绝者之标记的人参加圣餐礼，并不因整个团契的**每一个成员**而受到损害。凯珀派的分裂，恰恰是由平信徒们在将近一代人之前造成的（凯珀过去就是平信徒长老），即通过要求那些照他们看来不合格的，由外来牧师考察的坚信礼参加者撤出圣餐礼——最终处在这幕后的是对下面这一点的抗议：一般而言有一个上级机关，这个机关不属于具体的、检查他们的行为是否适当的圣餐礼**团契**，机关成员不变，却在干涉与每一个团契成员切身相关的问题。这个思路具有的强大的社会意义，那时最尖锐地表现在新英格兰的教会里，在那里，人们对"纯粹教会"，特别是对圣餐礼共同体之纯粹性的要求，直接导致最本真意义上的"阶级差别"的出现，还唤起了关于"附属意义上的基督徒"的地位、他们的职权（比如能否带他们的孩子参加洗礼，出席洗礼等）的种种斗争与妥协。人们看看新教的教会秩序，追溯一下它的发展和（在可能的情况下）它的理由与后果，首先就会明显感觉到，我们在中世纪晚期加洛林时代的宗教裁判所那里看到反复落入城市手中，在诸侯时代看到落入王侯警察手中的那种伦理上的生活规整活动中相当大的一部分被教会接手了，当然是在极为不同的各种程度上，而且整体上而言，这种现象在信奉加尔文派的那些地区（在那里，正如我那时已经指明过的，在被接纳到团契中的时候明确**服从**教会纪律的做法，恰恰是在加尔文死**后**，其意义才得到了加强）本质上要比信奉路德宗的地区更强。但正如我已经强调过的，比这个**还**强得多，也有效得多的（而且有一些还残留到今天），是禁欲的**教派**责成其成员从事的伦理"训练"。关于这一点，我基于当今在美国进行的观察，在被他引用的那篇发表于《基督教世界》的文章中已有所叙述。当前美国生活的世俗化过程，以及异质因素大规模的移入，快速地将那一类残余现象冲刷掉了，此外，相互竞争的各宗教派别不顾一切地"捕获灵魂"的做法，也削弱了它们履行教育的强度。然而我们只消稍稍留意一下这类事情，就足以生动地看到，具有它们那种效用的那些特别的现象，依然残留到今天，还具有它们过去的那种意义。我想起了我在上述文献中就诸教派在经济生活中发挥的功能说过的话（在它们看来，那种功能如今逐渐被各种纯世俗性的组织采用了）。特别是想起，比如说，下面这桩事（而没有想起大量其他类似的经历）：我看到一个年轻人加入北卡罗来纳州的一个浸礼会团契的动机就是，他打算开一家银行，想在别人深入询问的时候向别人表明，他不只是仰赖浸礼会的顾客，而是恰恰要仰赖在那个地区远居于优势地位的非宗派主义者们。理由在于：在那一带，谁要想被允许参加洗礼，就得准备好在他的"洗礼见习期"接受那个团契带着到他先前待过的所有地方打听来的消息，对他的经历进行系统得令人吃惊的询问（进过酒馆吗？究竟是否酗酒过？是否打过牌？是否有过"不洁的生活"？挥霍过钱财吗？是否没有及时支付过支票？或者是否没有及时支付过其他债务？究竟是否有过任何一丝业务上不可信赖的迹象？诸如此类）。然后他将被接受入会——如此一来，他的信誉和业务品质就有了保障，他就可以击败任何一个不那么正当的竞争对手了，尤其是，正如在各教派中一直都可以看到的那样，由于行为不端而可能发生的任何一次被开除出会，都意味着他在社会上也被开除了。[1] 我们确切地知道，在两百年前，这种情形已经同样地充分发展了。此外，比如说，贵格会向来以依照东方的方式创造出了能代替讨价还价的、对资本主义极为重要的"定价"体系而自诩。实际上，历史的回溯告诉我们，在两百年前贵格会零售商业之所以达到鼎盛，乃是因为顾客们感到他们对那里将这个原理固定下来的做法很安心，那里比任何一种中世纪或现代价格秩序能达到的更令人安心。当某个人开始经商，但缺乏经营所必备的资本和认知之类时，贵格会团契也会进行干预。而在所有的贵格会教派的文献中，人们可以发现，就在这些教派产生之后不久，人们就欢呼主以可见的方式赐福于他们了，因为"世上的孩子们"将自己的金钱（作为仓储，作为分店的财物或者如往常那样）交给他们，而不是交给和这些人有相同信仰或者同样不信仰的

1　我那时将如此这般创造出来的信用与德国的一个大学生社团成员的"借贷能力"（在我那个时代，人们在海德堡几乎可以"免费"生活，因为人们"保持了关系"——债权人将户口簿还给社团一年级的学生）以及中世纪教士同样特殊的信贷能力（因为作为强迫手段的开除教籍惩罚悬在教士头上）进行对比，而且现代的年轻军官（免职的惩罚也悬在他头上）的那种常常很可疑的信用也属于此列。只是这里有某种在社会学上极为本质的差异存在，即在所有这些情形下，不像在各教派中那样，将信用作为**人格**的**主观**性质（通过在进行相应的教育之后纳新的时候进行精选）加以要求，而是仅仅（顺便说一下，在各教派也有这种情形）加强对信徒的**客观**担保。卫理公会对年轻人进行"训练"的特殊机构，同样的还有为了有规律地相互讲述精神状况而结成小群体，因而也结成小范围的公开告解的那种特殊的习俗（这种告解因为与天主教那种坐在栅栏窗子后面的告解相反，指向的是在人格方面状况类似的多数人群，就产生了和天主教的告解完全不同的另一种心理**处境**），这些都衰落了，但在早先的时候却内涵丰富。

同伴们，因为在他们这里，人们对必需的个人伦理保障感到安心。关于类似的具体例子，我请读者注意那份概述，除此之外我要提醒的只有：每个人都知道，直到最近几十年为止，比较老派的美国佬，更确切地说，**恰恰**是**商人**，根本就不理解，偶尔有些人至今都不理解，有人可以不属于任何"派别"（唯有在他对此绝对"宽容"的情况下，才可能理解这一点）：这样一个在宗教方面逍遥法外之人，在他看来，在社会和业务方面都是可疑的，因为这个人在伦理上不"正当"。在苏格兰以及英格兰市民圈子里，类似的情景总是在这里那里出现，至少到十五年前为止，观光者，尤其是礼拜日的观光者，都能想起这一点来。美国中产阶级中的商人，当他逃避这种早先具有压倒性力量的，追求宗教上的正当性的强制趋势时，撇开这种强制趋势，可以支配别的任何一种处在上升态势的组织，可是他确认某人正当的方法，还是通过投票决定某人是否入会，来证明一名"绅士"的品质，他还是一直在纽扣眼上别着他们的"徽章"（只要稍加留意，人们就会看到大量这样的证章，令人想起法国荣誉勋章上的玫瑰花饰）。

只要真正的美国人精神还处在支配地位，美国的民主即便在没有任何托拉斯和工会的情况下，也从不是由一些孤立的个人拼起来的一盘散沙，而在相当大的程度上是由各种**排外的**团体聚合起来的，这些团体的原型就是**各教派**，它们全都在它们的成员当中树立和培育一些品质，作为归属这些团体的不言而喻的条件，它们决定了资本主义如何利用经商的绅士。的确，一个具有摩根先生那种地位的人，要占据他的经济地位，是不需要这种正当化步骤的。而且在其他方面，今天的许多事情都已经很不相同了。但以那种特殊的"精神"渗透整个生活的现象，正如这些协会所推动的那样，肯定构成了下面这件事情的一个最重要的前提条件：现代资本主义"扎根"了，亦即在资本主义中产阶级的宽广层面，最后也在被它纳入其机制之中去的大众当中发现一种与它相适应的"生活方式"，由此就能控制生活，正如实际发生的那样。可以理解的是，像拉赫法尔那样的历史学家，对于要进行多少教育工作，才能达到那样的局面，是一无所知的。[1]但如果有人提出一种极容易被拉赫法尔高声自诩的"健康人类知性"想到的猜测，即会不会为了造就商人而进行的宗教训练的那种品质，以及特别具有商业特征的和宗教上的种种品质标记所构成的这整个总体关联，一般而言并不是那些宗教共同体在一个已经具有资本主义特征的"氛围"下发展起来之后才产生的**后果**，那么我就要自问：为什么天主教的教会没有发展出这类关联来，没有发展出这样的一种适合于资本主义的教育机构来？为什么无论是在中世纪的那些，像佛罗伦萨那样，在和北卡罗来纳州西部移民稀少的农业地区（我讲过这个地区）完全不同的程度上"发展"了资本主义的中心地带，还是在像美洲殖民地的那些本质上仍属自然经济的地区（在那些地区，同样的事情在两百年前就已经出现了），都没有发展出来？

---

1 培育人们对"实用知识"产生一种支配性的兴趣，这是虔敬派教育学中一个古老的，在极为特定的意义上（正如我阐明过的那样）系泊于宗教之上的原理；在贵格会和浸礼会中，从一开始就有类似的现象存在；在改革派中，这种情形至今也并不鲜见，比如在实科中学和其他中学的划分上，在职业选择上，就是如此。这些特别之处，对于这些虔敬信仰形式与现代资本主义发展之间的整体关联而言，无疑是极为重要的。同样地，宗教改革一般而言在公立中学领域人所共知的功绩，当然是极为重要的。但后面这些完全普遍性的整体关联也有其界限：众所周知，普鲁士国家在公立中学领域完成的那些功绩，在资本主义最发达的国家，即英国，是没有的；"良好的公立中学"**本身**和资本主义的发展**没有**做到并驾齐驱。此外，像拉赫法尔表明的（Ⅲ，第1331页）那样，说在新教中，没有对越来越发展的民众教育的任何担忧占据支配地位，或者曾经占据过支配地位，这**也**是一种极为可疑的夸张说法，尤其对于我们的易北河东部那些优秀的新教大地主来说，更是如此。我在我的论文中曾经借人们对"信仰的默示"采取的立场，暗示过某些受认信状况影响的中学发展趋势构成的整体关联。

为什么路德宗没有发展出来？一些源自极为特殊的伦理—**宗教**因素的、心灵方面的内容与资本主义发展的**诸种可能性**联姻了。与此相反，在宗教认信混杂的那些地区，虽然各种禁欲的共同体以极大的精力培育出来的那种生活方式（撇开所有强烈的对立冲突不论，[1] 这些地区从一开始就由资本主义精神越来越强地渗透经济生活，而且这种趋势还在上升），在**其他**与之**竞争**的派别的生活方式面前有"相形见绌"的迹象：很早以前是面对荷兰和美国的路德宗，也面对美国的天主教（而德国路德宗众所周知的是，旧式的虔敬派这种形式中，也发生了同样的事情）。当然这事的发生是这样的：各种差别在进行这种"相互适应"的路上，只是逐渐减少，但从没有完全混杂不清过。[2] 但是，对新教禁欲（特别是加尔文派的那种禁欲）**最一贯的**表现形式的某种适应，事实上当然（至少在那些与它们混杂起来的新教信徒那里）总是依照我们对此能认识到的一切而开始的，而且单是因此，对（例如）新教移民中真正的加尔文派信徒的数量进行的单纯统计，绝不足以构成反驳那些禁欲的生活形式之意义的论据。当今在天主教内部进行的讨论，即对人们如何能最好地具有新教信徒在经济品质上的那种优势地位这个问题的讨论，照事情（而不是照形式）来看，都在斯佩纳有关贵格会之繁荣的一些评论中彻底发现了它们的反面形象，而且同样的动机自然**以未明言的方式**，从一开始就到处在起作用了，正如美国至今还有的那种情形一样。

1　在认信方面混杂的威斯特法伦地区，在三十年前，在路德宗信徒［他们"身体力行地"（即亲身地，因为"这就是我的身体"）"接受救世主"］和改革派"伪善的事工得救"之间，特别是在双方的接受坚信礼者之间，在议事日程上还一直发生口角。

2　路德宗的密苏里教会这个特殊种类，与其他诸派别形成对立，一直保持强势。

而当人们最后问，我们把"世间禁欲"这一**表达**完全撇开，[1]
此时是否有理由将我以此称呼的事物，与天主教僧侣的禁欲**实
实在在地**等量齐观，此时我完全不想考虑下面这一点：在涉及
我称作"修身"的那些要求时，属于上述类别的新教伦理学家，
尤其是英国的，经常有规律地引用僧侣们（波纳文图拉等人）写
的中世纪修身文献。但人们简单地比较一下就说：僧侣的禁欲
要求贞洁。新教的禁欲（在我所使用的那个意义上）**即便**在婚
姻的范围内也要求贞洁，意思就是消除"肉欲"，并将在伦理上
可以接受的性交限制在繁育后代这一**理性的**"自然目的"的范
围内。而这些规整活动，在这里毕竟不只是**单纯的**理论活动。
的确，在这个领域，禁欲—新教的（虔敬派的、赫恩胡特派的）那
些在我们今天看来有些直接与自然相违背的生活规则，是众所
周知的。但对待女人的方式深受下面这种做法的影响，即**拒绝**
将她们特别看作有性别的生物，这种做法和路德那种毫不动摇
的农民式观点相反。僧侣的禁欲要求的是贫穷——人们知道，
这事实上导致了极为吊诡的后果：除了在一些严格遵从精神原
则而众所周知地被教皇们认为高度可疑的派别之外，修道院在
经济上的繁荣到处都被视作上帝赐福的结果，而且在除了种种
捐献之外，**曾经**在最大的程度上**构成了**他们从事理性的经济的
结果。新教的禁欲则不仅鄙弃耽于享乐地"安息"于财产之上

1　拉赫法尔的一个特点就是，一方面付出极大的辛劳，目的是不仅将这种表达，而
　且正如他自己声称的那样，也将相应的**实事求是的**论题，即与天主教理性的僧侣
　禁欲之间的内在亲缘性，加以"诽谤"（因为他的那种所谓的"批判"到处都导致
　这样的结果），另一方面向我指明，依据受尊敬的教会历史学家的观点，禁欲新教
　的虔敬信仰的那些特质意味着"还没有"完全克服天主教。在这个"还"字里蕴
　含着由某种（主观上说自然无懈可击的）**评价**进行的一种发展**建构**，这种评价，
　比如说，大概是将否认一切事工得救的路德宗看作绝对"最高的"新教表现形式
　了，而且还由此出发进行了等级排列。但**从历史上来看**，世间禁欲的发展是宗教
　改革**之后**的时代的产物，因而毋宁说是某些宗教动机的**复兴**，**即便**天主教也常常
　有那些动机，只是恰好以完全不同的方式，产生了不一样的后果。

336

的做法，也鄙弃"为了财产本身"而追求财产的做法。我曾经阐述过，这会产生实际上同样极为吊诡的后果。僧侣的禁欲要求独立于"世俗"之外，而且特别鄙弃幼稚的享乐。新教的禁欲做的恰好是同样的事情，而且双方也在"训练"的**手段**（因为这就是"禁欲"这个词的意思）方面达成了共识：严格划分的时间、劳作，作为驯服一切本能生活之手段的沉默，此外还要脱离一切太强地被受造物束缚的现象（对强烈的个人友谊之类的事情疑虑重重），放弃享乐本身，不管那是最严格意义上的"感官"享乐，还是审美—文学类的享乐，一般而言要放弃不能得到**理性的**（比如卫生保健方面的）论证的那些使用生活中的财物的做法。我也详细地提醒了下面这种局面是如何成立，直抵个别细节的：中世纪在"方法论上"靠"**天职**"过活的人恰恰是僧侣——因而弗兰克的话（拉赫法尔现在以惯常的忠实性，将我的科学论题"奠基"于这些话之上，尽管我直到对他的反批判中，才将这些话作为**同时代人**观点的例子举出来）在这些事情上，就表现出比我的"批判者"更多的理解来。将**理性的**新教禁欲（在**笔者**使用这个词的意义上）和僧侣禁欲区分开来的因素是，拒绝一切非理性的禁欲手段，那些手段也完全被某些恰恰特别重要的天主教教团，特别是被耶稣会否定或者限制；拒绝冥思；最终而且主要的是，将禁欲用于世间事物之上，禁欲在家庭和（经过禁欲阐释的）职业中起作用。从这些因素中，自然就产生了前述各种区别和其他所有现象。但当在双方的生活方法学之原理中表现出来的那种"精神"，在最内在的本质上**不可视作**并行不悖和同属一源时，我就不知道，为什么人们还要谈什么"亲缘性"了。众所周知的是，虔敬派的圈子有时对于修道院的消失极为惋惜，我仅仅附带提过这一点；我也提到了类似于修道院的一些组织，它们直接由这些圈子重新创造出来；此外我还要提醒读者注意我的各篇论文中，比如有关班杨的那些话。联系到禁欲理想在以宗教为导向的整个生活体系中的地位问题，双方之间内在的张力和内在的亲缘性最终而言乃是从已经提过的那个根据中萌发出来的：在僧侣们那里作为证明具有能享至福的候补资格的**实在根据**而极为重要的那种因素，在禁欲新教那里作为一种（是**一种**，而不是绝对唯一的**那种**，但自然是最重要的一种）**认识根据**而有其重要意义。而且，因为即便是现代"方法论专家"（恰恰在历史方法学的领域，正如我有时不得不明确指出的那样），也并不总能将双方的事态区分开，因此完全不令人吃惊的就是，新教"事工得救"的发展似乎实际上与天主教的一些特征很相似，正如一颗鸡蛋与另一颗相似一样。只是这两颗鸡蛋中的每一颗的胚胎，都源于另一位精神之父，而且也发展出极为不同的内在结构来。

这里如果再次概述世间禁欲在**教义上的**奠基，实际上就走得太远了，为此我必须请读者多注意一下我的论文；在那里至少暂时性地，因而也极为概略地指明过，撇开种种相互适应的现象不说，"加尔文派的预定论学说或者再洗礼派的非神学性教义是否构成了那个基础？"这个问题并非绝对与人们的实际生活导向无关。只是，在许多地方极容易感觉到的这些区别，在我的论述的这个部分（这个部分至今依然是学界中所仅见的）虽然得到了讨论，却必定已经淡出了公众的视野之外。这里若是进一步展开论述，就走得太远了。但我也必须在这里再次重点指出，为了复核"对于生活方式的**实践**而言，宗教心理学上的那些根本关系，实际上是否恰恰在我所提出的这个特殊的作用方向上成立了"这个问题，我的各篇论文并不基于，例如教义学教材或者有关伦理学的理论探讨，而是基于完全不同的其他材料，特别是我强调的巴克斯特和斯佩纳的那些出版物，基于灵魂安慰活动,还在本质上完全基于对质询的回答,那些将安慰自己灵魂的事情托付给别人的人偶尔就他们生活中具体而实际的一些问题进行的质询。因而这些论文就按照反映**实际**生活的程度,呈现出一个类型,这个类型大概和罗马法学家们对他们那个时代的商业和法庭判决实践的回应相应吧。的确,除此之外,这些文章以及与其类似的一些著作也包含了作者在决疑论方面的一些思辨,正如罗马法学家们所做的那样,也正如在这两者皆不可与之相比拟的巨大程度上,塔木德所涉及的情形那样(后者与直接实际存在过的一些回应材料相联系)。但形式和整体关联(当然并不总是,但很幸运的是,足够频繁)显明了一点,即从生活中的**什么地方**可以吸取养分。而当出现这种情况的时候,除了通信和(万不得已时)自传之外,就**没有任何**材料的真实性和生动性可以与这些相比了。流行的小册子和小论文,布道(但**在上述几种材料之外**,人们当然很有理由尽量地将它们当作一种补充材料来利用),还有同时代的文献中任何一种证言(它们也可以充当极为重要的附属材料),甚至最终还可以完全外在化地查明**各个**资本家群体的认信状况,特别是当人们撇开他们通过新教禁欲所创造出来的"生活氛围"而造成的影响不顾的时候,更要注意这些材料。可惜我们很少有幸能刚好看到宗教方面和资本主义方面对劳作的兴趣发生相互交叠的现象,正如我援引过的基德明斯特纺织工人的例子一样。由此,劳作的重要性绝不应该像拉赫法尔希望的那样被贬低。但是,一种特定的,具有某种色彩的虔敬信仰**能**在其中起作用的那个**特别的方向**,照我看来只有在我所选取的那条道路上才能展现出来——在我看来,事情的关键很明显就在这里。但这个方向不是对一种本身已经完全现成存在着的心理气质的单纯"促进",而是意味着一种**新的**"**精神**"(至少在世俗领域里是如此):从人们自己的宗教生活，从他们那种受宗教制约的家族传统，从他们周围世界中受宗教影响的那种生活方式中，如今在人们中间产生了一种特征，他们以极为特殊的方式使这种特征符合近代早期资本主义种种特殊的要求。以概要的方式来说就是：以往的企业家**最多**只能感到上帝在"宽容"他的"货殖主义"，他就像今天印度本土的商人一样，必须赎他的"高利贷之罪"，或者说清偿这种罪；如今代之而起的是具备完整而良善之心的企业家，他们满心想的都是，上帝的天意带着某种意图，给他指明了盈利的路，凭借下面这些，他走在这条路上就能光大上帝之名：上帝在使他多多盈利，财产丰厚的时候，就是以可见的方式赐福于他了；当他的职业是以合法手段获得的时候，他就尤其能成功，这职业的价值不是在人面前，而是在上帝面前来衡量的；上帝乃是有意而为的，因为他恰恰选择了**他**达到经济繁荣，而且为此给他配备了一些手段——和对待其他人不同，上帝出于好的，当然也深不可测的理由，使那些人贫穷，并从事重体力劳动。他带着"法利赛人的"确信，走上了他那遵循严格的形式上的合法性的道路，在他看来，因为在上帝面前一般而言是不能说"做得足够好"的，这种合法性便是最高的美德，也是唯一一种在其意义方面肯定触手可及的美德。而站在另一边的是特别"愿意劳动"的家庭手工业者或者工人，他们在上帝所喜的"天职"中勤勉劳作，这就给了他们一种意识，即意识到他在宗教上处在蒙受恩典的状态。而对特殊罪行（因为安享财产，因为耽于享乐，因为将金钱和时间浪费在那些无职业的人身上，导致将受造物神圣化）的断然拒绝，就迫使人们总是将在职业中挣得的财产又用到"合乎职业"地利用资本（企业家）的轨道，或者"节约"和由此而尽可能追求上升（"伦理"上合格的无财产者）的轨道上去。职业和人格之最内在的伦理内核（后者是关键）在这里构成了一个完整的统一体。在中世纪,还存在着许许多多可以发展成这样一种实际的职业伦理的个别的萌芽形态(我明确说过不谈这个问题了[1]),可是这根本改变不了一个事实:这样一种"精神纽带"在那时恰恰**不存在**。而在当前,人们谈论"生命"、"经历"等概念就像谈论某种特殊的**价值**一样,触手可及的现象是:那种统一体**在内心的瓦解**,"职业人"遭到排斥。但现代资本主义早已不需要这种支持了;我已指明的那种现代感觉方式不仅出于社会政治方面的理由,如今尤其还因为资本主义与职业人精神的那种关联,而拒绝资本主义的推动了。虽然我们发现宗教生活内容对于资本主义发展曾经具有的意义,直到今天,都还有一些残留下来了,正如我在我的各篇文章里和在文章以外反复指出的那样。如今有些地方的工厂也还要求它的员工具有产生于那种生活方式的那些品质,在这些地方,这一点至今都还充分地体现着,在认信方面,它的那些由底层晋升上来的部门负责人和雇员聚在了一起,与那些地道的工人形成对照,同样的情形在工厂主阶层中也发生了——当然,所有这些要在统计数据上反映出来,唯有当人们将一些由于方位(方位常常直接受到必不可少的原材料的处所影响),进一步说,由于在统计数据本该剔除却被算进去了的手工业工厂的情形而造成的偶然情况排除掉,才是可能的。但整体而言,当今的资本主义,正如我反复说过的那样,在最大的程度上摆脱了这些环节的重要影响。但不管现代资本主义在其早期阶段的成就如何,迄今还没有任何人想到去**怀疑**下面这些:胡格诺派与法国市民—资本主义的

---

1 此外,某些完全特定的**客观**条件与"经济人"形成对立,在那些条件下,中世纪文化由于地理、政治、社会和其他方面的条件,与古代文化对立起来,我已经在别处(*Hwb. d. St.-W.*,第3版,"古代农业史"词条)借机指明了这个现象。此外,关于现代科学的确以及如何被纳入(经济进步的)"条件"范围,被纳入这个原因链条内,这一点松巴特已有深入论述。

发展最紧密地联系在一起，这一派**即便**在十八世纪末期于南特敕令之后也要迁移**出去**，他们**不是**只迁往那些经济欠发达的国家，他们**恰恰**也迁往荷兰，输出他们那种典型的职业品质；在那里，正如我已经提醒过的，资本部分被用于他途，部分（当然仅仅在某些特定的层面上）向年金的享用、在社会上的炫耀和某种相应的耗费倾斜，故而未免疲弊。在美国的北方各州，市民——资本主义的发展并不是完全以**特殊的**方式基于它那种完全特殊地受清教影响的生活方式之上，这一点拉赫法尔在他的"批判"（**或者**他的回复）中引而未发。对于在英国发生的同类现象，他自己也是以他习以为常的模糊方式承认了的。对于苏格兰，英国浪漫派也看到了完全相同的整体关联。[1]对于德国，格泰因已经确认了这样的事情，我还补充了一些例子。对于荷兰，我说明了为什么在这里，我再重复一遍，在完全**相同的**方向上起作用的禁欲新教的一些力量，由于一些部分的在上面就被提到的原因（我绝不自夸在此之前已经看到了这些原因中的一些本质性的东西），在某种程度上被打断了；[2]这种情形大概和几乎马上就出现的，这个国家在资本主义（我没有特别说是殖民地方面的）扩

1　比如可参见济慈写给他的兄弟托马斯的那封信（1818年7月3日）："这些教会人士"已经把苏格兰"改造成储户和赚钱者两组人"了（反对爱尔兰，他正是从那里写信的）。

2　但自然不是由于我在我的论文中提到过的，某些政治上层势力压倒性地归属于阿明尼乌派，甚或归于冷漠。因为相应的现象在别处也照样发生了，而且在荷兰也是这些上层势力，努力通过将他们的财富"贵族化"（像在英国那样购入骑士领地），而从资本主义企业中（至少是部分地）最大限度地**分离出来**。此外，拉赫法尔考虑到我在我的论文中有关阿明尼乌派的明确评论，就敢于断言，这些众所周知的事情是我所不了解的，就认为在我已经指出过这一点之后，至今还向他的读者反复重申类似的事情，是很合适的。关于这种做法是否妥当，我已经不想再说什么了。

张上明显的停滞是相应的。[1]所有这一切（和中世纪就已存在的某些特定教派的经济能力是相当的）中的很大一部分，从十七世纪以来就已经广为人知了，而且至今从未被任何致力于此的人怀疑过。而且它们实际上**不会**以**任何**方式，在最小的程度上（出于上面已经提到的理由），被那些当然可能在历史上完全没有价值的一些发现动摇，比如，在法兰克福除了有加尔文派的移民，还有路德宗的荷兰移民，以及这一类的发现。因此正如我提醒过的那样，我在我的论文中是**提到**了这些事情的。我同样还再次**提到**了，那些依其内在本质来看一般带有禁欲—**理性**特征的俄罗斯分离派和宗派主义者（但这些并不**全**是俄罗斯的教派），一旦克服了其最初遁世的青年期，就显示出完全类似的一些经济特征来。商业资格与伦理"弃世"相结合的最极端的例子就是去势派。

像这样将众所周知的事物用于**阐述**，必定改变不了事情本身（拉赫法尔好为人师的做派也必定改变不了什么）。而且对于按照历史线索分析具体领域的发展而言，有关个别派别的力量大小的进一步的个别研究是极为有用，也极为必需的，那么对各个受到禁欲新教影响的国家的发展特征进行**比较**也是必需的，毋宁说在本质上更为必需（只有这种比较才能说明它们在发展方面出现的那种区别的原因何在）——实际上最为紧迫的问题则在别处，至少对于我而言是如此。最紧迫的问题当然首先是加尔文派、再洗礼派、虔敬派伦理在对于生活方式的影响方面发生的**分化**，这种分化更深刻得多地渗透到个人生活中去了。

1　据说在此没有什么疑义：在极为本质的意义上，这种停滞当然是有政治方面的（外部和内部的）原因的。但是另一方面，禁欲特征的那种中断所发生的协同作用，在此也完全没有被排除。在我这方面，我那时无论如何也不想对这个问题作出一锤定音的回答，其他人可能也不想这样。

此外，还要深入考察类似的发展在中世纪和在古代基督教那里的萌芽，只要特洛尔奇的著作在这个问题上还留有空间，我们就有继续探索的余地。但为此需要与专业神学家们进行最强的协作。[1]然后还要研究，比如从**经济的**角度看，该如何澄清市民阶层与特定的一些生活方式之间的——这里面也（但不是**仅仅**）包括与像禁欲新教最一以贯之地提供的，那些依照宗教使生活风格化的做法的某些部分之间的——亲和性，那种亲和性在出现的时候总是不断地变换方向，但明显总是具有相似的基础。关于从许多方面来看待那个普遍的问题，我们已经说过许多个别的事情了，但还有许多事情依然没有说，这些事情正如我认为的那样，恰恰也是很根本的事情。

在**一个**问题上，拉赫法尔与我相反，最无助地在那里瞎忙一通，那就是：现代资本主义之全景中的**哪些**人物，绝对是既**不**能，也**不**应该从"世间禁欲"的角度来理解的？为了简要回答一下这个问题，我请读者注意一下资本主义发展过程中的"**冒险家们**"（"冒险家"这个概念要在西美尔于一篇漂亮的小散文中简短而准确地说过的那个意义上来理解）。他们在经济史上的意义，即便恰恰在（但不仅仅在）早期资本主义历史上，也被公

---

1 我的努力被一些有名望的神学同事接纳，他们并**没有**完全无动于衷，**也没有**原则上不友好，这已经极大地满足了我自己对于事情的兴趣。因为我自然完全能理解，在他们看来，这种将某些系列的宗教动机［这些系列从宗教上**看**乃是粗糙的和外在的，对于内心的宗教禀性（它们是真正具有宗教特征的内容）而言乃是外围的］，与它们对于市民生活产生的后果如此这般关联起来的做法，必定不太符合相关的诸种虔敬信仰形式具有的最终的**价值**内涵。事实上就是如此。但即便如此，这部单纯"社会学的"著作（它在神学家圈子里甚至首先触动了特洛尔奇）**也**必须要完成。当然最好是由一些专业人士自己来完成，我们这些外行人士或许只能在我们的路上，以我们的观察方式，在这里或那里给他们呈现出也令他们感兴趣的一些**提问**的可能性，而他们对我们自己作出的尝试，可能会持赞同态度，也可能会持批判态度。能做到**这一点**，是我的愿望；我期待着**他们那**方面，但不是像拉赫法尔这类间或以半瓶醋的方式胡乱搅局的决斗者那样，给我以增进学问和富有教益的批判。

认是极其重要的；然而，人们可以将资本主义在某种特定的意义上和在一定意义上发展到越来越支配整个经济生活的过程，**与从经济上偶然获利发展到一个经济体系的过程**，将资本主义"**精神**"（在我使用这个词的意义上）的发生与**从经济冒险家的浪漫精神发展到理性的经济生活方法学的过程**等量齐观。[1]

而当最终有人还希望从我这里知道资本主义（经济**体系**）发展大概遭遇了什么命运的时候，当我们**设想**资本主义"精神"中那些现代特有的因素是如何展开的时候（正如读者都能想起来的，拉赫法尔就此也抛出了一些在我看来相当草率的观点），自然可以对此在总体上谨慎地答复如下：这个我们就不知道了。但这会让人想起发展的那些重要特征，至少对于这些非专业人士而言是如此，他们大部分都完全没有摆脱一个流行的错误看法，即**技术上的**"成就"是资本主义发展的直接原因：古代资本主义就是在**没有**技术"进步"的情况下展开的，人们甚至可以说，是在技术停止进步的同时展开的。欧洲大陆中世纪在技术上的额外功绩，对于现代资本主义发展的**可能性**也具有重要意义，但是当然不具备关键性的"发展魅力"。在客观因素方面，最终某些在气候方面影响到人们生活方式和劳动成本的环节，此外还有一些由中世纪社会中很大程度上受中世纪**内陆文化特征**（这是相对于古代而言）影响的政治社会组织，以及由产生于此的，中世纪城市（特别是内陆城市）及其**市民阶层**的那种独有的特征所导致的环节，便属于最重要的历史前提条件之列了（参见我的那篇已经被引用过的文章）。同时在企业中还出现了某些对照古代来看或许未必绝对新颖，但就结构、传播和意

---

1 这当然需要进一步的解释，我在此不能顺便给出这种解释了。纯粹客观地看，当风险是某种经过理性地衡量的业务的一个由"事情"造成的固有成分，而完全不是"冒险"时，一个极勇敢的企业家就意味着风险。

义而言却很新颖的组织形式，成为特具经济功能的环节。在晚期中世纪的那种一直都极**不稳定的**、资本主义的发展历程和对于当今的资本主义而言很关键的，在技术的**机械化过程**之间发生的那整个巨大的发展过程，都充斥着为这种机械化创造某些重要的客观政治的和客观经济的**前提条件**的活动，但**尤其**充斥着创造和准备理性主义与反传统主义的"精神"，创造和准备一整个实际接受了这种精神的人群：一方面是现代**科学**的历史，以及在近代才发展起来的，这种科学与经济之间的种种关系；另一方面是现代**生活方式**对于经济产生实际意义的历史，这两个方面必定能对此给出很重要的启示。关于这后一个成分，我在我的各篇论文中已经谈过了，而且还会进一步谈的。不言而喻，关于**生活**方式的那种实际—理性的方法学的发展，根本不同于**科学**理性主义的发展，也不是完全随着这种理性主义的出现而简单地现成存在的东西：现代自然科学的首要的基础是从**信奉天主教**的那些地区和头脑中产生出来的，而只有科学与各种**实际**目的在方法上发生的关系才是特别"具有新教特征的"，正如在**方法**上特别重要的那些思想原则，似乎已经和新教思维方式具有了某种亲缘关系一样（如果进一步说下去，就走得太远了）。从十七世纪到法拉第和麦克斯韦，英国自然科学界大部分的英雄人物（众所周知，直到十九世纪，人们都还在其所属教派的教会中接受来自这些英雄人物的**劝诫**），都尤其能证明，在那个时代以及以后，将极为严格的宗教信仰**本身**，视作**经验**科学发展的障碍，是完全错误的。自然科学**实际**上，不是偶然地，而是**在方法的意义上**，为经济服务，这一现象是**一般**"生活方法学"的那个发展过程中的一块拱顶石；不论文艺复兴，还是宗教改革所产生的一些特定的影响，特别是在我（片段性地）描述的那个方向上，都对这种生活方法学的发展作出了决定性的贡献。

如今有人诚心问我，我认为（尤其是）**后一个**因素的意义有多大，我在反复谨慎思量过之后简单地回答：照我看来是**非常**大的。在历史的究责方面，没有"密码式的"解决方案，这一点可不怨我。

我说的已经足够多了。对于"读者"大众不可太过苛求，因为他们读过一篇毫不理解其对象，而且实际上并不忠实于原文的"批判"，现在甚至还要深入地研读"被批判的"著作；在他们面前，那些秉性上喜好争辩的人总是很有市场的，拉赫法尔作为"批判家"，就属于那一类人之列（我想至少我已证明了这一点）。一位历史学教席教授，特别是当**此**事实确凿之际，居然容许自己因为一种极端肤浅的阅读，就故意从根本上误解这里涉及的问题，而当人们向他指出这一点时，他又没有勇于**承认**的风度——那些对于其对象没有确切认识的人，想必很难相信这些吧。当然这根本改变不了一桩事实，即很可惜情况恰恰**就是如此**，而且我已经可以证明这一点了；[1] 我只是很惋惜花掉了这份杂志的篇幅，就像《国际周刊》的篇幅看起来很宝贵一样，这里也没有富余的篇幅花在一些必然无果而终的争论上——那完全是那位"批评家"的责任。

1　当人们比较一下他先前说过的话和现在说的话，当然难免会猜想，后者比起任何别的话来，都更像是对我那种当然很失礼的态度的一种"惩罚"。